한국전쟁 관련 프랑스외무부 자료 V(1952. 07. 01~1952. 12. 31)

초판 1쇄 발행   2021년 2월 22일

옮긴이	이지순 · 박규현 · 김영
발행인	윤관백
발행처	도서출판 선인

록	제5-77호(1998.11.4)
소	서울시 마포구 마포대로 4다길 4(마포동 324-1) 곳마루 B/D 1층
화	02) 718-6252 / 6257
스	02) 718-6253
ail	sunin72@chol.com

41,000원

979-11-6068-454-4   94900
979-11-6068-449-0   (세트)

된 책은 바꿔 드립니다.
suninbook.com

국전쟁 관련 프랑스외무부 자료 I~VI』은 한국학진흥사업단의 토대연구지
에 의해 수행되었음(과제번호: AKS-2016-KFR-1220002).

한국전쟁 관련 프랑스외무부 자료 V

(1952. 07. 01~1952. 12. 31)

발

등
주
전
팩
E-m

정가
ISBN

한국전쟁 관련 프랑스외무부 자료 V

(1952. 07. 01~1952. 12. 31)

이지순 · 박규현 · 김영 옮김

도서출판 선인

  19세기 중반 프랑스 외방전교회의 한국 전교 때부터 관계를 맺어 온 프랑스
는 1839년(己酉年) 조선 정부가 프랑스 사제 3인을 비롯한 수많은 천주교 신자
들을 처형한 '기유박해'를 일으키자 극동함대를 파병하여 '병인양요'를 일으켰
다. 1866년 프랑스함대의 조선 침범으로 벌어진 병인양요 이후 조선과 프랑스
사이에 우호통상과 천주교 포교의 자유를 주요 내용으로 하는 한불우호통상조
약이 체결되며 양국 간의 외교관계가 본격화되었다. 1900년을 전후한 시기 대
한제국 정부 내 고용된 외국인 중 프랑스인들이 다수를 점했던 사실은 한국과
프랑스 양국관계의 긴밀성을 보여주는 증거가 되기도 한다. 하지만 을사늑약
체결 이듬해인 1906년 8월 외교관계는 단절되었고, 주한프랑스공사관은 영사관
으로 변경되었다. 그 뒤로는 정식 외교관계는 아니지만 개별적인 한불관계가
지속되었다. 1919년 임시정부가 상해 프랑스 조계에 설립되어 1932년까지 독립
운동의 근거지로 삼기도 했다. 독립을 위한 임시정부의 첫 외교무대가 1919년
파리강화회의였던 점도 양국 간의 밀접한 관계를 보여준다. 1919년 김규식을
비롯한 신한청년당 대표단이 파리강화회의에 참가하였지만, 일본의 방해로 김
규식은 파리강화회의 본 회의장에 들어가지 못했다. 다만 회담장 밖에서 일제
식민지배의 불법과 부당함을 알리는 활동을 전개할 수 있었을 뿐이다. 서구열

강 중 임시정부를 공식적으로 처음 인정한 것도 드골의 프랑스 임시정부였다. 1945년 8월 15일 이후 식민지 조선이 해방되고 38도선을 경계로 남북한에 미소 군정이 설치되었으며, 이러한 상황은 의도치 않게 국제 사회의 주목을 받게 되었다. 1947년 냉전(coldwar)이 본격화되며 한반도는 양측의 각축장이 되어버렸다. 프랑스와 한국의 외교관계는 1949년 정식 수립되어 주한프랑스공사관이 다시 문을 열었다. 이 무렵 프랑스는 베트남을 비롯한 동남아시아의 문제 때문에 동아시아에 대한 관심이 높았고 한반도에 대한 관심 역시 커지는 상황이었다.

1950년 6월 25일 한국전쟁이 발발하자 프랑스는 유엔 안전보장이사회 상임 이사국이자 회원국으로서 전투부대 파병을 결정했다. 파병 결정에는 미국의 압력도 작용했지만 다른 한편으로는 동아시아에 대한 프랑스의 관심도 반영되었다. 베트남 문제로 인해 군을 직접 파견할 수 없었던 프랑스는 예비역과 현역으로 구성된 1개 대대와 보충대를 합해 프랑스대대(사령관: 몽클라르Ralph Monclar 중장)를 조직했다. 이렇게 조직된 프랑스대대는 1950년 11월 29일 부산항에 입항한 이후 미 제2사단의 일원으로 참전하여 지평리전투, 철의 삼각지대를 비롯한 각종 고지전(단장의 능선 전투가 대표적임)에 참가하여 눈에 띄는 전적을 올렸다. 프랑스대대는 휴전협정이 체결된 직후 1953년 10월에 한반도에서 철수했다.

한국전쟁에 공식적으로 참전한 국가만 미국을 비롯해 16개국이며, 여기에 중국과 소련을 합하면 세계 모든 강대국이 가담한 국제전적 성격을 지닌 전쟁이었다. 하지만 그동안의 한국전쟁 연구는 미국, 러시아(구소련), 중국 등 관련국들이 생산한 자료들에 근거해 진행된 탓에 남북한, 미국, 중국, 소련 등에 집중되어왔다. 우리는 이들 국가 외에도 유엔의 회원국으로서 유엔군으로 무장병력을 파견한 국가들, 아니면 중립국의 지위 때문에 비무장부대(예를 들어 병원선 등)를 파견한 국가들, 그 외에도 유엔 총회나 1954년 제네바정치회담 등에 참가한 국가들이 있고, 그들이 생산한 자료들이 있다는 점에 주목할 필요가 있다. 특히 프랑스는 한국과 이전부터의 밀접한 외교관계를 토대로 꾸준히 한국 관련

자료들을 생산·수집·분류·보관하고 있으니, 가장 중요한 근현대사 자료로는 한국의 독립운동 관련 사료와 한국전쟁 사료를 들 수 있다. 한국전쟁 관련 프랑스외무부 자료 속에는 주로 도쿄 주재 프랑스대사관 및 베이징, 도쿄, 워싱턴, 생 페테르부르크, 런던 등 세계 주요 도시 주재 프랑스대사관이 프랑스외무부에 전달한 한국전쟁 관련 보고서들이 포함되어 있다. 프랑스는 유럽의 참전국들을 대표하는 국가 중 하나로서 한국전쟁에 대해 방대한 양의 외교문서를 남겼다.

한국전쟁은 냉전문제에 관련된 대표적인 전쟁이다. 또 한편으로는 탈냉전의 문제와도 직간접적으로 연결되어 있다. 이러한 복합적 국제관계 상황에서 프랑스 자료들은 향후 한국전쟁을 비롯한 냉전과 탈냉전 연구에서 무척 중요하다. 프랑스는 미국과 보조를 맞추거나 미국의 발표에 따라 정보를 수집했음에도 미국과 항상 동일한 입장을 취한 것이 아니라 자국의 독립적인 시각을 견지했다. 이러한 까닭에 프랑스의 한국전쟁 자료는 한국전쟁의 단면을 다각도에서 이해하는 데 매우 중요한 자료가 될 수 있다. 본 자료집이 담고 있는 외교문서를 보면 휴전협상의 과정이 미국의 입장이 유엔에서 관철되는 과정이었다고 평가할 수 있지만, 유엔 총회나 휴전회담 전개 과정에서 프랑스가 반드시 미국과 보조를 맞추었다고 보기는 어렵다. 달리 말하면, 제2차세계대전 이후 달라진 미국의 위상이 절대적으로 반영되기는 하지만 프랑스 또한 유엔에서 자국의 입장을 관철시키려고 노력했음을 알 수 있다. 또한 직접 휴전협상국은 아니었으나 각국에 파견된 외교관들을 통해 포로가 된 프랑스 포로들의 귀환을 시도하기도 했다. 당시 프랑스는 한반도보다는 베트남을 비롯한 인도차이나반도에 관심을 기울이고 있었다. 그렇기에 조기 종전을 내세우며 미국과는 다른 입장에서 휴전협상을 인식했고, 프랑스외무부 자료에서는 이러한 프랑스의 입장을 구체적으로 확인할 수 있다.

그동안 한국현대사 연구, 그중 한국전쟁 연구에서 프랑스의 인식과 대응을 정리하는 작업은 활발하지 못했으며 그에 관한 연구도 드문 편이다. 무엇보다 프랑스 사료를 폭넓게 확보하고 깊이 있게 분석하기에는 '언어의 장벽'이 너무 높았기 때문이었다. 반면 프랑스어나 프랑스사 연구자들은 한국현대사를 학문적으로 접근하는 데 일정한 한계를 가졌다. 예를 들어, 국방부 군사편찬연구소에서 한국전쟁기 유엔군의 활동을 정리한 성과가 있으나 프랑스대대의 활동에 초점이 맞춰진 까닭에 단순한 전투의 나열에 그쳤으며, 한국전쟁에 대한 프랑스의 인식과 대응, 각종 활동 등은 제대로 검토할 수 있는 자료라고 할 수 없었다. 본 프랑스외무부 자료집은 이러한 기존 연구의 한계를 뛰어넘을 수 있는 '프랑스 자료의 국역화'라는 점에서 무척 중요한 시도라 할 수 있다.

본 자료집에 실린 프랑스 자료는 미국(워싱턴)과 유엔(뉴욕), 일본, 영국, 소련에 주재한 프랑스 외교관들을 통해 수집된 정보가 주를 이루지만, 그 외에도 세계 각지의 프랑스 외교관들을 통해 수집된 정보를 담고 있다. 이러한 수집 정보를 통해 한국전쟁 당시 프랑스가 어떠한 부분에 집중하고 있으며, 각국에서 한국전쟁의 어떠한 면이 쟁점으로 제기되고 있는가를 검토할 수 있다. 다만, 프랑스의 동향과 동아시아에 대한 프랑스의 인식과 대응을 확인할 수 있는 자료가 많지 않은 것은 아쉬움으로 남는다. 본 자료집의 문서군이 한국전쟁이 핵심적인 주제인 까닭에 그것에 집중될 수밖에 없었다. 본 자료집에·편철된 프랑스 자료의 구체적인 내용을 살펴보면 다음의 몇 가지로 구분할 수 있다.

첫째, 한국전쟁의 발발과 전개, 협정까지의 상세한 과정을 살펴볼 수 있다. 한국전쟁은 한반도에서 발생한 전쟁이지만 미국과 유엔이 개입하는 순간부터 그 성격은 국제전으로 전환되었다. 특히 유엔은 한국전쟁 초기부터 전쟁에 적극적으로 개입했다. 1950년 6월 25일 한국전쟁이 발발하는 순간부터 미국이 참전과 동시에 유엔에 전쟁을 포함한 한국 문제를 상정했기 때문이다. 이때 프랑스는 유엔 회원국의 일원으로 참가했으나 미국의 입장에 일방적으로 동조하지는 않았다. 프랑스는 각국에 주재하는 프랑스 외교관을 통해 여론, 언론 보도, 각국 정부의 입장 등에 대한 정보를 수집하여 자료로 축적하였다. 미국(뉴욕, 워싱턴 등)과 일본뿐 아니라 소련(모스크바)과 중국(베이징), 유럽 각국(동유럽 포함), 동아시아(예를 들어 버마의 랑군) 등 전 세계 각지에 주재하는 프랑스 외교관들을 통해 한국전쟁의 시기별 쟁점에 대한 현지의 여론을 수집하였다. 예를 들면 중공군의 참전 이후 유엔군이 패배하게 되자 미국이 원자폭탄 사용을 검토했을 때, 프랑스는 이러한 원자폭탄 사용 문제에 대한 각국의 여론을 점검하였다. 본 자료집에서는 그러한 프랑스의 정보 수집을 구체적으로 확인할 수 있으며, 이를 통해 한국전쟁 당시 프랑스가 미국의 입장에 동조하면서도 자국만의 독자적인 입장에서 한국전쟁을 어떻게 인식하고 대응했는지를 구체적으로 확인할 수 있다. 한편 한국전쟁 관련 연구자들은 이러한 내용을 통해 한국전쟁에 대한 각국 동향의 직간접적인 정보 인용이 가능할 것이다.

둘째, 한국전쟁기 전황(戰況)의 구체적인 전개를 살펴볼 수 있다. 널리 알려졌듯이 한국전쟁은 '북한의 기습남침 – 낙동강 방어전 – 인천상륙작전과 북진 – 중공군의 개입과 후퇴 – 전선의 고착과 고지전'의 과정을 거치며 전황이 전개됐다. 각 시기별로 각각의 전황이 달라지고 있다. 프랑스 자료는 도쿄의 맥아더 사령부(연합군 최고사령부, SCAP, Supreme Commander Allied Powers)에서 발표하거나 미국 정부가 발표한 전황 소식을 수집하여 반영하고 있다. 물론 미국 주도의 연합군 사령부를 통한 정보라는 한계가 있으나 그러한 정보에 대한 프랑스의 개별적 시각이나 견해를 엿볼 수 있기도 하다.

프랑스는 많은 정보를 맥아더사령부나 미국 정부를 통해 수집하고 있으나, 때로는 각국에 주재한 현지의 외교관들을 통해 수집하고 있었다. 그런 결과로 때로는 미국의 발표와는 다른 정보를 가지고 있기도 했다. 예를 들어 중공군의 참전에 대한 정보 가운데 난징(南京, 창하이) 주재 프랑스 전권공사 장켈레비치가 1950년 11월 12일자로 보낸 '제국주의의 아시아 개입에 대한 시위'라는 전문에서는 "주한 미군의 잔인성과 중국을 향한 미국의 침략 의도에 반대하는 중국 인민들"의 시위와 그에 대한 반응, 그리고 이것이 중국 지원군으로의 입대 등 한국전쟁에 미치는 영향을 기술하고 있다. 또한 중국 내 반공주의 활동에 대한 정보도 수집(상하이 탄약고의 폭발과 뒤이은 난징의 병기창고 폭발 및 인명피해 등)해 보고하고 있다.[1] 이와 같은 프랑스의 정보 수집 활동은 미국이 아닌 자국의 외교관들을 통해 수집한 정보이며, 어느 정도 제한된 미국의 정보와는 차별화된다고 평가할 수 있다.

---

[1] 문서번호 96-98.

한국전쟁의 전황과 관련한 자료도 다양한 층위로 세분된다. 한국전쟁에 대해 거시적 측면에서 접근한 자료가 있는가 하면, 각각의 전투가 어떻게 전개되고 있는가를 확인할 수 있는 정보도 수집되고 있다. 한국군의 초기 패전과 지연전, 인천상륙작전과 유엔군의 북진, 중공군의 개입, 고지전, 휴전회담 등의 전체적인 전개 양상을 볼 수 있는 정보가 기록되었다. 다른 한편으로 개별 전투 상황을 보고하거나, 맥아더 장군의 북한 정부에 대한 요구, 중공군의 개입에 뒤이은 압록강 수풍댐에 대한 검토 등의 매우 세밀한 정보를 수집하고 있다. 또한 중공군의 개입 이후 전선이 교착되자 프랑스는 '비무장지대(중립지대)'의 설정을 검토하며, 관련국 주재 외교관들을 통해 이것에 대한 정보를 수집하기도 했다. 중국의 참전 이후에는 미국 정부가 최후의 공격을 계획하자 뉴욕에 있던 주유엔 프랑스대사는 유엔군 사령부의 임기 연장에 대해 반대 입장을 밝히기도 했다.[2] 아울러서 공산 측이 제기한 미국의 세균전, 휴전회담 전개 과정에서 제기되는 주요 쟁점 등을 구체적으로 확인할 수 있다. 이렇듯 프랑스 자료는 한국전쟁의 전체적인 전개 양상 외에도 그것의 구체적인 전개 양상을 세밀하게 파악하는 데도 유용한 자료이다.

셋째, 각국에 파견된 프랑스 외교관들을 통해 수집한 각국의 동향을 기록하고 있다. 한국전쟁 초기 소련의 입장은 모스크바 주재 외교관을 통해 소련의 보도와 소련의 예상되는 대응 등에 대한 정보를 수집하며 자체적으로 소련의 입장을 평가하고 있다. 예를 들어 "한국문제는 소련에 있어 별다른 위험 없이 미국의 항전 의지를 측정할 수 있는 기회"라고[3] 평가하는 것과 같이 미국과는 다른 입장에서 한국전쟁 및 소련에 대해 접근하고 있다. 이 점은 유엔에서의 활동에서 두드러지게 나타난다. 즉 프랑스는 미국의 입장에 동조하면서도 개별적인 쟁점에서는 영국과 보조를 맞추는 게 나타나기도 한다.

넷째, 한국전쟁기 프랑스 자료에는 전황 외에도 후방의 상황을 파악할 수 있

---

2) "우리는 현 상황에서 유엔군 사령부(원문은 통합사령부. 인용자)의 임기 연장에 긍정적이지 않을 것이라는 사실도 추가할 수 있습니다." 미국 정부의 한국에서의 마지막 공격 결정. 문서 번호 3043-3045.
3) 북한군의 성과. 문서번호 1444-1449.

는 자료도 포함되었다. 예를 들어 1950년 10월 25일자 주유엔 프랑스대사 쇼벨이 뉴욕에서 보낸 전문에는 한국의 피난민을 위해 필수적인 피난민 원조용 모포 100만 장을 요청하고 있다. 물론, 이것은 유엔군사령부에서 유엔을 통해 요청한 것이기는 하지만, 이전의 30만 장 이후 추가로 요청한 것이었다.[4] 후방의 구호 활동에 외에도 후방에서 벌어지고 있는 한국의 정치 상황에 대한 보고도 이루어지고 있다. 아울러서 한국전쟁 기간 한국의 국내 상황에 대해서도 프랑스가 예의주시하고 있음을 확인할 수 있다. 주로 한국 주재 유엔위원단의 외교관들을 통한 정보가 많기는 하지만 미국의 일방적인 정보와는 다른 프랑스만의 인식이 담겨 있음을 볼 수 있다.

다섯째, 본 자료집은 한국전쟁기 유엔군의 일원으로 참전한 프랑스군의 활동을 구체적으로 확인할 수 있다. 특히, 프랑스군은 지평리 전투에서 중공군의 공세에도 불구하고 승리함으로써 중공군의 남하를 저지하였다. 다음은 지평리 전투에서의 프랑군의 활약과 승리를 기록한 외교문서의 내용이다. "지평리 전투는 한국의 전투 중에서 가장 영광스러운 전투 중의 하나로 남을 것입니다. 그곳은 3천 명 정도의 거주민이 사는 작은 도시로, 2월 4일 미군과 프랑스 부대가 주둔하고 있었습니다. 언덕들로 둘러싸여 깊숙이 자리한 이 촌락은 강력한 방어선을 굳건히 지키고 있었습니다. 2월 12일까지 중국 전위부대들은 정찰부대만이 접근해왔습니다. 2월 13일, 적군은 보루를 집중적으로 포위하고자 4개 사단과 함께 그곳에 대한 공격을 개시했습니다. 적군의 돌파에도 불구하고, 제23연대의 사령관은 매 순간 부대의 결집과 각 소대들 간의 연락을 유지하는 데 성공했습니다. 접전 중 적군을 연합군 방어 진지 한가운데로 이끌었습니다. 군화도 신지 않고 팔에 붕대를 맨 부상자의 지휘를 받은 프랑스 지원병들은 침략자를 향해 격렬하게 달려들었고, 상대를 첫 번째 요새 지역 경계까지 몰고 갔습니다. 용기와 끈기로 똘똘 뭉친 미군과 프랑스군은 4일간 그들과 떨어져 있는 연합군 부대의 어떤 지원도 없이 무수한 적군들을 쉼 없이 물리치는 데 성공했습니다." 이 전투에서 프랑스 전사들의 활약은 미국 사령관의 찬사를 받았다.

---

[4] 문서번호 2314.

제23연대를 지휘하는 차일즈 중령은 특히 다음과 같이 말했다. "프랑스 군인들은 그 어떤 찬사로도 모자랍니다. 그들이 어떤 진지를 공격하면, 그들은 그곳을 점령해버리고 맙니다. 그들이 그것을 차지하고자 하면, 그들은 차지하고 맙니다. 만일 여러분이 그들에게 방어해야 할 지역을 정해주면 그들은 여러분이 돌아올 때 거기에 있을 것입니다. 그들은 제가 만난 이들 중 가장 전투적인 사람들입니다."[5] 그러나 프랑스는 한국보다는 인도차이나 반도가 중요했던 까닭에 정규군을 파견하지 않고 예비군을 파견했다. 이러한 프랑스의 입장에 대해 미국도 인식하며 이해하고 있었다. 아울러서 전선이 고착되는 가운데 포로로 잡히는 프랑스 군인들이 나타나게 되자 자연스럽게 프랑스의 관심도 전황뿐 아니라 포로 문제에 관심을 기울였다. 그리하여 중국을 통하여 프랑스 출신 포로들의 현황을 건네받기도 하는 등 포로 문제에 대해 관심을 기울였음을 확인할 수 있다.

1950년대 초 국제정치에서 프랑스의 위치는 몇 가지로 규정될 수 있다. 소련의 위협에 대항한 서독의 재무장에 대한 거부 입장, 미국의 지원을 받으면서도 국제적으로 제2군 세력으로 추락한 데 대한 반발로 반미주의 강화, 나치독일 타도에 있어 소비에트연방의 기여를 인정하는 공산주의자들의 득세, 전 세계적 탈식민주의화 과정에서 인도차이나(베트남)와 알제리의 문제가 바로 그것이다. 1950년 6월 한국전쟁 발발에 대한 프랑스 내 반응은 이 네 가지 긴장노선이 극도로 복잡하게 상호작용하는 가운데 나타났다. 본 자료집은 프랑스가 이러한 다면적 상황과 시각 하에서 한국전쟁에 어떻게 대응했는가를 보여줄 수 있을 것이다. 한국전쟁 관련 방대한 프랑스외무부 자료의 번역은 이제까지 국내에서 이루어진 적이 없는 최초의 작업으로서, 이는 한국전쟁의 발발과 전개, 협정까지의 상세한 과정을 새롭게 조명해낼 수 있는 한국 현대사 사료의 중요한 부분을 발굴·구축하는 의의를 지닐 것이라 확신한다. 향후 본 자료집을 활용한 한국전쟁에 대한 후속 연구가 보다 풍부하게 활성화되고 진척되기를 기대한다.

5) 프랑스 군대의 활약. 문서번호 641.

끝으로, 본 자료집이 나오기까지 도움을 아끼지 않은 많은 분들께 깊은 감사의 마음을 전한다. 누구보다 한국전쟁 당시의 국내외 상황의 이해, 역사 용어의 올바른 선택과 주석 작업 등을 위해 많은 가르침을 주신 노영기 교수와 도종윤 교수, 그리고 프랑스 외무부 자료수집과 프랑스어의 적확한 번역에 도움을 준 로르 쿠랄레(Laure Couralet) 씨에게 무한한 감사의 마음을 전한다.

성균관대학교 프랑스어권문화융합연구소 소장
이 지 순

1952년
7월 1일~12월 31일

【1】 신화통신의 미국 '도발' 언급(1952.7.1)

[전   보] 신화통신의 미국 '도발' 언급
[문 서 번 호] 1362
[발   신   일] 1952년 7월 1일 15시 00분
[수   신   일] 1952년 7월 1일 19시 16분
[발신지 및 발신자] 모스크바/브리옹발[1](주소련 프랑스대사관 참사관)

 6월 28일자 한국 휴전협상에 관한 보도에서 신화통신은 최근 미국의 '도발'을 재차 언급했습니다. 지난달 회의 중 3번에 걸친 임의적 회의 중단, 포로 학살, 27,000명 이상의 포로를 이승만 당국에 넘겨주기, 그리고 압록강 폭파 등의 예를 든 것입니다. 그러나 이러한 도발은 공정하고 합리적으로 문제를 해결하고 휴전을 달성하기 위해 모든 최선을 다하고자 하는 우리의 확고한 결정을 전혀 흔들지 못했다고 이 중국 통신은 쓰고 있습니다. 오히려 이런 새로운 사건들마다 상대측의 어리석음을 더욱 분명히 드러내는 계기가 되었습니다. 이러한 주장을 뒷받침하기 위해 신화통신은 협상 시작부터 일어났던 개성과 판문점 중립지대에 대한 여러 가지 위반사례들을 내세웠습니다. 이 사전 계획된 도발에 대한 이야기는 이러한 방법으로 중공·북한의 입장을 바꾸려 하고 공정하고 합리적인 휴전을 위해 투쟁하려는 중국과 북한 인민들의 확고한 결심에 영향을 끼치려하는 그들의 노력이 무의미함을 미국이 알아야 할 것이라고 이 보도문은 결론을 맺습니다.

브리옹발

---

1) 장 브리옹발(Jean Brionval) 주소련 프랑스대사관 참사관 역임.

【2】 이승만 대통령 암살 미수 사건(1952.7.1)

[전 보]	이승만 대통령 암살 미수 사건
[문 서 번 호]	1365
[발 신 일]	1952년 7월 1일 01시 00분
[수 신 일]	1952년 7월 1일 12시 00분
[발신지 및 발신자]	도쿄/드장(주일 프랑스대사)

브리옹발[1] 씨로부터의 문서 제36호(부산 6월 25일 발신)

　오늘 오전 10시 50분 한국 공산군 침략 기념식에서 이승만 대통령을 겨냥한 테러행위로 보이는 사건이 발생했습니다. 주로 경찰, 육군, 해군, 아동들, 각종 단체 및 애국 연맹들로 구성된 약 10,000명의 관중이 참석한 이 기념식은 부산의 주 광장에서 거행되고 있었습니다. 광장의 중앙에 설치된 연단 위에만 첫 번째 줄에 착석한 외교단을 포함해 150명가량의 주요 공직자들이 자리를 잡고 있었습니다. 이 대통령의 연설이 진행되고 있는 도중인데도 뒤쪽으로 5-6열 뒤에서 60대의 한 인물이 갑자기 일어나 대통령의 뒤를 겨냥하고 권총을 휘둘렀습니다. 이 사람은 이승만 박사의 경호원의 도움을 받은 안보대장에 의해 즉시 제압되고 연행되었습니다. 중단되었지만 전혀 동요하지 않은 대통령은 침착하게 자신의 연설을 마쳤습니다.[2] 이후 즉시 내무장관 이범석 장군이 연단 위로 뛰어들어 군중에게 암살시도와 정부 반대자들을 비난하고 모든 한국인들에게 대통령을 중심으로 애국심으로 뭉치자고 권고하는 열띤 연설을 함으로써 꽤나

---

1) 앙리 브리옹발(Henri Brionval) 한국유엔위원단 프랑스대표 역임.
2) 1952년 6월 25일 부산 충무로 광장에서 연설하던 이승만 대통령을 저격하려다 미수에 그친 사건. 이 사건의 범인과 배후로 체포된 인물들은 의열단 출신인 유시태와 김시현이었음. 그뒤 사건은 더욱 확대되어 야당 탄압의 구실로 작용하게 됨.

많은 박수를 받았습니다.

행사는 정상을 되찾고 유엔위원단 단장의 연설과 미국대사의 연설이 이어졌으며 오전 11시 30분에 끝이 났습니다. 행사 후 여러 소식통 특히 유엔위원단 위원들과 저의 영국 동료에게서 즉각적으로 나온 의견은 그것이 '조작극'이라는 것입니다.

사람들은 최근 시위가 증명한(본인의 전보 제31호와 32호) 복합적 감정 속에서 행위 자체가 군중에게 줄 수 있는 명확한 암시는 무시하지만, 오늘 사건이 이승만 대통령으로 하여금 이미 절대권력 체제를 향해 아주 멀리 나아갈 수 있게 해주었던 특별조치를 더욱 강화하는 데 있어 정부에 편리한 구실을 제공해 주는 입장인 것은 확실합니다. 이 사건이 전개되면 당연히 이를 부추긴 정확한 인물을 찾아내게 되겠지만, 오늘 오후 공식 보도들이 이미 공상적이고 유치한 세부사항으로 이 사건을 과다하게 윤색하는 것과 "암살미수범 유시태(대구 지방선거에 실패한 후보)를 무장"시키고 그를 불법으로 공식 연단에 올려 보냈다는 민주국민당(민국당)의 너무 빠른 연루 진술이 이미 의심스럽습니다.

드장

【3】 외국대표단 통역에 대한 한국 정부의 의심(1952.7.1)

[전 보]	외국대표단 통역에 대한 한국 정부의 의심
[문 서 번 호]	1369-1370
[발 신 일]	1952년 7월 1일 01시 00분
[수 신 일]	1952년 7월 1일 12시 50분
[발신지 및 발신자]	도쿄/드장(주일 프랑스대사)

브리옹발 씨로부터의 문서 제37호(부산 6월 26일 발신)

인용

　　오늘 아침 영국대사는, '음모' 재판의 제6회 공판(저는 개인적으로 참석하지
않음)에서 헌병사령관 원용덕 장군이 참석한 외국 대표들 및 유엔위원단 위원
들에게 이들의 개별 통역관들이 제공하는 쟁점 번역의 진실성에 한국 정부는
의심을 품고 있음을 밝혔다고 저에게 전해주었습니다. 이런 맥락에서 그는 당
사자들에게 그들의 통역관들이 한국 관련 당국에 그 신분과 과거 등에 대한
모든 정보를 제공해줄 것을 촉구했습니다. 오늘 저녁 마침 우리 영사관 저녁
식사 자리에 모인 아담스 영국대표를 포함한 여러 유엔위원단 대표들은 한국
당국의 이러한 거슬리는 개입을 순순히 수용하지는 않을 것이지만 어쨌든 이
공판에 계속 참여해야 하는 것이 문제라는 입장을 표명했습니다. 이 문제에
관한 저의 의견을 묻는 위원들에게 저는 다만 제 개인적으로 도달한 결론에
대해 설명하고 그것이 6월 24일부터 제가 더 이상 공판에 참여하지 않게 된
이유(본인의 전보 제35호)라고 말했습니다.
　　저는 제 통역관이 위협을 담고 있는 한국 정부 경고의 가혹함과 압박에 처
해지지 않도록 하려는 배려는 저의 재량권 내의 일일뿐이라고 덧붙였습니다.

드장

【4】 프·미·영 3국의 한국정책 협조(1952.7.1)

```
[ 보  고  서 ]  프·미·영 3개국의 한국정책 협조
[ 문 서 번 호 ]  미상
[ 발  신  일 ]  1952년 7월 1일
[ 수  신  일 ]  미상
[발신지 및 발신자]  파리/외무부 회의사무국
```

장관실 비서실장을 위한 보고서

　애치슨 미 국무장관과 이든 영국 외무부장관은 한국의 최근 사건들에 관해 슈만 프랑스 외무부장관이 표명한 우려에 동조했습니다. 그들은 특히 지금까지 사용되었던 세 나라 정부 간의 협의절차 개선이 필요하다고 인정했습니다.

　영국과 미국은 작전의 방향을 위한 연합위원회를 구성하는 것은 불가능하다고 생각합니다. 다른 한편, 그들은 일본에 말하자면 유엔사령부 산하 3개국 대사를 파견하는 방식에 대해 일본 정부의 허락을 받는 것도 어려울 것으로 봅니다.

　그러나 이든 영 외무장관은 기존의 클라크 장군 산하 군사연락기관이, 정해질 조건 하에서, 미총사령관 산하 정치적 연락까지도 책임을 지도록 하는 안건을 제안했습니다. 애치슨 국무장관은 이 제안에 호의적인 것처럼 보였습니다. 장관께서 이 점에 동의하신다면 상세한 제안서를 영국 외무부에 요청하기로 런던 주재 우리 프랑스대사관과 합의되었습니다.

【5】 파니카 전 주중 인도대사와의 대담(1952.7.2)

[전　　　　보]	파니카 전 주중 인도대사와의 대담
[문 서 번 호]	420-422
[발　신　일]	1952년 7월 2일 06시 00분
[수　신　일]	1952년 7월 3일 11시 24분
[발신지 및 발신자]	방콕/폴-봉쿠르[1](주태국 프랑스대사)

사이공 공문 제403-405호

잠시 방콕에 들른 파니카 씨와 함께 저는 인도대사의 집에서 점심식사를 했습니다. 저는 그에게 라디오에서 그의 주이집트대사 겸 아랍국 인도외교대표 임명이 발표되었다고 알려주었습니다. 이전 중국 주재 인도대사였던 파니카 씨는 자신의 임명이 벌써 발표된 것에 놀라는 눈치였습니다.

제가 우편으로 다루는 여러 질문들 중에서도 특히 유엔 공군이 만주 영토에 폭격을 실시한다면 중공 공군이 일본에 보복을 할 수 있다고 생각하는지 그에게 물었습니다. 파니카 대사는 만주 공습은 중공과 소련 사이의 지원 의무를 발동시킬 것이므로 그것은 무엇보다 소련 공군에 의해 실행되는 공군작전이라고 즉시 설명했습니다. 이에 관해 저우언라이뿐 아니라 소련대사는 그에게 매우 단호하게 말했다고 합니다. 더불어 그들은 '만주 성역'은 미국에 있어 일본에 필적할만한 것이며, 한쪽의 공습과 다른 쪽의 반격을 가져오게 될 것이라고 설명했다고 합니다.

더욱이 그가 6월 11일 제출한 중공의 마지막 제안에 대해 소식이 없다고 합니다. 이 제안은 3만 몇 천 명의 포로들에게 그들의 목적지를 자유로이 선택할

---

[1] 장 폴-봉쿠르(Jean Paul-Boncour, 1895-19??). 주태국 프랑스대사(1951-1954).

수 있도록 하고 이들을 경찰 호송대 및 군대 없이 개성 가까이의 '비무장지대'로 가게 하자는 것으로, 이들의 송환 분쟁은 실질적으로 감소되었습니다. 그런데 파니카 씨는 이러한 중공의 교섭 개시가 워싱턴과 런던에 전달되었다고 알고 있습니다.

폴-봉쿠르

【6】 네루 인도총리의 한국전쟁포로문제 타협 추구(1952.7.2)

[전   보]   네루 인도총리의 한국전쟁포로문제 타협 추구
[문 서 번 호]   452-454
[발   신   일]   1952년 7월 2일 15시 40분
[수   신   일]   1952년 7월 2일 13시 17분
[발신지 및 발신자]   뉴델리/오스트로로그(주인도 프랑스대사)

보안

2급 비밀

도쿄 공문

본인의 전보 제445호와 도쿄 공문 제1362호 참조

미국대사가 1급 기밀로 제게 제공한 정보에 의하면 판디트 네루는 중국 주재 인도대사를 통해 중국 정부에 접근하여 한국전쟁 포로 문제에 관한 타협을 추구했습니다.

파니카 대사의 퇴임에도 불구하고 대화는 계속되고 있습니다. 인도총리는 이 주제에 대해 희망 또는 환상을 가지고 있기 때문에 압록강 폭격에 대해 그는 반발과 함께 공개적으로 혹독한 비난을 했습니다. 미국대사는 인도의 개입 성공을 거의 기대하지 않는다고 저에게 고백했습니다.

판디트 네루는 베이징에 전혀 영향력이 없다는 점을 스스로 인정합니다. 그러나 장기적 관점에서 중국이 소련에 대한 독립성을 좀 더 확보할 수 있는 아시아 협력정책을 수용하기를 희망하며 그는 낙담하지 않습니다. 미국과 영국 대표들에게 자신의 태도를 설명하고 어떤 의미로는 이에 대해 이해를 받습니다.

때문에 그는 어느 정도 성공했다고 볼 수 있습니다. 영국 대리대사도 저에게 같은 의미로 말했습니다.

오스트로로그

【7】 안전보장이사회 회의(1952.7.2)

[전   보] 안전보장이사회 회의
[문 서 번 호] 1540-1543
[발   신   일] 1953년 7월 2일 19시 20분
[수   신   일] 1953년 7월 3일 00시 30분
[발신지 및 발신자] 뉴욕/오프노(주유엔 프랑스대사)

워싱턴 공문 제919-922호

안전보장이사회는 7월 1일 오늘 584차 및 585차 회의를 개최했습니다.

첫 번째 회의는 전적으로 절차 논의에 집중되었습니다. 먼저 미국 대표가 이사회에 새 회원국 승인 문제에 앞서 세균전에 관한 조사문제를 다룰 것을 요청했습니다. 이사회는 소련 대표의 항의에 불구하고 파키스탄 기권과 함께 9표의 다수결로 미 대표를 만족시켰습니다.

이어 말리크 소련 대표는 세균전 조사 문제에 대한 미 대표의 진술을 듣기 전에 중공과 북한이 이 토론에 참여하도록 초대장을 보내자는 제안에 대해 입장을 표현해달라고 이사회에 요청했습니다. 이사회는 이 요청을 승인했지만 표결 결과 10표의 다수결로 이 두 나라에 초대장을 보내지 않기로 결정했습니다.

저는 저의 투표 동기를 간단한 발언으로 설명하기 위해 위원회가 할 일은 전문가위원회의 임명을 결정하는 것이지 그 조사를 스스로 실행하는 것이 아니라고 말했습니다. 이 임무를 위임받은 기관이 사실관계에 대해 양측의 이야기를 들어야 하는 것이라고 말입니다. 저의 다음으로 발언을 한 위원회의 다른 대표들 대부분이 이와 동일한 이유를 들었습니다.

말리크 소련대표는 표결 이후 즉시 짧은 성명서를 통해 중국과 북한 대표가 미국이 시작한 세균전에 대한 진실을 위원회에 폭로하러 올 수 있다는 생각에

미국 정부가 "두려움"을 갖는 것이라고 비난하고 소련 대표단은 중공-북한 대표들이 부재하는 논쟁에 참여하지 않을 것이며 미국 결의계획안에 반대표를 던지겠다고 선언하며 결론을 맺었습니다.

회의의 나머지 부분은 소련이 미국에 대해 발족한 "증오 캠페인"과 미국과 유엔을 향해 쏟아내었던 비난에 대한 조사와 객관적 토론을 이제 와서 피하는 소련 정부의 위선을 규탄한 그로스 미국 대표의 길고 훌륭한 발언으로 채워졌습니다. 전 세계에 걸친 소련의 다양한 혐오 선전운동의 구체적 내력을 근거로 한 그의 주장은 이미 그의 의견에 찬성하며 가장 호감을 가진 동료들에게조차도 감명을 주었습니다. 한편 말리크 소련대표는 노골적으로 큰 소리의 낭독에 몰두했습니다. 위원회는 내일 오후 토론을 이어갑니다.

오프노

【8】 압록강 발전소 폭격(1952.7.3)

[보   고   서] 압록강 발전소 폭격
[문 서 번 호] 1492 EU
[발   신   일] 1952년 7월 3일
[수   신   일] 미상
[발신지 및 발신자] 뉴욕/쇼벨(주유엔 프랑스대사)
[수신지 및 수신자] 파리/슈만(프랑스 외무부장관)

　압록강 발전소들의 폭격과 미국이 주도한 이 같은 행위에 대한 반발들은 저에게 아직도 생생한 기억을 일깨웠습니다.

　저는 특히 미 대표단이 유엔한국위원단의 보고서가 우리에게 도착하기도 전에 우리에게 입장을 취하라고 압력을 행사하면서 이사회에서 이 문제를 어떻게 촉구했었는지의 상황을 떠올렸습니다. 또한 구실이 되어주던 이사회의 결정을 기다리지도 않은 채 미군의 개입을 발표하려 할 정도로 워싱턴이 서둘렀던 것도 저는 기억이 났습니다.

　그런데 더 있습니다. 취해진 조치는 거의 전적으로 미국의 행위인 것이 분명해 보입니다. 그때 저는 이 조치와 그것을 결정한 위원회 사이에 일종의 연관성을 유지하는 것이 적절할 것이라고 생각했었습니다. 말리크 소련대표가 언제든지 다시 참석할 수 있는 이사회에서 계속되는 논쟁의 불편함을 인식한 저는 제가 그 직전에 통과시켰고, 특정 문제를 지켜보는 보고책임자 지정을 계획하는 결의를 적용하자고 미 대표단에 제안했습니다. 한국문제에 대한 보고책임자는 모든 것을 보장할 수 있고 의장 임기를 끝내는 노르웨이 대표여야 한다고 저는 생각했었습니다. 이 제안은 즉시 거부되었습니다. 어떤 장애도 미 행정부의 이익을 위해 마련된 일반 대표단을 이기지는 못합니다. 전적인 자유를 유지하려는 이 같은 미국의 열망은 얼마 후 문제의 사소한 부분에서 나타났습니다.

여러 회원국들이 어떤 국가는 키니네[1]를 어떤 국가는 주사기를 제공하기 시작하자 이것들을 수령하여 워싱턴에 전달하고 이어 해당 정부들에게 답을 하는 기관을 지정할 필요성이 드러났습니다. 저는 위원회의 소위원회 창설을 제안할 생각을 했었습니다. 더구나 워싱턴이 표방하는 정책기관의 역할 자체가 이 보잘것없는 임무로 전락해버린 것을 참을 수 없었습니다. 실행해야 할 임무는 결국 사무국에 맡겨졌으며 이를 계기로 사무국의 역할은 상당히 증대되었습니다.

이렇게 시작된 군사작전은 유엔의 기치 아래 계속되었지만 위원회는 돌발사건에 대해서는 보고를 받지도 못하거나 받는 경우가 거의 드물고, 뒤늦은 보고를 고려하면 유엔의 모든 통제를 벗어난 상태였던 것입니다. 저는 이 작전의 초기에 워싱턴은 전쟁터에서까지 이 독점권을 유지하려 했음을 덧붙입니다. 트리그브 리 유엔사무총장이 자신의 권한으로 모든 회원국들에게 한국에 할당병력 파견을 호소했을 당시 미 대표단은 우리 프랑스 대표단만큼 분개했습니다. 이에 대한 저의 의견은 초기의 좌절과 치러야했던 손실에 대한 인식, 공허감 등을 겪은 이후에야 달라졌습니다.

그러나 첫 번째 서울 수복 이후 북한군이 북으로 물러나기 시작했을 때 38선 돌파 문제가 사실상 제기되었습니다. 이로 인해 미 언론은 많은 독자를 불러 모았습니다. 행정부는 입장표명을 피했습니다.

그 당시 유엔총회가 열렸습니다. 몇 대표단은 우려를 표했습니다. 인도대표 베네갈 라우[2] 경은 적대행위의 중단을 촉구하기 원했습니다. 그때 저는 미국 대표에게 총회의 명시적 38선 돌파 승인을 얻는 것이 유용하다고 생각하지 않는지 물었습니다. 이런 방향의 권고는 쉽게 사그러질 수 밖에 없었습니다. 그로스 미 대표는 명백히 전혀 다른 방식을 선호했습니다. 채택된 본문은 일반적이고 암묵적 승인을 포함한 것으로 해석될 수 있는 모호한 용어로 작성되었습니다. 또한 이 기회에 워싱턴은 스스로의 입장에서조차도 정확하게 책임져야 할 부분을 피하고자 했습니다.

---

[1] 말라리아 특효약.
[2] 베네갈 라우(Sir Benegal Narsing Rau, 1887-1953). 주유엔 인도대표(1950-1952).

38선을 돌파한 유엔군은 북한 국경에 접근했습니다. 그때 프랑스와 영국 정부는 압록강 댐과 발전소들에 대한 지나치게 직접적인 위협이 불러올 수 있었던 중국의 대응 가능성에 대해 우려를 표했습니다. 중립지역을 만드는 방법에 대한 대화가 워싱턴에서 시작되었습니다. 미 국무부에서 영국과 프랑스 두 대사관이 협상을 진행하는 동안 저는 뉴욕에서 비공식적으로 우연히 미군을 국경까지 물러나게 만든 적의 공세와 국경에서 중공 지원병들의 도움을 받은 북한군이 미군을 부산 근처까지 몰고 갔다는 소식을 들었습니다.

이 커다란 패배는 미 행정부로 하여금 동맹국들에게 좀 더 속내를 털어놓도록 만들었습니다. 아직 뉴욕 및 유엔 차원에서는 아니더라도 워싱턴과 미 대변인들 외에 한국에 군대를 파견한 15개국 대표들이 모인 정보회의에서는 상황의 특정 측면에 대한 속내가 나오고 논의되었습니다. 유엔 기구 자체는 더 많은 정보를 얻지 못했습니다.

마지막으로 맥아더 장군의 소환도 그 후임자 지정도, 클라크 장군의 리지웨이 장군 대체도 유엔에서 사전 공지의 대상이 아니었다는 사실을 상기할 필요가 있습니다. 저는 이 교체 이후 어떻게 되었는지 마지막 소식은 알지 못하지만 처음에 관하여는 14개 작전 참여 국가들이 워싱턴뿐만 아니라 다른 곳에서도 통고를 받지 못했다는 말은 할 수 있다고 생각합니다.

따라서 이 14개 참여국들이 압록강 발전소 폭격에 대해서도 언론의 보도를 통해 알게 되었다는 사실은 놀랄 일이 아닙니다.

약간 길었던 점에 이해를 부탁드리는 이 회고는 미국 정책에 대한 자동 비판을 조장하기 위한 것이 아닙니다. 저는 다만 추후의 모든 결과에 중대한 영향을 미치는 어휘의 오류를 지적하는 것이 유용하다고 생각하는 것입니다.

아마도 한국문제는 과거에도 지금도 유엔의 대성공을 상징하지는 못할 것입니다. 물론 전쟁과 작전의 전개, 더 최근의 휴전협상의 전개는 어떤 비판을 불러일으킬 것입니다. 그러나 사실 유엔의 깃발은 처음에 순전히 미국의 전쟁을 비호했는데 나중에는 일종의 연합전쟁이 된 사실에 주목할 필요가 있어 보입니다.

전통적으로 중국은 명칭의 정확성과 명확성에 많은 중요성을 두었습니다. 저는 이 중요성이 공무 수행에 있어 특히 민감하다고 생각합니다. 등불을 방광이라고 부르는 것은 언제나 난처합니다. 언어의 불확실성은 사고와 행동에 이상한 오류를 일으킵니다. 한국문제에 있어 5개국에 의해 반박당하고 여러 국가에 의해 비난당한 16개국의 활동이 책략적으로 모든 국가들의 행동처럼 소개되고 이 책략을 이용해 법률적으로 사실상 모든 국가들을 개입하게 만드는 것은 무관하지 않습니다. 우리만 이러한 남용을 확인한 것이 아닙니다. 그리고 우리가 보편적이길 바라는 고양된 원칙의 옹호자들이 그릇된 주장을 바탕으로 자신들의 행동을 정당화하는 것은 항상 위험하며 이 주장과 원칙의 비호 하에 행동하는 동맹은 당연히 제대로 작동하지 않습니다. 제가 생각하기에 중요한 것은 연합이나 동맹이라는 것과 전세계적 조직에 속한다는 것이 무엇인지 혼동하지 말아야 한다는 것입니다.

저는 뉴욕에서의 임무 기간 동안 단지 한국문제에만 적용되는 것이 아닌 이 구분을 지키려 노력했습니다. 그러나 성공하지 못했습니다. 이 실패를 인정하는 것이 소용없는 일로 보이지는 않습니다.

쇼벨

【9】 중공-북한군을 위한 중국 공산당 캠페인(1952.7.3)

[공문(외교행낭)]　중공-북한군을 위한 중국 공산당 캠페인
[문 서 번 호]　291
[발 　 신 　 일]　1952년 7월 3일
[수 　 신 　 일]　1952년 7월 11일 12시 36분
[발신지 및 발신자]　홍콩/뷔종[1](주홍콩 프랑스총영사)

　　한국전쟁용 항공기 구입을 위한 기부 캠페인은 공식적으로 지난달 말에서야 끝났습니다. 이 캠페인은 작년 마지막 몇 달간 주목을 받은 후 완전히 사라졌습니다. 1951년 6월에 시작된 이 캠페인은 정확히 1년 동안 지속되었고 최종 결과는 대륙 언론에 의해 발표되었습니다. 만약 '한국문제의 평화적 해결'을 방해하려는 '미국 침략자들'의 고집이 대규모 적대행위의 재개로 이어진다면, 1951년 6월부터 1952년 6월까지 중국 전역에서 모인 5조 5천 6백 5십만 JMP[2]로 한국내 중국 지원병들에게 제공해줄 수 있는 것은 아주 정확히 3,710대의 전투기라는 내용입니다. 뿐만 아니라 당장에 결론을 내릴 필요는 없지만, 중국 정치선전에서 6개월 전부터 상당히 방치되었던 한국내 중국 지원병들을 향한 새로운 관심이 한국전쟁 2주년과 맞아떨어져 생겨났고, 내부 정치의 그림자에 오랫동안 가려졌던 전쟁문학이 최근 들어 다시 부흥하는 경향을 보인다는 점은 확실합니다.

　　중국 공산당 일간지 『인민일보』의 최근 사설은 "이 성공적인 캠페인 덕분에 중국 인민 지원병들이 공군력을 형성하고 발전시켜 날마다 그들의 전투력을 강화하고 있다. 그 결과 두 전투 당사자들 간의 세력균형에서 중국-북한군이 우위

---

[1] 자크 뷔종(Jacques Dastugue de Soreac de Buzon, 1911-1990). 주홍콩 프랑스총영사(1951-1955).
[2] 합동인력계획(joint manpower program)을 말하는 미국 부서 공식용어.

를 점하는 급격한 변화가 일어났다. 이것은 중국인민지원군과 조선인민군이 또 다시 적의 공격력을 약화시켜 침략에 맞선 그들의 투쟁에서 거두게 될 최종 승 리를 보장하게 된 것이다"라고 쓰고 있습니다.

뷔종

런던 공문 제115호
사이공 공문 제176호
타이베이 공문 제126호

【10】 영국 정부의 한국 상황 보고(1952.7.3)

[전   보]   영국 정부의 한국 상황 보고
[문 서 번 호]   3028-3035
[발   신   일]   1952년 7월 3일 16시 15분
[수   신   일]   1952년 7월 3일 18시 46분
[발신지 및 발신자]   런던/마시글리(주영 프랑스대사)

보안

본인의 전보 제3006호 참조

7월 1일 국방부장관 알렉산더 경과 셀윈 로이드 외교 국무위원이 영국 상원 및 하원에서 했던 한국 상황에 대한 보고는 주로 다음과 같은 사항으로 요약될 수 있습니다.

1. 군사적 상황

1) 적은 1년 전부터의 전체적으로 비교적 평온한 상태를 이용하여 군대를 재건하고 매우 튼튼한 방어진지를 조직하며 화포의 질과 양을 증대하였다. 적은 이제 대규모의 공세를 불시에 개시할 수 있다.

2) 연합군의 방어준비, 군인들의 사기와 화력 등을 볼 때 적의 이러한 공세는 초기에는 몇 킬로미터까지 침입하여 승리를 거둘 수 있겠지만 "중공군이 그들의 강력한 공군력을 전방으로 옮겨 전선에 투입하지 못하는 경우" 엄청난 손실과 함께 후퇴할 것으로 보인다. 지금까지 압록강 남쪽에 위치한 모든 비행장은 여전히 사용불가 상태다.

3) 연합군의 유일한 결점은 적의 공군 활동 부재와 점차적으로 교체된 훈련된 군사에 비해 경험이 없는 신병의 숫자가 지속적으로 증가함에 따라 위장에 어떤 부주의를 드러낸다는 점이다.

2. 휴전협정

해리슨 장군과 그의 동료들은 인내심과 풍부한 상상력을 갖추었으며 자신들의 책임감을 충분히 인식하고 있는 매우 유능한 협상가들이다. 협상이 유능한 이들의 손에 맡겨져 있으므로 영국 대표를 포함시키는 것은 권장사항이 아니다. 그것은 동맹국들 간 분열의 징후처럼 해석되어 공산주의 선전에 이용될 수 있기 때문이다.

3. 남한의 정치적 상황

셀원 로이드 외교 국무위원에 이어 국방부장관 알렉산더 경은 이승만 대통령에게 영국의 견해는 그의 태도에 동요되었으며 유엔이 법을 준수하기 위해 한국에서 투쟁하고 있으며 위헌적인 조치를 수락할 수 없다는 사실을 매우 엄중히 강조했다. 이승만 대통령은 헌법의 범위 내에서 해결책을 찾겠다고 약속했으므로 남한의 정치파동에 대한 원만한 해결을 어느 정도 기대해 볼 수은 있겠으나 "솔직히 나는 한국의 정치적 미래에 대한 우려와 함께 한국을 떠났다"고 알렉산더 경은 덧붙였다.

4. 전쟁포로

거제의 상황은 보트너 장군의 단호함과 진취성 덕분에 크게 향상되었다. 영국 장관들은 개인적으로 공산주의 영토로 되돌아가지 않기를 희망하는 죄수들을 찾아내는 방식의 공정성에 대해 확신할 수 있었다.

5. 총사령관과의 연락

총사령관은 영국 부 참모부장의 임명을 제안했다. 이 방식은 적절하므로 미국과 영국 연방국들에 의해 받아들여졌다. 6월 27일 프랑스, 영국, 미국 3

개국 간의 공문에서 언급된 바와 같이 협의 문제는 정부 간에 논의되고 있는 중이다.

마시글리

【11】 안전보장이사회 회의(1952.7.3)

[전　　　보]	안전보장이사회 회의
[문 서 번 호]	1557-1559
[발　신　일]	1952년 7월 3일 10시 00분
[수　신　일]	1952년 7월 3일 23시 15분
[발신지 및 발신자]	뉴욕/오프노(주유엔 프랑스대사)

워싱턴 공문 제935-937호

어제 오후 안전보장이사회는 브라질, 칠레, 프랑스, 그리스, 네덜란드 및 터키 대표단의 발표에 전적으로 할애되었습니다. 이들은 모두가 유엔군이 한국에서 세균전을 동원했다는 소련의 비난이 정당한지 조사하기 위한 국제조직에 대한 미국 결의계획안 채택에 찬성했습니다.

오늘 아침, 영국대표의 같은 의미의 선언 이후, 이사회는 이 계획안을 위해 투표했고, 예정대로 10표의 찬성을 얻었지만 소련대표가 반대하여 채택되지 못 했습니다.

소련의 거부를 확인한 직후 미국대표는 다시 한 번 소련대표단의 태도를 비 난했고 적절한 설명과 함께 약간 수정된 결의계획안을 제출했습니다. 저는 각 하께 이 계획안의 초기 원본을 저의 전보 1359호로 전달했고 수정본을 별도의 전보로 보내드립니다. 그로스 미 대표는 화요일 아침으로 예정된 다음 회의에 서 이 계획안에 대해 논의할 것을 제안했습니다.

이때 이어폰을 다시 들고 발언을 계속한 소련대표는 이 새 결의계획안 및 미 대표단의 "위선적" 태도를 맹렬히 비난하고, 나머지 회의는 새로운 회원국 승인 에 관한 의제 조항에 할애할 것을 요청하며, 이 주제에 관한 두 페이지의 성명 을 발표하겠다는 의사를 알렸습니다. 미국대표는 현재 다루고 있는 문제, 즉 새로운 미국의 결의계획안에 대한 표결이 완료되기 전에 다른 주제에 대한 논의로 방해하지 않는 것이 바람직하다고 주장하며 여기에 반대했습니다.

말리크 소련대표는 이러한 지연의 진짜 이유는 미 국무부가 대선에 앞서 새로운 회원국 문제에 가담하고 싶지 않기 때문이라고 반박했습니다.

이러한 발언과 통역으로 남은 시간을 다 써 버렸습니다. 회의는 폐회되었고 다음 회의가 화요일 아침으로 예정되었습니다.

오프노

【12】 휴전협상 진행 상황(1952.7.3)

[전   보] 휴전협상 진행 상황
[문 서 번 호] 1389
[발   신   일] 1952년 7월 3일 09시 15분
[수   신   일] 1952년 7월 3일 17시 51분
[발신지 및 발신자] 도쿄/드장(주일 프랑스대사)

사이공 공문 제905호

1. 3일 간의 협상 중단 후, 7월 1일, 2일, 3일에 판문점에서 세 차례의 본회의
가 열렸습니다.

7월 1일 해리슨 장군은 양측 어느 쪽도 체면을 잃지 않고 휴전협정 체결을
막는 유일한 장애물을 어떻게 극복하거나 피할 수 있는지를 강조하는데 전념했
습니다.

4월 28일 연합군 측이 제출한 계획서 51항에 따르면, 양당사자가 억류하고
있는 모든 전쟁포로는 휴전협약이 발효되자마자 석방될 것이며 각 당사자가 교
환하고 검토한 명단에 따라 포로교환이 이루어질 것입니다. 이 계획서는 송환
에 반대하는 포로들을 명단에서 삭제하고 이들을 다른 범주의 수감자로 분류하
자고 제안합니다.

이 제안에 남일 장군은 5월 2일의 공산 측 제안(1951년 12월 18일에 제출된
명단을 기초로 한 교환)을 수락하는 것이 휴전을 달성하는 유일한 방법이라고
침착하게 반복적으로 답했습니다.

어제 7월 2일, 공산 측은 식별이 거의 불가능한 북한의 4개 수용소에 관한
연합군 측의 항의를 거절했습니다.

반면, 그들은 연합군 측이 전날 제출안 제안서를 검토하기 위해 다음날까지

회의 중지를 요청했습니다.

7월 3일 회의에서 공산 측 대표들은 긴 성명서에서 최근 두 달의 상황을 유엔군 사령관의 탓으로 돌린 뒤, 4월 28일 휴전합의 초안의 51항 및 52항에 따라 전쟁포로들을 재분류할 것을 제안했습니다.

제51항은 협약 서명 이전에 교환하고 검토한 명단에 따라 양 당사자 중 한쪽의 경호 하에 모든 전쟁포로의 석방과 송환을 규정하고 있는 것으로 알려져 있습니다.

제52항은 이렇게 석방된 전쟁포로는 더 이상 한국전쟁 행위에 참여하지 않는다는 양측의 합의를 특기하고 있습니다.

해리슨 장군은 공산 측의 긴 성명을 검토하기 위해 다음날 휴회를 요청했습니다.

2. 7월 2일, 미국의 전투기는 조선 수력발전소 제1호기와 제2호기를 다시 공격했습니다. 지난주 도쿄에 도착한 로스웰 길패트릭[1] 미 공군 차관보와 네이선 F. 트위닝[2] 미 공군 부참모장은 7월 1일, 밴 플리트[3] 장군과 함께 협의하기 위하여 오토 P. 웨일랜드[4] 미 극동공군 사령관을 동반하여 서울로 갔습니다.

3. 판문점에서 터너[5] 장군을 대체하게 될 모리스 장군은 6월 30일 도쿄에 도착하여 자신의 직책에 합류했습니다.

미국으로 돌아오기 전에 군사 일간지 『스타스앤스트라이프스』[6]와의 인터뷰에서 리비 제독은 임박한 휴전협정에 대한 그릇된 소문에 대해 경고했습니다.

---

[1] 로스웰 길패트릭(Roswell Gilpatric, 1906-1996). 미국 공군 차관보(1951-1953).

[2] 네이선 F. 트위닝(Nathan F. Twining, 1897-1982). 미국 공군 부참모장(1951-1953).

[3] 밴 플리트(James Award Van Fleet, 1892-1992). 미군 제8군 및 유엔군 총사령관(1951-1953).

[4] 오토 웨일랜드(Otto P. Weyland, 1903-1979). 미 극동공군 사령관 역임.

[5] 찰스 터너 조이(Charles Turner Joy, 1895-1956). 미 해군중장, 한국 휴전협정 수석대표(1951-1952).

[6] 『스타스앤드스트라이프스Stars and Stripes』. 미국 국방부가 발행하는 해외 파병 미군을 위한 군인 신문.

그는 공산주의자들이 심하게 타격을 받아보지 않아서 휴전을 원하지 않는 것이라고 말했습니다. 이러한 관점에서 그는 북한의 수력발전소에 대한 공습을 환영했습니다. 그는 비행장 문제에서 중공-북한에 부여된 양보의 중요성을 강조했습니다. 그는 공산 측의 협상은 중국에 의해서 주도되고 남일 장군을 포함한 북한은 대변인일 뿐이라는 입장을 표명했습니다.

국방부에 보고 요망.

드장

【13】 이승만 대통령의 국회 메시지(1952.7.3)

```
[ 전        보 ]   이승만 대통령의 국회 메시지
[ 문 서 번 호 ]   1409-1411
[ 발    신    일 ]   1952년 7월 3일 07시 00분
[ 수    신    일 ]   1952년 7월 5일 15시 30분
[발신지 및 발신자]   도쿄/드장(주일 프랑스대사)
```

브리옹발 씨로부터의 문서 제40호
부산 6월 30일 발신, 도쿄 7월 3일 수신

오늘 아침, 관례에 따라 유엔위원단 위원들과 외교단을 초청한 국회 정기총회 폐회식에서 이승만 대통령은 위협으로 가득한 메시지를 발표했습니다.

그는 정부가 제출한 헌법개정안 채택에 대한 국민의 희망에 부응하는 자신의 거부가 현재의 정치적 혼란을 야기했다는 점을 지적하면서, 자신은 국민이 간절히 요구하는 조치들을 무기한 중단할 수 없으며, '며칠 내에' 최종 결정을 내릴 수밖에 없다고 국회에 경고했습니다. 그는 어느 지점에서 자신의 행동을 멈출지 결정하지 않았지만 '더 이상은 기다릴 수 없다'는 사실 한 가지만큼은 어쨌든 국회에 각인시킬 수 있었습니다.

대통령은 위기로부터 국가를 지킬 수 있도록 국회가 당파적 견해를 벗어던지기를 바란다는 희망을 표명하면서 결론을 맺었습니다.

이러한 최후통첩은 국회가 자발적으로 해산하도록 최근 가장 가혹한 압력을 사용했음에도 굴하지 않는 국회에 대한 대통령의 격분을 드러내는 것입니다. 그러한 목적으로 이 대통령을 지지하는 급진파의 한 멤버가 제안한 발의를 국회의장이 기각하자 '단식 농성자들'이 회의장의 출입을 막아 국회의원들은 8시간 동안 회의장에 포위당하고 있어야만 했고, 내무부장관의 개입으로 저녁 7시

가 되어서야 석방되었습니다. 이에 전혀 흔들리지 않은 국회는 그저께 정기 국회를 마감하고 7월 1일부터 한 달 동안 특별임시국회를 열기로 결정하고, 유엔위원단 위원들과 외교단에 그 개회식에 참석해달라는 관례적 초청장을 이미 보낸 상태입니다.

드장

【14】 압록강 폭격에 대한 영국 노동당의 비난 및 미 여론(1952.7.3)

[전 보]	압록강 폭격에 대한 영국 노동당의 비난 및 미 여론
[문 서 번 호]	3076/AS
[발 신 일]	1952년 7월 3일
[수 신 일]	미상
[발신지 및 발신자]	워싱턴/다리당(주미 프랑스대리대사)
[수신지 및 수신자]	파리/슈만(프랑스 외무부장관)

　압록강 수력발전소들 폭격에 대한 영국 노동당 국회의원들의 맹렬한 비판은 그에 못지않게 격렬한 미국 언론의 논평을 불러일으켰습니다.

　이 사건이 시작되었을 때 미국 기자들의 지적은 사실 전통적인 주장을 되풀이하고 워싱턴 정부의 공식입장을 옹호할 뿐이었습니다. 폭격은 순전히 군사적 판단에 기인한 것이고 미국은 한국 군사작전의 가장 큰 몫을 차지하고 있는데다, 어쨌든 전쟁확산 위험에 대해서는 미국 동맹국들에 의해 매우 미약하게 의견이 분분할 뿐인데, 영국이 문제의 공군 작전이 내포하는 갈등의 확산 위험 증가에 대해 언급하는 것은 불편하다는 것이었습니다.

　압록강 공습에 대해 워싱턴이 영국 정부에 미리 알리지 않은 점에 대해 애치슨 미 국무장관이 영국 당국에 "사과했다"는 런던발 정보가 보도되자마자 논쟁의 어조는 급격히 높아져 최고조에 달했습니다. 애치슨 국무장관과 그의 극동정책에 대한 반대자들이 이를 완벽하게 이용하여 이번에는 국무장관에 대한 비난이 더욱 거세졌습니다. 제가 전보를 통해 우리 부서에 보고한 것처럼, 맥아더 장군의 파면에 있어 영국 정부의 기여에 대한 샤인웰[1] 전 국방장관이 하원에서 한 발언은 그 내용이 잘못 해석되었지만 현재 선거 운동으로 가장 심하게 동요

---

1) 매니 샤인웰(Manny Shinwell, 1884-1986). 영국 노동당 정부 국방장관(1950-1951).

된 여론을 결국 분노의 절정에 올려놓고 말았습니다.

그러므로 미 국무부는 애치슨 국무장관이 압록강 발전소 폭격에 대해 런던 당국에 "사과한" 적이 없으며, 단지 국방부와 국무부 사이의 오해로 인해 미 정부가 습격에 관해 사전에 영국에 알리지 못한데 대한 유감을 표명했을 뿐이라고 설명하는 특별 성명을 발표해야만 하는 처지가 되었습니다.

이러한 해명과 샤인웰 전 장관의 해명은 즉각 논평의 어조를 낮추게 만들었고 이번 주 하원에서의 토론은 마침내 사람들을 진정시켰습니다. 이에 관해 미국 언론은 보수당 정부가 얻어낸 신임투표 승리를 자연스럽게 환영했으며, 웨스트민스터에서의 토론이 이전의 윈스턴 처칠을 되찾도록 해주었다고 강조했습니다.

이 논쟁이 지속되는 동안 워싱턴 주재 영국 대사관 직원들에게 가장 당혹스러웠던 순간은 샤인웰 전 장관의 발언 이후였습니다. 하지만 미국 언론의 특정 논평들은 객관성을 잃지 않았고 편향적이거나 반 영국적 흥분에 사로잡히지 않았습니다. 특히 『워싱턴포스트』와 『뉴욕타임스』는 압록강 발전소들의 폭격은 한국 내 미 동맹국들의 승인을 필요로 하지 않는 군사적 목표물이었음을 재확인하면서도, 폭격문제가 분명 정치적 영향을 미쳤으므로 한반도에 군사를 파견한 정부들 간, 특히 영국 정부와의 사전 의논이 없었던 사실에 대해 유감을 표했습니다.

이에 관해 다수 신문의 논설은 극동 정책, 특히 중국 정책에 대한 런던과 워싱턴 사이의 근본적인 의견차에도 불구하고 영국은 미국의 주요 동맹국이며, 유럽과 심지어 영국 해군이 아직 발언권을 지닌 태평양에서도 분쟁이 발생할 경우 미 정부가 가장 믿을 수 있는 동맹임을 강조했습니다.

다른 한편, 미 여론은 전체적으로 영국 국방부차관을 클라크 장군과 합류하도록 하자는 알렉산더 영국 국방장관의 제안을 환영했습니다.

요약하자면, 하원에서의 논쟁에서 촉발된 영-미 위기는 오래 가지 않았고, 시카고에서 곧 있을 공화당 전당대회 개막은 결국 미국인들이 이 사건에서 벗어나도록 했습니다. 압록강 발전소 폭격으로 노동계에서 일어난 동요는 한국전쟁의 전개에 있어 미국이 그 동맹국들과 더 긴밀한 협의가 필요하다는 것을 확신시켰기 때문에 오히려 미 행정부와 여론에 긍정적인 영향을 미쳤습니다.

다리당

【15】 남일 장군의 서한 내용에 대한 언론의 보도(1952.7.4)

[전   보] 남일 장군의 서한 내용에 대한 언론의 보도
[문 서 번 호] 1375
[발   신   일] 1952년 7월 4일 10시 00분
[수   신   일] 1952년 7월 4일 19시 14분
[발신지 및 발신자] 모스크바/브리옹발(주소련 프랑스대사관 참사관)

오늘『프라우다』는 한국 휴전협정에 관한 개성 주재 신화통신 특파원의 7월 1일자 기사를 그대로 보도했습니다.

오늘 본회의에서 남일 장군은 회담 중에 그리고 회담 밖에서 미국이 사용한 도발은 전쟁포로의 송환문제 해결을 어렵게 만들었다고 말했습니다. 그는 상대측이 그로 인한 결과에 책임을 져야 한다고 했습니다. 이 문제는 해결되지 않은 유일한 문제로 남아 있으며 회담을 오래 지체하게 만든다고 강조한 후, 남일 장군은 다시 한 번 이 문제가 제네바협약의 규정에 따라 쉽게 해결될 수 있다고 주장했습니다. 그는 또한 오늘 본국 소환에 관한 논의는 앞으로의 1949년 제네바협약의 준수 여부에 달려있다고 밝혔습니다.

중공-북한은 이 문제가 전 세계 인민이 원하는 휴전을 체결하기 위해 제네바협약의 원칙에 따라 해결되어야 한다고 굳게 믿고 있다고 그는 덧붙였습니다.

남일 장군이 해리슨 미 수석대표에게 보낸 서한에는 중공-북한 포로 203명의 명단과 그들이 구금되어 있는 장소에 대해 명료한 설명 요청이 포함되어 있습니다. 그는 이 서신에서 다음과 같이 말하고 있습니다.

 1. 203인의 성명 추가 명단이 귀하에게 보내졌습니다. 이 명단에 포함된 정보에 따르면 각 포로는 귀하의 군대에 의해 포로로 잡혀 억류되어 있습니다. 우리는 그들에 대한 보고서 작성을 요청합니다.

2. 1952년 3월 11일과 4월 4일 귀하가 우리에게 전달했던 전쟁포로에 관한
    정보들에 근거하여 우리는 귀하에게 1,014명의 명단을 제출하고 그들이
    억류된 장소에 대한 정보를 요청했습니다. 그러나 6월 5일 우리는 요청
    을 되풀이했음에도 불구하고 어떤 응답도 받지 못했습니다. 본인은 이
    제 귀하의 대답에 더 이상 지체가 없기를 요구합니다.

또한 남일 장군은 포로수용소 표지에 관한 해리슨 중장의 편지에 답했습니
다. 그는 중공-북한의 각 수용소는 양 당사자 간에 이루어진 협정에 따라 분명
하게 표시되었다고 밝혔습니다. 남일 장군은 답신에서 다음과 같이 밝히고 있
습니다.

1. 6월 18, 25, 28일 귀하의 편지가 수신되었습니다. 수용소 제2, 제6, 제9
    및 제10수용소를 포함한 각 수용소 문제와 관련하여 본인은 이미 1952
    년 6월 17일 서신을 통해 이 수용소들이 이에 관한 양 당사자 사이에
    체결된 협약에 따라 명확하게 표시되어 있음을 밝혔습니다. 본인은 오
    늘 본인의 그 진술을 되풀이합니다.

2. 귀하가 사실을 무시하고 우리의 포로수용소 위치와 표시에 대한 의문을
    반복적으로 제기하는 것은 새로운 마찰을 일으키기 위한 구실을 찾고
    있다는 것을 명백히 증명하는 것입니다.
    귀하는 지금까지 창성 제1수용소와 강동 제8수용소에 억류되어 있는 귀
    측의 군인들에게 실행한 5번의 폭격과 일제사격 사건에 대한 보고를 하
    지 않았다는 사실을 본인이 지적해야겠습니다.
    귀측은 인도주의 원칙의 국제법을 위반하며 실행된 이 폭격들로 인한
    모든 심각한 결과에 대해 책임을 면할 수 없을 것입니다.

언론은 또한 UPI통신 도쿄 특파원의 한 보도에 따른 6월 30일 서울에서 열린
미국 군사 기자회견을 인용하면서 「미 침략자들이 새로운 야만적 폭격을 구상
하고 있다」는 제목으로 뉴욕의 타스통신 속보를 보도했습니다. 이 기자회견에

서 밴 플리트 유엔군 사령관은 여러 미국 주요 군관계자들과 함께 미 공군의 압록강 수력발전소 공격에 따른 공산주의자들의 폭격 목표물에 대해 논의한 것으로 알려졌습니다.

브리옹발

【16】 세계평화평의회의 다섯 가지 목표(1952.7.4)

[전   보]   세계평화평의회의 다섯 가지 목표
[문 서 번 호]   1379
[발   신   일]   1952년 7월 4일 15시 30분
[수   신   일]   1952년 7월 4일 15시 55분
[발신지 및 발신자]   모스크바/브리옹발(주소련 프랑스대사관 참사관)

오늘 아침 언론은 한국 상황에 대한 어떤 보도도 하지 않았습니다.

그러나 7월 3일 세계평화평의회 회의에서 규명된 다섯 가지 목표에 주목할
수 있습니다.

1. 세균무기의 사용을 즉시 중지하고, 모든 국가의 국민들에게 1925년 7월
   17일의 제네바 의정서의 세균무기 금지에 대한 비준을 자국 정부에 요
   구할 것을 촉구한다.
2. 양민 학살 및 평화적 도시와 평화적 작업에 대한 계획적 파괴를 즉각
   중단한다.
3. 전쟁포로에 대한 야만적 처우와 국제법에 위반되는 전쟁포로 학살을 즉
   각 중단한다.
4. 1949년 제네바협약에 따라 휴전협정과 양측에 의한 포로의 무조건적 송
   환을 즉시 실행한다.
5. 동등한 권리에 기초한 한국문제의 합리적 해결에 서명한 휴전을 즉시
   진행한다.

또한 7월 3일 평의회 연설에서 일본대표 카와무라 씨는 한국문제를 해결하지

않고는 일본의 평화적 해결이 불가능하다는 점을 재차 강조했다고 언론은 밝히
고 있습니다.

브리옹발

【17】 유엔위원단의 비공식 회의(1952.7.4)

[전 보]	유엔위원단의 비공식 회의
[문 서 번 호]	1403-1408
[발 신 일]	1952년 7월 4일 01시 30분
[수 신 일]	1952년 7월 5일 16시 30분
[발신지 및 발신자]	도쿄/드장(주일 프랑스대사)

브리옹발 씨로부터의 문서 제39호

부산 6월 30일 발신

유엔위원단은 어제 오후 비공식회의를 열었고 미국대사와 영국대리대사 그리고 프랑스를 대표하여 제가 자문역으로 초청되었습니다.

6월 한 달 동안 위원단의 단장인 플림솔[1] 호주대표는 5월 26일부터 한국 정치파동의 연쇄적 국면을 개괄적으로 돌아보고, 부산에 주재하고 있는 대표들을 통하여 유엔과 여러 외국 정부들은 이 파동의 특별한 양상이 이승만 대통령으로 인하여 초래되었다고 비난을 제기하고 있음을 상기시켰습니다.

더구나 위원단은 대통령뿐 아니라 정부와 국회의 여러 인사들에게 수많은 비공식적인 접근을 시도했다고 밝히며, 그는 이 모든 노력이 필시 그냥 두었으면 이 박사가 단 며칠 만에 실행에 옮겼을 국회 해산 같은 극단적 결정을 기껏해야 유보하도록 했을 뿐이었음을 인정했습니다. 그러나 정부가 태도나 의도를 바꾸지 않았으므로 분명 여러 시위 및 진행 중인 정치범 재판이 상황을 날마다 악화시켜 정치파동은 여전히 심각한 상태입니다.

---

1) 제임스 플림솔(James Plimsoll, 1917-1987). 유엔한국통일부흥위원단(UNCURK) 호주대표(1950-1953).

이러한 상황에서 일부 한국 청년들이 제기한 위원단이 미온적이라는 비판에 영향을 받은 듯한 위원단은 자신들의 무익함에 대해 사전에 가질 수 있는 확신을 다시 공식적으로 표명하는 것이 바람직하지 않은지 궁금해 합니다.

이 부분에서 플림솔 대표는 자신이 이 대통령에게 개인적으로 취한 최근의 비공식적 교섭을 대통령이 점점 노여워했다고 말했습니다.

무초[2] 미국대사는 이 파동이 필시 대통령에게 유리하게 저절로 해결될 것이라는 점을 암시하는데 그쳤습니다. 반면 그는 능숙한 활동으로 지금까지 얻은 결과에 대해 위원단을 칭찬하면서 대통령에 대한 위원들의 비공식 교섭이 그 효과가 의심되더라도 공식적인 표명보다 바람직할 것이라는 의견을 표했습니다.

그는 이에 대해, 현 상황에서 고려하기 어려운 조치를 요구할 수 있는 결과 (본인의 전보 제33호를 참조함)를 불러오는 태도는 이 경우에 피해야 한다고 지적했습니다. 마지막으로 무초 대사는 유엔위원단과 외국 대표들로부터 그들이 개인적으로 전개되기를 원하는 행동을 취해줄 것을 기대하는 일부 한국 단체들의 경향을 조심하라고 위원단에게 경고했습니다.

위원단은 무초 미대사의 제안을 수용하면서도, 이 특정 부분에 대하여 위원단의 임무로부터 파생되는 과업을 기피하는 것처럼 보여 유엔의 권위를 손상시키지 않을지에 대한 우려를 표명했습니다.

그러자 영국 대리대사는 이러한 관점에서 불신으로 해석될 수 있는 결과를 한국뿐 아니라 다른 국가, 특히 일본에서는 무시해서는 안 된다고 지적했습니다.

플림솔 씨가 제 의견을 물었을 때 저는 가장 중요한 문제는 당연히 "말 그대로 한국문제"이고, 유엔은 지역의 정치적 문제를 상황이 허락하는 대로 언제든지 유용하게 수정할 수 있다고 말했습니다.

결론적으로 이 회의에서 위원단은 대통령 및 정부의 가장 영향력 있는 인물에 대한 비공식적 교섭 개입을 제한하기로 결정했습니다.

드장

---

[2] 존 무초(John J. Muccio, 1900-1991). 주한 초대 미국대사(1949-1952).

【18】 압록강 발전소 폭격과 국무회의 보고(1952.7.4)

[전   보] 압록강 발전소 폭격과 국무회의 보고
[문 서 번 호] 4699-4706
[발   신   일] 1952년 7월 4일 08시 00분
[수   신   일] 1952년 7월 4일 01시 45분
[발신지 및 발신자] 워싱턴/다리당(주미 프랑스대리대사)

보안

뉴욕 공문 702호

저의 보좌관 중 한 사람이 오늘 오후 한국 휴전협상의 최근 전개 상황에 대해 존 앨리슨[1] 차관보의 보좌관과 대담을 가졌습니다.

알렉산더 영국 국방장관이 몇몇 발표문에서 미국 당국이 현재의 판문점 교착상태를 종식시키기 위한 새로운 계획을 준비해두었다고 암시했으므로 저의 보좌관은 이 소문에 대해 물었습니다. 앨리슨 차관보의 부차관보인 알렉시스 존슨[2] 씨는 미국의 "새로운 계획"은 없으며, 필시 알렉산더 장관의 한국 방문에 동반했던 스코트 씨가 한국에서 해리슨 장군이 했던 발표를 오역한데서 기인한 오해일 것이라고 대답했습니다. 그것은 기껏해야 연합사령부의 제안에 대한 새로운 발표였다고 합니다. 해리슨 장군은 이 발표를 7월 1일에 했습니다. 이 유엔대표단 수석대표는 전체적으로 전쟁포로를 숫자로 말하지 말고 명단으로 말할 것을 공산 측 회담자들에게 제안했다고 합니다.

해리슨 장군의 제안에 공산 측 대표가 어제 했던 답에 대해 미 국무부에 도착

---

[1] 존 앨리슨(John Moore Allison, 1905-1978). 미 국무부차관보(1949-1952).
[2] 알렉시스 존슨(Alexis Johnson, 1908-1997). 미 국무부 극동담당 차관보 역임. 문맥 상 앨리슨 차관보 휘하의 부차관보를 지낸 것으로 보여짐.

한 정보에 의거해 존슨 씨는 아마도 교착상태를 깨기 위한 중공-북한의 경미한 노력을 간파할 수 있다고 생각하는 경향을 보였습니다. 중공-북한 대표의 성명서를 주의 깊게 읽으면서 앨리슨의 부차관보는 공산 측의 입장에서 근본적인 변화를 발견하지 못한 것은 사실이지만 중공-북한이 해리슨 장군의 계획에 가담한 것으로 보였다고 했습니다.

그들은 실제로 '숫자'가 아니라 '명단'을 말할 준비가 된 것처럼 보였습니다. 그러나 국무부는 한 가지 문제를 우려하게 되었습니다. 바로 공산 측이 해리슨 장군의 새로운 발표를 연합 측 입장의 후퇴로 해석하지 않았는지에 대한 우려입니다.

그나마 여기에 고무적일 수 있는 한 가지 요소가 있습니다. 공산주의 기자 앨런 위닝턴[3]이 해리슨 장군이 7월 1일 발표하기 전에 비공개회의를 재개하도록 제안했다는 점입니다. 이것은 중공-북한이 새로운 구체적 제안을 하기 원한다는 것을 의미할 수도 있는 것입니다.

어쨌든 해리슨 장군은 오늘 저녁 비공개회의 재개를 수락할 것입니다. 다른 한편, 저의 보좌관은 존슨 씨에게 인도 정부가 최근 뉴델리나 워싱턴에서 한국 문제에 대한 자국의 중재제안 의지를 표명했는지 물었습니다. 존슨 씨는 인도 정부의 이런 거동을 전혀 듣지 못했다고 대답했습니다.

마지막으로 제 보좌관이 제기한 질문에(런던에서 우리 부서에 수신된 전보 제3010호 참조) 앨리슨 차관보 휘하 부차관보는 알렉산더 영국 국무장관이 워싱턴 방문 중에 클라크 장군 산하 정치부를 창설할 수 있는 가능성에 대해 미 당국과 이야기를 나누었다고 인정했습니다. 존슨 씨에 따르면 미 정부는 이 계획을 매우 유보적으로 받아들였고 이에 관한 어떤 대답도 런던에서 회신된 바 없었습니다. 사람들은 미국인이 지휘하게 될 이 정치부가 로버트 머피[4] 씨의 역할을 중복시키는 것이 아닌지 우려하는 것 같습니다.

다리당

---

3) 앨런 위닝턴(Alan Winnington, 1910-1983). 영국 공산주의 성향의 『데일리워커』의 기자.
4) 로버트 머피(Robert Murphy, 1894-1978). 일본 주재 미국특명전권대사(1952-1953).

【19】 휴전협상의 공산 측 제안(1952.7.5)

[전　　　　보]	휴전협상의 공산 측 제안
[문 서 번 호]	1418-1424
[발　신　일]	1952년 7월 5일 08시 00분
[수　신　일]	1952년 7월 6일 18시 40분
[발신지 및 발신자]	도쿄/드장(주일 프랑스대사)

사이공 공문 제916호

휴전협상이 시작된 지 곧 1년이 다되어 가고 연합군 측이 경험한 많은 실망을 했던 것으로 볼 때 더 많은 주의가 필요합니다. 그러나 며칠 전 아무런 출구도 보이지 않았음에도 불구하고 7월 3일 공산 측이 한 제안은 다시 한 번 얼마간의 희망을 불러일으켰습니다.

공산 측 협상 당사자들의 의도는 불확실하지만 남일 장군의 성명에서 여러 사항을 주목할 수 있습니다.

1. 중공-북한 수석대표는 7월 1일 연합 측 대표들의 태도에서 생긴 변화를 주목해야 한다고 생각한다. 2달 동안 모든 토의에서 거부를 당한 후, 유엔대표들은 "양측의 견해를 고려한 합리적 범위 내에서" 해결책을 모색할 준비가 되어 있음을 보여주었다. 공산 측은 이 태도를 환영한다.

2. 남일 장군은 휴전협정 계획안 제51항은 휴전에 서명하는 즉시 "수정된" 명단에 의거하여 전쟁포로들을 교환한다는 원칙을 표방하고 있으므로 양측에 의한 수용이 가능하다고 설명했다. 최근 2개월 동안 토론은 포로교환의 원칙에 초점을 둔 것이 아니라 이 원칙 자체와 양립할 수 없는 명단의 '수정' 결과에 중점을 두어왔다.

3. 공산 측은 억류자에 의해 통제되는 영토에 거주하는 (남한군이든 인민군이든) 한국군 포로들은 송환되지 않고 바로 귀환할 수 있음을 인정한다. 이로써 북한군에 의해 강제로 징용되고 연합군에 의해 체포되었던 남한군 문제가 해결된다.

4. 공산 측은 국적과 소속 지역을 고려한 재분류와 명단의 재수정을 제안한다. 이 재분류와 재수정은 조정을 가능하게 할 것이다.

5. 공산 측은 협약안 제51항과 제52항에 의거한 "합리적 타협"이 성사되면 휴전은 지체 없이 체결될 수 있을 것으로 확신한다.

6. 5월 2일 공산 측의 제안(1951년 12월 18일 양측이 제공한 명단, 즉 공산 측이 억류중인 12,000명의 연합군 포로와 유엔의 손안에 있는 중공 및 북한군 132,000명에 의거한 교환)에 대한 언급은 더 이상 되지 않는다.

반면,

1) 공산 측은 제51항에 규정된 전적인 송환을 요구한다.

2) 공산 측은 제51항에 따라 교환된 포로들을 한국전쟁 작전에 재투입하지 않는다고 명시된 제52항에 대한 양측의 약속을 강조한다. 그들은 연합군 측이 전쟁포로들을 자신들의 감시 하에 억류할 어떤 중대한 이유도 없다고 주장한다. 이를 통해 연합 측이 제시한 숫자 70,000명을 용납할 수 없음을 간접적으로 알리는 것이다.

따라서 비공식협상은 주로 명단의 분류범주와 숫자 다루기에서 이루어질 것으로 보입니다.

그 기간과 결과가 무엇이든 2개월간의 완전한 침체상태를 끝내고 회담이 다시 시작되었다는 사실이 중요합니다.

드장

【20】 이승만 대통령과 한국의 정치파동(1952.7.6)

[전 보]	이승만 대통령과 한국의 정치파동
[문 서 번 호]	1430-1435
[발 신 일]	1952년 7월 6일 09시 00분
[수 신 일]	1952년 7월 6일 13시 49분
[발신지 및 발신자]	도쿄/드장(주일 프랑스대사)

본인의 전보 제1304호 참조

1. 이승만 대통령은 6월 23일 거둔 성공을 완전한 승리로 마무리했습니다. 그중 다수는 강제로 끌려왔지만 170명의 국회의원을 모으는 데 성공한 그는 7월 4일 국민투표로 재선을 보장하는 헌법개정안에 대해 찬성 163표와 3표의 기권으로 채택을 얻어냈습니다.

개정안에 포함된 4가지 사항 중 2가지가 대통령에 의해 부과된 것인데, 바로 대통령직선제와 국회양원제입니다. 다른 두 가지는 대통령의 주장과 야당의 요구 사이의 절충안입니다. 대통령의 동의를 얻어 국무총리가 내각의원을 임명할 권리와 국무위원의 직무수행 1년 후 국회의 3분의 2의 표결로 해임할 수 있는 국무위원 불신임권이 그것입니다.

이 개정안이 채택되지 않으면 국회를 해산하겠다고 위협한 대통령은, 7월 5일 대통령 선거는 그 준비가 끝나자마자, 즉 약 2주 내인 아마 7월 14일에 어떤 구애도 받지 않고 "개방적이고 충실하게" 실시될 것이라고 발표했습니다. 그는 후보는 아니라고 덧붙였습니다. 그러나 그는 국민의 뜻에 복종할 것이 분명합니다. 경찰은 감시할 것이고 농부들은 그의 이름 외에 다른 이름은 전혀 모르므로 그의 재선은 확실합니다.

국회의장이면서 야당 지도자인 신익희는 어제 이승만을 방문한 자리에서 국회의 패배를 인정하고 대통령에게 앞으로는 헌법을 존중해달라고 요청했습니다.

2. 국회는 어제 다시 재집결하기 위해 헛되이 노력했으나 정족수에 미달했습니다.

반면, 130명의 국회의원은 지난 4월 난투극 중에 남한군 대위를 살해한 혐의로 가장 불법적인 조건에서 지난 주 사형을 선고받은 국회의원 서민호 재판의 재심을 위해 집단탄원서를 제출했습니다.

체포된 12명의 국회의원들 중 10명이 석방되었습니다. 감옥에 수감된 두 명의 의원은 김시현과 노기영입니다. 부패와 공산주의와의 공모 혐의로 기소된 후, 이들은 지난 6월 25일 이승만 대통령 암살 시도에 참여한 혐의로 입건되었습니다. 더구나 이 사건은 상당히 어설프게 꾸민 연출극의 모든 형세를 다 갖추었습니다. 같은 사건에 연루된 혐의로 서울 검찰총장과 인천 구치소 소장도 투옥되었습니다. 이승만 대통령은 정치파동 6주 동안 유엔위원단이건, 여러 동맹 정부들이건, 미 당국이건 이들이 그에게 했던 모든 권유를 한국 내정간섭으로 치부하여 무조건 무시하거나 공개적으로 거부했습니다. 대통령이 지령에 복종하기를 거부할 경우 자신들이 놓이게 될 상황에 대해 매우 우려한 미 당국은 신중하게 개입할 뿐이었습니다.

자기 입지의 강점을 잘 알고 있는 대통령은 자신이 그리 큰 위험을 감수하지 않을 것이라는 사실과 대담하고 완강하게 나가면 미국과 그 동맹국들 그리고 국회를 이길 것이라는 사실을 줄곧 알아차렸던 것입니다.

드장

【21】 압록강 폭격(1952.7.7)

```
[ 보  고  서 ]   압록강 폭격
[ 문 서 번 호 ]   미상
[ 발  신  일 ]   1952년 7월 7일
[ 수  신  일 ]   미상
[발신지 및 발신자]   파리/프랑스외무부(아시아-오세아니아 정무국)
```

 공산군 침략 2주년을 맞아 북한의 수력발전소들을 폭격하기로 한 미 지도부의 결정과 강행은 유럽 여론, 특히 영국에서 강렬한 반발을 초래했습니다.
 6월 24일 개시된 작전의 군사적이고 정치적인 이중성은 목표물 그 자체의 이중성의 결과입니다.

 1. 공중폭격의 대상인 수력발전소들은 모두 한국 영토에 위치해 있습니다. 이들은 두 그룹으로 나뉩니다. 가장 중요한 압록강 발전소들과 1950-1951년 겨울 유엔군에 의해 점령된 지역에 위치해 있는 북동쪽 발전소들이 그것입니다.
 2. 이 발전소들의 일부는 북한뿐 아니라 중국 중공업의 중심지인 만주 그리고 다롄과 뤼순 소련기지에까지도 전력을 공급하고 있습니다.
 이 시설물들을 공격함으로써 미 공군은 한국에서만 작전을 수행할 수 있는 그들의 임무 범주를 벗어나지 않았습니다. 그러나 중국의 산업적 잠재력을 공격함으로써 미 사령부는 본질적으로 정치적인 결정을 내렸다고 볼 수 있는 것입니다. 다시 말해, 엄밀한 법률적 의미에서 도쿄의 참모부는 사전 협의 없이 이 작전을 진행하면서도 유엔에 대한 약속을 글자 그대로 지킨 것은 확실합니다. 그러나 미국은 유엔총회를 통해 중국의 한국 개입을 비난하는 결의문 표결이 중공에 대한 군사적 조치를 취하는 것을 포함하는 것으로 동맹국들과 합의(1951년 1월 22일)했습니다. 그러므로 이 협의의 취지에 충실하려 했다면 남동

아시아 정치 상황에 있어 중대한 변화를 가져올 수 있는 모든 사건에 특히 관련이 되어있는 영국과 프랑스 정부와는 적어도 논의하는 것이 좋았을 것입니다.

압록강 폭격의 시기적절성에 대해서도 많은 계층의 사람들이 매우 유보적 시각으로 의문을 제기했습니다. 휴전협정이 교착상태에 빠져있고, 유엔이 거제 수용소 '폭동', 남한 내부 파동 등의 심각한 어려움에 직면해 있으며, 공산주의 선동은 극단적으로 난폭한 공세를 퍼붓고 있는데다, 판문점 협상 기간 동안 재편성된 중공-북한의 전투력은 오히려 적의 지난 공세가 큰 승리를 거둘 수 있었던 기회로 보일 정도로 놀라워진 그 순간에 이 작전이 개입되었습니다. 이러한 사건들에 직면하여 세계 여론은 승리의 가능성과 유엔의 진정한 위력 그리고 연합군이 방어한다고 주장하는 명분에까지 의문을 가지게 되었습니다.

미국 군인들이 아니라 정치인들이 1951년 7월 협상 시작 이후로 써왔던 지연작전을 포기하면서 추구하는 목표는 이러한 상황에서 매우 분명해 보입니다.

1. '유화정책' 시도의 무의미함을 확신하게 되고, 포로문제에 대해 양보하지 않기로 결심한 미 국방부와 국무부는 단호한 정책과 강력한 행동만이 공산주의자들을 위축시킬 수 있다고 믿고 중공-북한군에 대한 군사적 압력을 가중해야 한다고 판단한 것입니다.

2. 오랫동안 적의 강력한 공군력 형성을 주장하면서 결과적으로 의도적이든 아니든 미 여론에 불안감을 조성해온 연합사령부는 자신들의 공군력이 월등한 우위를 점하고 있다는 것과 만약 적이 공격에 나선다면 결과는 무거울 것임을 분명하게 보여주길 원했던 것입니다. 이러한 심리상태는 북한 침략 2주년을 계기로 클라크 장군이 선포한 선언문에서도 나타납니다.

3. 게다가 미 대중의 대다수가 인정한 이 결정이 미국 국내정치의 상황과 무관하지 않다는 점은 분명합니다. 이 결정은 지금까지 야당 공화당에게 '약한 극동 정책'으로 자주 비난받아오던 민주당 정부의 공적으로 평가될 것입니다.

잘 수행된 작전은 완전한 성공이었습니다. 유엔 공군은 아주 미약한 손실만을 아쉬워할 뿐이었습니다. 적의 시설물이 입은 피해는 90%로 추산됩니다. 이는 작업의 규모와 상대적으로 적은 톤수의 발사된 탄환을 볼 때 약간 과장이 포함된 추정치입니다.

이 폭격은 지금까지 적의 어떤 군사적인 반응도 불러일으키지 않았습니다.

정치적 측면에서 볼 때, 중공-북한 휴전협상 대표단이 최근 보여준 타협적 태도가 미국이 보여준 단호한 태도의 직접적인 결과가 아닌지 의문을 제기해 볼 수 있습니다. 그러나 이 새로운 조치에 대해 어떻게 생각해야 할지는 얼마간 기다리며 두고 보아야 할 것 같습니다.

어쨌든 미국의 책임자들은 강경한 주도적 행위를 통해, 유럽에서 우려하는 것처럼 분쟁을 확대시키는 것이 아니라, 적을 압박하여 합리적인 기초 위에서 휴전을 수용하도록 유도하고자 했던 것이 분명해 보입니다.

따라서 압록강 폭파 사건은 유엔 사령부의 사령관 인사 변동과 동시에 미 책임자들의 태도와 방법이 바뀌었음을 나타내는 신호였으며 추구하는 목표에 변동이 생긴 것은 전혀 아닙니다.

다른 관계국가 대표들에게 사전에 알리지 않고 압록강 발전소들을 파괴하라는 군사 지시를 내림으로써 미 국무부가 범한 오류를 애치슨 국무장관은 영국 국회의원들 앞에서 솔직하고 용감하게 인정하였습니다.

이 사건들로 인해 미국과 동맹국들 간의 관계에 야기된 난국은 그 결과를 과장해서는 안 될 것이며, 적어도 미국 정부가 지금까지 사용되어온 논의 절차를 개선해야 할 필요성을 인정하도록 만드는 성과를 거두었다고 할 수 있을 것입니다. 이 부분에 있어 여러 해결책들이 런던 회의에서 검토되었는데, 도쿄 사령부 산하의 기존 연락기관의 권한 확장이 원칙적으로 채택되었습니다.

최종적으로 슈만 프랑스 외무장관이 애치슨 미 국무장관과 이든 영국 외무장관과의 회담에서 설명한 바와 같이, 프랑스 정부는 한국전쟁의 중국 확산 가능성에 비해 최근의 군사작전 자체에는 그다지 신경 쓰지 않습니다. 그러한 관점에서 긴급 사태 시 참모장들이 유엔에 의뢰하지 않고 만주 중공기지 폭파를 지시할 수 있다고 설명한 러베트 미 국방장관의 최근 발표에 프랑스 국민은 심각한 우려를 보이지 않았습니다.

애치슨 미 국무장관은 물론 이 발표가 잘못 해석되었다고 밝히고 한국 이외의 어떤 행동에 대한 결정도 워싱턴에서 내려야 한다고 말했습니다. 그럼에도 불구하고 1951년 1월 22일 미 대사관이 우리 외무부에 전달한 각서는 미 정부는 "미국의 지휘권 아래 놓인 유엔군의 보호를 위해 필요한 조치를 취할 권리가 있다"고 명시하고 있습니다.

이 본문에 대한 잘못된 해석은 많은 위험을 내포하게 되므로 이에 대하여 각 정부 간의 협의 절차를 조율하는 동시에, 만약 가능하다면 어떤 경우에 유엔군이 보복을 시작할 권리를 가지거나 또는 중국 영토상의 추적권을 행사할 수 있는지를 상세히 규명하는 것이 바람직할 것입니다. 미 사령부에 의해 최근 일어난 것과 유사한 자주적 행동들은 실제로 지금까지 피할 수 있었던 끔찍한 가능성들을 유엔이 가까이 스치도록 만들 위험이 있습니다.

【22】 이승만 대통령과 국회파동(1952.7.9)

[전 보]   이승만 대통령과 국회파동
[문 서 번 호]   1453-1457
[발 신 일]   1952년 7월 9일 01시 00분
[수 신 일]   1952년 7월 9일 18시 30분
[발신지 및 발신자]   도쿄/드장(주일 프랑스대사)

브리옹발 씨로부터의 문서 제41호, 도쿄 7월 9일 수신

인용

　　이승만 대통령이 6월 10일 국회에 보낸 최후통첩은 3일 전부터 일련의 희비극적 사건들을 일으켰습니다. 이로부터의 임박한 결과는 파동이 진정 국면으로 마무리되거나 실제 쿠데타로 끝나면서 국회 해산으로 끝날 것 같습니다.

　　7월 1일 임시국회 시작 회의에서 "며칠 전부터 몸이 불편한" 신익희 국회의장은 전날 접수된 최후통첩에 포함된 모호한 제안에 대한 간접적 답변으로 국회의원들에게 정부의 운명을 가르는 해결책을 찾기 위해 상반된 두 헌법개정안을 검토하라고 권고하는 메시지를 낭독했습니다.

　　외국 초대 인사들이 떠난 즉시 국회는 비공개회의에 돌입했습니다. 그러나 약 70여 명의 국회의원 출석으로는 그 자리에서 이미 밤을 새워야했던 그날 밤에도 유용한 심의를 할 수가 없었습니다.

　　다음날 7월 2일 모든 국회의원에게 면책특권을 보장하는 이승만 대통령의 선언이 도피 중인 의원들을 불러오는데 실패하자 부산 전체의 경찰이 총동원되어 대구까지 이들을 수색하고 저녁까지 감금되어 있어야 하는 회의실로 연행했습니다. 이 의원들의 숫자는 110명에 달했고 이들은 토론의 개연적 기초를 마련하기 위해 8명(교섭단체당 2명)으로 구성된 위원회를 신익희 국회의장

곁에 대표로 위임하겠다고 주장한 것으로 보입니다. 저녁 8시가 되자 감금된 의원들에게 이불이 보내지고 감금의 가혹함을 완화시키기 위해 회의실에서 영화가 상영되었습니다.

어제 하루 국회의원들의 수가 점차적으로 늘어나 오전 10시경 117명, 정오경 125명, 그리고 저녁에는 142명이 되었습니다. 이 국회의원들은 전체위원회를 구성하고 늦어도 오늘까지 할 수 있는 국회 공개총회에서의 토론과 최종투표를 위해 타협 문제에 대한 심도 깊은 토론을 가졌습니다. 그러나 오늘 저녁까지도 논쟁은 끝나지 않았습니다.

그러나 이 이상한 코미디가 보여준 파동의 해결에 대한 희망은 오늘 오후 상당히 위태로워보였습니다. 국회 해산이라는 숨겨진 협박에도 불구하고, 그리고 '공모'혐의로 입건되었다가 합의안 지지를 대가로 '해결'이라는 파렴치한 약속을 받고 석방된 의원들을 '재구속'하겠다고 하는 협박에도 불구하고 야당의 완강한 의원들은 현지 언론이 심각한 어조로 "전술"이라 묘사하는 국회 주재 방식에 반발하며 3시까지도 어떤 합의도 거부했습니다.

6월 14일 절대적 입장을 확정적으로 결정한 것처럼 보였던 이승만 대통령(본인의 전보 제28호)의 허울뿐인 포기는 놀랍지 않습니다.

유엔위원단이 어제 신익희 국회의장으로부터 들은 '밴 플리트 장군이 지난 6월 24일 이승만 대통령에게 정치파동이 10일 내에 해결되기를 기대한다고 시사했다'는 정보에서 그 설명을 찾을 수 있을 것 같습니다. 공보부가 오늘 아침 하려 애썼던 반박을 보건데 이 정보에 대한 소문이 이미 도시 전체에 다 퍼진 것 같습니다.

인용 끝.

드장

【23】 휴전협정 진행에 대한 공산 측의 보도(1952.7.10)

[전 보]	휴전협정 진행에 대한 공산 측의 보도
[문 서 번 호]	1414
[발 신 일]	1952년 7월 10일 08시 30분
[수 신 일]	1952년 7월 10일 11시 39분
[발신지 및 발신자]	모스크바/브리옹발(주소련 프랑스대사관 참사관)

언론은 오늘 한국 휴전협정에 관하여 개성 주재 신화통신의 특파원의 7월 8일자 보도를 다음과 같이 실었습니다.

"오늘 대표단들은 1951년 7월 10일 휴전협상이 시작된 이후 99회 본회의인 제5차 비공개회의를 열었다.

남일 장군이 양 진영에 있는 모든 포로의 송환에 관한 제51항에 동의한지 4일 후에 휴전협정 초안의 63개 조항에 대한 합의가 이루어졌으므로 그 후 어떤 결과도 보도되지 않았다.

미결상태로 남아있는 유일한 문제는 작년 12월 18일 양측 사이에 교환되었던 전쟁포로 명단의 감독 문제다. 이 명단들은 제51항과 52항에 포함된 원칙에 따라야 한다. 이 조항들은 모든 포로들이 본국으로 돌아갈 수 있도록 송환되어야 한다고 규정하고 있다.

4월과 마찬가지로 협상은 다시 한 번 판문점의 미 대표들이 중공-북한 대표들과 동일한 신중함으로 양측의 수용이 가능하고 합리적인 휴전협정에 도달하기 위해 노력한다면 협의가 가능한 단계에 이르렀다.

그런데 만약 그들이 양측의 요구를 충족시킬 수 있는 전혀 다른 타결이 이루어지기를 원한다면 그들은 더 이상 수만 명의 중공-북한 포로들을 강제 억류하는 것과 같은 일방적인 행동을 해서는 안 된다. 지난 4월 미 대표들은 힉맨 대령을 통해 "116,000명이라는 가능한 수치는 포로 교환 규모에 매우 근접할 것"이라고 통지해왔다. 그러나 15,000명 이상의 중국인을 포함한 100,000명의 포로 억류에 관한 일방적 요구에 따라 이 숫자는 계산에서 삭제되었다. 상대측은 단지 중국인 3,000명만 송환될 것이라고 주장했다. 이와 같이 용납할 수 없는 태도가 협상을 2개월 이상 지속된 교착상태로 이끈 것이다.

미국이 용납할 수 없는 요구를 고집한다면 협상이 심각한 위험에 처하게될 것임은 자명하다. 남일 장군은 회담이 잘 마무리될 수 있도록 타협안을 제안했다. 그는 중국인민지원군, 미군, 영국군 등 외국 국적의 모든 포로들 및유엔군 소속의 모든 타국가의 포로들을 본국으로 송환하자고 제안했다. 한국인 포로들은 수감 장소가 포로를 체포한 측의 점령 지역이 아닌 경우 송환되어야하며, 체포한 측의 점령 지역에 수감되어있는 경우 바로 가정으로 돌아갈수 있도록 할 것을 제안했다.

이 구분에 따라 본국 송환될 전쟁포로들의 숫자와 이름을 분명히 하기 위한 양측이 교환한 명단 감독 문제는 국적과 구금 장소를 명시하면서 한국에서즉각적으로 최종 합의를 이끌었다."

다른 한편 언론은 「휴전회담 실패를 위한 미국의 새로운 시도」라는 제목의또 다른 신화통신 기사를 실었습니다. 최근 미국이 발표한 "합리적인 범위 내에서 양측의 요구에 부합하는" 전쟁포로문제의 해결책에 도달하고자하는 희망을강조하며 개성 주재 신화통신 특파원은 회의장 밖에서 "그들이 전쟁포로의 운명에 대해 일방적 행위를 감행하려 한다는 것을 스스로 드러내는" 미국의 공개선언을 규탄합니다.

이 기사는 다음과 같은 결론으로 끝을 맺습니다.

"이것은 미국이 수많은 우리 전쟁포로들을 억류하려는 그들의 계획을 포기하지 않았음을 증명한다. 휴전협상에 있어 현시점을 위태롭다고 판단하고 미국의 일방적 행동에서 파생될 수 있는 심각한 결과를 감안할 때, 중공·북한대표단은 협상을 좌절시키려 하는 미국의 새로운 음모에 대해 전 세계인들의주의를 환기시키지 않을 수 없다. 우리는 포로로 억류된 우리 군사들에 대한모든 일방적 행위를 규탄한다는 사실을 미국에 단호하게 경고해야 한다. 만약

상대가 이런 행위를 감행한다면 거기서 초래될 수 있는 심각한 결과들에 전적
인 책임을 져야 할 것이다".

브리옹발

【24】 국무회의 휴전협상 보고(1952.7.11)

[전　　　　보]	국무회의 휴전협상 보고
[문 서 번 호]	4923-4929
[발　신　일]	1952년 7월 11일 21시 45분
[수　신　일]	1952년 7월 12일 02시 00분
[발신지 및 발신자]	워싱턴/다리당(주미 프랑스대리대사)

뉴욕 공문 제729-735호

오늘 국무부에서 열린 한국에 대한 회의에는 지난주 화요일에 예고되었듯이 어떤 국방부 대표도 참여하지 않았습니다. 이 회의 중 히커슨 차관보는 7월 8, 9, 10일에 판문점 집행회의에서 계속된 협상의 전개 상황에 대한 정보를 제공하였습니다.

이 중 두 가지 요소에 특별한 주의가 필요해 보입니다.

1. 중공-북한 측은 7월 6일 다음과 같이 자신들의 제안을 표명했습니다.
   "수정된 명단이 중국 전쟁포로 20,000명을 포함한 실질적인 수치를 나타낸다면 전쟁포로 문제는 해결될 것이다."
2. 7월 6일 그들이 '현실에 근접한' 것으로 간주한 포로 110,000명의 숫자에 대해 그들은 최근 어떤 암시도 하지 않았습니다.

그들이 본국 송환을 희망하는 북한군과 물론 모든 중국인을 포함한 낮은 수치를 받아들일 준비가 되었을 것이라고 결론 내리는 것은 시기상조일 수도 있겠지만 적어도 국무부에서 배제되지는 않는 것 같은 해석입니다. 따라서 어떤 진전도 이루지 못하게 만든 주요 장애물은 중국 포로문제이며 해리슨 장군은 연합군 측이 이 점에 대해서는 양보할 의사가 없다고 재확인했습니다. 공산 측이 '체면을 차리도록' 해줄 해결책을 찾기 위해 계속적으로 노력하면서도 해리슨 장군은 중공-북한군이 남한의 일부를 점령했을 때 그들의 군대로 합류한 남한군 50,000명을 탈영자로 재분류하고 자신들이 억류 중인 포로 명단에는 포함시키지 않은 중공-북한 측의 조치를 연상시켰습니다. 이 암시는 상대측으로부터 반발을 샀습니다.

하지만 집행회의에서의 협상은 진지한 분위기에서 진행되고 중공-북한 대표들은 비난이나 선동을 자제하고 있습니다. 미 국무부가 고무적이라고 평가하는 부분입니다. 히커슨 차관보는 개인적인 생각이라 밝히면서 만약 공산 측이 새로운 제안을 할 의도가 없었다면 집행회의 재개를 요구하지 않았을 것으로 생각한다고 시사했습니다. 다른 한편, 그는 저의 전보 제4812호를 통해 시사했던 베이징라디오 방송을 결국 연합 측 당국이 비밀회의 중단시도로 간주하지 않았다고 설명했습니다.

그는 마지막으로 국무부가 1918년에서 1921년까지 소련이 13개국과 체결한 조약에서 당사자가 행사하는 자유선택을 바탕으로 한 전쟁포로의 본국 송환을 공식적으로 규정하는 특정조항이 있음을 발견했다고 지적했습니다. 이 선전 논거는 연합국 대표단이 현시점에 판문점에서 인용하지는 않겠지만 토론의 추후 전개 상황에 따라 사용가능할 수도 있습니다.

다리당

【25】 휴전협정 진행에 대한 공산 측의 보도(1952.7.12)

[전 보]	휴전협정 진행에 대한 공산 측의 보도
[문 서 번 호]	1431-1434
[발 신 일]	1952년 7월 12일 07시 30분
[수 신 일]	1952년 7월 12일 11시 45분
[발신지 및 발신자]	모스크바/브리옹발(주소련 프랑스대사관 참사관)

본인의 전보 제1429호와 제1417호 참조

　판문점 회담의 결과를 예견하기 어렵고 베이징 정부의 최종 의도를 알 수 없어 결정적 단계에 접어든 것으로 보이는 협상의 최종 단절 가능성을 배제할 수 없는 상황에서, 특히 몇 주 전부터 소련 언론이 한국문제를 다루는 극도의 온화함을 눈여겨볼 필요가 있습니다.

　이 협상의 진행 상황에 대한 판단 내리기가 드러나지 않게 조심해온 사실, 그리고 특히 세균전 및 거제도 '학살' 관련 사실성을 증명하기 위해 필요한 몇 기사를 제외하고 소련 신문들은 항상 중국의 요구에 대한 공개적 지지를 피해온 사실은, 지난 6월 25일 소련 정부가 협상 개시를 주도한 후 이제는 협상이 결실을 맺기를 바라고 있다고 유추해볼 수 있습니다.

　다른 한편, 소련은 수개월 동안 긴 협상을 거치며 쌓은 영향력의 우월성에 자신감을 품고 1951년 2월 소련에 의해 체결된 약속으로 의기양양해진 동맹국 중국이 이미 긴박한 상황을 악화시킬 수 있는 독자적 행동을 취하지나 않을지를 두려워하며 한국 분쟁이 세계 분쟁으로 악화되기를 원하지 않는다는 메시지를 중국에 확실히 보여주려는 의도도 배제할 수 없습니다. 이것은 최근 압록강 발전소 폭격에 대한 놀라울 정도로 절제된 소련의 반응과 중공-북한 태도의 완화를 설명할 수 있을 것입니다.

실제로 소련언론은 24시간을 지연한 후 판디트 네루 인도 수상의 발표문을 그대로 보도하는 간접적 방법으로 반복은 있었지만 짧은 암시만을 통하여 초기 폭격 소식을 알렸다는 사실에 주목할 수 있습니다.

브리옹발

【26】 평양 및 북의 주요기지 폭격(1952.7.14)

```
[ 전      보 ]   평양 및 북의 주요기지 폭격
[ 문 서 번 호 ]   1484
[ 발   신   일 ]   1952년 7월 14일 10시 00분
[ 수   신   일 ]   1952년 7월 14일 10시 50분
[발신지 및 발신자]   도쿄/드장(주일 프랑스대사)
```

사이공 공문 제951호

1. 평양은 7월 11일 오후와 11일과 12일 밤사이 한국전쟁 중 가장 격렬한 폭격을 당했습니다.

북한 수도와 황주 및 사리원에 대한 공격은 수력발전소 급습과 마찬가지로 제5공군의 전투폭격기와 대형 항공모함의 군용기 및 해병대 간의 긴밀한 협조로 실행되었습니다.

300톤의 폭탄과 네이팜탄이 오래전부터의 군사 목표물들 위에 치밀하게 투하되었습니다. 군사적 목적의 시설물에서 일하는 민간인들과 근로자들은 사전에 경고를 받았습니다. 폭격 노선은 전략적 이익이 없는 주거 밀집지역은 피하도록 정해졌습니다.

평양과 북한의 여러 공급기지 폭격은 오키나와와 일본에서 온 65대의 B-29가 동원되어 야간에도 계속 감행되었습니다. 이 항공기들 중 54대는 북한 수도에 540톤의 폭탄을 투하했습니다.

11일 하루 동안 연합군 공군 전체가 실행한 출격 횟수는 1,330회에 다다랐고 이는 한국전쟁의 기록적 수치입니다. 이전까지 가장 높았던 수치는 1952년 5월 1일의 1,283회였습니다. 당일 하루 동안 전투폭격기의 보호는 F-86기 및 다른 요격기의 300회 출격으로 보장되었습니다.

공산 측 MIG-15기 50대가 평양시 폭격 중에 개입하느라 헛된 노력을 했습니다. 이들은 5개 전투에 나뉘어 투입되었는데 1대가 파괴되고 다른 2대는 파손된 것으로 보입니다. F-86기는 어떤 손실도 없었습니다.

2. 미 육군 참모총장 콜린스[1] 장군은 7월 12일 제4국 참모장 리더[2] 장군과, 참모부의 여러 사무국 소속 대령 5명과 함께 도쿄에 도착했습니다.

콜린스 장군은 13일 클라크 장군과 함께 시찰을 위해 한국에 갔습니다. 그의 극동 체류기간은 아직 정해지지 않았습니다.

국방부에 긴급 전달 요망.

드장

---

[1] 로턴 콜린스(Lawton Collins, 1896-1987). 미 육군 참모총장(1949-1953).
[2] Leeder.

【27】 국무회의 휴전협상 보고(1952.7.15)

[전   보]   국무회의 휴전협상 보고
[문 서 번 호]   4955-4958
[발   신   일]   1952년 7월 15일 21시 15분
[수   신   일]   1952년 7월 16일 01시 15분
[발신지 및 발신자]   워싱턴/다리딩(주미 프랑스대리대사)

뉴욕 공문 제736-739호

7월 12일과 13일 판문점에서 비밀회의로 계속된 후 공산 측의 요청으로 14일로 연기된 협상은 양측의 중요한 발표가 두드러졌는데, 오늘 미 국무부에서 열린 한국에 대한 회의에서 히커슨 차관이 이에 대한 보고를 하였습니다.

한편, 중공·북한 측은 사실상 처음으로 본국 송환 대상 중국군 20,000명을 포함한 포로 100,000명의 숫자를 "현실적"이라고 표현했습니다. 또 다른 한편, 해리슨 장군은 7월 12일에 유엔대표단은 모든 강제송환에 반대한다는 입장을 재확인한 후, 다음날 거제도 포로들에게 시행된 "검열" 결과를 고려한 제안을 했습니다. 이 포로들은 사실 특정 수용소에서 따르던 조건에 맞추어 4월 19일 명단을 작성할 당시 질문을 받지 않았었습니다. 연합군 대표단 수석대표는 현재 작업이 완료되었다고 알리고 설문지의 형태는 최대한의 자유 송환을 주도하도록 만들어졌음을 재차 강조한 후, 한국인 76,000명, 중국인 6,400명, 총 83,000명이라는 새로운 결과의 수치를 보고했습니다. 이는 저의 전보 제4773호를 통해 각하께 보고 드렸던 사항입니다.

그는 또한 유엔은 휴전협정 서명 후 상호 합의에 의해 지명된 공정한 수사기관에 자신들의 결정을 취소하고 공산 지역으로 돌아가려는 의지를 알리는 모든 북한군과 중공군 포로들을 송환하는데 동의할 것이라고 상기시켰습니다. 마지

막으로 그는 새로운 명단 준비를 지체 없이 착수하자고 제안했습니다.

중공-북한 측은 "당신의 진술은 전부 기록되었다"라는 말만 기록해놓고 이것을 "불충분하다"고 말했습니다. 그들의 연락장교들은 7월 14일 회의 직전에 집행회의 재개를 7월 16일로 연기할 것을 요청했습니다. 저는 다음 외교행낭을 통해 해리슨 장군의 성명문과 최근 새로 정리된 연합군 통제하의 포로수용소 목록을 전해드리겠습니다.

다리당

【28】판문점회담의 현황(1952.7.15)

[보 고 서] 판문점회담의 현황
[문 서 번 호] 미상
[발 신 일] 1952년 7월 15일
[수 신 일] 미상
[발신지 및 발신자] 파리/프랑스 외무부

회의사무국은 최근 판문점 협상에 관한 의견서에서 포로송환 문제가 야기한 난관을 설명했습니다.

자유송환 원칙에 대해 단호한 미국 대표들은 지난 4월 28일의 '최종' 입장을 고수했습니다. 중공-북한은 그들대로 전쟁포로의 자격에 관한 제네바협약을 내세우며 지난 5월 2일 그들이 결정한 입장에 머물렀고 모든 포로들의 무조건적 강제송환을 요구했습니다.

이러한 상황에서 양쪽의 모든 입장이 다 나온 것처럼 보였으므로 지난 달 유엔대표단의 요청에 따라 휴전협상이 3차례 중단되었습니다. 모든 새로운 협상은 불가능한 운명에 놓인 것처럼 보였습니다.

1951년 12월 18일 제공된 명단을 기초로 중공-북한이 요구한 중공-북한군 포로의 수 132,000명과 미국이 조사 후 내세우는 자발적 송환을 희망하는 포로들 약 70,000명 사이에는 커다란 간격이 있었음을 우리는 기억합니다.

그런데 6월 22일 미국은 1950년 6월 최초의 남침 이후 대부분 한국군에 강제로 징집되었던 남한 민간인 수감자 27,000명을 석방시켰습니다. 이는 공산 측 협상가들에게 새로운 불만을 일으켰습니다. 이러는 사이에 발생한 압록강 수력발전소 폭격은 한국전쟁의 평화적 결말에 대한 희망이 사라졌다고 생각하게 만들었습니다.

그러나 이 폭격을 지휘한 사령부는 무엇보다 중공-북한으로부터 휴전회담에 대한 좀 더 유연한 태도를 끌어내려는 의도를 가졌던 것 같습니다. 더구나 이들을 그렇게 부추기기 위해 판문점 미 대표단은 4월 28일 이전의 제안과는 다른 버전의 제안을 내놓기 시작했습니다.

이번 달 1일 이루어진 유엔 제안의 이 새로운 발표에 대해 자세히 알려진 바는 없지만 미국의 생각은 협상의 마지막 단계에서 공산주의 영토에 송환되기를 희망하는 포로들의 명단만 넘겨주면서 상대측의 '체면을 살려주고자'하는 바람에서 비롯된 것이라고 말할 수 있습니다. 이러한 방법은 '수정된' 명단을 기초로 휴전협정 서명이 이루어지자마자 포로를 교환한다는 원칙을 명시하고 있는 휴전협의안 제51항에 부합하는 것일 것입니다.

대화를 재개하려는 이 시도는 즉각 비공개 협상 재개를 요청한 공산주의 대표단의 관심을 끌었던 것으로 보입니다.

협상의 이 마지막 국면에 대해 워싱턴 주재 우리 프랑스 대사관이 입수한 정보에 따르면, 중공·북한은 양측 각 진영이 각각 통제하는 영토 출신 포로들을 현장에서 석방하는 것을 수용할 준비가 되어 있다고 밝힌 것으로 알려졌습니다. 지난 6월 22일, 언급된 것처럼 27,000명의 남한군이 고향으로 송환처리됨으로써 전술한 미국의 작전이 인정된 것으로 나타났습니다. 그리고 양쪽이 제안한 수치의 차이도 그만큼 줄어들었습니다.

그런데 무엇보다 공산 측은 자신들의 지난 5월 2일의 제안을 더 이상 주장하지 않게 되었고, 지난 12월 18일자로 교환된 첫 번째 명단을 포기하면서 그들은 새로운 포로 분류를 제안하게 됩니다.

이렇게 재개된 협상은 따라서 주로 범주와 수치의 처리로 이루어질 것 같습니다.

이에 관해 가장 의미 있는 회의는 7월 12일과 13일 회의였습니다. 한편, 사실상 중공·북한 측은 처음으로 공산 측이 무조건적으로 되찾길 바라는 유엔의 중국인 포로 20,000명이 포함된 포로 100,000명의 숫자를 '현실적'이라고 표현하였습니다.

다른 한편, 자유송환의 원칙을 재확인한 후 모리슨[1] 장군은 거제도 분쟁 해결 이후 시행된 새로운 '검열'에 따라 공산당국에 돌아가기를 원한다고 밝힌 포로 숫자 83,000명을 발표했습니다. 이 중 중국포로는 6,400명뿐입니다.

따라서 불일치는 이제 양측에서 제안한 두 가지 총인원수 사이의 차이 17,000명, 공산당국이 절대로 되찾고 싶어 하는 중국 포로 13,600명뿐입니다.

공산주의 대표단은 미국의 이 최종 제안을 검토하기 위해 48시간의 기한을 요구했습니다. 이 기한은 다시 한 번 48시간 연장되었습니다.

---

1) 조지 스티븐 모리슨(George Stephen Morrison, 1919-2008). 미 제독으로 한국전쟁에서 연합작전센터 복무.

【29】 미 육군참모총장의 한국 및 일본 기자회견(1952.7.16)

[전 보]	미 육군참모총장의 한국 및 일본 기자회견
[문 서 번 호]	1491
[발 신 일]	1952년 7월 16일 10시 00분
[수 신 일]	1952년 7월 16일 17시 24분
[발신지 및 발신자]	도쿄/드장(주일 프랑스대사)

사이공 공문 제952호

1. 7월 13일 한국에 도착한 미 육군참모총장 콜린스 장군은 15일 도쿄로 돌아와 요시다 일본 총리를 만났습니다. 7월 14일 서울에서 열린 한 기자회견에서 미 육군참모총장은 필요한 경우 주한 미군이 증원될 수 있다고 밝혔습니다. 일반적으로 미 제8군은 이미 이용가능한 모든 수단을 제공받았다고 그는 덧붙였습니다.

연합군이 아직 사용되지 않은 수단을 보유하고 있는지에 대한 질문에 그는 "비상시"에 그것이 필수적으로 판단된다면 다른 수단을 사용할 수 있을 것이라고 말했습니다. 현재 대서양을 횡단하고 있는 제트기 썬더제트 3대가 곧 도착할 것임을 언급하며 그는 대대적 비행은 주한 미 공군의 성장을 예증하는 것이라고 강조했습니다.

그는 휴전 전망에 대해서는 매우 유보적이었습니다. 그에 따르면 최근 연합군 공습의 치중은 분명 기회를 감소시킨 것이 아닙니다. 만약 공산주의자들이 휴전을 원한다면 언제든 가능하다는 것입니다. 그러나 휴전이 체결되지 않는다면 그들은 격렬한 공습을 기대해야 할 것이라고 말했습니다.

한 특파원이 클라크 장군 또는 밴 플리트 장군이 비상시에 압록강 폭격을 명령할 권한이 있었는지 묻자 콜린스 장군은 "유엔군 사령관으로 활동하는 전장의 지휘관은 현장의 권한을 갖지만 이러한 명령은 유엔과의 협의 없이 내려지지 않을 것"이라고 대답했습니다.

콜린스 장군은 한국전쟁을 전체적으로 평가하면서 이 전장에서 펼쳐진 노력이 세계의 다른 지역에 필요한 노력에 심각한 영향을 미치지는 않는다고 지적했습니다.

2. 15일 도쿄 기자들 앞에서 콜린스 장군은 공산 측이 전쟁을 연장하려 고집한다면 북한 군사목표물들에 대한 더욱 격렬한 폭격을 기대해야 할 것이라고 되풀이했습니다. 유엔사령부는 유엔군이 한국 밖으로 쫓겨나는 것을 막기 위해 세균전을 제외한 모든 수단을 사용하기로 결정했다고 그는 덧붙였습니다. 그리고 압록강 발전소 폭탄투하 결정은 폭격의 유동적 계획에 기초한 일상적 결정이었다고 말했습니다.

미 육군참모총장은 특히 몇 년 내에 미군은 전장에서 이 분야에서 진행되고 있는 엄청난 발전의 원자탄을 사용할 것이라고 말했습니다. 그는 연합군은 한국에서 사용된 것과 다른 수단들을 지니고 있으며 필요할 경우 이것들을 사용할 것이라고 전했습니다. 그러나 그는 현재 한국에서의 침체상태를 그런 경우로 간주하지는 않는다고 명확히 밝혔습니다. 그리고 새로운 수단은 공산주의자들이 유엔군을 심각한 위험에 빠트리는 공세를 벌일 경우에만 사용될 것이라고 말했습니다. 새로운 무기는 처음 사용될 때 가장 효과가 있는 법이라고 하면서 말입니다.

미 제8군은 제3국이 전투에 엄청난 영향력을 투입하지 않는 한국에서 추방될 수 없을 것입니다. 압록강 폭격은 휴전협상과는 아무런 상관이 없었습니다. 워싱턴에서 목표가 그만한 가치가 있다는 확신을 얻자마자 폭격은 허가되었습니다. 미 육군참모총장은 마지막으로 공산주의자들이 바란다면 한국 휴전은 즉시 가능하다고 재확인했습니다.

국방부에 전달 요망.

드장

【30】 엔디코트 박사의 비난에 대한 캐나다 학자들의 답변(1952.7.16)

[우 편 공 문]　엔디코트 박사의 비난에 대한 캐나다 학자들의 답변
[문 서 번 호]　778/AM
[발　신　일]　1952년 7월 16일
[발신지 및 발신자]　오타와/위베르 게랭(주캐나다 프랑스대사)
[수신지 및 수신자]　파리/슈만(프랑스 외무부장관)

　5월 13일 전보 제527호를 통해 저는 엔디코트[1] 박사가 캐나다와 유엔이 한국에 박테리아 전쟁을 준비하고 추진했다고 비난하며 책임을 묻는 내용이 담긴 진술들을 담당부서에 보고했습니다.

　3인의 캐나다 곤충학자(맥길 대학 단과대 학장이자 맥도날드 캠퍼스 곤충학 교수인 W. H. 브리튼, 곤충학과 학과장교수 A. W. 베이커, 그리고 토론토대학교 동물학 교수 C. K. 앳우드)들이 전문가적 입장에서 이 비난의 학문적 가치를 연구했습니다. 정부에 제출된 이들의 보고서는 「미국이 한국과 중국 북동부에서 세균전을 사용했다고 주장하는 명예를 훼손하는 엔디코트 씨의 허위성 고발에 대한 설득력 있는 반박」 자료로서 법무부장관에 의해 즉시 의회에 제출되었습니다.

　"이 학자들 중 그 누구도 연방정부를 위해 일하지 않는다. 정부의 방향이나 견해에 어떤 제약도 받지 않는 자유사회 속의 자유인인 이들은 세균전에 관한 엔디코트 씨의 거짓에 자발적으로 이 답변을 제공했으며, 제공한 즉시 의회와 그들의 연방 정부에 전달했다"고 가슨[2] 법무장관은 덧붙였습니다.

　저는 캐나다 곤충학자들의 보고서 사본 한 부를 이 공문에 동봉합니다.

---

[1] 스티븐 엔디코트(Stephen Endicott). 캐나다 요크대학 동아시아 역사학 교수.
[2] 스튜어트 싱클레어 가슨(Stuart Sinclair Garson, 1886-1986). 캐나다 법무장관(1948-1957).

이틀 전, 6월 25일, 법무장관은 하원에서 야당의 새로운 질문에 대답하면서 저의 상기 전보에서 예상한 바대로 캐나다 정부는 엔디코트 박사를 고소하지는 않을 것이라고 밝혔습니다.

법무장관은 표현이 모든 시민의 권리와 자유를 침해하지 않는 한 그 남용이 처벌될 수 없는 불가분의 근본적인 권리, 표현의 자유와 언론의 자유에 따라 이 결정의 타당성을 설명했습니다. 그는 공산주의자들에게 속아 넘어간 자들과 그 앞잡이들을 기소하는 것, 그리고 이들을 순교자로 만드는 것은 분명 공산주의자들에게 득이 되도록 하는 일일 것이라고 덧붙였습니다. 엔디코트 목사에 대하여는, 그를 비난하는 것이 그가 억압과 공포정치 및 무신론과 결탁하면서 이미 자초했던 캐나다 여론에서의 신뢰상실에 더 이상 대단한 것을 추가하지는 않을 것이라고 했습니다. 이 모든 이유 때문에 그를 기소하는 것은 장점보다는 불이익이 더 많을 것이라고 판단했다고 장관은 결론을 맺었습니다. 캔터베리 학장의 비슷한 경우에 대한 영국 정부의 결정은 오타와 정부의 이 행동지침을 다시 한 번 확인하게 할 뿐이었습니다.

위베르 게랭

【31】 중국의 입장 분석(1952.7.17)

[전 보]	중국의 입장 분석
[문 서 번 호]	3028-3035
[발 신 일]	1952년 7월 17일 16시 50분
[수 신 일]	1952년 7월 17일 17시 00분
[발신지 및 발신자]	런던/마시글리(주영 프랑스대사)

보안

  최근 인도가 중국과 유엔 사이를 중재하려는 시도에 대해 여전히 일부 모호하고 그리 큰 중요성을 띄지 않으면서도 복잡한 이야기는 다음과 같이 요약될 수 있습니다. 지난 6월 15일 파니카 베이징 주재 인도대사는 고별 알현을 위해 저우언라이의 접견을 받았습니다. 대화는 2시간 30분 동안 지속되었고 여러 문제들 중에서 판문점 협상에 대한 토론이 있었습니다. 저우언라이의 발언은 6월 17일 영국 주재 인도 고등법무관 메논[1] 씨에 의해 바로 영국 외무장관 이든 씨에게 보고되었습니다. 메논 씨에 의하면 중국 외교부 부장 저우언라이는 파니카 인도대사에게 판문점에서 원칙에 대한 어떤 합의도 가능해 보이지 않으므로 전체적 수치, 즉 북한인 90,000명과 중국인 20,000명 본국 송환에 서로 합의하는 것이 가장 좋은 해결책이라고 중국 정부는 판단하고 있다고 말했다고 합니다.

  그러나 만약 이 해결책을 수용할 수 없다면 중국 정부는 중립위원회(스웨덴, 스위스, 체코슬로바키아, 폴란드)의 도움을 받아 모든 군사적 감시가 부재한 상태에서 심문을 받은 포로들을 재분류하는 작업으로 이루어지는 제2의 해결책(영국이 플랜 B라 부르는 대안계획)을 검토할 수 있을 것이라고 했습니다.

---

[1] V. K. 크리쉬나 메논(V. K. Krishna Menon, 1896-1974). 영국 주재 인도 고등판무관(1947-1952).

6월 20일, 영국 정부는 인도 정부가 중국 정부에게 플랜 B를 명문화하여 표명해주고 몇 가지 불분명한 점(예를 들면 110,000명의 포로를 어떻게 판문점으로 데리고 갈지의 여부)을 설명해달라고 요청해주면 감사하겠다고 영국 외무부가 크리쉬나 메논 씨에게 알렸습니다. 영국 외무부는 휴전을 신속하게 종결할 수 있다고 판단되는 중국의 제안을 매우 중요하게 생각한다고 말했습니다. 그러나 6월 22일 워싱턴은 파니카 인도대사의 대화에 대해 알고 있는 상태에서 런던과의 상의 없이 압록강 폭격을 시작했다는 것입니다.

영국 외무부는 답을 계속 요청하고 있으나 뉴델리 쪽에서는 어떤 답도 주지 않고 있는 상태에서 7월 3일 크리쉬나 메논 판무관은 자신이 다음날 뉴델리로 떠난다고 셀윈 로이드 영국 외교국무위원에게 알려왔습니다. 국무위원은 그에게 파니카 대사를 통해 시도했던 교섭에 중요성을 두고 있다고 다시 한 번 말했습니다. 메논 씨는 네루 수상과 특히 그 사이 베이징에 온 파니카 대사를 만난 후 7월 11일 런던으로 돌아왔습니다. 그가 보고한 설명은 매우 불분명했고 세부적인 사항에 한정되어 있었습니다. 중국 정부가 포로 분류작업에 관한 중립위원회의 결정을 수용할 것이라는 본질적인 사항을 확인해줄 수 없었습니다.

결국, 7월 15일 뉴델리 주재 영국 고등판무관 메논은 베이징 주재 영국 대리대사를 통해 인도가 중국 정부로부터 중국은 파니카 대사와 논의한 제안을 유지할 의지가 없다고 밝히는 공문을 받았음을 전해 듣게 되었습니다.

이러한 일련의 사실들로부터 두 가지 해석이 가능합니다. 첫 번째는 중국 정부가 정말로 합의에 이르기를 희망했었다는 것입니다. 여기에는 몇 가지 흥미로운 단서가 있는데, 예를 들면 6월 5일 여왕의 생일날 위성국 대사관들이나 대표단들을 대동한 베이징 주재 소련대사관 전체가 영국 대리대사를 방문했다는 사실입니다. 또 6월 초에는 판디트 네루 수상이 자신은 '체면'을 살려주면 휴전을 체결하겠다는 중국의 희망에 대해 확신한다고 주장했습니다. 합의에 대한 이 희망은 6월 15일 파니카 인도대사를 통해 교섭제안을 함으로써 구체화되었을 것이고 22일의 폭격은 미국의 답으로 해석되었을 것입니다. 실제로 7월 2일부터 판문점의 공산 측 협상 당사자들은 파니카 대사에게 한 교섭제안과는 전혀 다른 제안들을 내놓았고 7월 15일의 의사소통은 중국의 비타협적 태도를 확인시켜줄 뿐이었습니다.

또 다른 해석은 영국 외무부의 것으로 파니카 대사에게 한 제안의 중요성 또는 파니카 대사가 자신이 들었다고 믿는 말의 중요성을 상당히 경시하는 해석입니다. 중국은 처음부터 정치적 신념에 따른 분류가 아니라 국적별 재분류 작업만을 염두에 두고 있었고, 6월 15일부터의 그들의 입장이 7월 2일 판문점에서 공산 대표단이 국적에 의한 재분류를 제안했을 때의 입장이므로 어떤 의미에서 6월 15일의 제안은 인도대사에 의해 상상된 것이라는 해석입니다.

압록강 폭격은 이런 상황을 전혀 바꾸지 못했을 것입니다. 그럼에도 불구하고 7월 15일 중국 측의 의견서와 중국이 이전의 제안을 철수했다는 사실을 무시하는 이 설명을 전적으로 받아들일 것인지 망설이게 됩니다. 물론 인도가 이해하고 런던에 이해시키려 했던 것보다 덜 확실하긴 하지만 실제로 '무언가' 일어난 것으로 보입니다. 이것은 늦긴 했지만 중국 측의 변화를 나타내는, 그러나 압록강 폭격도 저지하지 못한 것으로 보이는 그 무엇입니다.

마시글리

【32】 미 육군참모총장의 발언 내용에 대한 국무부의 평가(1952.7.17)

```
[ 전        보 ]   미 육군참모총장의 발언 내용에 대한 국무부의 평가
[ 문 서 번 호 ]   4987-4991
[ 발   신   일 ]   1952년 7월 17일 17시 55분
[ 수   신   일 ]   1952년 7월 17일 23시 10분
[발신지 및 발신자]   워싱턴/다리당(주미 프랑스대리대사)
```

뉴욕 공문 제747-751호

각하의 전보 제11537호에 대한 답신

미 국무부 극동담당차관보 존 앨리슨은 어제 저녁 저의 보좌관 중 한 사람에게 콜린스 장군의 최근 발표에 특별히 중요성을 두어서는 안 된다고 말했습니다. 차관보는 더구나 콜린스 장군이 국무부에 사전에 알리지 않고 이 성명들을 발표했다고 덧붙이며 어쨌든 국방부의 이러한 행동방식에 대한 자신의 유감을 숨기지 않았습니다.

미 육군참모총장의 발언 내용과 관련하여 그가 실제로 제공한 유일한 새 정보는 분명히 유엔군에 의한 한국에서의 원자력 무기의 사용에 대한 가능성이었습니다. 그러나 이에 대해 장군은 자신의 진술 범위를 크게 제한하는 유보적인 태도를 보였습니다. 사실 그는 원자력 무기가 아직 개발되지 않았다고 강조하면서, 특히 유엔군에 대한 빨갱이들의 심각한 위협이 있을 경우 '세균 무기를 제외한 다른 모든 수단'으로 대응할 것이라고 밝힌 뒤, 현재 한국의 군사적 답보 상태는 이러한 반응을 촉발시킬 수 있는 위협의 수준이 아니라는 의견을 표명했습니다.

한국에서의 전쟁 강화에 관하여 장군의 진술은 제 의견으로는 전혀 새로운 사항이 없습니다. 그의 발표는 압록강 및 북한 수력발전소 폭격으로 시작된 상

황전개를 공식적으로 확인하는 것뿐입니다.

이 점에 대하여 미 국무부는 국방부와 의견을 같이 합니다. 무엇보다 1년 전부터 휴전협상을 틈타 이룩한 적의 전투력이 상당히 증가한 군사적 이유와 정치적 이유에서 이 공습강화를 지속하는 것이 바람직하다는 점입니다. 볼셰비키 진영은 자신들에게 한국분쟁에서의 군사적 해결은 존재할 수 없다는 사실을 깨달아야하고 따라서 판문점 협상에서 좀 더 현실적인 모습을 보여야 한다는 것입니다.

콜린스 장군과 참모부 주요 지도자들의 한국 방문, 상당수 최신 전투기들의 한반도 유입 등은 판문점 협상에서 더 현실적인 체결을 맺는 것 외에 다른 대안은 없다는 것을 적에게 증명해 보이려는 워싱턴 정부의 의지를 반영하고 있습니다.

다른 한편, 대통령 선거를 몇 달 남겨두고, 미 행정부는 이미 시작된 선거 유세에서 취약하다고 느끼는 극동 정책과 전략을 정당화하게 될 이 협상 체결에 그 어느 때보다 관심이 많습니다.

2주 전부터 판문점에서 공산 측 협상이 보여주는 것 같은 좀 더 회유적인 태도는 유엔의 '군사적 강화'가 '이익이 된다'는 미 당국의 믿음만 더 확인시켜 주었습니다.

미국과 동맹국들이 한국에서의 군사 활동과 관련하여 가장 밀접한 접촉을 유지하는 것도 중요하지만, 우리는 유엔사령부가 현재 갖춘 수단으로 무기를 통한 해결책을 얻을 수 없다는 것을 미국이 인식하고 있다는 사실을 잊어서는 안 됩니다.

다리당

【33】 포로문제에 관한 국무부의 입장(1952.7.17)

[전 보]	포로문제에 관한 국무부의 입장
[문 서 번 호]	5033-5042
[발 신 일]	1952년 7월 17일 20시 20분
[수 신 일]	1952년 7월 18일 02시 20분
[발신지 및 발신자]	워싱턴/다리당(주미 프랑스대리대사)

보안

2급 비밀

뉴욕 공문(우편) 제752호

1949년 제네바협약에 중국이 가입한다는 것과 이 결정을 동반한 저우언라이의 유보적 의견 및 설명은 24시간 전부터 미 국무부가 가장 주의 깊게 검토한 주제였습니다.

저의 보좌관 중 한 사람이 오늘 오후 함께 대화를 나누었던 앨리슨 차관보 휘하의 부차관보 알렉시스 존슨 씨는 이 문제에 대한 1차 검토 후 미 당국은 중국의 가입이 판문점 회담과 직접적인 연관이 없다고 판단하고 있습니다. 사실상 워싱턴에서는 이 가입을 공산정부들이 토론토에서 열리는 적십자대회를 계기로 유지하려고 하는 선전으로 보아야 한다고 평가하고 있습니다. 더구나 이 회의는 중국과 북한이 참석할 것입니다.

이와 관련하여 1949년 협약에 대한 베이징의 유보적 견해가 동일 협약에 대한 당시의 소련의 발언 내용과 동일하다는 사실은 워싱턴 관할당국에게 사실상 저우언라이의 해설과 전쟁포로들의 제3국으로의 인도 계획 사이에는 연관성이 없음을 설명하는 것으로 보였습니다.

저의 보좌관 미에 씨가 존슨 씨에게 인도 정부가 포로 문제를 해결하기 위해서 얼마 전부터 중국 정부를 상대로 한다는 노력에 대한 미국 정부의 공식 확인이 있었는지를 묻자, 그는 이에 관해 7월 초 함께 나누었던 대화를 언급하며 현재 미 당국은 인도의 제안에 대해 잘 알고 있지만 우리에게 알려줄 수는 없다고 밝혔습니다.

워싱턴은 영국 정부를 통해 이 제안에 대한 정보를 얻었으며 그 핵심은 다음과 같이 요약될 수 있습니다.

파니카 인도대사는 인도로 가기 위해 베이징을 떠날 무렵 저우언라이와 전쟁 포로 문제에 대해 논의를 했는데 그때 저우언라이는 두 가지 대안을 제안했다고 합니다.

1. 중국인 20,000명을 포함한 110,000명의 공산군 죄수들에 대한 본국 송환.
2. 중립적 기관에 의해 송환 희망 여부에 대한 질문을 받게 될 중국인 20,000명 전원을 북한 영토 내 지정 지점까지 군대 호송대 없이 수송.

이 대담에 대한 파니카 인도대사의 보고는 불행히도 런던과 워싱턴 양쪽에 매우 혼란스러웠습니다. 특히 두 번째 해결책에서 북한 포로들의 운명은 알 수가 없었습니다.

따라서 영국 정부는 여러 번에 걸쳐 파니카-저우언라이 대담에 관한 추가 정보를 뉴델리에 요청했고, 겨우 며칠 전에야 저우언라이가 파니카 대사에게 첫 번째 해결책을 제안한 사실을 베이징 주재 인도대리대사가 확인했습니다. 반면 중국 공산당국은 두 번째 해결책에 대해서는 확인해주지 않았습니다.

첫 번째 제안이 실제로 판문점 비밀회의가 재개될 때 중공-북한 대표단이 발표한 그 제안이기 때문에 베이징 주재 인도 대표가 수집한 정보는 더욱 흥미롭습니다.

당분간 뉴델리 정부의 중재 노력은 이런 정도일 것이며, 존슨 씨에 따르면 이에 대한 뉴델리와 워싱턴 간의 직접적인 대화는 없었습니다. 미국 당국은 런던을 통해 통보받은 것입니다.

미 국무부 사무국들은 동시에 최근 공산 측이 요청한 판문점 회의 이틀 연기에 매우 관심을 가지고 있습니다. 여기서는 이 시도의 목적이 중공-북한이 새로운 제안을 조정하기 위한 것이라고 추정하고 있습니다. 제 보좌관이 존슨 씨에게 미 정부는 자국으로 돌아가기를 원하지 않는 전쟁포로를 제3국에 위탁하자는 중공-북한의 제안을 수용할 것인지 묻자, 존슨 씨는 자국 정부가 이에 대한 결정을 내리지 않았고 현실적으로 실행하기 어려워 보이긴 하지만 이 해결책은 원칙적으로 수용될 수 있을 것으로 생각한다고 대답했습니다.

다리당

【34】 안전보장이사회 회의(1952.7.19)

[전   보] 안전보장이사회 회의
[문 서 번 호] 1673-1676
[발   신   일] 1952년 7월 19일 22시 00분
[수   신   일] 1952년 7월 19일 03시 10분
[발신지 및 발신자] 뉴욕/라코스트(주유엔 프랑스대리대사)

워싱턴 공문 제980-988호

본인의 전보 제1670-1672호 참조

　말리크 소련대표가 뉴욕 체류를 연장한다는 소식으로 야기된 동요는 오늘 아침 『뉴욕타임스』에서 「말리크 씨 방문 포기, 휴전협정 희망 커지다」라는 제목의 기사로 표출되었습니다. 이 동요는 몇몇 대표단, 특히 유럽과 아시아 대표단들 사이에 번졌고 라틴-아랍 대표단들은 보통 때처럼 한국전쟁에 관해 훨씬 덜 직접적이고 덜 강렬한 관심을 보였습니다.

　인도 대표는 협상이 시작된 이래, 특히 최근 몇 주간 중공-북한 진영에서 보여준 연속적인 양보의 중요성을 강조합니다. 그는 중국 정부가 진지하게 휴전협정에 도달하기를 희망한다고 믿고 있는 것 같으며, 그에 따르면 중국 및 런던과 가진 인도의 최근 교섭은 그가 상세한 것은 모른다고 밝히면서도 그 근본적인 목적은 구체적인 제안을 전달하는 것이 아니라 중국 공산정권의 원칙에 대한 좋은 태도를 분명하게 내보이는 것이었을 겁니다.

　이 태도의 증거가 중립 또는 중립화된 지역에서 실행하는 중립위원회를 통해 본국송환자원자를 결정하기 위한 전쟁포로들의 분류에 동의하자는 최근 제안일 것으로 봅니다. 그리고 7월 15일 중국 정부는 상호성을 조건으로 전쟁포로와

화학전 및 세균전 금지에 관한 제네바협약에 가입한다고 알렸습니다.

이런 관점에서, 다양한 그룹에 속하는 여러 대표단들은 7월 14, 15일 서울과 도쿄에서 했던 콜린스 장군의 성명 때문에 중국이 위신 문제로 즉각 또는 가까운 미래에 판문점 휴전협정 체결을 하기 어렵도록 만들었다고 유감을 표했습니다. 어떤 이들은, 포로들의 자발적 본국송환 문제에서 특히 첫 번째 실행한 포로 분류가 어떤 공정성의 보장도 정확성도 없이 실행되었던 조건을 볼 때, 그리고 그 자체로 심각한 이론의 여지가 있는 데다 여하튼 베이징 정권의 자존심에 받아들이기 힘든 결과가 나오자마자 발표함으로써 이 체면 문제, 좀 더 정확히 심리적 권위문제는 중국 국내적으로나 제3국 차원에서 매우 유감스럽게도 이미 문제가 되었다고 봅니다.

압록강 좌안에 위치한 수력발전소 시설물들의 폭격에 대해서는 의견이 분분했습니다. 어떤 이들은 시기가 부적절했다고 유감을 표하고, 또 어떤 이들은 이 폭격이 만들어낸 파괴의 심각성과 위력 과시가 중국 정부에 이로운 압력을 행사할 수 있었다고 생각합니다. 그러나 사람들은 일반적으로 콜린스 장군이 중국 사령부를 향해 던진 중대한 위협은 유엔군이 중공-북한군의 공세로 어려움에 처하게 되었을 경우 심리적으로 폭격 그 자체의 좋은 효과를 해칠 수 있다고 생각합니다. 즉, 공산 측으로서는 이러한 경고 앞에 굽히는 것처럼 보이기가 훨씬 더 어려워질 것이고 가까울 수 있었던 해결이 어쩌면 현저히 지체될 수 있다는 것입니다.

라코스트

【35】 버튼 박사와 한국 세균전(1952.7.18)

[공 문 (우 편)]	버튼 박사와 한국 세균전
[문 서 번 호]	367/AS
[발 신 일]	1952년 7월 18일
[수 신 일]	미상
[발신지 및 발신자]	캔버라/앙리-루이 메위(주호주 프랑스 임시 대리 대사)

　베이징 세계평화평의회 예비회의에 참석하여 그곳에서 미국이 세균 무기를 사용(본인의 1952년 6월 23일자 속보 제367/AS호 참조)했다는 명백한 증거를 공산당국이 소유하고 있다는 정보를 보내왔던 전 외무장관 버튼[1] 박사가 다시 한 번 주목을 받게 됩니다.

　자신의 이전 발언을 번복한 버튼 박사는 실제로 어느 노조 지도자 회의에서 한국과 중국에서 세균 무기가 사용되었다는 어떤 확실한 증거를 중국 측에서 찾아내는 것은 불가능하다고 말했습니다.

　이 사건에 대해 세계보건기구가 벌이는 조사를 중국이 거부한 이유에 대해 호주기자협회 간사가 질문하자 버튼 박사는 다음과 같이 답변했습니다.

　　"나는 세균전에 대해 왜 이 모든 소란이 있었는지 모르겠다. 이 무기의 사용에 대한 증거가 유효한지 아닌지를 평가하는 일은 내게 달려있지 않다. 그러나 1,600,000,000명의 아시아인들이 이 무기들이 그들에게 사용되었다고 믿고 있다. 세균 전쟁이 무차별 폭격과 원자폭탄 사용보다 덜 비인간적인 것은 절대 아니다."

---

[1] 존 버튼(John Burton, 1915-2010). 국제과학위원회(ISC) 위원이자 호주 외무장관(1947-1950) 역임.

태평양평화위원회 대표인 버튼 박사의 이 발언에 어느 정도의 신뢰를 부여해야 할까요? 현재 제가 가진 정보의 상태로는 답할 수 없는 문제입니다. 일부 사람들이 주장하는 것처럼 버튼 박사가 베이징에서 중국이 세균 무기의 사용에 대한 확실한 증거를 쥐고 있다는 정보를 보내지 않을 수 없는 상황에 처했었다는 것은 믿기가 어렵습니다. 어떤 이들은 캔버라에서 받은 전보들은 중국 당국이 스스로 버튼 박사의 이름으로 서명하여 보냈을 것이라고까지 말하기도 합니다. 이 호주 대표가 이곳으로 돌아온 후 어떤 반박도 하지 않았고 오히려 마오쩌둥 정부의 업적과 공로를 기꺼이 칭찬한 것을 보면 그건 전혀 사실이 아닙니다.

이상주의자에다 매우 쉽게 영향을 받는 성향의 버튼 박사는 분명 중국 수도의 분위기에 사로잡혔을 것이고 그곳을 떠난 지 오래지 않아 그는 그곳에서 들었던 논증의 약점에 대해 깨달았을 것입니다.

반면 이 야심가는 대대적 여론운동을 이끌 수 있을 것이라고 믿었는데 그의 발표에 반응이 없었습니다. 그리고 심지어는 이 경향을 어느 정도 우려하는 노동당의 비난까지 받아야 했습니다. 이런 방식으로 계속 한다면 그의 정치적 미래는 위험해 보이기 때문에 버튼 박사는 자신이 선택했지만 자신이 기대하던 어떤 이점도 얻지 못한 극단적 입장을 어쩌면 포기하고 싶을 수도 있습니다.

앙리-루이 메위

【36】 판문점과 전선의 상황(1952.7.19)

[전　　　　보]	판문점과 전선의 상황
[문 서 번 호]	1495
[발　신　일]	1952년 7월 19일 01시 30분
[수　신　일]	1952년 7월 19일 11시 35분
[발신지 및 발신자]	도쿄/드장(주일 프랑스대사)

사이공 공문 제955호

1. 공산 측은 판문점에서 7월 4일부터 진행된 10차례의 비공개회의 후, 그들이 요청하여 7월 14일 허가를 받아내었던 회의 중단을 7월 16일 이틀 더 연장하자고 제안했습니다. 회의는 7월 18일 오늘 아침 11시에 같은 조건인 비공개로 재개되었습니다.

공산 측이 중단 연장을 요청하기 2시간 전 베이징라디오는 7월 16일 저우언라이의 대변인을 통해 인민중국은 전쟁포로에 관한 1949 협약을 비준한다고 알렸습니다. 보호국 청원에 관한 조항은 양 당사자가 수락해야 하고 포로에 대한 결정권을 행사할 수 있지만 각 당사자는 자신이 보유한 포로들에 대한 책임은 유지한다고 저우언라이는 강조했습니다. 연합국 대표단은 중국의 제안에 대한 모든 언급을 거부했습니다.

2. 7월 18일 공산주의자들은 연락장교들을 통해 세 군데의 포로수용소, 평양 근처의 6호와 9호 수용소 그리고 신의주 동쪽 40㎞ 지점에 위치한 딘 장군이 감금되었던 10호 수용소를 해체했다고 알려왔습니다. 중공-북한에 따르면 6호와 9호 수용소에 감금되었던 연합군 포로들은 7월 11일 평양 폭격으로 사망했을 거라고 합니다. 연합군이 보유한 문서에 따르면 9호와 10호 수용소에는 남한

군 밖에 없었답니다.

새로운 수용소에 11에서 16까지 번호가 매겨졌으며 다음 장소에 위치해 있습니다.

> 서성 제11호 평양 북서쪽(구충동)
> 신창 제12호 평양 북동쪽 40km 지점(건하동)
> 순안 제13호 평양 북서쪽 15km 지점(삼고동)
> 신안주 제14호 평양 남동쪽 7km 지점(중리)
> 용화 제15호 평양 북동쪽 12km 지점(입송리, 직동, 강동)
> 부상 제16호 신의주 동쪽 45km 지점(병원수용소)

3. 공산 측의 요청에 따른 4일 동안의 회의 중단, 7월 16일 저우언라이의 발표 및 공산 측에 수감된 포로 재분류를 통신사들과 신문들은 일반적으로 교착 상태에서 벗어나 타협으로 가는 방향결정을 기대하게 해주는 것으로 간주했습니다. 예를 들면 제3국에 의한 포로들의 재분류처럼 말입니다.

그러나 거의 남일 장군의 발표로 채워져 45분간 지속되고 아직 어떤 합의도 분명히 성사되지 않은 어제의 11차 비공개회의 결과로 어떤 당혹스러운 느낌이 감지되었습니다. 토론은 업무적인 분위기에서 진행되었습니다.

언론에 의하면 중국은 유엔사령부가 수용할 수 없는 모든 포로들의 귀환을 계속 요구할 것입니다. 인도 정부가 펼치는 중재 노력에 대해 런던 발 속보들은 송환에 반대하는 포로들은 평화적 해결이 이루어질 때까지 인도로 이송될 수 있도록 하자는 영국의 제안을 언급했습니다.

워싱턴 언론은 새로운 요소를 찾아내기가 아직 불가능한, 인도 정부와 중공 정부 간의 접촉에 관한 불분명한 소식에 대한 국무부 대변인의 7월 18일 매우 유보적인 발표를 되풀이했습니다.

4. 18일 아침 중국은 5주전 연합군이 점령한 철원 서쪽 지점 전략진지에 탱크 지원을 받은 대대를 통해 맹렬한 공격을 시작했습니다. 적은 심각한 손실을 입

고 격퇴 당했습니다. 철원과 금성 사이에서 상당히 집중적인 순찰활동이 확인
되었습니다.

국방부에 전달 요망.

드장

【37】 포로문제에 관한 국무부의 입장(1952.7.19)

[전 보]	포로문제에 관한 국무부의 입장
[문 서 번 호]	5047-5055
[발 신 일]	1952년 7월 19일 08시 30분
[수 신 일]	1952년 7월 19일 14시 30분
[발신지 및 발신자]	워싱턴/보네(주미 프랑스대사)

보안

2급 비밀

뉴욕 공문(우편) 753호

히커슨 유엔담당 차관보는 오늘 한국에 대한 국무부 회의에서 어제(한국시간 7월 18일)의 판문점 회의를 보고하는 유엔 미국대표단의 전보를 읽었습니다.

일반적 기대와는 달리 언급한 회의에서는 공산대표단의 태도에 어떤 새로운 요소도 없었습니다.

남일 장군은 전쟁포로에 관한 유엔의 제안에 대해 공격하면서, 특히 이 제안은 휴전협약안의 51, 52항과 모순되고 1949년 제네바협약을 위반한 것이라고 주장할 뿐이었습니다.

또한 그는 7월 18일 유엔이 제출한 송환 가능 전쟁포로 83,000명의 수치는 자신의 진영 쪽에서는 절대 용납될 수 없는 것이라고 단호하게 밝혔습니다.

남일 장군은 전쟁포로의 가석방과 관련된 제네바협약 제21조에 대해 길게 상술했습니다. 그는 이러한 석방은 포로 국가의 법률이 명백하게 허용하는 경우에만 가능하다고 명시되어 있다고 환기시켰습니다. 그런데 이에 대한 어떤 법률도 중국이나 북한에 존재하지 않으며 이 부분에 대해 이 두 국가 정부와 연합

진영 간의 어떤 합의도 없었다는 것입니다. 따라서 공산 측 수석대표 남일 장군에 의하면 연합 측은 이러한 조치를 취할 권리가 없다는 것입니다.

남일 장군은 최근의 압록강 수력발전소 시설물들 및 평양에 대한 공습 폭격을 언급한 후 이러한 압력은 중공-북한의 태도에 어떤 영향도 미치지 않을 것이라고 선언했습니다. 오히려 그는 "이 폭격은 중공-북한의 전투의지를 고조시킬 뿐임을 알려주고 싶다"고 부연했습니다.

결과적으로 그는 유엔에 다음과 같은 사항을 요청했습니다.

1. 7월 13일 제안을 철회한다.
2. 1951년 12월 포로명단의 검사를 재개한다.
3. 송환가능 포로 수를 116,000명에 가까운 어림 수치로 제출한다.
   다만, 어떤 합의는 가능하며, 최종적 조정의 세부사항들은 양측 참모장교들에게 맡겨질 수 있을 것이다.

이 발표가 끝나자 해리슨 장군은 다음과 같이 답했습니다.

1. 지금 들은 발표에는 새로운 것이 전혀 없다.
2. 7월 13일 제안은 포로들 자체에서 나온 것이므로 전쟁포로에 관하여 다른 제안은 없다.
3. 중공-북한의 수치에 20,000명의 중국인을 포함시키는 것은 현실적이지 못하다.
4. 이런 성격의 제안에 대해서는 언제든지 토론할 준비가 되어 있다.

남일 장군은 자신이 제출한 제안은 수많은 새로운 요소를 포함하고 있으니 해리슨 장군이 자세히 검토해보면 알게 될 것이라고 반박했습니다.

해리슨 유엔 수석대표는 그렇다면 그것을 찾기 쉽도록 공산 측이 직접 그 새로운 사항들을 찾아 달라고 제안하자 남일 장군은 자신의 진영으로서는 이 제안들이 명백하다고 대답했습니다. 전쟁포로 명단 조사가 현실적으로 수행되어야 한다는 것이었습니다.

회의는 이 발언에서 끝이 났고 다음 회의는 7월 19일로 예정되었습니다.

국무부에서도 남일 장군의 어제 발표에서 새로운 것이 무엇인지를 알지 못합니다. 게다가 남일 장군이 제네바협약 21조를 그토록 강조한 이유에 대해 의문을 제기합니다.

사실상 공산 측 발언에서 주목할 만한 유일한 변화는 송환할 수 있는 포로의 수 100,000명을 번복한 것으로 보인다는 사실입니다. 실제로 어제는 남일 장군이 116,000명이라는 수치를 꺼냈습니다.

보네

【38】 소련 언론의 미국 비난(1952.7.20)

[전 보]	소련 언론의 미국 비난
[문 서 번 호]	1496
[발 신 일]	1952년 7월 20일 16시 00분
[수 신 일]	1952년 7월 20일 18시 16분
[발신지 및 발신자]	모스크바/브리옹발(주소련 프랑스대사관 참사관)

오늘「미 침략자들은 한국의 평화체결을 원하지 않는다」라는 제목으로『프라우다』를 포함한 일부 일간지들은 한국 사건에 대해 판문점 휴전회담 중 미국 대표단이 취한 불합리한 태도 때문에 야기된 상황을 보고한 평양 주재 타스통신 속보를 보도했습니다.

타스통신 속보는 미국이 전쟁포로 교환 문제에 대해 토론을 계속하면서 다른 한편 중공-북한 포로들을 학살하고 있다고 알린 후 11일과 12일 밤사이 평양 지역에 행해진 폭격은 적대행위 시작 이후 발생한 가장 맹렬한 공격이라고 설명합니다.

이어 군사적 목표물만 폭격당하고 사격 당했을 것이라는 "여론을 속이기 위해" 미국이 제공한 설명을 반박하면서, 마지막으로 타스통신의 특파원은 다음과 같이 강조했습니다.

"최근 북한에서 행해진 미 제국주의자들의 모든 악행은 그들이 한국의 평화를 원치 않고 있으며 오히려 휴전회담을 좌초시키고 전쟁을 확대하려 애쓰고 있음을 증명한다. 이 사실은 미 공군의 중공-북한 국경 위반과 평양지역의 야만적 폭격과 동시에 일어난 안둥성 지역에 대한 사격으로 확인되었다. 조선 인민은 크나큰 분노와 함께 미 침략자들의 새로운 악행을 고발한다. 이 행위들 중 어떤 것도 조선 인민을 두렵게 하거나 물러나게 할 수 없을 것이다.

미 제국주의자들은 한국과 중국 북부에서 자행되는 범죄에 전적인 책임을 져야 할 것이고 앞으로 전쟁을 확장하려 애쓴다면 그때는 확실한 손실을 면치 못할 것이다."

게다가 한국 상황은 오늘 『이즈베스티야』에 실린 브론스키 기자의 국제문제 주제에도 소재를 제공했습니다.

그는 미국의 새로운 야만적 악행, 특히 6월 23, 24일 압록강 수력발전소 폭격과 7월 11, 12일 평양 폭격은 "한국 휴전회담과 깊은 연관이 있다"는 것을 보여주려 하였습니다.

"이 악행은 적이 정해놓은 계획에 따라 움직인다는 것을 보여주는 것"이라고 그는 쓰고 있습니다.

브론스키는 이에 대해 워싱턴과 도쿄에서 적에 대한 군사압력 강화계획이 구상되었다는 『뉴욕타임즈』 기사를 인용하고 콜린스 장군의 도착은 "평양의 테러적 폭격과 우연히도 일치했다"고 주장합니다.

그는 미국에서는 "미국의 새 야만적 악행과 휴전회담 사이의 관계를 부정하지 않는다"고 확언하며 "미국 장군들의 대대적 한국 유입을 우연으로 간주하는 것은 불가능하다"고 주장합니다. 브론스키는 이 사실을 한국에서 "대대적인 군사작전이 준비되고 있다"고 생각하게 된다고 보도한 INS 통신[1]의 정보와 연결시킵니다.

그는 결론으로 "모든 국가를 장악한 대중의 분노의 물결"이란 말을 인용했습니다. 그는 실질적으로 대중이 미 제국주의의 극동 모험이 초래하는 위험을 깨닫기 시작했다고 말합니다. 광범위한 대중의 분노한 항의 속에서 이것은 군사계획의 실현에 가장 힘든 걸림돌이 된다는 것입니다.

브리옹발

---

[1] INS통신(인터내셔널뉴스서비스International News Service). 1909년 설립된 미국의 통신사. 1958년 라이벌이었던 UP통신과 합병됨.

【39】 소련 언론(1952.7.21)

[전 보]	소련 언론
[문 서 번 호]	1503
[발 신 일]	1952년 7월 21일 14시 00분
[수 신 일]	1952년 7월 21일 17시 24분
[발신지 및 발신자]	모스크바/브리옹발(주소련 프랑스대사관 참사관)

　오늘 한국 사건에 관해 보도한 유일한 일간지 『프라우다』는 동독 ADN통신을 통해 본에서 7월 16일 전달된 정보를 보고한 신화통신 공보를 실었습니다. 그것은 밴 플리트 장군과 도쿄 주재 벨기에 대표단장의 회담 소식과 이 회담 중 미국이 한국에서 세균 무기를 사용했다고 미 제8군 사령관이 인정했다는 정보입니다.

　이 공보는 일본 주재 외교대표단장 드 라 슈발르리[1] 씨가 3월 5일 벨기에 외무장관에게 보낸 편지의 구절들을 인용하고 있습니다. 이 발췌문에 따르면 이에 대해 질문한 두 명의 유럽 기자에게 밴 플리트 장군은 미군이 성공을 위해 그때까지 실행된 적이 없는 대량 살상 수단을 사용했다고 해도 전혀 놀라울 것이 없다고 인정했다고 합니다.

　미 제8군 사령관은 또한 이 대화에서 미국이 전선에서 수적 우위를 확보하기 위한 시간을 벌기 위해 휴전회담을 오래 끌게 하려고 애쓰고 있다고 인정했다는 것입니다.

　신화통신 기사는 다음과 같은 결론으로 끝맺고 있습니다.

---

[1] 기 도프렌 드 라 슈발르리(Guy Daufresne de La Chevalerie, 1904-2006). 주일 벨기에 외교대표단장(1946-1952).

"휴전회담 중 가능한 모든 방해거리를 유발하며 애치슨과 리지웨이가 파렴치하게 자신들의 책임을 회피하려 한다. 미국이 세균 무기를 사용하고 자유송환 원칙을 고집하며 휴전회담을 길게 끌고 있다고 입증하는 명백한 사실을 미 사령관 스스로가 인정했다. 포로학살 과정에 범한 미국의 범죄에 대해 고백한 콜슨과 비슷하게 밴 플리트 장군은 경솔하게 자신의 악행들을 인정했다. 애치슨과 그 하수인들은 이를 부정할 수 없을 것이다."

또 헤이그 주재 타스통신 특파원은 도쿄『바카키센시』[2]에 보도된 일본 경찰 예비군이 미국에 의해 한국으로 파병되었다는 정보를 전합니다. 그는 또한 클라크 장군이 요시다 일본 수상에게 만약 휴전회담이 파기되면 일본은 110,000명 정도의 경찰 예비군 1개 군단을 한국에 보내야 할 것이라고 밝혔다는 소식을 알렸습니다.

브리옹발

---

[2] 『바카키센시VakakiSensi』.

【40】 포로문제에 관한 미 국무부의 입장(1952.7.21)

[전 보]	포로문제에 관한 미 국무부의 입장
[문 서 번 호]	5089-5094
[발 신 일]	1952년 7월 21일 20시 00분
[수 신 일]	1952년 7월 22일 01시 30분
[발신지 및 발신자]	워싱턴/보네(주미 프랑스대사)

뉴욕 공문(우편) 제761-765호

『U.S.뉴스&월드리포트』는 7월 25일 오늘자 신문에 마크 클라크 장군이 수락한 인터뷰를 실었습니다.

이 인터뷰 전문과 분석을 다음 외교행랑을 통해 각하께 보내드립니다. 이 인터뷰에서 클라크 장군은 "정치적 이유로 그리고 전쟁의 가능한 확장을 피하려는 자연스러운 희망에서 연합사령부는 만주에 어떤 공습도 개시하지 않았다"고 밝혔습니다. 그는 "만주 북부 공습 작전은 전적으로 앞으로 한국전투의 진행 상황에 달려있다"고 덧붙였습니다.

최근 압록강 수력발전시설 폭파에 관해서는 그것이 "정책 변화가 있었다는 것을 의미하지는 않는다"고 말했습니다. 연합군 사령부가 압록강 근처에서 작전활동을 하는 것이 금지된 적은 한 번도 없었다고 클라크 장군은 강조합니다. 그래서 한국전쟁 초에 연합군 공군은 이 강의 다리들을 수차례에 걸쳐 공격했다는 것입니다. 요약하자면 "북한 수력발전소 폭격은 세워진 군사정책을 바탕으로 한 군사적 결정"이었다는 것입니다.

외교 문제가 "불리하게" 군사 정책에 부딪힌 적이 있었는지에 대해『U.S.뉴스&월드리포트』특파원이 질문하자 마크 클라크 장군은 주요 군사 목표인 적의 파괴는 정치적이고 외교적인 의견과 분리될 수 없다고 대답했습니다.

"주한 유엔군사령관으로서 나는 상당한 행동의 자유가 있지만 나는 정치적 또는 외교적 결정을 내릴 권리를 가로채거나 이 지역 문제에 대한 공개적 토론에 끌려가진 않는다."

그는 극동관련 정치 외교적 문제는 도쿄 주재 미 대사관에 언제든지 문의할 수 있다고 덧붙였습니다.

극동정책 문제의 검토에 있어 미 당국에 지나치게 절대적 몫을 돌리는 마지막 언급을 제외하고 클라크 장군이 『U.S.뉴스&월드리포트』에 한 발언은 온건해서 국방부 일부 지도자의 연설 이후 안심되는 발언이었습니다.

보네

【41】 한국의 정치적 상황(1952.7.23)

[전   보]   한국의 정치적 상황
[문 서 번 호]   1516-1522
[발   신   일]   1952년 7월 23일 08시 30분
[수   신   일]   1952년 7월 23일 18시 30분
[발신지 및 발신자]   도쿄/드장(주일 프랑스대사)

브리옹발 씨로부터의 7월 21일자 문서 제43호
프랑스 특별우편으로 도쿄 7월 23일 수신

본인의 제41호 전보에서 기술했던 특이한 상황에서 헌법 합의 개정안이 채택되자마자 정치 무대는 가장 완벽한 평온을 되찾았습니다.

7월 5일부터 이승만 대통령의 권고로 지방의회 의원들은 각자 지방으로 돌아가고, 시위는 멈추었고 아직 숨어있던 국회의원들은 다시 모습을 드러냈습니다.

분명 진행 중이던 정치적 재판이 계속되었을 것입니다. 그런데 유엔위원단 단장의 교섭과 국회의 청원으로 이 박사는 7월 1일 한국군 대위 한 명을 살해한 혐의로 군사재판에서 사형을 선고받은 국회의원 서민호 사건의 새로운 재판을 권고했습니다.

한편 '공모' 재판에 관하여는, 지금 진행되고 있는 극단적으로 느린 속도는 이 나라에서 ㅁㅁㅁ의 희망을 가질 수 있습니다.

그러나 정부는 야당의 주축인 민주국민당을 약화시키기 위해 최근의 사건들이 제공한 기회를 놓치지 않을 것 같습니다. 이에 대해 경찰은 민국당의 6월 25일 테러 혐의 자료(본인의 전보 제36호 참조)에 날마다 새로운 '공범'을 더하여 부풀리려 노력하고 있는 것 같습니다. 그런데도 대통령은 자신이 짜놓은 술책에 스스로가 추월당하는 것에 대한 두려움에서 오는 깊은 불안감이 남아있습니다.

내무부장관이라는 현재의 직위에 따라, 1945년에 자신이 책임자였던 경찰의 우두머리가 된, 해방 직후 자신의 아이디어로 조직된 청년단체의 핵심 그룹을 맡았던 그는 바로 이범석 장군입니다. 이 내무부장관은 1946년과 1950년에도 그랬던 것처럼 배제되지 않고 이번에는 자신의 노력에 대한 보상을 받기 원합니다.

3일전 이범석에 호의적인 자유당 부통령 후보에 대한 이승만 박사의 거부라는 충격적 발표, 현재 무임소 장관이자 자신의 사람인 이윤영을 부통령 후보로 추천하기 위한 최근 그의 노력, 그저께 이범석 장군이 청년단체의 특정 계파를 따르게 한다는 데에 대해 변호해야 했던 불분명한 출처의 고발, 이런 것들은 시카고 민주당 전당대회를 우스꽝스럽게 흉내 낸 어제의 자유당 대전 전당대회에서 대통령인 이승만 이름 바로 아래 부통령 후보로서 이범석 장군을 지명하는 것을 막지 못했습니다.

지금부터 그저께 대통령 선거 날짜로 정해진 8월 5일까지 남은 짧은 기간 때문에 이번에는 대통령의 능숙한 천재성이 자기 하수인의 야망을 좌절시킬 가능성이 크지 않습니다. 제가 최근 수집한 정보에 의하면, 이러한 사건 추이는 모든 가톨릭 신자와 기독교 신자들의 지지, 젊은 지식층의 지지 그리고 조봉암 국회 부의장에 의해 보증된 농민들의 지지까지 획득할 수 있는 장면[1]을 은밀하게 대선 무대 위로 데려오려는 대대적 노력을 펼치는 양식 있는 한국인들 사이에서는 매우 심각한 우려를 자아냅니다. 그러나 자신의 신중한 퇴임을 포기하지 않은 장면은 대선까지 자신에게 남은 기간이 불충분하다는 이유를 내세워 이 제안을 사양했다고 합니다.

미국대사관은 이 정치적 사건들이 돌아가는 추세를 꽤나 근심스럽게 살펴보는 것 같습니다.

드장

[1] 장면(1899-1966). 제2대 대한민국 국무총리(1950.11.23.-1952.4.8.). 국회와 원내 자유당에서는 장면을 대통령 후보로 추대하며 내각책임제 개헌을 시도하는 세력들이 있었음. 이 때문에 원내 자유당과 이승만 대통령의 관계가 멀어졌으며, 이들은 '호헌동지회'를 거쳐 민주당을 결성. 장면 국무총리 비서실장이던 사상검사 출신 선우종원은 '국제공산당사건'으로 일본에 망명하였다가 1960년 4·19혁명 이후 귀국.

【42】 한국전쟁(1952.7.23)

[우 편 공 문] 한국전쟁
[문 서 번 호] 1239/AS
[발 　 신 　 일] 1952년 7월 23일
[수 　 신 　 일] 미상
[발신지 및 발신자] 런던/마시글리(주영 프랑스대사)

7월 21일 하원 회의 때 의원들이 한국에 대해 제기했던 질문에 대한 정부 관계자들의 대답 중 전쟁포로 및 민간인 수감자들의 앞날에 관한 답변을 살펴보는 것이 흥미로울 것 같습니다.

너팅[1] 정무차관이 제공한 정보에 따르면, 전쟁 피해자 보호를 위한 1949년 제네바협약 4개에 대해 진위는 알 수 없는 중국 정부의 가입이 가져올 수 있는 결과를 평가하기에는 아직 너무 이릅니다. 중국 정부는 항상 단 한 사람의 유엔 전쟁포로도 자국의 영토에 남아있지 않고, 따라서 포로에 관련된 모든 문제는 전적으로 북한 당국에 달려있음을 알려왔다고 정무차관은 전했습니다. 따라서 너팅 차관은 제네바협약이 규정한 대로 베이징에 보호국 지명에 대한 합의를 요구하는 것은 소용이 없다고 설명했습니다. 좀 더 유용할 수 있고 현재 검토 중인 방법은 보호국 지명을 수용하도록 북한 당국에 개입해 달라고 중국 정부에 요청하는 길일 것입니다.

다른 한편, 너팅 차관은 1951년 10월 5일 전임 서울 주재 영국장관 비비안 홀트[2]의 두 가지 메시지를 소련 당국이 전달한 때부터, 그리고 지난 1월 25일 48개의 이름이 적힌 명단을 북한 당국이 발표한 때부터 영국 정부는 한국 민간

---

[1] 앤서니 너팅(Anthony Nutting, 1920-1999). 영국 정무차관 역임.
[2] Vivian Holt.

인 수감자에 관한 어떤 정보도 받지 않았다고 설명했습니다. 정무차관은 그로미코[3] 신임 소련대사가 런던에 도착하자마자 함께 이 문제를 다룰 계획임을 암시했습니다.

마시글리

---

[3] 안드레이 그로미코(Andreï Gromyko, 1909-1989). 주영 소련대사(1952-1953).

【43】 한국의 사령부 산하 정치자문기구 설립에 대한 영국 외무부의 판단(1952.7.24)

[전　　　　　　보]	한국의 사령부 산하 정치자문기구 설립에 대한 영국 외무부의 판단
[문 서 번 호]	3222-3223
[발　신　일]	1952년 7월 24일 20시 55분
[수　신　일]	1952년 7월 24일 21시 00분
[발신지 및 발신자]	런던/마시글리(주영 프랑스대사)

보안

워싱턴에 제191-192호 공문으로 전달 요망

　영국 외무부는 자체적으로 보유하고 있는 정보에 따라 한국의 사령부를 보좌하는 정치적 자문기구의 도쿄 설립 허가를 얻어낼 가능성은 전혀 없다고 봅니다. 국방부는 국무부 대변인 한 사람이 클라크 총사령관 곁에 고문 자격으로 상주하는 것을 원하지 않으므로 거부할 것입니다. 이러한 조치는 워싱턴을 따돌리게 만들 것이고 주한 미 사령부에 이미 맥아더 장군 시절부터 과도해 보였던 자유를 제공하게 될 것이 확실합니다. 연합군 사이의 협의는 워싱턴에서 이루어져야 할 것입니다.

　다른 한편, 처칠 수상은 다음 주 주중에 한국 유엔참모부에 합류할 영국 참모장 임명을 하원에 공지할 것입니다. 그 기본방침과 인물은 이미 승인되었을 것입니다. 이 장성에게 부여할 권한과 직함의 어려움이 해결해야 할 점으로 남아있을 것입니다. 이곳에서는 이 인물이 유엔 사령부 내에서 주요 책임을 맡아야지 단순한 연락장교처럼 보여서는 안 된다고 여깁니다.

마시글리

【44】 한국의 휴전협정과 전쟁포로 문제(1952.7.24)

[전 보]	한국의 휴전협정과 전쟁포로 문제
[문 서 번 호]	1749
[발 신 일]	1952년 7월 24일 22시 00분
[수 신 일]	1952년 7월 28일 03시 10분
[발신지 및 발신자]	뉴욕/라코스트(주유엔 프랑스대리대사)

워싱턴 공문 제1003호

보안

3급 비밀

본인의 전보 제1650호 참조

한국의 전쟁포로 문제에 관한 오프노 프랑스대표의 제안에 대해 미 국무부가 반대하는 부정적 대답에 관해 이달 16일 로스[1] 씨와 간략한 전화 통화를 한 이후, 저는 이 동료로부터 이 제안이 워싱턴에서 왜 거부되었는지에 대한 설명을 얻어내려 노력했습니다.

이 거부의 주요 이유가 무엇이었는지는 다음과 같습니다.

1. 현재 판문점에서 진행 중인 협상이 대단히 중요하다는 것입니다. 적의 눈에 분명히 중요한 통합 요소를 분리하려고 함으로써 성공을 위태롭게 하는 위험을 감수할 수는 없습니다. 다시 말해, 미 국무부는 전쟁포로 문제가 사전에

---

[1] Ross.

해결되지 않은 상태에서 중공-북한 협상가들이 정전 체결에 동의하는 것은 적절하지 않다고 판단한 것입니다.

저는 이에 대한 로스 씨와의 대화에서 미 국무부가 관련 제안을 아마도 도쿄에 전달조차 하지 않았을 정도로 강경한 의견을 가지고 있었다는 느낌을 받았습니다.

2. 전쟁포로 처리 관련 조항에 대한 간결한 임시 합의는 더 이상 휴전이 아니라 단순한 교전중단 약속이라는 것입니다. 이러한 상황에서, 가장 중요하고 까다로운 정치적 문제는 해결되지 않은 채 이 교전중단이 지속되는 불명확한 기간 동안 적의 강화에 맞서 연합사령부는 담보를 얻어내는 것도 안전장치를 구현하는 것도 불가능할 수 있습니다. 결정적으로 중요한 안보에 대한 검토는 전쟁포로 문제 해결을 포함한 진정한 휴전협정 체결을 필수로 합니다.

3. 전쟁포로 문제를 미결상태로 두고 그 해결을 다른 기관에 위임하는 것에 동의함으로써 연합군 사령부는 협상에서 '국제 연합적 성격'을 제거하게 될 것이라는 것입니다. 유엔은 어떤 갈등에서 단지 어느 한쪽의 편이 될 수 없다는 것입니다. 유엔은 적의 우위에 위치해야할 뿐 아니라 스스로가 제3의 권위에 종속되는 것을 금지하는 고유의 성격이나 역할의 본질을 잊어버릴 수 없는 것입니다.

4. 포로문제를 유보하면서 실제로 교전중단을 체결할 수 있다면, 이 문제를 해결할 책임을 진 위원회의 전적 실패에 대한 가설을 완전히 배제할 수는 없다는 것입니다. 포로들은 어떤 자격을 가지게 되며 교전중단 협의는 어떤 가치를 지니게 될까요?

타당성이 없지 않은 이 논거와는 별도로 다른 차원의 고려사항이 미 국방부의 이러한 태도에 결정적인 역할을 했습니다. 이 고려사항의 최선두에는 불가능이라 말하지는 않더라도 미국 포로들의 즉각적 송환을 포함하지 않는 정전을 여론에 수용토록 하는데 대한 어려움이 자리 잡고 있습니다. 포로 가족들의 쉽게 전파되는 분개 외에도, 이러한 거래에 책임을 지게 될 정부는 이 조건을 수용할 근거는 없지만 한국에서의 미군의 명백한 실패에 대한 자백으로 보게 될 미국 여론 전체를 고려해야 할 것입니다.

그토록 중대하고 오래 걸리고 생명과 비용이 많이 드는 군사작전이 교착상태에 이르는 것은 이미 국가의 자존심에도 극도로 잔인한 일입니다. 더욱이 불명확한 기간의 불확실한 협상 결과가 나오기까지 미국 전쟁포로들이 적의 손에 남아 있는 체결은 용납할 수 없는 것으로 보일 것입니다.

다른 한편, 현재 연합군 사령부가 수감 중인 적군 포로문제는 상대방 협상가들이 부여하는 중요성에 못지않게 연합군 사령부에도 중요성을 가지고 있습니다. 당장은 물론이고 미래에 있어서도 양측 모두에게 가장 중요한 위신과 정신적 권위가 걸린 문제입니다.

명예와 정치적 실험을 고려하는 것은 연합군 사령부가 공식적인 약속으로 끌어 모은 이 수많은 포로들에 대한 매우 중대한 약속을 번복하지 못하도록 만듭니다. 그리고 이 포로의 처리를 포기하는데 동의하면서 그들의 앞날이 해결되는 방식에 대해 실질적으로 무관심하게 보인다는 것은 연합군 사령부가 할 수 없는 일입니다.

한편 중국 정부는 더더군다나 자원병이라 소문난 엄청난 규모의 자국민이 명시적 또는 암묵적으로 송환 거부를 통해 공산체제를 포기하는 것을 정신적으로도 실질적으로도 인정할 수가 없습니다.

이러한 점들이 판문점 휴전협상의 현 상태, 즉 이 협상이 처하게 된 교착상태의 주요 요인으로 보입니다.

양쪽 모두에게 그래도 포로문제를 막고 있는 걸림돌이 결국 제거될 수 있다는 희망을 허락하는 어떤 합의에 이르고자 하는 의지가 충분히 있는지는 아직 모릅니다. 이것은 또 다른 문제입니다.

라코스트

【45】 연합군 총사령관의 판문점 협상 상황 설명(1952.7.24)

[전 보]	연합군 총사령관의 판문점 협상 상황 설명
[문 서 번 호]	1529-1537
[발 신 일]	1952년 7월 24일 02시 00분
[수 신 일]	1952년 7월 24일 12시 00분
[발신지 및 발신자]	도쿄/드장(주일 프랑스대사)

보안

국방부에 전달 요망

워싱턴, 런던 및 뉴욕에 전달 요망

7월 23일 저는 클라크 연합군 총사령관에게 판문점 협상이 어떤 상황인지와 앞으로의 전망에 대해 물었습니다.

장군은 저에게 말해줄 내용이 우리 프랑스 정부만을 위한 것으로 비밀을 지켜달라고 강조했습니다.

요약하면 여러 국가의 수도에서 지배적으로 느끼는 낙관론은 전혀 근거 없는 것이라고 말했습니다. 이것은 인도 정부의 개입에 관한 소문과 판문점의 정상적 회의 재개에서 비롯된 것이었습니다. 이 낙관적 느낌은 회담이 진행되었다는 '진지한 분위기'에 의해 날마다 언론에 주어지는 정보 때문에 더 강조되었던 것입니다. 사실 토론은 다시 답보상태에 있습니다.

7월 4일 비밀회의가 재개된 이래 공산 측은 116,000으로, 그리고 중국 포로 전원 20,000명과 북한군 90,000명을 포함하는 110,000명으로 자신들의 수치를 낮추었습니다. 한편, 연합군 사령부는 지금은 완전히 제어되었지만 수용소가 미국의 통제를 벗어나있는 동안 조사를 받을 수 없었던 거제도 포로들 45,000명의 분류조사에 착수했습니다. 그리하여 5,000여 명의 중국인이 포함된 송환 가능 포로 수는 83,000명에 이르렀습니다.

우리는 이 수치를 상대측에 알리는 것을 망설였습니다. 공산주의자들이 연합군을 기만했다고 비난할 수 있는 불협화음을 우려해서 클라크 장군은 83,000명의 포로 송환 제안이 중공-북한 대표단에 이루어지도록 워싱턴 쪽에 요구했습니다. 동시에 상대방이 스스로 실행했다고 주장하는 방식에 따라 27,000명의 남한군이 석방되었다고 공산 측에 설명되었습니다. 이리하여 총 110,000명이라는 수치에 도달했는데 이는 공산 측이 요구하는 최소한의 수치와 같습니다. 따라서 공산주의자들은 타협을 수용할 수 있고 체면을 지킬 수 있게 되었습니다.

한편, 이들은 7월 14일 문제의 제안에 제시된 약 12,000명의 연합군 포로를 돌려보내야 했습니다. 이 주장에 따라 공산 측은 4일간(7월 14일부터 18일까지)의 회의 중단을 요구했습니다. 그러나 회의가 재개되자 그들은 연합군 측의 제안을 받아들일 수 없다고 밝혔습니다. 그들은 이제 중국 포로 20,000명 전원을 포함한 110,000명의 송환을 요구합니다. 수천 명 개인의 의지에 반해 공산 측의 통제 아래 돌려보내지 않는 한 이 요구는 이루어질 수 없습니다. 미 정부는 이에 반대합니다. 회담은 다시 한 번 완전한 답보상태에 빠집니다. 회의가 점점 짧아지는 것은 바로 이 때문입니다. 7월 22일 회의는 5분 만에 끝났습니다.

지금까지 얻어질 수 있었던 '어림수'에 대한 합의를 제외하고 인도든 영국이든 여러 곳에서 제안된 다른 해결책들은 동의하는 포로들 83,000명의 송환과 다른 포로들은 여러 중립국가 대표들로 구성된 중립위원회 당국에 의해 재조사를 받는 것으로 귀착됩니다. 사실 판문점의 공산 측 대표들은 이런 가능성에 대해 어떤 암시도 하지 않았습니다.

클라크 장군은 공산 측이 휴전을 원한다고 확신하고 있습니다. 그러나 그들은 자신들의 조건에 맞는 휴전을 원합니다. 따라서 현재 상황은 매우 오랜 시간 지속될 수 있습니다.

유엔 총사령관은 또한 수력발전소 폭격 및 더 크게는 북한 상공에서 증가된 연합군 공군 활동이 휴전의 기회를 위태롭게 하기보다 오히려 공산 측을 타협에 굽히도록 만들 수 있다고 확신하고 있습니다.

연합군 공군의 우월성에 대한 논란이 있었던 몇 달이 지난 후 연합공군이 한국 상공을 완전히 제압했음을 재확인한 것은 훌륭했습니다. 실제로 미 공군은 상당히 강화되었습니다. 적이 그것을 알게 된 것은 적절한 일이었습니다. 적은 미국이 현재 필요하다면 한국에서 공군을 증강시킬 수단을 갖추었다는 사실을 무시해서는 안 될 것입니다.

휴전이 체결되지 않는 한 북한 폭격은 계속될 것입니다.

클라크 장군과 미 사령부는 끊임없는 공격이 적을 굴복하게 하고 회담의 결론을 서두르도록 만드는 최선의 방법이라고 확신하고 있습니다.

자신은 전쟁을 확대할 의사가 없다는 사실을 저에게 반복한 후, 근거 없는 비난에 자주 노출되었으므로 국방부와 긴밀한 의견 일치에 의해서만 행동하려 신경 쓰고 있으며 작전과 마찬가지로 협상에 있어서도 워싱턴과의 사전 협의 없이 어떤 결정도 내리지 않는다고 강조했습니다.

드장

【46】 한국 및 극동의 군사적 상황(1952.7.24)

[전 보]	한국 및 극동의 군사적 상황
[문 서 번 호]	1542
[발 신 일]	1952년 7월 24일 09시 00분
[수 신 일]	1952년 7월 24일 15시 21분
[발신지 및 발신자]	도쿄/드장(주일 프랑스대사)

보안

사이공 공문 제975호

1. 4일간의 회의 중단 이후 7월 18일 재개된 판문점 대표단 비공개회의는 점점 짧아져 7월 22일과 23일 회의는 각각 5분과 7분 만에 종료되었고 7월 24일 회의는 26분 만에 끝났습니다.

이 짧은 시간은 일반적으로 회담이 양당사자 각각의 입장이 진전 없이 단순히 재확인만 되고 있다는 신호로 해석됩니다.

2. 22일 아침 공산군은 철원 서쪽의 일명 '불모고지'라 불리는 곳을 탈환하는 데에 성공했고 연합 공군의 치열한 개입에도 불구하고 고지를 지키고 있습니다. 장진호의 수력발전소 제1, 2호기가 7월 23일 다시 한 번 대형 항공모함 '프린스턴'[1]과 '본험 리처드'[2]의 맹렬한 공격을 받았고 미국 전함 '아이오와'는 고성 지역의 포병 진지들을 폭격했습니다.

---

[1] 프린스턴(Princeton(CV 37)): 미 해군의 에식스급 항공모함.
[2] 본험 리처드(Bonhomme Richard(CV-31)): 미 해군의 에식스급 항공모함.

7월 22일 래드포드[3] 제독은 수첵[4] 제독의 지휘아래 '태스크포스'로 집결된 대규모의 해군 병력이 최초로 대만 해협과 그 근처에서 대대적 군사훈련에 착수했다고 알렸습니다. 이 군사훈련은 대만 방어 전투함과 그 대원들을 훈련시키는 것을 목적으로 하며 미 태평양 함대가 담당하는 임무입니다.

　'태스크포스'는 신속히 모인 하와이와 한국 해군 부대들로 구성되었습니다.

　강력한 군함에 의해 실행되는 다른 작전들이 한국 해상에서 진행 중인 순간에 이 대규모 군대가 대만 해상에 집결한 것은, 래드포드 제독의 발표에 따르면 태평양 함대는 모든 순간 모든 면에서 필요한 모든 행동을 할 수 있으며, 필요한 만큼 얼마든지 지원할 수 있다는 것을 강조하기 위한 것이라고 합니다.

　국방부에 전달 요망.

드장

---

3) 아서 래드포드(Arthur W. Radford, 1896-1973). 미 태평양함대 사령관(1949-1953).

4) 아폴로 수첵(Apollo Soucek, 1897-1955). 미 해군 제3항공모함타격단과 태스크포스 77 사령관(1952-1953).

【47】 소련 언론의 미국 비난(1952.7.31)

[전　　　　보]	소련 언론의 미국 비난
[문 서 번 호]	1578
[발　신　일]	1952년 7월 31일 14시 00분
[수　신　일]	1952년 7월 31일 19시 13분
[발신지 및 발신자]	모스크바/브리옹발(주소련 프랑스대사관 참사관)

　　신화통신은 오늘 「미 공군은 중국 북동지역 상공에서 도발적 비행을 계속 하고 있다」라는 제목의 기사에서 7월 19일부터 24일까지의 "미 항공기의 중국 국경 침범"을 특히 강조합니다. 이 언론은 국경 지역 상공에서 실행된 정찰비행과 압록강 수력발전소 및 평양 폭격은 중국에 대한 미국의 "군사적 압박" 계획의 일환으로써 "북한 및 중국 인민들을 두렵게 만들고 휴전협상 테이블에서 미국이 얻을 수 있는 것을 얻기 위한 것"이 그 목적이라고 전하고 있습니다. 신화통신 특파원은 결론적으로 중국과 북한은 이 압박에 절대로 굴복하지 않을 것임을 이미 증명해 보였다고 단정하며 "맥아더의 최종 공세와 리지웨이의 세균전은 실패했다. 클라크 장군의 현 상황은 그 전임자들의 상황보다 조금도 나을 바가 없다"고 주장합니다.

　　"혼돈스러운 폭격, 중국 국경지대 비행, 중국 시민의 학살 같은 군사적 압박은 끔찍한 범죄 계획일 뿐이다. 이 범죄들은 북한과 중국 인민들의 증오를 키울 뿐이다. 미국 침략자들은 이 중죄로 인해 처벌받게 될 것이다."

브리옹발

【48】 한국 대선의 대통령과 부대통령 후보(1952.7.31)

[전   보] 한국 대선의 대통령과 부대통령 후보
[문 서 번 호] 1578-1583
[발   신   일] 1952년 7월 31일 01시 00분
[수   신   일] 1952년 7월 31일 11시 50분
[발신지 및 발신자] 도쿄/드장(주일 프랑스대사)

브리옹발 씨로부터의 문서 제44호
부산 7월 28일 발신, 도쿄 7월 30일 수신

인용

　　결국 국민탄원에 따르게 된 대통령 비서실은 때마침 3백 5십만 명 이상의
시민들이 서명한 청원서를 받았습니다. 예상대로 이 박사는 공식적으로 대통
령 후보에 등록하기로 결정했습니다. 다른 세 사람의 대선 후보도 즉시 확인
되었습니다.
　　- 이시영, 제가 그의 특별한 인기를 자주 강조했던 전 부통령.
　　- 조봉암, 국회 부의장.
　　- 신흥우, 과거 주일특명전권대사.
　　매우 나이가 들고 허약하지만 정직하고 애국심이 강한 이시영은 현 정권에서
무게를 더해가는 독재정치와 부패를 막기 위해 최후의 노력을 하고 있습니다.
　　조봉암의 출마는 동일한 의도를 가진 이시영의 후보등록에 비해 덜 자발적
으로 보입니다.
　　미국에서의 긴 체류를 끝내고 최근에 돌아온, 한국인들에게 특히 강한 인
상을 주지 못하는 성격으로 보이는 신흥우의 출마는 보다 개인적인 동기에 기
인합니다.

그들의 장점이 무엇이든 이 인물들의 가능성은 솔직히 이승만이라는 이름을 여전히 추상적이고 불분명한 정부의 개념에 무의식적으로 연결시키는 단순소박한 대중의 여론조사에서 이 박사의 엄청난 가능성과는 비교도 안 되는 것 같습니다.

아마도 군대 쪽의 돌발적 사태를 막기 위해 이 대통령은 이유를 밝히지 않고 23일 갑자기 미국에서 돌아온 백선엽 장군을 육군 참모총장으로 임명했습니다. 이 박사의 정치적 남용을 군사적으로 억압하려는 의도로 부산에 군대를 내려오도록 계획한 혐의를 받는[1] 이종찬 장군을 해임하고 백선엽을 그 자리에 지명한 것입니다.

부통령 선거에 있어서는 이범석 장군이 22일 법에 따라 내무부장관 자리를 사퇴하면서 자신의 후보등록을 확실시하고자 했습니다. 그의 뒤를 이어 이윤영(본인의 이전 전보 참조), 그리고 이 대통령의 측근인 함태영 신학대 학장이 출마했습니다. 다른 6인의 입후보가 등록마감 전에 이루어졌습니다.

- '무소속 선언'에서 생존한 서명자 중 1인인 이갑성의 출마가 그것입니다.
- 루이즈 임영신 여사, 전 상공부장관, 현재 국회의원.
- 백성욱, 전 내무부장관, 현재 준정부 회사인 한국광업진흥주식회사 사장.
- 정기원, 무소속.
- 전진한, 야당 국회의원이자 대한독립촉성노동총연맹(대한노총) 위원장
- 조병옥, 한국 정치계의 가장 유명한 인물 중 한 명으로 1949년부터 1951년까지 내무부장관을 지냈고 1948년 파리에서 열린 유엔총회에 한국 대표단의 일원으로 참가했습니다. 정상적인 상황에서는 인기가 상당히 높은 조병옥의 마지막 순간 출마 결정은 이범석 장관의 당선 가능성을 심각하게 위협할 것입니다. 그러나 '국제 서클(국제공산당)' 사건에 뒤이어 조병옥이 지도자로 있는 민주국민당이 입은 타격은 그의 입지를 적지 않게 약화시켰습니다. 그래서 야당은 이범석 장군이 만만찮은 인물인데다 최근의 사건이 그에게 제공한 준비 수단이 승리를 보장할 것으로 보이는

---

[1] 부산 정치파동 시 이종찬 참모총장은 군대 파병을 거부하고 군의 '정치적 중립'을 명령하는 훈령을 공포했음. 그러나 당시 육군본부 작전교육국장 이용문과 작전교육국 전투과장 박정희 등은 육군본부 참모회의에서 부산에 군대를 파견하여 이승만 정권을 퇴진시킬 것을 건의했던 것으로 알려졌음. 1952년 7월 육군참모총장직에서 해임됨.

결투를 계속 두려워하고 있습니다.

이러한 우려는 이 대통령에게 더 큰 관심사인 것이 분명합니다. 이범석 씨가 사임하자마자 김태선 서울시장을 즉시 내무장관 자리에 임명한 사실과 새 내무장관의 첫 번째 선포가 "보고된 바에 의하면 존재한다는 특정 부통령 후보를 지지하는 경찰"에게는 중한 징계를 내릴 것이라는 발표로 판단할 때 그렇습니다.

브리옹발

인용 끝.

드장

【49】 적의 전방 병력 줄이기(1952.7.31)

[전　　　보]	적의 전방 병력 줄이기
[문 서 번 호]	1585-1586
[발　신　일]	1952년 7월 31일 08시 00분
[수　신　일]	1952년 7월 31일 13시 02분
[발신지 및 발신자]	도쿄/드장(주일 프랑스대사)

2급 비밀

국방부에 연락 요망

본인의 전보 제1584호(사이공 공문 제990호) 참조

　사령부의 기밀 정보는 공산군 사령부가 최근 몇 주 사이에 착수한 전방 줄이기에 관한 7월 30일 밴 플리트 장군의 언론 발표를 확인해 주었습니다.

　전방의 중공-북한군 총 인원수는 크게 줄지 않았지만 1차 예비 군대들이 더 후방으로 물러갔습니다.

　7월 10일자로 400,000명에 달하던 전방 지역의 병력수가 현재는 300,000명으로 추산되고 있습니다.

　반면 전방에 근접한 후방에 주둔하는 군대는 127,000명에서 190,000명으로 늘었고 좀 더 먼 후방의 인원은 384,000명에서 439,000명으로 증가했습니다.

　이러한 이동의 원인은 미 제8군 사령관 밴 플리트 장군이 설명한 그 이유인 것으로 보입니다.

드장

【50】 신화통신의 한국 휴전회담 상황 보도(1952.8.3)

[전   보]   신화통신의 한국 휴전회담 상황 보도
[문 서 번 호]   1605
[발   신   일]   1952년 8월 3일 16시 00분
[수   신   일]   1952년 3월 3일 11시 06분
[발신지 및 발신자]   모스크바/브리옹발(주소련 프랑스대사관 참사관)

한국 휴전회담에 관하여 언론은 오늘 신화통신 특파원의 7월 21일자 공보를 다음과 같이 실었습니다.

미국이 휴전회담의 새 교착상태에 대한 책임을 회피하려 하는 것은 명백하다.

도쿄 참모부는 18일 동안 열린 비밀회의 기록을 발표했다. 여기서 미국의 '솔직함'과 그들이 7월 1일 표명한 휴전 합의에 도달하고자하는 희망에 대한 증거를 발견할 것이라고 생각하며 이 장황한 진술을 검토하고자하는 모든 이들은 실망하게 될 것이다. 그러나 이 기록은 상대측이 비공개회의의 비밀성을 이용하여 모든 종류의 '속임수'를 써가면서 중공-북한 대표단이 자기들의 전쟁포로 강제 억류 요구를 받아들이도록 강요하려는 헛된 노력을 하고 있다.

이 기록은 또한 그들이 모든 비공개회의 기간 동안 포로들의 자칭 '자유송환' 원칙을 고집했음을 보여주고 있다. 이것을 '자발적 송환' 원칙의 또 다른 지칭일 뿐이라고 말할 필요조차 없다. 오래전부터 실패한 지칭이다. 이 '자유송환' 원칙은 휴전협정이 발효되자마자 양당사자는 각 각 진영에 억류된 모든 전쟁포로들을 석방하고 송환해야한다고 명시되어 있는 휴전협의안 제51항과 모순될 뿐만 아니라 1949년 제네바협약의 원칙도 위반하는 것이다.

더 분명히 말하자면, 미국의 원칙은 수많은 중공-북한 포로들을 억류하려는 것이다. 이것은 그들이 7월 1일 휴전협의안 제51항에 명시된 원칙에 기초하여 회담을 이어나가겠다고 했던 약속과 완전히 대치된다.

미국은 중공-북한 대표단이 그들의 비상식적 원칙에 합의하도록 강요하기 위해 비공개회의 때 '속임수'를 사용했다. 기록을 보면 그들은 7월 13일 중공-북한 포로 83,000명의 송환에 대한 그들의 제안을 제시하기 전과 후에 다른 태도를 취했다. 이전에 상대측은 모든 가능한 수단을 동원하여 중공-북한 대표단을 함정에 끌어들이려고 노력했다. 클라크 참모부에 의한 기록의 내용에 따르면 그들은 최대한의 중공-북한 포로들을 억류하려 애쓰면서 중공-북한 제안의 하자를 찾으려고 노력했다.

미국은 7월 13일 83,000명의 포로 송환 제안을 제시했다. 7월 18일, 중공-북한 대표단은 이 제안이 휴전협의안 제51항과 52항에 명시된 원칙과 모순되며, 분류 원칙에 근거한 중국 포로 20,000명을 포함하여 대략 110,000명의 포로 송환에 관한 중공-북한의 요구에 부합하지 않을 뿐 아니라, 7월 13일 미국의 제안 뒤에는 정해진 의도가 숨어있었다고 주장했다. 그렇기 때문에 중공-북한 대표단은 결코 이 제안에 동의하지 않을 것이다. 그러자 미국은 회담을 계속하기를 거부하는 태도를 취하고 아무런 이유도 없이 그들의 제안은 "단호하고 확정적이며 변경할 수 없는 것"이라고 선언했다.

오랫동안 해리슨은 단지 "아무런 할 말이 없다"고 말했다. 어쨌든 미국은 세계 여론의 비난을 피하기를 원했으므로 비공개회의의 기밀성을 이용하여 회담을 길게 끌기 원했다. 해리슨과 클라크의 참모부는 7월 13일 이후에 열린 회의에 대해서는 침묵을 지켰다. 그러나 기록에서 클라크 참모부는 북한과 중국 인민들 사이에 불화를 일으키려 모색했다.

이제 전쟁포로의 강제 억류에 대한 부당한 제안에 중공-북한이 동의하도록 강요하는데 실패한 미국은 북한과 중국 인민들 사이의 형제 동맹을 무너뜨리기 위해 불화를 조장하려 애쓰고 있다. 그러나 그것은 단지 헛된 꿈이다. 남일 장군은 7월 25일 자신의 연설에서 그들의 의도를 폭로했다. 역사적 진실은 북한과 중국 인민들이 전쟁포로 강제억류에 대한 미국의 부당한 제안에 결코 동의하지 않을 것이라는 사실에 있다. 어떤 '군사적 침략이나 기만이나 도발도 그들의 단호한 태도를 바꿀 수는 없을 것이다. 거짓말이나 진실의 왜곡도 미국이 그들의 범죄적 지연과 방해 행위에 책임지는 일을 모면하지는 못할 것이다.

브리옹발

【51】 신화통신의 한국 휴전회담 상황 보도(1952.8.5)

[전 보]	신화통신의 한국 휴전회담 상황 보도
[문 서 번 호]	1612
[발 신 일]	1952년 8월 5일 11시 00분
[수 신 일]	1952년 3월 5일 17시 53분
[발신지 및 발신자]	모스크바/브리옹발(주소련 프랑스대사관 참사관)

오늘 언론은 신화통신 개성주재 특파원의 한국 휴전회담에 관한 8월 3일자 공보를 다음과 같이 실었습니다.

"오늘 진행된 대표회의 때, 남일 장군은 미국이 임의적인 7일간 회의 중단과 그 기간을 이용한 중공-북한 포로들의 학살을 통해 휴전회담을 계획적으로 오래 끌려 한다고 비난했다.

남일 장군은 미국이 회의장을 떠나는 비상식적 작전으로 중공-북한 대표단이 자신들의 요구를 수용하도록 강요할 수 없을 것이며 그들의 전쟁포로에 대한 학대와 학살의 책임을 회피할 수는 없을 것이라고 선언했다. 중공-북한 수석대표는 포로송환 문제가 합리적 기초 위에서 양측 간의 협의를 통해 제네바협약에 따라 해결되어야 할 것이라고 말했다. 그러나 미 수석대표 해리슨은 포로송환 문제에 대한 모든 토론을 거부하고 8월 11일까지 7일간의 회담 중단을 또 다시 요구했다.

남일 장군은 옳지 못한 행위가 이 문제의 해결에 도움이 되지 못할 것임을 시간이 미국에게 보여주는 것이라고 분명히 밝혔다. 해리슨은 7일간의 중단을 요구하기 때문에 중공-북한 대표단은 수락한다. 그러나 미국이 이 문제를 해결하기 원한다면 회담 진행 거부를 중단하고 진지한 의도로 협상 테이블로 나와야 한다.

오늘 열린 참모장교들의 회의에서 휴전협의안의 상세한 사항들이 다시 한 번 논의되었다."

또한 언론은 「미군의 판문점 지역에 대한 일제사격」이라는 제목으로 "8월 2일 4시에서 7시 사이 미 지상군이 판문점 지역을 사격하면서 중립지대의 규정에 대한 협약을 또 다시 위반했다"는 내용의 개성주재 신화통신 공보를 실었습니다.

"8월 3일 장춘산 대령은 자신의 항의문에서 1952년 6월 5일 사건을 계기로 '중립지대의 한계가 미국의 요청에 따라 수정되었고 새로운 표지판이 성립되었다. 때문에 상대측은 이 협약 위반에 대한 책임을 피할 수 없다'고 선언했다. 이어 장춘산 대령은 '유사한 사건이 재발하지 않도록 필요한 조치'를 취해 줄 것을 미국에 요청했다."

마지막으로 일간지들은 "평양 지역에 대한 미 항공기의 새로운 야만적 공습"에 대해 판문점의 중공-북한 대표단에 대한 군사적 압박을 유지하기 위해 가차 없는 폭격을 가했다고 보도하고 있습니다.

브리옹발

【52】 공산 측 의도에 대해 의문을 제기하는 미 국무부(1952.8.5)

[전 보]	공산 측 의도에 대해 의문을 제기하는 미 국무부
[문 서 번 호]	5529-5534
[발 신 일]	1952년 8월 5일 20시 00분
[수 신 일]	1952년 8월 6일 01시 00분
[발신지 및 발신자]	워싱턴/보네(주미 프랑스대사)

보안

뉴욕 공문(우편) 제794-799호

판문점과 한국 전선에 대한 최신 정보에 특별한 사건이 없는 관계로 국무부의 한국 관련 상황보고회는 이제 일주일에 한 번만 열립니다.

대표단의 공개회의 재개 이후, 미국 편에서 제공하는 정보들은 실제로 언론통신사들의 정보와 거의 동일합니다. 양측은 각자의 입장을 고수하고 있고, 휴가기간까지 겹쳐 국무부에서는 상당히 난관에 봉착한 것으로 보입니다.

일부 미군 지도자들만이 몇 주 전부터 우리에게 해준 여러 발표들로 분쟁에 대한 소식을 전해주고 있습니다.

기회를 놓친 일부 발표들은 이제 모순된 것처럼 보입니다. 그래서 불과 8일 전에 밴 플리트 장군은 한국 휴전의 가능성에 대해 매우 회의적인 모습을 보인 반면, 판문점 유엔 전 수석대표이자 최근 미국 해군사관학교를 통솔하게 된 조이[1] 제독은 중공-북한 측이 합의를 이끌어내기를 원하므로 그러한 협의가 이루

---

[1] 터너 조이(C. Turner Joy, 1895-1956). 판문점 회담 유엔 수석대표(1951-1952). 미 해군사관학교 총장(1952-1954).

어질 것을 확신한다고 밝혔습니다.

그러나 다음과 같은 세 가지 점에 대해서는 우리의 민과 군 교섭자들은 동의합니다.

1. 전쟁포로의 자발적 본국 송환 원칙.
2. 북한의 공중폭격을 강화할 필요성.
3. 한반도의 전쟁에 의한 결정을 철회할 수 없게 된 중공·북한 측의 상황.

요컨대, 워싱턴은 현재 중국과 소련은 유엔의 의향을 완전히 인식하고 있다고 생각합니다. 유엔이 전쟁포로 문제에 대해 타협하지 않을 것이고, 공중폭격을 통해 말 그대로 북한을 쓸어버릴 준비를 하고 있다는 사실을 말입니다.

공산주의 지도자들은 양측 간에 최종적으로 불일치하는 수치 33,000명의 전쟁포로를 포기하기보다는 북한의 파괴를 지켜보기를 선호할까요?

이에 대한 공산주의자들의 단정적인 답변을 재인식하면서 지금 제기된 문제는 한국문제의 틀을 훨씬 뛰어넘는 결말에 대한 중공과 소련의 의도를 알아낼 수 있도록 할 것입니다.

보네

【53】 휴전회담과 전선의 상황(1952.8.6)

[전   보] 휴전회담과 전선의 상황
[문 서 번 호] 1625
[발   신   일] 1952년 8월 6일 03시 00분
[수   신   일] 1952년 8월 6일 15시 06분
[발신지 및 발신자] 도쿄/드장(주일 프랑스대사)

1. 연합군과 공산군 참모장교들은 8월 5일 어제 휴전협의안 본문의 수정 작업을 마쳤습니다. 그들은 이제부터 63개항에 동의하는 것입니다. 단지 포로 교환에 대한 제51항의 적용 문제에서만 의견이 불일치합니다. 이 점에 대해서는 여전히 완전한 대립을 보이고 있습니다.

참모장교 회의는 끝났습니다. 대표단들은 8월 11일이 되어서야 본회의를 개최하게 됩니다. 양측 대표단 간 의사소통의 가능성은 연락장교 기관을 통해 열려있습니다.

2. 어제 8월 5일 회의에서 연합군 참모장교들은 해리슨 장군의 편지를 남일 장군에게 전달했습니다. 이 편지는 순수한 인도주의적 동기에 해당하는 제네바 협약 제72조에 따라 포로들에게 보내는 개별적 소포 발송에 관한 것입니다.

공산 측이 양 진영의 포로들에게 이러한 소포를 발송하는 것을 수용하는 경우 해리슨 장군은 취해야할 실질적 조치를 결정할 수 있는 참모장교회의를 제안하고 있습니다.

3. 8월 5일 어제, 극동 공군본부는 현재 78개 주요 도시 또는 지방을 대상으로 폭격 계획을 실행 중이라고 밝혔습니다. 또한 위험한 지역의 민간인들에게 경고하고 대피하도록 권고하는 광범위한 경고 시스템이 준비되었다고 알렸습니

다. 150만 장의 삐라가 이 도시들에 뿌려짐과 동시에 경보가 라디오를 통해 방송되었습니다. 삐라와 방송은 실시될 폭격 명단에 오른 지역이 공산군이 병력과 군수품의 집결 중심지로 사용되고 있는 곳임을 드러냅니다.

본부는 심리전단과 공군참모부의 협력으로 작성된 삐라 사본을 극동공군 정보국에서 얻을 수 있음을 통지하고 있습니다.

국방부에 전달 요망.

드장

【54】 한국의 정치적 상황(1952.8.8)

[전 보]	한국의 정치적 상황
[문 서 번 호]	1630-1633
[발 신 일]	1952년 8월 8일 08시 45분
[수 신 일]	1952년 8월 8일 20시 11분
[발신지 및 발신자]	도쿄/드장(주일 프랑스대사)

브리옹발 씨로부터의 문서 제45호

도쿄 8월 8일 수신

전체적으로 긴장이 완화되는 분위기가 계속 뚜렷해지고 있습니다.

5월 25일부터 시행된 계엄령이 7월 28일 마침내 해제되었습니다. 아마도 날짜는 미리 앞당겨 써놓은 듯한 사후 대통령령으로 진행 중인 정치 재판을 판결하는 군사재판의 유효성을 다소 합법적으로 연장했음이 분명합니다. 그러나 소위 '음모사건'에서 이제 막 이루어진 여러 판결과 '서민호 사건'의 재심에서 사실상 기대할 수 있는 판결을 볼 때, 대통령이 외교적으로 필요하다고 판단할 수 있는 '세탁'과 함께 최대한 빨리 끝내버리려는 고민에서 이 대통령령이 고안되었을 뿐이라는 생각을 하게 됩니다.

실제로 그제 저녁, 첫 번째 군사재판은 '음모사건' 재판에서 7명의 국회의원을 갑자기 증거부족으로 무죄석방 판결을 내렸습니다. 오늘 오후, 같은 사건에 연루된 피고인 중 한 명이 석방되었고 다른 3명은 3년형을 선고받았습니다. 그리고 마지막 남은 3명은 경찰이 실질적으로 상황에 따라 마음대로 사용할 수 있는 자료를 제공하고 있는 이전에 공산주의를 표명했던 자들로서 종신형에 처해진 것이 사실입니다.

후보들이 상당한 활동을 하는 시간과 야당 후보자들이 맹렬한 반정부 발언을 자유롭게 연설하고 그것이 청취되고 검열 없는 언론에 의해 자유롭게 보도되기까지의 활동에 주어지는 시간이 매우 제한된 상황에서 이루어지는 대통령 선거인만큼 이러한 압박의 해제는 특히 더 눈에 띕니다. 이런 면에서 대통령은 이 박사, 부통령은 이범석 장군으로 내다보는 예상에는 변함이 없습니다.

그러나 1945년 전향한 전(前)공산주의자 조봉암 역시 지식인층, 노동자 및 농민층의 상당한 지지를 얻을 것으로 보이며, 공산당 지하조직을 향한 '특정 후보자'의 호소를 규탄하는 내무부장관의 여러 '경고들'을 볼 때, 그럴 가능성은 없지만 조봉암 후보가 이 박사의 출마에 심각한 위협이 된다고 가정할 경우, 필요하다면 사실이건 상상이건 상관없이 정부가 이 후보를 없애버릴 구실이 부족하지는 않을 것이라는 생각을 하게 만듭니다. 반면, 이범석이 부통령이 되는 것을 막기 위해 대통령이 펼쳤던 명백한 노력은, 필요하다면 '억지로라도' 견딜 준비가 되어있다고 선언하는 이범석의 가능성에 결정적 피해를 줄 것 같지는 않아 보입니다.

드장

【55】 이승만 정부에 대한 유엔위원단의 관점(1952.8.8)

[전보(외교행낭)] 이승만 정부에 대한 유엔위원단의 관점
[문 서 번 호] 1634
[발 신 일] 1952년 8월 8일
[수 신 일] 미상
[발신지 및 발신자] 도쿄/드장(주일 프랑스대사)

브리옹발 씨로부터의 문서 제46호
부산 8월 2일 발신, 도쿄 8월 8일 수신

인용

　　미국대사, 영국 대리대사, 그리고 프랑스대사인 저 자신, 이렇게 세 사람은
어제 오후 또 한 번 유엔위원단의 자문회의에 초빙되었습니다.
　　플림솔[1] 호주 대표는 자신이 발안한 이 자문회의의 목적은 이른바 '음모'재
판의 판결에 관해 취할 태도를 결정하는 것이라고 설명했습니다.
　　좀 더 태만한 네덜란드, 터키 대표단과는 달리, 그리고 특히 어쩌면 체계적
으로 고립된 아시아 대표단들(본인의 전보 제30호 참조)과는 달리, 호주 대표
단은 정치재판의 각 공판에 성실히 참여했습니다.
　　한편 영국대사는 영국외무부의 독려로 인해 다소 의도적으로 공판에 성실
한 출석태도를 보인 것 같습니다.
　　초기 공판에 수석보좌관을 대표로 보낸 미국대사관은 나중에는 젊은 보조
요원만 보냈습니다.

---

1) 제임스 플림솔(James Plimsoll, 1917-1987). 유엔한국통일부흥위원단(UNCURK) 호주대표(1950-
1953).

개인적으로 저는 담당부서에 설명했던 것처럼(본인의 전보 제35호) 여섯 번째 공판 이후에는 계속 참관할 필요가 없다고 판단했습니다.

플림솔 호주 대표는 '음모사건'에 연루된 6명의 개인에 선고된 형벌에 충격을 받은 애덤스 씨와 자신은 공판 마지막에 재판장에게 입건과 형선고의 근거가 되는 서류들(전단지와 포스터)의 사본을 요청했지만 이 사건의 초기에 이승만 대통령이 이 재판의 다양한 국면에 부여될 공개성에 관하여 약속을 했음에도 불구하고 이 증거들에 대한 접근은 거절당했습니다.

온갖 증거로 명백히 조작된 이 사건의 전체적 부정행위를 강조하며 플림솔 호주 대표는 위원단이 이승만 대통령에게 무엇보다 증거요소 제시 거부에 대해 항의해야 한다고 결론을 지었습니다. 그는 또 이런 방향으로 영국 대리대사의 의도는 이미 알고 있다면서 미국대사와 프랑스 대리대사도 이러한 항의에 물론 참여할 것이라 생각한다고 말했습니다.

그런데 반 이터섬[2] 네덜란드 대표는 이 제안에 강력히 이의를 제기했습니다. 처음에 혐의를 받았던 국회의원 7명과 일반인 1명에 대한 무죄석방뿐 아니라 계엄령 해제와 5월 말 이후 시행된 여러 가지 특별 조치들이 한국 정부의 의식변화를 충분히 보여주고 있다고 간주하기 때문에 그는 이 경우에는 어쨌든 확실한 근거가 있는 것도 아니고 적절하지도 않다고 보는 공식적인 의사표명에는 적어도 반대한다고 밝혔습니다.

정확히 그 시점에 살인 혐의를 받은 국회의원 서민호(7월 1일 선고된 사형선고 대신에 8년 형)에게 유리한 전면적 감형 소식이 도착하여 이 견해를 뒷받침하자 터키, 태국, 필리핀 대표들은 즉시 이를 지지했습니다.

의견 표명을 부탁받은 무초[3] 미국대사는 심지어 항의까지 제시하는 제안에 놀란 모습을 보였습니다. 그는 정확한 의견 표명은 하지 않고 모든 형태의 항의에 습관적으로 대항하는 이 대통령의 반응을 언급하면서 농담 투로 위원회를 이러한 의도에서 벗어나도록 애쓰는 모습이 확연했습니다.

반면, 영국 대리대사는 플림솔 호주대사의 의견을 강력히 지지했습니다. 이승만 정부의 도를 넘은 독재에 관하여 하원에서의 '야당' 발언에 관한 영국 외

---

2) Van Ittersum.
3) 존 무초(John J. Muccio, 1900-1991). 주한 초대 미국대사(1949-1952).

무부의 통지와 셀윈 로이드[4] 국무장관과 자신이 가졌던 대담에 의거하여 애덤스 대리대사는 이승만 정부의 민주주의 결핍과 특히 '음모'재판에서 드러났던 충격적인 불법행위에 대해 다소 격렬하게 반대했고, 자신은 증거에 접근하지 못하도록 거부당했으며 일정 수의 공판 후에 재판의 여러 단계의 음성녹음이 중단된 사실에 대해 이 대통령에게 강력히 항의하겠다고 밝혔습니다.

캐나다 의회의 반응을 다소 연상시키는 영국 하원의 논쟁에 따라 결정되었을 지시의 가능성과 더불어, 아담스 대리대사의 한국 정부에 대한 개인적 감정은 오래전부터 한국문제에 대해 영국이 보여주었던 때로는 경멸적인 비판적 태도에 영향을 받은 것이 확실합니다.

위원단장이 플림솔 호주대표의 제안에 대한 저의 의견을 물었으므로 저는 이 문제에 대해 우리 프랑스 정부의 어떠한 특별지시도 받지 않았다고 설명했습니다. 이러한 지시 부재의 경우 증거 방편의 사본을 요구하거나 내부 문제의 재판에 대한 사법행정을 공식적으로 비판하는 것은 외교대표의 정상적 임무를 넘어서는 것으로 보이며, 따라서 이에 대하여 한국 정부에 할 수 있는 어떠한 항의에도 제가 동참하는 것은 불가능해 보인다고 말했습니다.

회의가 끝날 때 위원회는 호주 대표단만이 지지하는 제안을 기각하기로 결정했습니다.

반면 영국 대리대사는 자신만큼은 이 대통령에게 강력하게 항의를 할 것이라고 말했습니다. 그리고 그는 "나는 기꺼이 할 것"이라고 덧붙였습니다.

인용 끝.

드장

---

4) 셀윈 로이드(Selwyn Lloyd, 1904-1978). 영국 외교담당 국무장관(1951-1954).

【56】 한국의 정치 상황(1952.8.8)

[전 보]	한국의 정치 상황
[문 서 번 호]	1635-1637
[발 신 일]	1952년 8월 8일 08시 45분
[수 신 일]	1952년 8월 8일 21시 11분
[발신지 및 발신자]	도쿄/드장(주일 프랑스대사)

브리옹발 씨로부터의 8월 6일자 문서 제46호

도쿄 8월 8일 수신

인용

　　대통령과 부통령 선거는 어제 남한 영토의 지방에서 질서정연하게 진행되었습니다.

　　8,218,000명의 등록 유권자 중 7백만 명이 약간 넘는 유권자가 투표를 했다고 합니다.

　　그러나 합법적으로 등록되지 않아 투표가 허락되지 않은 상당수의 유권자들이 시위를 벌인 것으로 보이지만 이들은 특히 난민인 것 같습니다.

　　가장 최근 소식에 따르면 부산에서 이승만이 80,000표를 획득했고 가장 근접한 경쟁자 조봉암은 60,000표를 얻었습니다.

　　부통령 선거에 있어서는 오늘 저녁 이범석 장군은 가장 근접한 경쟁자로 이 박사의 총애를 받는 후보 함태영과 4표 차이밖에 나지 않았습니다. 최근 이범석의 입후보를 방해하기 위한 내무부장관의 노력은 이범석 장군이 경찰들과 여러 지역의 시정부 공무원들 중에서 뻔뻔하게 모집한 여러 선거인단을 체포하기에까지 이르렀습니다. 이 대통령과 어긋난 이후 특별히 이범석의 편을 드는 것으로 보이는 '자유당(원내 자유당)'은 국무총리, 내무부장관, 치안국장을 상대로 선거에 불법적으로 개입했다고 소송을 제기하며 반격했습니다.

드장

【57】 베이징라디오 보도와 공중전 상황(1952.8.10)

[전 보]	베이징라디오 보도와 공중전 상황
[문 서 번 호]	1658
[발 신 일]	1952년 8월 10일 08시 45분
[수 신 일]	1952년 8월 10일 15시 53분
[발신지 및 발신자]	도쿄/드장(주일 프랑스대사)

사이공 공문 제1030호

8월 8일 베이징라디오는 해리슨 장군을 맹렬히 비난했습니다. 이 라디오는 그를 거짓말쟁이, 그리고 할 말이 없는 협상가로 치부했습니다.

또 베이징라디오는 만약 워싱턴이 회담을 좌절시키려는 정책을 바꾸지 않는다면 해리슨은 오랜 중단으로 협상을 파기하고 한국에 모든 평화의 가능성을 파괴하는 달갑지 않은 명예를 누리게 될 것이라고 덧붙였습니다.

7월 20일 판문점에서 이미 표명된 주장을 재개하면서, 이 라디오는 더불어 해리슨 유엔사령관이 중국 포로들을 비밀요원으로 이용하고 이들이 탈출한 것이라고 거짓 주장을 하며 북한에 낙하시켰다며 비난했습니다. 유엔사령관은 이 마지막 주장들을 단호히 부정했습니다.

며칠 전, 베이징라디오는 공산군 포로들이 마셜 제도에 보내져 원자 실험에 사용되었다고 주장했습니다.

8월 9일 어제 이 공산당 방송국은 미 항공기들이 랴오둥 반도 두 군데에 폭격과 총격을 가했다고 주장했습니다. 연합군 항공기들은 8월 8일 아침 Lian Ming Tientsu에 21개의 폭탄을 발사했다고 합니다. 다른 4대의 미국 항공기는 같은 날 오후 Tamung Lou를 사격하여 2명의 중국인에게 부상을 입혔다고 합니다.

지난주 동안(8월 2-8일) 미국 F-86 세이버[1]는 MIG-15[2]에 대해 사상 가장 큰 승리 중 하나를 거두었습니다. 이들은 18대를 파괴하고 18대에 손상을 입혔습니다. 또 다른 Mig기가 F-86 전투기에 공격당하여, 파괴 또는 손상된 미그기의 총합계는 39대에 이릅니다.

문제의 한 주 동안 극동공군의 항공기는 6,500회 이상의 출격을 단행했습니다. 한국전쟁이 시작된 이래 파괴 또는 손상된 적의 항공기 손실은 1306대로 추산되고 그중 Mig-15기는 1039대입니다. 연합군의 항공기 손실은 극동공군의 제트비행기 280대를 포함한 742대입니다.

국방부에 전달 요망.

드장

---

1) North American F-86 Sabre. F-86 Sabre. 미군 전투기. 한국전쟁 당시 치열한 공중전의 주역이나 다름없는 전투기임.
2) Mikoyan-Gurevich MIG-15. 소련의 제트 전투기.

【58】 한국 상황에 대한 소련 언론의 반응(1952.8.11)

[전 보]	한국 상황에 대한 소련 언론의 반응
[문 서 번 호]	1643
[발 신 일]	1952년 8월 11일 08시 15분
[수 신 일]	1952년 8월 11일 11시 47분
[발신지 및 발신자]	모스크바/족스[1](주소련 프랑스대사)

오늘 아침 언론은 한국의 사건들에 큰 비중을 할애합니다.

개성주재 신화통신 특파원의 휴전회담에 대한 8월 9일자 공보를 다음과 같이 실었습니다.

"오늘 열린 연락장교 회의에서 미국은 판문점 중립지대 합의에 대한 두 가지 위반 사례를 부정하며 더욱 오만한 태도를 취했다.

미국 연락장교 로빈슨은 오늘 아무런 이유 없이 미국 항공기들이 8월 4일 회담장소 상공을 비행한 사실을 반박했다. 그는 8월 2일 중립지대에 항공기들이 실시한 사격에 대한 공동조사를 다시 한 번 거부했다.

중공·북한 연락장교 장춘산 대령은 미국의 태도를 비난하고 이러한 행동에 대한 책임을 회피할 수 없을 것이라고 강조했다.

이곳의 참관인들은 휴전협의안 63조항에 대한 완전한 합의가 이루어지는 순간 미국이 이 협의안의 51항과 52항에 명시된 원칙인 전쟁포로의 본국송환 원칙의 준수를 거부하는 것에 주목한다. 미국은 회의 중단을 연장하자고 고집하지만, 작년 8월 그들이 사건을 일으키고 협상을 교착상태로 만들었을 때와 마찬가지로, 그들은 회의 밖에서 다양한 도발을 조작하고 조사를 부인하고 거부하는 '속임수'에 의지했다.

---

1) 루이 족스(Louis Joxe, 1901-1991). 주소련 프랑스대사(1952-1955).

이로써 미국이 휴전협정의 실현을 막으려는 의도가 있음은 명백하다."

또한 언론은 평양의 타스통신 속보에서 '미국이 조선의 도시들과 마을에 실시한 야만적 폭격'을 보도하고 있습니다. 언론은 적의 공습이 날마다 발생하고 있다고 알리며 '이 나라 북쪽의 78개 도시를 파괴하라는 미 공군사령부의 명령'이 야기한 민중들의 '특별한 분노'를 강조합니다.

더불어 신화통신 특파원은 8월 8일 '미국 항공기의 중국영토 상공 비행'을 보도했습니다. 그는 지난 7월 11일 폭격에 대한 저우언라이의 항의 이후 미국은 중국 시민에 대한 '도발적 총격과 학살'을 계속하고 있다고 보고하고 있습니다. 그는 7월 30일부터 8월 7일까지 398대의 미국 항공기가 연루된 8건의 침입 또는 공격을 지적하고 "미 침략자들은 중국에서 직접적 도발을 계속 강화하고 있으며 미 정부의 이러한 몰상식한 범죄 행위들은 전쟁을 확대하려는 목적으로 극동의 상황을 더욱 긴장시킬 의도가 있음을 명백히 보여주는 것"이라고 결론을 맺고 있습니다.

상하이 주재 타스통신 특파원은 "일본 경찰 예비군단의 거제도 전쟁포로 학살 참여"를 보도했습니다.

마지막으로 평양의 타스통신 속보는 "남한 대통령 선거의 코미디"에 이어 "미국의 총애를 받는 이승만이 정권을 유지하게 되었다"고 보도했습니다.

족스

【59】 이승만 대통령의 재선과 유엔 총사령관의 축하 메시지(1952.8.10)

[전 보]	이승만 대통령의 재선과 유엔 총사령관의 축하 메시지
[문 서 번 호]	1660
[발 신 일]	미상
[수 신 일]	1952년 8월 11일 11시 27분
[발신지 및 발신자]	도쿄/드장(주일 프랑스대사)

사이공 공문 제1051호

마크 클라크 장군은 8월 10일 어제 이승만 대통령에게 압도적으로 당선된 그의 재선을 축하하는 메시지를 보냈습니다. 총사령관은 다음과 같이 쓰고 있습니다.

"자유민주세계 시민들은 오래전부터 자유와 독립을 위한 귀하의 지칠 줄 모르는 투쟁의 모범적인 예를 지켜보아왔습니다. 귀하의 용감한 국가는 끔찍한 고난을 겪으면서도 공산당의 침략에 대해 강력한 저항을 계속하고 있고 그것은 고무적인 일입니다. 유엔사령부를 대표하여 나는 귀하와 영웅적인 한국 국민에게 미래에 대한 나의 소망을 전합니다."

700만 표 가운데 이 대통령에게 500만 이상의 표를 준 국민투표의 공식 결과는 8월 15일이 되어서야 발표될 것입니다. 이승만의 비호를 받은 부통령 후보 함태영 역시 전 내무부장관 이범석 장군을 포함한 여덟 명의 경쟁자들과 매우 큰 표 차이로 당선되었습니다.

드장

【60】 조선중앙통신사의 미국 폭격 비난(1952.8.12)

[전   보] 조선중앙통신사의 미국 폭격 비난
[문 서 번 호] 1650
[발   신   일] 1952년 8월 12일 14시 00분
[수   신   일] 1952년 8월 12일 17시 43분
[발신지 및 발신자] 모스크바/족스(주소련 프랑스대사)

오늘 아침 『이즈베스티야』는 "미국 간섭주의자들의 범죄 행위"와 "군사목표물에 대한 공격이란 명목으로 북한 78개 도시를 폭격하는 그들의 의도"에 대한 조선중앙통신의 보도를 발표했습니다.

조선중앙통신사는 7월 11, 12일 그리고 8월 4일과 10일에 평양 당국에 공격을 감행한 미 공군의 '야만성과 잔인성'을 강조합니다. 그리고 '이러한 범죄'는 판문점 협상 중 결정을 강요하기 위한 군사적 압박 차원에서 계속된다고 덧붙입니다. "평화적인 조선 인민을 대량학살하려는 미국 악당들의 목적을 의심하는 자는 아무도 없다"는 주장입니다. 또한 통신사는 이에 대해 상대측은 명백히 "협상을 좌초시키고 한국에서의 분쟁을 확대시키지 못할 경우 대량학살을 통해 조선 인민에게 부당한 요구조건을 부과하려"하고 있다고 강조합니다.

그리고 판문점에서의 미 대표단 태도를 분석하면서 회의를 정기적으로 중단하는 '작전'에 미국이 휴전회담을 지속하고 싶은 바람이 전혀 없다는 명백한 증거가 드러난다고 주장합니다. 어쨌든 미국의 신경전 계획은 조선 인민을 양보하도록 만들지 못할 것이며 "전 세계 수백만의 정직한 사람들에게서 더욱 강한 증오와 비난만 불러일으킬 뿐"이라는 것입니다.

이 보도는 다음과 같은 결론으로 끝납니다.

"조선 인민은 전 세계 사람들의 하나같은 바람에 호응하며 휴전의 가장 조

속한 체결을 진심으로 열망한다. 그러나 우리의 평화에 대한 열망을 무시하는 침략자들이 협상을 좌초시키고 전쟁을 확대한다면 우리 인민은 적의 모든 계획된 시도를 중단시키기 위해 모든 힘을 다 할 것이다. 미국 제국주의자들의 의도가 맹렬한 폭격으로 한반도 북쪽 도시들을 진압하려하는 것임을 한반도 전체가 분명히 알아차렸다. 군사적 압박이라는 구실 아래 침략자들은 휴전협상을 실패하게 만들고 대량학살을 완수하려 노력한다는 사실을 알고 있다.

  미 침략자들은 평화를 사랑하는 국민에 대한 잔인한 말살을 즉각 멈추고 포로교환 문제의 협상에 있어 신중함을 보이는 것이 협의에 이를 수 있는 필요조건일 뿐 아니라 간섭주의자 미국이 예정된 손실을 피할 수 있는 유일한 방법임을 알아야 할 것이다."

족스

【61】 판문점 회담 및 한국전쟁 상황(1952.8.12)

[전   보]   판문점 회담 및 한국전쟁 상황
[문 서 번 호]   1661
[발   신   일]   1952년 8월 12일 01시 15분
[수   신   일]   1952년 8월 12일 12시 41분
[발신지 및 발신자]   도쿄/드장(주일 프랑스대사)

1. 판문점 대표단은 8월 11일 본회의를 열었고 35분간 지속된 회의에는 아무런 진전이 없었습니다.

남일 장군은 지난 12월 교환한 포로 명단을 재검토하고 모든 외국 국적의 포로, 즉 유엔군과 중국인민지원군 포로들을 본국송환하자는 제안을 되풀이했습니다.

해리슨 장군은 휴전에 이르기 위해 최선을 다하고자 하는 의지와 포로 명단을 다시 교환하고 83,000명의 포로들을 송환하려는 의지를 표명했습니다. 그러나 유엔 사령부는 어떤 경우에도 강제송환에 동의하지 않을 것이라고 강조했습니다.

연합군의 제안에 따라 공산 측이 동의하여 회담은 1주일 연기되었습니다.

2. 연락장교 회의에서 공산 측은 다시 한 번 그들이 주장하는 판문점 지역 상공의 비행에 대해 항의했습니다.

이곳의 동쪽에 위치한 소위 '시베리아 언덕'이라 불리는 고지는 해군 제1사단이 점령해 있다가 최근 중국에 빼앗긴 곳으로 다섯 번이나 점령 주체가 바뀌었습니다.

8월 9일 적의 포병대와 박격포는 21,000발 이상의 포탄을 발사했습니다.

3. 8월 10일 베이징라디오는 극동공군 사령부가 북한의 78개 장소에 내린 경고를 분개한 어조로 보도하며 휴전에는 관심이 없는 미국이 북한을 완전히 파괴하고 전쟁을 확산하려 한다고 되풀이했습니다.

4. 차이나유니언프레스 속보에 의하면 최근 소련군 1개 사단(20,000명의 병력 및 100대의 탱크)이 한국 국경지대 방어를 강화하기 위해 시베리아에서 만주로 파견되었다고 합니다. 이 사단은 7월 24일 창춘 시에 도착한 것으로 알려졌습니다.

국방부에 전달 요망.

드장

【62】 소련-북한 조선해방 7주년 기념 메시지(1952.8.15)

[전　　　　보]	소련-북한 조선해방 7주년 기념 메시지
[문 서 번 호]	1668
[발　신　일]	1952년 8월 15일 15시 30분
[수　신　일]	1952년 8월 15일 19시 30분
[발신지 및 발신자]	모스크바/족스(주소련 프랑스대사)

　오늘 아침 언론은 소련군에 의한 조선해방 7주년을 기념하여 슈베르니크[1] 원수, 스탈린[2] 총리, 비신스키[3] 외무장관, 김일성 내각수상, 박헌영 외무장관, 조선민주주의인민공화국 국가수반 김두봉 간에 교환된 다음과 같은 전보문들을 실었습니다.

　　- 슈베르니크가 김두봉에게 보낸 전보
　　"일본 침략자들로부터 조선 인민이 해방된 지 7주년을 맞아, 위원장 동지께 저의 진심어린 축하를 전하며 우리 양 국가 인민들 간의 우정이 더욱 강화되기를 축원합니다."

　　- 스탈린이 김일성에게 보낸 전보
　　"조선민주주의인민공화국의 국경일에 즈음하여 위원장 동지께서 본인의 우정 어린 축하인사를 받아주시고, 영웅적인 조선 인민들에게 조국의 자유와 독립을 위한 그들의 투쟁에 좋은 결과가 있기를 바라는 본인의 소망을 전해주시길 바랍니다."

---

[1] 니콜라이 슈베르니크(Nikolay Shvernik,1888-1970). 소련 국가원수(1946-1953).
[2] 이오시프 스탈린(Joseph Stalin, 1878-1953). 소련 공산당 서기장(1922-1953).
[3] 안드레이 비신스키(Andrei Vyshinskii,1883-1954). 소련 외무장관(1949-1953).

- 비신스키가 박헌영에게 보낸 전보

"조선민주주의인민공화국의 국경일을 맞아, 장관 동지, 저의 우정 어린 축하와 조선 인민, 또 개인적으로 동지의 건승을 비는 바입니다."

- 김일성이 스탈린에게 보낸 전보

"서기장 동지께,

위대한 소비에트 연방의 강력한 군대로 인하여 일본 제국주의의 멍에에서 벗어난 한국 해방 7주년을 맞아, 정부의 이름으로, 조선민주주의인민공화국의 이름으로, 그리고 제 개인의 이름으로 최고의 친구이자 조선 인민의 해방자인 귀하께, 그리고 소련 정부, 소련 군대, 소련의 모든 국민에게 조선 인민의 깊은 감사의 마음을 표합니다.

한국 해방 초기부터 소비에트 정부는 조선의 경제 및 문화 구축에 지원을 제공했고 지금도 지원을 계속 하고 있는 것처럼 진정으로 독립적인 조선민주주의인민정부의 설립에 가능한 모든 지원을 제공해주었습니다.

소련의 위대한 모범에서 영감을 얻은 조선 인민은 인민민주주의 수립의 길에 확고하게 자리를 잡았습니다. 소련의 따뜻한 지원과 다양한 도움으로 조선 인민은 새로운 전쟁의 선동자들, 미 제국주의자들에 대한 자유와 독립과 평화를 위한 투쟁을 결정적인 승리로 이끌고 있습니다.

미국 제국주의자들은 한국에 유혈 개입을 시작했고 그들은 조선 인민에게 상상을 초월하는 범죄를 저질렀으며 지금도 계속하고 있습니다. 그러나 전쟁에서 조선 인민의 역사적 경험과 전쟁에서 거둔 대성공은 세균 무기나 다른 야만적 범죄가 정의로운 전쟁을 위해 영웅적으로 훈련된 조선 인민의 의지를 파기할 수 없다는 것을 증명하고 있습니다.

우리는 영-미 간섭주의자들과의 투쟁에서 우리의 자유와 독립을 지키기 위해 단단히 각오가 되어있고 따라서 평화 유지에 기여합니다. 우리의 최고 지도자인 귀하께서 세계 노동자들에게 지시한 길을 우리는 지치지 않고 확실하게 갈 것입니다. 그리고 우리는 위대한 소련이 이끄는 평화로운 민족들의 모든 민주 진영과 협력하며 그 길로 나아갈 것입니다.

저는 모든 진보적 인류를 위해 서기장 동지의 건강과 장수를 진심으로 기원합니다."

- 김두봉이 슈베르니크에게 보낸 전보

"용감한 소비에트 군대에 의해 일본 제국주의의 멍에에서 벗어난 한국 해방의 날을 맞아, 조선민주주의인민공화국 최고인민회의 위원장으로서 그리고 개인적으로 귀하와 소련 인민에게 조선의 재건과 경제적 문화적 발전을 위해 제공한 소련의 사심 없는 도움에 대해 조선공화국의 깊은 감사를 표합니다. 조선 인민에 대한 소련의 이해관계를 떠난 지원은 영-미 제국주의자들에 대항한 우리 국가의 투쟁과 독립에 있어 우리가 성공할 수 있는 가장 중요한 요소 중 하나입니다."

- 박헌영이 비신스키에게 보낸 전보

"용감한 소비에트 군대에 의한 한국 해방 7주년을 맞아 귀하께 깊은 감사 인사를 전합니다. 위대한 스탈린이 이끄는 소비에트 정부는 조선의 완전한 해방과 독립을 위한 투쟁을 위해 조선 인민에게 끊임없는 막대한 지원을 제공하고 있습니다. 우리는 특히 자유를 사랑하는 모든 국가들에 대한 스탈린주의적 외교정책의 고귀한 원칙을 반영하는 중재, 국제사회에서 조선 인민을 위한 중재에 대하여 소비에트 정부와 귀하께 매우 감사하고 있습니다."

족스

【63】 미 국무부의 동맹국 행동조치 계획안(1952.8.16)

[전　　보] 미 국무부의 동맹국 행동조치 계획안
[문 서 번 호] 5767-5774
[발　신　일] 1952년 8월 15일 17시 30분
[수　신　일] 1952년 8월 16일 01시 00분
[발신지 및 발신자] 워싱턴/보네(주미 프랑스대사)

보안

2급 비밀

뉴욕 공문(우편) 제839-846호

　미 국무부의 존 히커슨 차관보는 오늘 아침 저의 보좌관 중 한 사람을 호출하여 만약 유엔 회의에서 한국 휴전협정이 언급되지 않을 경우 차기 유엔 총회에서 취해야 할 조치에 대한 설명이 담겨있는 자신의 사무국이 작성한 사업계획서를 전해주었습니다.

　이 문서의 내용은 오늘 저녁 워싱턴을 출발하는 외교행낭을 통해 각하께 전달될 것입니다. 이 문서를 제 보좌관 미에 씨에게 건네주면서 차관보는 기밀보장을 강조하며 당분간 국무부는 프랑스, 영국, 캐나다, 호주, 네덜란드 및 남미 정부의 의견만 요청했다고 설명했습니다.

　히커슨 차관보는 이 문서는 계획안일 뿐이며 아직 국무장관의 승인을 받지는 않았다고 강조했습니다.

　그런데 미 당국은 계획안 단계에서는 워싱턴이 세 단계에 걸쳐 진행될 조치를 계획하고 있는 이 문건에 대해 상기된 정부들과 함께 의견을 교환하는 것이 가장 유용할 것이라고 생각하고 있습니다.

첫째, 관련 정부들은 총회가 다음과 같은 결의안을 채택하도록 노력하게 될 것입니다.

1. 한국주재 유엔군의 용감한 노력에 대해 총회 전체의 완전한 동의를 표명한다.
2. 연합군 사령부의 휴전협상 진행과 관련하여 전적인 신뢰와 찬성을 표명한다.
3. 전쟁포로 송환문제에 대한 연합군 사령부의 입장에 동의하고, 자발적 본국송환 원칙을 인정하는 명예로운 휴전협정을 수용할 것을 북한·중공 당국에 요청한다.
4. 이 결의안을 상기 공산 측 당국에 전달해주고 일정한 기한 내에 북한·중공 정부의 답변을 총회에서 보고해줄 것을 총회 의장에게 요청한다.

두 번째 단계는 공산정부들의 반응이 호의적이지 않을 경우에 시작될 것입니다. 추가조치위원회는 즉시 회의를 열고 중공과 북한에 전적인 금수조치를 부과하는 안에 대해 표결하도록 총회에 권고하는 것입니다.

이 금수조치는 현재 미국이 이 양국에 적용하고 있는 금수조치와 정확히 동일한 것이라고 히커슨 차관보는 강조했습니다.

제가 외교행낭 항공으로 각하께 보내드리는 이 사업계획서에는 미 정부가 검토하고 있는 관련 조치에 대한 모든 세부사항이 들어있습니다.

세 번째 단계에서는 추가조치위원회의 권고에 이은 것으로써, 총회가 10가지 사항의 두 번째 결의안을 채택하여 명예로운 휴전 수용을 거부하는 한국 침략자들을 정죄하고 추가조치위원회의 제안을 승인하여 금수조치의 가동을 준비하고 주한 유엔군의 목표를 재확인하는 것입니다.

총회 개회 후 어느 때라도 휴전이 신속히 체결될 수 있는 확실한 가능성이 보인다면 총회는 한국문제 검토를 좀 더 유리한 시점으로 연기할 수 있을 것입니다.

미국의 제안은 휴전협상이 교착상태에 처했을 경우 유엔이 행동방침을 준비할 필요성에 따른 것이라고 히커슨 차관보는 결론적으로 설명했습니다.

다른 두 가설, 즉 한반도 내의 적대행위 재개라는 비관론과 휴전 서명이라는 낙관론은 앞으로 나아갈 행보에 있어 동맹국 간에 이미 원칙적으로 합의된 방향입니다. 저의 보좌관은 이 기회에 휴전 서명 이후의 미국 결의계획안에 대한 우리의 의견에 미 국무부가 아직 회답을 주지 않았다고 지적했습니다. 히커슨 차관보의 보좌관은 다음 주에 우리 프랑스 대사관에 답변을 주겠노라고 약속했습니다.

이 전보에서 분석된 미 국무부의 제안에 대한 각하의 의견을 저에게 알려주시면 감사하겠습니다.

보네

【64】 미국의 행동 계획서에 대한 유엔 프랑스대사의 견해(1952.8.21)

[전 보 문]	미국의 행동 계획서에 대한 유엔 프랑스대사의 견해
[문 서 번 호]	1923-1929
[발 신 일]	1952년 8월 21일 19시 00분
[수 신 일]	1952년 8월 21일 24시 00분
[발신지 및 발신자]	뉴욕/오프노(주유엔 프랑스대사)

워싱턴 공문 제1050-1056호

저는 앙리 보네 대사가 각하께 1952년 8월 15일자 제3673/SC호로 전달한, 지금부터 제7차 회의 개회 때까지 한국 상황에 어떤 변화도 일어나지 않는다면 미 국무부가 차기 유엔 총회를 통해 채택되기를 바란다는 '사업계획서'를 읽었습니다. 이 문서에 대한 다음과 같은 견해를 각하께 제출하고자 합니다.

1. 연합군 사령부가 휴전협상을 이끈 방식을 승인하고 중공과 북한 당국이 '명예로운' 휴전을 체결하도록 권고하면서 유엔군에 경의를 표하는 결의에 대한 총회의 채택에는 어떤 이의도 없습니다.

2. 이 결의에 포로들의 자발적 본국송환 원칙에 대한 명백한 승인을 삽입하는 것이 바람직한지에 대해서는 이론의 여지가 있어 보입니다. 이에 대한 제네바협약의 규정들은 다양한 해석의 여지가 있습니다. 법률적인 논쟁을 해결하는 것이 총회의 역할일까요? 미국이 원하는 방향으로 하면서 총회가 이 논쟁 사항에 대한 가능한 모든 타협의 문을 닫는 것이 바람직할까요?

3. 총회에서 통과된 결의안을 중공과 북한 당국에 전달하고 이들의 답변 또는 답변의 부재를 정해진 시간 내에 총회에 보고한다는 총회 의장의 임무에는 형식상 심각한 단점이 있습니다. 이는 거의 불가피하게 소련 대표단이 중공과 북한 대표들을 초대하여 총회에서 그들의 관점을 설명하고 변호하도록 하자는 건의안을 제출하도록 만들 것입니다. 이 주제에 대한 논쟁은 당혹스럽고 그 결과는 의심스러울 위험이 있습니다. 왜냐하면 상당수의 라틴아메리카 및 아시아 대표단들은 중공과 북한 대표들이 뉴욕에 오면 현재의 교착상태에 대한 탈출구를 찾아낼 기회라고 생각할 수 있기 때문입니다.

4. 미국 문서의 두 번째 부분, 즉 중공과 북한 당국이 부정적 답변을 내놓거나 답변이 없을 경우 추가조치위원회가 제안하고 총회가 권고하는 조치에 관한 부분이 제게는 가장 심각한 이의제기를 불러올 것으로 보입니다.

'명예로운' 휴전협정의 수용을 거부한다고 당사국들을 '정죄'한다는 구상 자체가 매우 논쟁의 여지가 있어 보입니다.

휴전협정 체결을 위한 그들의 협상 거부가 비난거리였던 것만큼이나 법적으로 도덕적으로 연합사령부가 제시한 조건의 하나를 거부했다는 이유만으로 비난하는 것을 정당화하기는 어려워 보입니다. 휴전 협상을 시작한 이후 중공·북한이 한 양보는 분명 그들의 조건이 받아들여진 것 못지않게 많습니다. 단 한 가지 논쟁 사항만이 미결된 채로 남아 있습니다. 만약 침략자들과 협상을 하기로 동의한다면 유엔은 이 협상에서 심판이자 당사자로, 자신들의 조건 중 하나에 동의를 거부했다고 해서 상대를 정죄하는 것이 어려워질 수 있습니다.

5. 유엔 총회가 모든 회원국들에게 연합사령부에 지원을 계속하고 심지어 강화하도록, 그리고 침략자들에게 어떤 지원도 삼가도록 권고하는 것이 합법적이라면, 미국 문서가 제안하는 새로운 조치에 참여하는 것이 얼마나 위험한 것인지는 말할 필요도 없다고 생각합니다.

베이징과의 외교관계 단절, 중국, 북한과의 모든 선박 및 화물의 전면적 통상 금수조치, 해당 선박 및 화물 보험 금지, 중공 및 북한의 모든 해외계좌 차단과 이 두 국가의 재외 자국민에 대한 모든 지불 정지, 이는 모두 논리적으로 중공 개입이 알려졌을 당시에 취해졌어야 하는 때늦은 조치들로, 22개월이 지난 후 선포하는 것은 비효율적일뿐 아니라 위험할 것입니다. 사실상 이 조치들이 중공-북한을 후회하도록 만들 수 있을 있으며 위신 및 체면의 이유 때문에 적어도 베이징 정부의 강경함은 연합군 측 입장의 강화에 못 미칠 것이라고 기대하는 것은 헛된 일일 것입니다. 14개월 전부터 불확실하더라도 어떤 해결에 대한 희망이 지속되고 있고 즉각적으로 악화될 가능성은 없는 현재의 상대적 안정 상태가 위험으로 가득 찬 상황으로 바뀔 수 있으며 새로운 최악의 사태를 불러올 수 있을 것입니다. 봉쇄정책의 불가피한 서막인 금수정책의 채택은, 중공-북한에 평화적 해결을 강요하기는커녕 휴전의 마지막 가능성마저도 파괴하고 사건에 사건을, 조치에 대항조치를 불러오며 분쟁의 전면화에 유리한 모든 조건을 만들어내게 될 것입니다. 부담해야 할 위험이 너무도 크기 때문에 유엔은 비효율적이고 때늦은 이러한 결정 제안을 제재함으로써 책임을 질 수 있지 않겠습니까? 런던에서는 이 문제에 대해 단언적 답이 나왔고 이 미국 계획안은 매우 부정적으로 받아들여졌다고 영국대표단의 한 단원을 통해 들었습니다. 제가 각하께 전보 제1919호로 전달한, 영국 외무부가 급히 발급한 사업계획서는 이러한 반응을 증명하고 있으며, 차기 회의에서 총회에 입장을 취할 것을 요청하는 것이 합당하다는 입장에 머물고 있습니다. 미 국무부를 설득시키기 위해 프랑스 정부가 영국 정부와 동의하고 함께 행동하고 있다는 사실에 의심의 여지가 없습니다.

오프노

【65】 한국 휴전회담에 관한 소련 언론의 보도(1952.8.23)

[전 보] 한국 휴전회담에 관한 소련 언론의 보도
[문 서 번 호] 1697
[발 신 일] 1952년 8월 23일 07시 30분
[수 신 일] 1952년 8월 23일 12시 00분
[발신지 및 발신자] 모스크바/족스(주소련 프랑스대사)

오늘 아침 언론은 한국 휴전회담에 관하여 다음과 같은 개성 주재 신화통신
의 8월 19일자 공보를 실었습니다.

  "오늘 전체 회의에서 남일 장군은 왜 지금까지 휴전협정이 체결되지 않았
는지를 밝혔다. 휴전협정 체결은 양측의 모든 포로들이 민간인으로 그들의 집
으로 돌아간다는 양측 간에 체결한 협의안 원칙의 적용을 미국이 거부함으로
써 이루어지지 못했다고 말이다.

  중공·북한 대표단 수석대표는 미 대표단 수석대표에게 만약 미국이 휴전협
정 체결을 기다리는 전 세계 국민들의 열렬한 열망을 계속 무시하고 협상을
거부하며 포로 억류에 대한 불법적 주장을 이루기 위하여 '군사적 압력'을 가
하는 헛된 노력을 하면서 회담을 지연시킨다면 불가피하고 파국적인 결말에
이를 수밖에 없을 것이라고 경고했다.

  미 수석대표 해리슨은 양측 포로들의 본국 송환원칙을 거부할 수도 전쟁포
로들을 억류하려는 불법적 주장을 정당화할 수도 없다. 그러나 그는 한국전쟁
에서 일련의 위성국들을 훈련시켜왔다고 자랑하며 교만하고 위압적인 말투로
사실 일련의 무질서한 폭격으로 이루어진 '군사적 압력'에 대해 큰소리로 외쳤
다. 그는 실상은 포로들을 억류하겠다는 의지를 의미하는 '강제 송환은 없다'
는 발언을 이전처럼 확언하며 심지어 중공·북한 관계에 불화를 조장하려했다.

최후 수단으로 그는 다시 한 번 회담을 1주일 동안 중단하고 8월 27일 재개하자고 제안했다.

남일 장군은 이 거만한 말투를 강력하게 비난하고 조선인민군과 중국인민지원군의 영웅적 투쟁은 오래전부터 한국 전체를 점령하고 유엔의 비호 아래 한국을 장악하려는 미국의 계획을 좌초시켰으며 상대편이 실행할 수 있는 모든 '군사적 압력' 또한 분명히 실패하도록 만들 것임을 강조했다. 은밀한 술책으로 북한과 중국 인민의 한결같은 우정을 깨기 위해 양국 관계를 이간질하려는 모든 시도는 실패로 돌아갈 것이다.

결론적으로 남일 장군은 "중공·북한은 회의를 정기적으로 지속하기를 단호하게 주장하며, 회의 중단을 요청할 이유가 없으며 휴전회담의 지연과 거기서 빚어진 유혈 사태의 모든 책임은 미국이 져야 할 것"이라고 밝혔다."

또한 언론은 "미 공군이 북한의 평화로운 도시와 마을에 행한 야만적 폭격에 항의하는 조선연합민주전선 중앙위원회 호소문의 긴 분석과 함께 대전 포로수용소에서의 미 침략자들의 잔학 행위"를 보고한 평양 속보를 보도했습니다. 이 호소문은 특히 "중앙위원회는 무고한 민간인 학살, 민간인 대상의 무분별한 파괴에 항의한다. 우리 인민에 대한 공중 테러를 강화하고, 이미 오래전부터 미 공군에 의해 파괴된 우리의 평화로운 78개 도시를 완전히 섬멸하려는 새로운 야만적 계획을 규탄한다. 중앙위원회는 평화로운 도시와 마을 및 다른 민간 목표물에 대한 폭격과 사격을 즉각 중단할 것을 요구한다. 전 세계의 평화를 사랑하는 민족들에게 다시 한 번 조선 인민에 대한 피비린내 나는 전쟁의 신속한 중단을 촉구해주기를 요청한다"고 밝히고 있습니다.

이 호소문은 "중앙위원회는 미국 범죄자, 직접적 기획자, 미 공군 해적의 전대미문의 범죄자들은 전 세계 정직한 사람들의 재판 앞에 서게 될 것이고 마땅히 받아야할 처벌을 반드시 받게 될 것이라고 절대 확신하는바"라고 끝맺고 있습니다.

족스

【66】 미국 계획에 대한 유엔 사무총장의 견해(1952.8.28)

[전 보]	미국 계획에 대한 유엔 사무총장의 견해
[문 서 번 호]	1950-1957
[발 신 일]	1952년 8월 27일 21시 00분
[수 신 일]	1952년 8월 28일 02시 30분
[발신지 및 발신자]	뉴욕/오프노(주유엔 프랑스대사)

보안

2급 비밀

워싱턴 공문 제1057-1064호

트리그브 리 유엔 사무총장은 그의 귀국을 계기로 제가 어제 방문했을 때 한국 상황에 대한 자신의 우려를 전했습니다. 그의 우려 역시 우리가 우려하는 바와 같으며 강도가 덜하지 않습니다.

미국 '사업 계획서'에 대한 사무총장의 견해는 저의 전보 제1923호를 통해 전해드렸고 각하께서도 기꺼이 동의하셨던 저의 견해와 비슷합니다. 트리그브 리 사무총장은 특히 통상 금수조치 선포는 결과의 위험성만큼이나 효과에 있어서도 비효율적이라고 보았습니다. 차기 총회에 한국문제 등록 건에 대해 논의하기 위해 온 미국 유엔대표 오스틴 씨와 그로스 씨에게 그는 아주 분명하게 이를 설명했다고 제게 말했습니다.

두 미국 대표는 한국에 대한 토론이 총회의 회기 초부터, 그리고 어쨌든 대통령 선거 이전에 열려야 한다는 희망을 표명했습니다. 사무총장에 따르면 이러한 희망은 오직 대선에 대한 염려 때문에 나온 것입니다. '사업 계획서'의 제안을 총회에서 옹호하도록 하면서, 그리고 중국과 북한에 대한 새롭고 강력한 조치의 옹호자 역할을 하면서 미 행정부는 해외정책에 대한 공화당 주도의 비판 효과를 완화하고 민주당 후보에 대한 다수 표결을 얻기를 바라는 것입니다. 특히 금수조치 구상은 이를 오랫동안 여론이 기다려왔던 강경한 행동으로 평가할 대중의 마음을 사로잡기 위한 수단으로 보입니다.

트리그브 리 유엔 사무총장은 공화당 후보가 승리하면 유엔과 평화에 심각한 위험을 초래할 것으로 보고 있으며 그제 아이젠하워 장군이 미국 재향군인회에서 한 발언 이후 자신의 이러한 의견을 공유하지 않을 수 없다고 했습니다. 따라서 그는 서양의 주요 강대국들이 유엔 차원에서 내부적으로 현재의 미 행정부가 자국의 여론에 그것을 내세울 수 있도록 효과적인 형태로 미 정부와의 연대를 표명하는데 합의하기를 희망한다고 합니다. 그는 다음 회기 초반에 한국협력에 참여하는 주요 국가들이 미국과 연대, 그리고 군사원조의 실질적 강화를 통해 이 연대를 가시적으로 확증하고자 하는 의도를 확인하는 공동 선언문을 발표하는데 뜻을 같이할 수 있지 않겠냐고 저에게 말했습니다. 프랑스, 스칸디나비아, 라틴 아메리카와 영연방 국가들의 2만여 명 군인들이 유엔의 깃발 아래 동등한 숫자의 미군 병사들을 대체할 준비가 되어있고 따라서 미군 병사들은 본국으로 돌아올 수 있음이 미국 국민에게 알려질 수 있다면, 여론에 대한 심리적 효과는 상당할 것이며 민주당 정부는 총회에서 실패할 수도 있는 금수조치 계획안으로부터 기대할 수 있는 것보다 더 확실한 이익을 창출할 수 있을 것이라는 것입니다. 이것은 군사작전의 확산이 있을 경우 한국의 유엔군 병력을 강화하는 것이 아니라, 어쩌면 실제보다 더 눈길을 끄는 방식으로 다만 현재 미국 국민에게 지워지는 부담을 경감시키는 문제가 될 것입니다.

트리그브 리 유엔 사무총장은 제게 처음으로 자신의 견해를 알려주었지만 앞으로 이 문제에 대해 영국과 영연방국 대표들의 의사를 타진해보려 한다고 말했습니다. 그는 저와 함께 이에 대해 더 자세히 토론하기로 하고 자신의 사무실에서 영국, 캐나다 대표들과 함께 보기로 했습니다. 그는 저에게 지금부터 이에 대해 생각해 보라고 당부했고 이 대화와 앞으로 있을 수 있는 대화들도 기밀로 해달라고 강조했습니다.

유엔 사무총장의 이러한 제안은 검토해볼 가치가 있어 보입니다. 주요 어려움은 당연히 이런 종류의 공동 행동에 대해 충분히 제 때에 관련 정부들의 합의를 모으는 것과 언제든지 군사작전이 재개될 수 있는 전장에 새로운 병력을 파견하는 것을 특정 여론이 수용하도록 해야 하는 점입니다. 다른 한편, 이러한 연대를 실질적으로 표명하는데 동참하는 정부들은 미국 정부의 확실한 감사의 표를 얻게 될 것이고, 우리는 최저 비용으로 현재의 계획안이 갖는 위험 없이 민주당 행정부가 추구하는 선거 이점을 돕는 것이 우리에게 이롭다는 사실에는 의심의 여지가 없습니다.

오프노

【67】미 국무부의 동맹국 행동조치 계획안(1952.8.28)

[전　　　　보]	미 국무부의 동맹국 행동조치 계획안
[문 서 번 호]	6022-6029
[발　신　일]	1952년 8월 27일 21시 15분
[수　신　일]	1952년 8월 28일 02시 45분
[발신지 및 발신자]	워싱턴/보네(주미 프랑스대사)

보안

뉴욕 공문 제878-885호
각하의 전보 제13761호 참조

저는 내일 미국 결의안에 대한 각하의 견해를 미 국무부에 전달하고자 합니다.
영국 대사관은 오늘 오후에도 아직 이에 대한 지시를 받지 못했습니다. 영국
대사관 직원 중 한 사람이 좀 전에 저의 보좌관 중 한 사람에게 영국 대표단이
우리 프랑스 대표단에 보낸(담당부서에 전달된 뉴욕의 전보 제1918호) 초안은
8월 15일 우리에게 전달된 사업계획서에 의해 야기된 것이 아닙니다. 이 초안은
글래드윈 젭 주유엔 영국대사가 7월 18일경 히커슨 국무부차관보와 가졌던 회
담에서 나온 것입니다.
영국 대사관의 톰린슨 씨는 영국 외무부의 반응이 우리 프랑스와 유사할 것
이라고 예상했습니다.
영국 당국은 미국 결의안이 단지 한국 차원에서 검토될 수 있는 것이 아닌
것으로 보았습니다. 중국에 대한 추가조치 부과로 사실 홍콩문제가 런던 정부
에 즉각적으로 제기될 것입니다. 워싱턴이 검토한 조치는 실제로 총회에서 승
인된다면 중국 대륙에 대한 공급원이 되는 영국 식민지를 차단하는 즉각적인

결과를 가져오게 될 것입니다. 미국 정부는 이러한 전개의 위험을 인식하고 있는지, 그리고 극동에서의 마지막 서양 국가의 자유 전초대가 거의 질식하는 것을 보려고 하는 것인지 궁금합니다.

'사업 계획서'에 관해 미 국무부가 의논한 정부들 가운데 호주 정부만이 자국의 견해를 알려왔는데, 그것도 예비단계의 견해라는 단서를 달았습니다.

사실 호주 대사관은 오늘 아침 현재 휴가 중인 히커슨 차관보의 사무국에 자국 정부는 이 문제는 서두를 필요가 없다고 본다는 메시지를 보냈습니다. 호주 정부의 의견은 무엇보다 총회 개회 이전에 판문점에서 많은 변화가 있을 것이고, 또 한편으로는 특정 아시아 국가들의 자존심을 건드리지 않고 가능하면 많은 총회 회원들의 견해의 일치를 이루는 것이 필수적으로 보인다는 것입니다.

아시아 국가들에 관하여 호주 대사관 관계자는 미 국무부 관련자에게 전쟁포로의 본국송환 문제에 대한 판문점의 교착상태에서 벗어나기 위해 모든 시도를 다 했다는 인상을 이 국가들에게 심어주는 것이 바람직하다고 강조했습니다. 그런데 다만 최고로 운이 좋다하더라도 총회의 다수를 규합할 수 있는 결의안을 제출할 수 있을지가 문제라는 입장을 보였습니다.

이에 대해 히커슨 차관보의 대리인은 마크 클라크 장군이 아마 9월 15일경 전쟁포로 문제의 교착상태에서 빠져나오기 위해 새로운 지시를 받게 될 것이라고 호주대사에게 설명했습니다.

8월 14일 미국 사업 계획안에 관하여 호주 대사관은, 워싱턴 주재 호주대사 스펜더 씨가 우리 프랑스처럼 포로들의 자발적 본국송환 원칙을 명시한 동의를 이 본문에 삽입하는 것이 적절한지에 대해 의문을 갖고 있긴 하지만 자국 정부는 일별하여 첫 번째 결의안에 대해서는 이의가 없다고 밝혔습니다.

두 번째 결의안에 대해 호주 정부는 매우 신속하게 유보적인 입장을 취했습니다.

이와 같이 미국 계획안은 차가운 외면을 받는 것 같습니다. 그리고 저는 이에 대해 국무부에서 많은 환상을 가지고 있다고 생각하지 않으며, 이 문제에 대한 미 당국의 주도적 행동은 무엇보다 국내 정책에 대한 고민에서 비롯된 것이라고 생각됩니다.

민주당 행정부는 분명 선거 기간 동안 한국 휴전협상의 진행 방식에 대한 야당의 공격 가능성에 대비하여 중공-북한에 대한 유엔의 태도를 강화하지 않은 책임을 다른 정부에 돌릴 수 있는 문서 하나를 준비 서류에 첨부하고자 했을 것입니다.

보네

【68】한국문제와 한국 휴전협정 이후 총회의 결의안(1952.8.27)

[공 문 (우 편)]   한국문제와 한국 휴전협정 이후 총회의 결의안
[문 서 번 호]   3871/SG
[발 신 일]   1952년 8월 27일
[수 신 일]   미상
[발신지 및 발신자]   워싱턴/보네(주미 프랑스대사)
[수신지 및 수신자]   파리/로베르 슈만[1](프랑스 외무부장관)

보안

뉴욕 공문 제878-885호

저는 미 국무부가 이달 25일 우리 프랑스 대사관에 전달한 한국 휴전협정 체결 이후의 유엔 총회의 행동에 대한 사업 계획안 사본을 각하께 동봉합니다.

저의 보좌관 중 한 사람에게 이 문서를 전달하면서 아이젠하워 씨의 보좌관은 이 새로운 제안서를 작성하면서 국무부는 한편으로는 함께 의논한 정부들, 특히 프랑스가 워싱턴에 제출한 의견을, 다른 한편으로는 휴전협상의 최근 진행 상황을 고려하려 노력했다고 밝혔습니다.

동봉된 이 사업 계획서는 미국 해당 사무국의 새로운 계획안의 다양한 형태에 영향을 준 고려사항을 간단하게 설명하면서 시작하고 있는데 본 공문에서 그것을 되풀이할 필요는 없다고 생각합니다.

미국의 새로운 제안은 총회 결의안의 두 번째 '플랜 A' 소개로 이루어져 있습니다. 그러나 첫 번째 '플랜 A'를 포기한 것은 아닙니다. 그것은 1952년 4월 23

---

[1] 로베르 슈만(Robert Schuman, 1886-1963). 프랑스 외무부장관(1948-1952).

일 각하의 공문을 받고 우리 대사관이 미 국무부에 했던 충고와 제안에도 불구하고 제가 지난 3월 28일 저의 전보 1506호를 통해 알려드렸던 것과 거의 동일한 형식으로 여전히 남아있습니다.

미국 당국은 3월 달 계획안의 플랜 B 또한 유지하고 있습니다.

결의안의 두 번째 '플랜 A'(사업 계획서 대안 2)에 따르면, 유엔 총회는 한국통일부흥위원단을 해산하고 특별위원회를 설립하여 한국문제의 평화적 해결을 모색합니다.

이 위원회의 회원국 명단은 한국에 병력을 지원한 유엔 회원국의 명단과 동일하며 '플랜 A'(대안 1)에서 계획한 회담에 참여하도록 지명됩니다.

이에 관해 저의 보좌관 중 한 사람은 히커슨 차관보의 보좌관에게 미 국무부의 새로운 제안은 우리 프랑스가 미 당국에 제출했던 견해를 전혀 고려하지 않은 것으로 보인다고 지적했습니다. 사실 '플랜 A'(대안 1)는 여전히 소련을 따로 떼어놓았고 '플랜 A'(대안 2)는 결국 제8조에 의해 유엔의 임무에 소련을 참가시키도록 하지만 너무도 모호한 표현으로 되어있어 소련의 참여가 거의 '부수적인' 것처럼 보입니다.

게다가 인도는 한국문제를 해결하도록 권고 받은 국가 명단에서 빠졌습니다.

마지막으로 두 계획의 참고 사항들은 3월 달의 첫 번째 미국 계획안의 참고 사항들과 동일했습니다.

샌디퍼 보좌관은 두 번째 플랜 A가 한국문제의 최종적 해결에 소련 정부가 참여하도록 권유받기 바라는 프랑스 정부 및 몇몇 다른 정부의 희망에 부응하는 것이라고 반박했습니다.

대안 1에서 워싱턴은 한국전쟁에 파병한 정부들만이 회담에서 유엔을 '대표하도록' 해야 한다는 생각을 굽히지 않습니다. 왜냐하면 "그렇지 않으면 대표단에서 의견일치를 보기가 불가능할 것이기 때문"이라는 것입니다.

우리 대사관의 이전 공문들에서 상술되었던 견해들을 다시 언급하며 저의 보좌관은 다시 한 번 우리가 보기에 중요한 것은 문제해결에 이를 수 있는 모든 가능성을 자기편으로 만드는 것이라고 강조했습니다. 이에 관해, 회담에 참여하기 위해 선택될 유엔 회원국들에게 주어지는 총회의 '대표단' 성격은 여전히 심각한 불합리를 내포하고 있는 것 같아 보입니다. 그중 핵심적인 것은 소련을 향한 차별대우를 확증하는 것처럼 보이는 불합리입니다.

유엔의 이름으로 한국에 군사적으로 개입한 국가들의 "의견 일치"에 관해, 왜 공동임무 없이 자리를 차지하는 것이 의견일치를 위험에 빠트리는 것으로 보는 지 잘 이해가 되지 않습니다.

본 공문을 통해 동봉하는 사업 계획서에 대한 각하의 견해를 제게 알려주시 면 감사하겠습니다.

보네

【69】 휴전회담과 포로수용소 폭동(1952.8.28)

[전 보]	휴전회담과 포로수용소 폭동
[문 서 번 호]	1730
[발 신 일]	1952년 8월 28일 03시 00분
[수 신 일]	1952년 8월 28일 12시 05분
[발신지 및 발신자]	도쿄/드장(주일 프랑스대사)

사이공 공문 제1067호

1. 8월 27일 어제 33분간 지속된 전체 회의에서 양측 대표단은 결실 없는 대화 후에 연합군 측의 제안에 따라 일주일을 휴회하기로 했습니다.

해리슨 장군은 제네바협약 제72조에 따라 전쟁포로에게 보내는 소포 발송에 관한 8월 5일 요청의 결과에 대해 물었습니다.

그는 다시 한 번 이미 언급된 숫자(연합 측으로부터 송환될 6,400명의 중국군을 포함한 포로 83,000명)에 근거하여 명단을 교환하고 조정할 준비가 되어 있다고 말했습니다. 이 명단이 교환되지 않는 한 협정안의 51항에 대한 최종 합의는 없을 것이라고 덧붙였습니다. 그리고 공산 측이 추가적으로 중국 병사 몇명을 얻기 위해 분쟁을 연장할수록 북한에 가해지는 고통은 심화될 것이라고 했습니다.

공산 측 수석대표는 포로 교환에 관한 연합 측의 제안에 대답하지 않았습니다. 소포 발송에 관한 문제는 검토 중이라고 설명했습니다.

2. 8월 27일 제3군은 홀 장군의 대변인을 통해 여러 포로수용소에서 8월에 발생한 일련의 소요와 폭동으로 4명의 사망자와 총탄에 맞아 부상한 41명을 포함한 64명의 부상자가 발생했다고 알렸습니다.

이 폭동의 대부분은 거제도 수용소에서 일어났는데 연합군 병사들이 반란 포로들에 맞서 출동했어야 했습니다. 가장 심각한 사건 중 하나는 8월 19일 제5구역 C 수용동에서 일어났는데 감시병들과 또는 포로들 간의 난투극으로 11명의 부상자가 발생했습니다.

홀 장군은 최근 몇 주간 800명 규모로 수감된 포로들이 조직적으로 무력을 쓰지 않을 수 없도록 감시병들을 도발하려 애쓰고 있다고 밝혔습니다. 6월 10일 이후부터 연합군 측 부상자는 거의 발생하지 않았고 다른 사상자도 없었습니다. 각 사건마다 연합 사령부의 대응은 신속하고 강력하며 신중했습니다.

어제 회의에서 남일 장군은 8월 11일부터 연합군이 비열하게 수차례 전쟁포로들을 학살하여 1명의 사망자와 52명의 부상자를 냈다고 비난했습니다.

국방부에 전달 요망.

드장

【70】 공산 측 의도에 대해 의문을 제기하는 미 국무부(1952.8.29)

[전   보] 공산 측 의도에 대해 의문을 제기하는 미 국무부
[문 서 번 호] 6074-6082
[발   신   일] 1952년 8월 28일 21시 20분
[수   신   일] 1952년 8월 29일 03시 40분
[발신지 및 발신자] 워싱턴/보네(주미 프랑스대사)

뉴욕 공문 제910-918호

본인의 전보 제6022호 참조

　오늘 아침 밀레 씨는 히커슨 차관보의 대리인 샌디퍼 씨와 각하의 전보 제13761호에 지시된 대로 교섭했습니다.

　밀레 씨는 먼저 각하의 전보 제13761호에 설명된 고려사항을 언급하며 차기 유엔총회의 의제에 한국 휴전문제를 포함시키는 데 있어 소련에 추월당할 수 있다는 우려를 과도하게 할 필요가 없다는 생각이라고 말했습니다.

　또한 현재 상황에서는 그럴 것 같지 않아보일지라도 10월 15일 이전에 판문점에서 긍정적인 진전이 보일지도 모르는 일이라고 했습니다. 마지막으로 한국에 군사적으로 개입한 국가들은 그들 사이에 가장 긴밀한 의견교환을 통해 유엔의 타 국가들이 투표로 결정하자고 하는 순간이 오면 총회에서 진정한 다수가 어떤 계획안에 대해 찬성한다는 것을 확신할 수 있어야 한다고 말했습니다. 사실 한국 관련 결의에 대한 절대다수의 공개적 분열에서 소련 선전이 얻어낼 수 있는 이익은 거의 강조할 필요조차 없을 것이라고 했습니다.

　지난 8월 15일 우리 프랑스 대사관에 전달한 사업계획서에 대해 밀레 씨는 오프노 유엔 대사가 각하께 보냈던 전보 제1923호에 포함된 내용 중 그의 지시

에 따라 유엔총회 의장의 임무에 관한 부분만 제외한 내용을 자세히 말했습니다. 밀레 씨는 또한 우리의 견해를 요약한 외교 각서를 샌디퍼 씨에게 주었습니다.

시기의 부적절함과 첫 번째 결의안에 자발적 본국송환 원칙에 대한 승인을 삽입하는 것의 위험에 대한 우리의 발언은 미국 관계자들에게 영향을 미친 것으로 보입니다. 그들은 법률 담당국을 통해 총회의 권한과 관련하여 우리가 제기한 사항을 검토하도록 하겠다고 밝혔습니다. 이에 대해 밀레 씨는 공산 측이 이를 계기로 국제사법재판소를 통해 제네바협약에 대한 해석을 청구할 경우 연합 진영이 처할 수 있는 당혹감을 언급했습니다.

두 번째 결의계획안에 대한 우리의 반대를 설명하고 나자 샌디퍼 씨는 만약 이 문서의 제1항 동사 "정죄한다"를 "유감스럽게 생각한다"로 바꾸면 수용하겠는지 물었습니다. 밀레 씨는 "침략자"라는 단어 또한 대체한다면 새로 작성된 문장이 더 바람직해 보이지만 미국이 알아차린 것처럼 우리의 반대 의견은 단지 미국 계획안의 특정 사항에 대해서만이 아니라 이 계획안의 본질 자체에 대한 것이라고 대답했습니다.

샌디퍼 씨 측 직원 한 사람이, 그러면 어떻게 사업 계획서에서 제안된 조치들이 비효율적인 동시에 위험할 수 있는지 물었습니다. 이 보좌관 와드 알렌 씨는 요컨대 금수조치가 공산주의자들에게 효과가 없을 것이라고 본다면 이 조치가 어떻게 중공-북한이 유엔에 대항조치를 하게 만들 수 있느냐는 것입니다. 다소 그럴듯한 이 주장에 밀레 씨는 금수조치가 어느 정도까지는 공산주의자들을 압박할 수 있다는 것은 의심치 않지만 그들을 뉘우치게 하지는 못할 뿐 아니라 어쩌면 반격을 하도록 부추길 수도 있다는 우리의 생각으로 답했습니다. 즉 미 국무부가 제안한 조치들은 다른 영역, 즉 분쟁의 확산 위험 측면에서는 위험하면서도 달성해야 할 목표, 즉 휴전협정에는 효과가 없을 것이라는 의미라고 설명했습니다.

그러자 샌디퍼 씨는 한국의 휴전협상 연장과 관련하여 유엔이 "무언가를 해야 할" 필요성을 강조하면서 프랑스가 미국 계획안에 반대한다면 그 대신 무엇을 제안하겠는지 물었습니다.

밀레 씨는 프랑스 정부는 "무언가를 해야 할" 필요성에 대해 미국 정부와 확실히 의견을 같이 한다고 강조하면서 오프노 대사에게 전달된 영국의 초안이 시작으로는 적당한 기본으로 보인다고 대답했습니다. 샌디퍼 씨와 그 보좌관들은 지금까지 이 문서에 대해서는 전혀 중요성을 두지 않은 것으로 보였고, 실제로 그것을 유일하게 기억하고 있던 히커슨 차관보의 대리인 샌디퍼 씨는 그 초안이 "매우 부족하다"고 말했습니다.

면담을 끝내면서 그는 밀레 씨가 했던 발언에 대한 미 국무부의 소견을 최대한 빨리 우리에게 통보해 줄 것을 약속했습니다.

이 면담에서 우리 측의 밀레 씨는 상대가 결의계획안에 대한 우리의 반대에 과도하게 놀라지는 않았고 미 국무부가 이에 대해 확실히 참고를 할 거라는 인상을 받았습니다. 게다가 샌디퍼 씨는 우리의 발언에 비추어볼 때 담당 사무국이 계획안을 재검토하고 다른 제안을 해야 한다는 것이 분명하다고 단호하게 말했습니다. 이곳에서는 사실 미 국무부가 이토록 극단적인 제안을 우리에게 제출하도록 만든 미국 국내 정치의 고려사항이 무엇이든, 총회에서 한국문제에 관해 미국 정부가 선두에 서게 될 위험은 국내 차원에서나 국제적 차원에서도 휴전회담의 교착상태를 명백히 수용하는 것보다 훨씬 더 유감스러운 결과를 미국에 가져올 것이라고 생각하고 있습니다.

보네

【71】 한국의 대통령·부대통령 선거 결과(1952.8.29)

[전 보 (우 편)]	한국의 대통령·부대통령 선거 결과
[문 서 번 호]	1737
[발 신 일]	1952년 8월 29일
[수 신 일]	미상
[발신지 및 발신자]	도쿄/드장(주일 프랑스대사)

브리옹발 씨로부터의 8월 9일자 문서 제48호

도쿄 8월 27일 수신

인용

　대통령과 부통령 선거의 개표 작업이 어제 끝났습니다.

　예상한대로 이승만 박사가 압도적 다수결로 대통령에 재당선되었습니다. 이승만은 5,232,040표로 당선되었고 이시영은 792,000표, 조봉암은 787,000표를 획득했습니다.

　이 대통령이 얻은 이 다수표는 특히 시골 지역에서 왔습니다. 그리고 서울에서는, 일반적으로 대도시에서 상당한 지지를 받은 조봉암은 특정 규제 조항을 준수하지 않았다고 하여 연설이 허락되지 않았다는 점이 주목할 만합니다.

　부통령은 가장 무명이지만 이 대통령과 친밀한 후보 함태영이 2,937,598표를 득표하여 1,801,758표를 얻은 가장 근접한 경쟁자 이범석 장군을 누르고 당선되었습니다.

　제가 수집할 수 있었던 정보에 따르면, 대부분의 신문들이 안도감과 함께 논평했지만 빈정거림이 없지는 않았던 이 기이한 결과는 주로 지역의 여러 시 당국과 경찰 당국에 긴급히 내려진 지시가 투표 초기에 상당히 앞서갔던 이범석 장군으로부터 다른 때에 내려졌던 것으로 보이는 지시를 적절하게 제 때에 뒤집은 데서 온 것 같습니다.

　국무총리가 우연히 이범석 장군에게 "자유당이 최근 걸었던 소송을 그가 활용할 수 있다는 정보"를 언급했다고 하는데, 이 장군은 자신의 이전 태도(본인의 전보 45호와 47호 참조)를 번복하여 어제 "동요를 불러일으키지 않기 위해서 경찰의 선거 개입에 대해 이의를 제기하지 않겠다"고 밝혔다고 합니다.

　개표 결과는 8월 13일에 공식적으로 발표될 것입니다. 그리고 다시 한 번 국회의 반대 결의를 능가하는 이 대통령의 결정에 따라 국경일인 8월 15일에 취임식이 서울에서 열릴 예정입니다.

브리옹발

인용 끝.

드장

【72】 한국 휴전회담에 관한 소련 언론의 보도(1952.8.30)

[전   보] 한국 휴전회담에 관한 소련 언론의 보도
[문 서 번 호] 1772
[발   신   일] 1952년 8월 30일 07시 30분
[수   신   일] 1952년 8월 30일 21시 33분
[발신지 및 발신자] 모스크바/족스(주소련 프랑스대사)

오늘 아침 언론은 한국 휴전회담에 관하여 다음과 같은 개성주재 신화통신의 8월 28일자 공보를 발표했습니다.

8월 27일 본회의에서 남일 장군은 우리 전쟁포로를 끊임없이 학살하는 미국을 비난했다. 어제는 미국 스스로도 8월 11일 이후 1명의 포로가 사망하고 52명이 부상을 당했다고 밝혔다.

남일은 야만적이고 비열한 행동에 항의했고 전적인 책임이 있는 미국이 이 학살을 야기한 8월 11일 전후 그들의 행동에 대해 보고하라고 요구했다.

남일 장군의 성명서의 전문은 다음과 같다.

"포로수용소에서 발생하는 끊임없는 대규모 학살은 귀측이 야만적으로 전쟁포로들을 박해하고 억압하고 있다는 충분히 명확한 증거다. 또한 이 학살은 귀측이 인도주의 원칙을 말하는 헛소리의 실체를 드러내고 있다. 귀측은 두꺼운 검열의 장막을 이용하여 당신들의 총검을 뒤덮는 포로들의 피를 세상에 은폐하려고 헛되이 노력하고 있다.

그러나 거짓과 침묵으로 사실을 은폐하는 것은 불가능하다. 귀측은 8월 11일부터 우리 포로들에 대한 추악하고 비열한 학살을 저질렀음을 인정해야 한다. 이 기간 동안 1명의 포로가 사망하고 52명이 부상을 당했다.

우리는 귀측이 과거의 사건들뿐 아니라 이번 사건 역시 완전히 책임지고 즉각 보고할 것을 단호하게 요구한다. 인류의 양심은 당신들이 우리 전쟁포로들을 계속 학살하는 범죄 행위를 결코 용납하지 않을 것이다. 귀측은 우리 포로들이 학살당한 현재와 과거의 유혈 사태들에 대해 전적이고 절대적인 책임을 져야 한다."

8월 27일 회의에서 남일 장군은 한국전쟁이 여전히 연장되고 있는 이유는 제국주의자들이 이미 채택된 휴전협의계획안에 명시된 전쟁포로의 본국송환 원칙 제51항 및 52항의 이행을 거부하기 때문이라고 강조했다. 제51항과 52항에 따라 억류 당사자에 의해 관리되는 지역을 거주지로 두고 있는 한국 국적의 전쟁포로는 송환 없이 집으로 돌아갈 수 있다. 그렇지 않은 모든 전쟁포로는 본국으로 송환되어야 한다. 그러나 전쟁포로 점유에 대한 그들의 일방적이고 부당한 요구를 이행하기 위해 미국은 회의를 무기한 연기하고 평화로운 도시와 마을들을 야만적으로 폭격하고 불화를 조장하고 있다.

남일 장군은 미국의 이 모든 방식이 그들의 목표를 이루는데 도움이 되지 않을 것이라고 말했다. 상대측이 휴전을 희망한다면 전쟁포로의 점유를 포기해야 하고, 공정하고 합리적이고 실용적인 중공·북한 제안의 기초 위에 양측에 의해 채택된 휴전협의안 조항들을 근거로 의 기초 위에서 송환문제를 해결해야 한다.

상대측의 제안으로 다음 본회의는 1주일 연기 되었다. 따라서 본회의는 9월 4일에 열릴 것이다.

그밖에, 대부분의 일간지는 선양 시 신화통신 속보를 인용하여 "미 항공기에 의한 중화인민공화국 영공의 새로운 침범"을 보도하고 7월 25일부터 8월 25일까지의 기간 동안 822대의 항공기가 172편대로 나뉘어 이 기습에 참가했다고 자세히 밝혔습니다.

마지막으로 뉴욕주재 타스통신 특파원은 『뉴욕월드텔레그램』[1]의 기사를 인

---

1) 『뉴욕월드텔레그램New York World-Telegram』.

용해 한국에서 전투 중인 미군 병사들의 사기가 점점 떨어진다고 보도하고 있습니다.

족스

【73】 해리슨 연합군 수석대표의 성명(1952.9.6)

[전　　　　보]	해리슨 연합군 수석대표의 성명
[문 서 번 호]	1803
[발　　신　　일]	1952년 9월 5일 10시 00분
[수　　신　　일]	1952년 9월 6일 12시 43분
[발신지 및 발신자]	도쿄/드장(주일 프랑스대사)

사이공 공문 제1096호

　9월 4일 어제 열린 판문점 전체대표회의는 약 1시간 정도 진행되었습니다. 상당히 거친 분위기 속에서 이 회의는 다시 한 번 1주일을 연기, 9월 12일까지 중단하는 것으로 마무리되었습니다.

　자신의 긴 성명서에서 해리슨 장군은 휴전의 유일한 장애물은 절대로 공산당 통제 하로 되돌아가지 않겠다고 결심한 중국 포로 몇 천 명의 인도를 요구하는 중공-북한의 고집이라고 지적했습니다.

　따라서 중공-북한 측은 그들의 포로 83,000명의 본국송환을 방해하고 있다고 했습니다. 그들은 기아, 전염병 및 군사작전과 불가분한 가정 파괴 등으로 이미 고통 받는 북한 주민의 경제적 삶을 점차적으로 파탄시키고 있다며 해리슨 장군은 "물론 공산주의자들은 공산 국가의 상황과 그들이 보여주는 혐오감에 대한 보고들을 증명하는 진실을 인정하고 싶지 않아 거부하는 것이다.

　그런데 공산 측 태도는 또 다른 설명을 담고 있다. 세계는 이들이 휴전을 바라지 않는 것이 아닌지, 오직 전쟁을 지속하려는 바람을 숨기기 위해 협상을 지속하는 것은 아닌지 점점 의심을 키워가고 있다.

　어쨌든 북한 지도자들이 타 지배국의 꼭두각시가 아닌 이상, 본국으로 송환되기를 거부하는 몇 천 명의 중국 포로들 때문에 자국 국민들에게 이와 같은 고통을 겪도록 한다는 것은 매우 이해하기 어렵다"고 했습니다.

  해리슨 장군의 성명을 약간의 긴장상태에서 듣고 있던 남일 장군은 자신의 차례가 되자 유엔이 전쟁 옹호자 및 무기 상인들의 이익을 위한 투쟁을 계속하고 있으며, 중국을 침략하고 새로운 세계 분쟁을 불러일으키기 위해 한국을 식민지로 만들려 한다고 비난했습니다.

  국방부에 전달 요망.

드장

【74】 대만 외교부장관의 입장(1952.9.6)

[전 보 (우 편)]	대만 외교부장관의 입장
[문 서 번 호]	550
[발 신 일]	1952년 9월 8일
[수 신 일]	1952년 9월 16일 15시 00분
[발신지 및 발신자]	타이베이/시귀레[1](주타이베이 프랑스영사)

9월 7일자 지역 UP통신 속보의 번역본을 단지 정보 제공의 목적으로 담당부서에 전달합니다.

대만 외무부장관 예궁차오[2] 씨는 어제 UP통신에서 자국 정부는 한국 휴전문제가 공식 결의 대상이 되지 않은 이상 유엔에 제출하고자 하는 제안에 대해 어떤 판단도 내리지 않을 것이라고 밝혔습니다.

그는 행동방침을 정하기 전에, 정해진 문제에 대해 취해야 할 결정사항이 없는 한 어떤 논평을 하거나 자국 정부를 참여시킬 수 없다고 말했습니다.

이 외교부장관은 만약 휴전문제가 유엔총회에 제출된다면 전체적이고 통합적인 문제의 형태보다는 여러 가지 질문의 형태가 될 것이라고 말하며 자신의 개인적 견해를 밝혔습니다. "따라서 정해진 제안이 제출되지 않은 이상 어떤 언급도 할 수 없다"고 말했습니다.

그런데 자유중국이 이 문제가 유엔에 제출되지 않기를 바란다는 인상을 주는 다른 정황들도 있습니다. 그 이유 중 하나는 이 문제를 유엔에 가져오면 소련 진영이 유엔의 토론회를 선전의 장으로 사용할 새로운 기회를 제공하는 것이 되기 때문입니다. 소련 진영뿐 아니라 인도와 미얀마 같은 공산주의에 호의적

---

1) 조셉 시귀레((Joseph Siguret). 주타이베이 프랑스영사(1951-1953).
2) 예궁차오((Yeh Kung-chao. 1904-1981). 대만 외교부장관(1949-1958).

인 나라들도 중공과 북한이 유엔에서 인정받도록 압력을 가할 수 있다는 것입니다.

어떤 유력인사는 문제의 제안을 영국이 지원하는 주된 이유는 중공에게 유엔, 그것도 이번에는 총회에 나올 기회를 제공하기 위한 것이 아니겠냐고 냉담하게 말했습니다. 빨갱이들은 이미 안전보장이사회에는 출석했었다면서 말입니다.

외무부장관은 대만 정부의 다른 인물들이 내놓은 의견에 대해 토론하는 것을 거부했습니다.

유엔 총회에 이 문제가 제출되는 것을 원치 않는 자유중국의 저항에도 불구하고 미국이 이를 긍정적으로 검토할 경우(그럴 가능성이 높습니다) 이 제안에 적극적으로 반대하지 않을 것이라는 정황들도 있습니다.

시귀레

【75】 한국문제의 유엔총회 언급에 대한 캐나다 외무장관의 입장(1952.9.10)

[전　　　　보]	한국문제의 유엔총회 언급에 대한 캐나다 외무장관의 입장
[문 서 번 호]	364-367
[발　신　일]	1952년 9월 9일 20시 52분
[수　신　일]	1952년 9월 10일 09시 06분
[발신지 및 발신자]	오타와/위베르 게랭1)(주캐나다 프랑스대사)

보안

뉴욕 공문 제55호

　3일 전에 워싱턴에서 돌아온 레스터 피어슨2) 외무부장관은 오늘 아침 런던행 비행기를 타기 전 저를 접견했습니다.

　그는 한국문제를 유엔총회에서 가장 적절한 시기에 언급하는 방법에 대해 애치슨 미 국무장관과 오랫동안 얘기를 나누었다고 제게 말했습니다. 미 국무장관은 최대한 빨리 실행하기를 바라고 있고 이 문제에 관해 두 가지 결의안을 연속적으로 제시할 의도를 가지고 있다고 합니다. 첫 번째 결의는 상당히 평범한 결의이고 두 번째는 훨씬 강력한 것이 뒤따라야 한다고 생각하고 있습니다. 애치슨 국무장관은 첫 번째 결의가 절대 다수의 표를 얻을 수 있을 것이고 그래서 채택되면 두 번째 결의의 토론과 투표에 유리한 상황을 조성할 수 있다고 봅니다.

　이 캐나다 장관은 이러한 낙관주의에 동의하지 않습니다. 그는 사소한 건의

---

1) 위베르 게랭(Hubert Guerin, 1886-1986). 주캐나다 프랑스대사(1949-1955).
2) 레스터 피어슨(Lester Pearson, 1897-1972). 캐나다 외무부장관(1948-1957).

안이라 하더라도 특히 이 건의안의 채택이 훨씬 더 강력한 결의안의 제출로 이어져야 한다는 미국 정부의 생각을 알게 되거나 짐작하게 되면 적어도 20표의 기권은 나올 것이라고 생각하고 있습니다.

저는 레스터 피어슨 장관에게 캐나다 정부는 이 절차에 대해 이미 긍정적인 견해를 가지고 있는지와 때가 오면 어떤 태도를 취할 것인지를 물었습니다.

그는 가장 좋은 방법은 문서 작성에 있어 덜 위험한 하나의 안건으로 한정하는 것이라 생각하고, 당연히 캐나다 정부는 미국과의 연대를 표명하고 싶지만 미국 대표단이 애치슨 국무장관이 계획한 절차를 실제로 따른다면 매우 난처한 상황에 놓이게 될 것이라고 대답했습니다.

이를 계기로 저는 현재 북한에 대한 공중전 강화를 언급하며 캐나다 총리가 최근 밴쿠버 연설에서 암묵적으로 이에 대해 그리 긍정적이지 않은 입장을 표명한 점을 지적했습니다. 외무부장관은 미 행정부가 선거를 앞두고 국민들이 보기에 공산주의자들에게 너무 온건한 모습으로 보일까봐 다소 주눅 든 면이 있다고 대답했습니다.

이 분야에 대해 생로랑[3] 총리가 캐나다 정부의 입장을 대변하는 매우 유용한 말이 있다고 합니다.

> "과도한 전쟁은 평화로 이끈다는 조건에서는 사실상 좋을 수 있지만 현재
> 에는 아무도 안심할 수 없다."

위베르 게랭

[3] 루이 생-로랑(Louis Stephen St. Laurent, 1882-1973). 캐나다 총리(1948-1957). 자유당 총재 역임. 나토 창설자 중 한 사람. 전쟁 시 무력 충돌은 비효율적이며 유엔군은 평화유지와 방어에 치중해야 한다는 생각을 지님.

【76】 한국 휴전회담에 관한 소련 언론의 보도(1952.9.11)

[전 보]	한국 휴전회담에 관한 소련 언론의 보도
[문 서 번 호]	1840
[발 신 일]	1952년 9월 11일 14시 10분
[수 신 일]	1952년 9월 11일 18시 03분
[발신지 및 발신자]	모스크바/족스(주소련 프랑스대사)

오늘 아침 언론은 한국 휴전협정에 관하여 개성 주재 신화통신의 다음과 같은 공보를 발표했습니다.

"최근 3개월간의 사건들은 중공·북한 측이 꾸준히 협상을 추진하고 있으며 제네바협약 정신으로 포로의 본국송환 문제를 해결하기 위해 노력하고 있다는 것을 분명하게 보여주었다.

중공·북한은 모든 포로들의 본국송환과 한국전쟁의 즉각적인 중단 의사를 단호하게 표명한다. 이 제안은 너무도 합리적이고 국제법에 일치하는 것이므로 아무도 그것을 비난할 수 없다. 우리는 중공·북한의 통제구역에 거주지를 두고 있는 모든 조선인민군 포로들과 모든 중국인민지원군을 송환하라고 요구한다. 따라서 미국은 약 116,000명의 북한 및 중국 포로들을 본국으로 송환해야 한다.

그러나 미국은 그들이 모든 포로들을 본국으로 송환하면 "수만 명의 포로들이 자살할 것"이라고 거짓으로 주장을 한다. 해리슨은 처음에 70,000명의 포로만이 송환되기를 원한다고 밝혔다. 이어서 그는 83,000명의 포로가 송환을 원한다고 제시했다. 해리슨은 포로들의 대다수가 북한과 중국 군대의 일반병사라는 것을 증명하고자 했다. 이러한 이유를 대면 우리가 미국에게 포로들을 억류하도록 허용할 것이라고 생각한 모양이다. 그는 우리의 원칙적 입장을 포기하도록 설득하고 우리와 거래를 하려고 노력하고 있다. 휴전협상에서 그가 말한 모든 내용의 실체가 바로 이것이다.

거제도 및 다른 수용소의 포로들에 대한 유혈 진압은 포로들이 "송환되기를 거부한다"고 주장하는 미국 선전의 거짓된 성격을 완전히 드러냈다. 미국은 그들의 주장에 대한 근거가 부족하면 협상 테이블에서든 밖에서든 가능한 모든 방해와 도발의 방법을 동원했다. 그들은 협상을 무산시키고 전쟁을 확산하기 위하여 우리에게 엄포를 놓고 협박을 시도했다.

회담 밖에서는 그들은 6월 말부터 북한과 중국 사이에 위치한 수풍 수력발전소를 폭격하며 자주 도발의 수단을 동원했다. 그들은 북한의 평화로운 도시와 마을들을 잔인하게 폭격하는 동시에 그들의 항공기를 중국 영토 상공에 보냈다.

회의장 안과 밖에서의 미국의 도발에도 불구하고 중공·북한은 협상의 추진을 위해 견디고 의제에 남아있는 문제의 해결을 요청했다.

해리슨이 회담 진행에서 사용한 방법은 공갈, 사기, 상업주의와 동의어이다. 그것은 휴전협상을 말 그대로 풍전등화, 매우 위태로운 상태로 만들어놓았다."

족스

【77】 유엔총회의 한국문제 검토에 대한 미 국무부의 의향(1952.9.11)

[전 보]	유엔총회의 한국문제 검토에 대한 미 국무부의 의향
[문 서 번 호]	6315-6317
[발 신 일]	1952년 9월 11일 14시 45분
[수 신 일]	1952년 9월 11일 22시 00분
[발신지 및 발신자]	워싱턴/보네(주미 프랑스대사)

뉴욕 공문 제946-948호

지난 9월 2일 어니스트 그로스[1] 씨가 유엔의 한 TV 방송을 통해 차기 유엔
총회에서 한국문제를 검토하는 것에 대하여 발표한 내용은 미 국무부를 여실히
당혹스럽게 만들었습니다.

저의 전보 제5767호에서 알려드렸던 것처럼 미 국무부는 당분간 이 문제에
대해 제한된 수의 정부들과만 논의를 할 의향을 정해놓았습니다. 유감스럽게도
위에서 언급한 이 방송 당시 제기된 질문으로 궁지에 몰린 그로스 씨는 미국
정부가 지난 총회 이후부터 한국문제 검토에 대한 태도를 바꾸었고, 동맹국들
과 함께 차기 총회에 이 문제의 제안에 대해 검토하고 있다고 분명하게 암시했
습니다.

9월 2일부터 미 국무부는 언론과 비 논의 정부 대표들이 제기하는 문제들에
대한 답변을 통해 현재 미 당국이 한국문제에 대해 진행하고 있는 논의는 순전
히 관례적인 것이라고 강조하면서 그로스 씨 진술내용의 중요성을 최소화하려
애썼습니다. 어제 기자회견에서 이러한 입장을 취한 애치슨 국무장관은 유엔
미국대표의 발언은 해석이 더해졌던 것임을 보여주려 노력했습니다. 결국 국

---

1) 어니스트 그로스(Ernest A. Gross, 1906-1999). 주유엔 미국 대리대사(1949-1953).

무부는 새로운 통보가 있을 때까지 총회를 통한 한국문제 검토에 대해 워싱턴과 몇 개국 사이에 이루어지고 있는 현재의 의견교환의 기밀성을 보존하려고 합니다.

보네

【78】 한국문제에 관한 멕시코의 제안(1952.9.13)

[전 보]	한국문제에 관한 멕시코의 제안
[문 서 번 호]	185-187
[발 신 일]	1952년 9월 12일 19시 53분
[수 신 일]	1952년 9월 13일 09시 00분
[발신지 및 발신자]	멕시코/보노[1](주멕시코 프랑스대사)

9월 2일 멕시코 대표들이 한국문제와 관련하여 각 대사관사무국과 접촉하고 9일 저녁까지 비밀에 부쳐졌던 것은 자국 대통령이 노벨평화상을 받기를 원하는 대통령 측근의 바람에서 기인한 것이었습니다. 이러한 접근방식은 오스트리아에 대한 멕시코의 움직임(본인의 8월 28일자 전보 제543/SC호 참조)과 비교될 수 있습니다. 외무장관이 어제 저에게 자신의 전문가들을 통해 수집한 판단에 의하면 딘 애치슨 국무장관은 처음에는 호의적이었다가 이후 좀 더 보류적인 태도를 보였다고 말하는 것으로 보아 이 접촉은 워싱턴과 상의되지 않았던 것으로 보입니다. 내용을 보자면 외무부장관은 북한으로부터 그들의 포로에게 가할 수 있는 모든 압박 수단을 박탈하고, 공산지역으로 되돌아갈 의지를 표명한 북한군이 소수라는 사실은 그들이 야만적으로 다루어졌음을 설명한다는 논거로 소련을 압박한다는 그의 제안은 소련을 매우 난처한 입장에 놓이게 만들 것이라고 생각하고 있습니다. 따라서 그의 제안은 소련이 다시 한 번 더 회피할 경우 세계 여론을 설득하는 데 도움이 될 거라는 것입니다. 멕시코 언론은 당연히 이러한 멕시코의 주도적 행동에 큰 중요성을 두고 트리그브 리 유엔 사무총장과 영국 외무부가 긍정적으로 받아들인다는 사실

---

[1] 뤼시앵 보노(Lucien Bonneau), 주멕시코 프랑스대사(1948-1955).

을 강조합니다. 외무부장관은 멕시코 제안에 대한 우리 외무부의 반응을 알고
싶어 합니다.

보노

【79】 공산군 군사 활동 증가에 대한 미 국방부의 분석(1952.9.13)

[전   보]   공산군 군사 활동 증가에 대한 미 국방부의 분석
[문 서 번 호]   6361-6363
[발   신   일]   1952년 9월 12일 21시 00분
[수   신   일]   1952년 9월 13일 03시 00분
[발신지 및 발신자]   워싱턴/보네(주미 프랑스대사)

뉴욕 공문 제965-967호

오늘 열린 미 국무부의 한국 관련 상황보고회에서 국방부 대변인은 도쿄주재 프랑스대사의 전보 제1806호를 통해 우리 외무부에 보고된 바 있는 한국 전선의 활동 증가에 대해 여러 가지 흥미로운 내용을 상세하게 제공했습니다.

공산군 포격 수단의 위력이 특히 주목을 받았습니다. 실제로 9월 11일까지 7일 동안 적의 포병대는 138,836개의 포탄을 발포했고 그중 85,000개 이상이 전선 중앙의 남한 제2군단을 향해 발포되었습니다.

'캐피톨 힐'[1] 지역에는 45시간 만에 공산당의 대포와 박격포로 30,010개 이상의 포탄이 발포되었습니다.

같은 시기 7일 동안 해군 지역에는 적의 포탄 31,000개 이상이 발포되었습니다.

미국 참모부는 9월 6일 이후 공산군이 전선 3구역에 가한 격렬한 공격에 대해 큰 의미를 두지는 않습니다.

통합사령부는 이 3군데 지점에 대해 적의 연계된 노력이 있었다고 보지는 않고 단순한 우연의 일치라고 생각합니다.

---

[1] 한국의 캐피톨 힐 지역으로 표현한 듯하지만 정확한 지역을 알 수 없음.

실제로 이 공세는 완전히 지역적인 것이었고 초기 목표물을 적중했을 때 중단되었습니다.

이러한 공산군 군사 활동의 증가에서 국방부는 다음과 같은 결론을 끌어냅니다.

1. 적은 전투수단, 특히 화포를 상당히 강화했다.
2. 적은 탄환을 충분히 보유하고 있고 많이 사용하는 것을 염려하지 않는다.

이 같은 적의 공격에 대해 미 참모부는, 한편으로는 유엔의 집중적 공중 폭격에 대해 어느 정도 응수하려는 욕구에서, 또 다른 한편으로는 연합군의 공세에 대한 두려움에서 나온 것으로 생각하고 있습니다.

보네

【80】 한국 공중전에 대한 『U.S.뉴스&월드리포트』의 기사(1952.9.12)

[공 문 (우 편)]	한국 공중전에 대한 『U.S.뉴스&월드리포트』의 기사
[문 서 번 호]	4067/SG
[발 신 일]	1952년 9월 12일
[수 신 일]	미상
[발신지 및 발신자]	워싱턴/보네(주미 프랑스대사)
[수신지 및 수신자]	파리/로베르 슈만(프랑스 외무부장관)

주간 뉴스 매거진 『U.S.뉴스&월드리포트』는 이번 달 12일 발간 호에서 「폭격이 한국전쟁을 종결지을 수 있을 것인가?」라는 제목으로 자사 도쿄 특파원의 한국 공중전에 대한 흥미로운 연구를 실었습니다.

이 기사는 1945년 독일과 일본이 패망하기 직전에 겪었던 것과 같은 집중폭격을 북한이 겪기 시작하고 있다는 말로 시작됩니다.

미국 '극동공군' 공습의 위력은 최근 3개월 사이에 50% 증가했으며 단일 목표물에 대한 1,000대 이상의 항공기 공습은 이제 평범한 것이 되었습니다. 예를 들면 북한의 수도는 "특별대우를 받아서" 평양은 단 하루 만에 항공기 1,400대의 공격을 받았습니다.

지상 대기 중이던 유엔 공군이 8월 한 달 동안 북한에 약 22,800차례의 '출격'을 감행했습니다.

이 기간 동안 이 지역 적의 목표물에는 15,000톤의 폭탄과 네이팜탄이 쏟아졌고 여기에 10,000발의 로켓포와 기관총 2백만 발도 추가 됩니다.

32대의 소련 전투기 MIG기가 파괴되고 다른 42대는 파손되었으며 유엔 측은 23대의 항공기와 25명의 비행사에 대한 손실을 입었는데 이 항공기 중 한 대만 전투 중에 파괴되었습니다.

지상 대기 공군의 임무에는 기후가 허락할 때 하루에 200에서 350회까지의 해군 임무를 추가해야 합니다.

북한의 78개 주요 목표물, 즉 철도중심지, 공장, 군수품 창고 외에도 발전소 등을 포함한 폭격 계획이 수립되었습니다. 지금까지는 이 목표물들 중 25군데만 타격을 입었습니다. 해군 항공대는 특별히 '정밀' 폭격 임무를 맡았습니다. 최근의 시베리아 국경 근처와 압록강을 따라 이어진 모든 공격은 바로 이 해군 항공대가 실행한 것입니다.

이 폭격에 중공-북한 간의 교통로 '금지' 공습과 전방에 대한 공격도 당연히 추가해야 합니다.

마지막으로 '공수작전'이 매주 3,500톤의 병력과 물자를 운송합니다.

『U.S.뉴스&월드리포트』에 따르면 공산군의 공중 저항은 약화된 것으로 보입니다. 그렇지만 적의 전투기의 수는 약 2,100대이며 그중 제트기가 1,300대라고 추산합니다.

또한 미 정보기관에 따르면 '막대한 수'의 쌍발 폭격기가 최근 극동 소련 공군에 배달되었고 일반적으로 이 항공기들이 중국군에게 제공될 것으로 믿어지고 있습니다. 그런데 현재 한국 상공에는 미그기(제트 폭격기는 없음)가 거의 출현하지 않습니다.

최근 몇 개월 간 유엔 미국 공격이 상당히 증가했다는 결과를 예견하면서 『U.S.뉴스&월드리포트』의 도쿄 특파원은, 미 참모부는 이 공습의 확실한 물질적 정신적 효과가 소련 지도자들로 하여금 신속히 휴전협정을 체결해야 할 필요성을 일깨워줄 것으로 기대하고 있지만 '미국 전략가들'은 적어도 지금 현재로서는 많은 기대를 하지 않고 있다고 전했습니다. 사실 그들은 독일 및 일본 독재자들이 그랬던 것보다 북한을 지배하는 '부재하는 독재'가 민간인들의 사기와 물질적 파괴에 아직은 덜 민감할 수 있다고 생각하고 있습니다. 그리고 이 매거진은 다음과 같이 결론짓습니다.

"결국 결정은 장비의 손실은 감지될 수 있지만 폭탄은 떨어지지 않는 소련 에서 내려질 것이다."

보네

【81】 멕시코 당국이 유엔 사무총장에게 보낸 편지 전달(1952.9.13)

[공 　 　 　 문]	멕시코 당국이 유엔 사무총장에게 보낸 편지 전달
[문 서 번 호]	420/SG
[발 　 신 　 일]	1952년 9월 13일
[수 　 신 　 일]	미상
[발신지 및 발신자]	파리/회의사무국(프랑스 외무부)
[수진지 및 수신자]	파리/아시아-오세아니아사무국(프랑스 외무부)

아시아-오세아니아 사무국을 위한 문서

아시아 사무국은 멕시코가 이 문제의 해결을 추진하고자 유엔사무총장에게 제출한 전쟁포로 본국송환에 대한 계획안과 관련된 전보 제6289호 원본을 워싱턴으로부터 받았습니다.

회의사무국은 멕시코 당국이 트리그브 리 사무총장에게 보낸 편지의 사본을 다음과 같이 아시아-오세아니아 사무국에 전해드립니다. 이 사본은 이달 2일자로 멕시코 대사관이 우리 외무부에 공식적으로 전달한 공문입니다.

유엔이 이 계획안을 고려할 경우, 이에 관해 우리 대표단에게 제기될 질문에 대답할 수 있도록, 이 계획안이 포함하고 있는 제안들에 대한 아시아-오세아니아 사무국의 견해를 회의사무국에 알려주시면 감사하겠습니다.

【81-1】 별첨 1—멕시코 당국이 유엔 사무총장에게 보낸 편지

사무총장님께,

저는 우리 멕시코 정부의 지시에 따라 미겔 알레만[1] 대통령이 한국에서 전쟁을 지속해야만 하는 상황을 유감스럽게 생각하는 멕시코 국민들의 정서를 이해하고 이 지역의 휴전 체결을 막는 전쟁포로 교환문제라는 유일한 방해물을 제거하는데 도움이 된다고 생각하는 우리의 발의안을 외무부를 통하여 사무총장님께 전달하는 임무를 저에게 맡기셨음을 알려드리게 되어 영광으로 생각합니다.

핵심 조항으로 요약된 이 발의는 다른 유엔 회원국들의 의견에 비추어 수정될 수 있으며 다음과 같은 일반적 원칙에 근거할 수 있을 것입니다.

양 당사국의 지배 하에서 자신의 본국으로 즉각 돌아가고자 하는 희망을 자발적으로 표명했다는 전쟁포로들은 교환 대상이 될 것입니다.

다른 포로들은, 때가 되어 이 발의를 승인하는 유엔의 각 회원국은 적절한 때에 결정될 비율에 따라 일정한 수의 포로를 자국 영토에 수용하기로 약속하는 것입니다. 일단 임시 피난처에 입국하면 해당 국가 당국은 그들이 일하고 자활할 수 있도록 이민자 신분을 인정해 준다는 조건과 함께 말입니다.

아시아의 이 지역이 정상적인 상태로 회복될 때 본국 정부들은 그들의 즉각적인 귀국을 위해 필요한 모든 보장과 시설을 제공할 것이고, 정상적인 상태의 복원을 기다리지 않고 본국으로 돌아가겠다는 의지를 표명하는 피난민들을 위해서도 마찬가지로 할 것입니다. 이 경우 유엔은 그들의 희망을 충족시킬 수단을 제공할 것입니다.

멕시코 정부는 이 구상이 호의적으로 받아들여지면 이를 수용하는 국가들이 여러 종류의 희생을 야기하는 약속을 체결하게 될 것임을 숨기지 않습니다. 그

---

[1] 미겔 알레만 발데스(Miguel Alemán Valdés, 1900-1983), 멕시코 대통령(1946-1952).

러나 이 희생이 적대행위의 중단을 향한 현저한 진전을 이룰 수 있다면 과도하다고 볼 수 없을 것입니다.

그 자체로도 이 발의가 정식으로 검토되어야 할 충분한 이유를 가지고 있지만 여기에 한 가지 이유를 추가해야 합니다. 이 제안을 계기로 우리는 자유노동만이 부여하는 존엄성을 회복시킴으로써 포로 생활의 사회적 환경을 향상시키고자 하고, 자신의 운명을 자유롭게 결정하는 것은 모든 인간의 침해할 수 없는 권리이므로 전쟁포로는 당국이 그들의 운명에 대해 마음대로 협상할 수 있는 단순한 숫자로 취급될 수 없다는 원칙을 재확인하면서 가능하다면 국제법 진보에 기여할 수 있기를 바랍니다.

마지막으로 제가 설명 드리는 이 구상이 실제 합의로 인해 현실화 된다면 유엔의 명분의 보편성과 이 기구 회원국들의 연대 속에서 송환을 거부한 한국전쟁포로들의 신뢰를 포함하여 전 세계 국민의 신뢰를 높이는데 부족함이 없을 것입니다.

따라서 사무총장님께서 이 발의를 유엔의 담당기구에 제출해 주시면 매우 감사하겠습니다.

이와 함께 사무총장님께 대한 최고의 경의를 표하는 바입니다.

【82】 미 국무장관 메시지(1952.9.14)

[공   문]   미 국무장관 메시지
[문 서 번 호]   미상
[발   신   일]   1952년 9월(1951년 9월 14일 제7차 국무회의 보고서
                           중 발췌 추정)
[수   신   일]   미상
[발신지 및 발신자]   미상

애치슨 국무장관

　두 번째 경우, 즉 휴전협상이 성공하지 못할 경우에는 적대행위의 강화를 예상해야 할 것입니다. 그러면 분쟁 확대가 내포하는 모든 위험과 함께 매우 강력한 공격 개시가 우려됩니다. 이 경우 리지웨이 장군은 평양 내부까지 작전을 추진할 수 있는 완전한 행동자유권을 부여받아야 할 것입니다. 그가 이러한 권한을 사용하지 않을지는 모르겠으나 이 권리는 그에게 주어져야 할 것입니다. 다른 한편 북한 영토 내에 위치한 목표물의 폭격에 대한 모든 제한은 제거되어야 할 것입니다. 그러나 만주와 극동 소련 영토의 폭격에 관한 제한은 유지됩니다.

　마지막으로 강력한 공습이 만주 기지에서 개시될 경우 현재 연합군 사령부에 주어진 명령은 수정될 것입니다. 원칙적으로 새로운 명령은 연합국 회의에서, 즉 직접적으로 관련된 당사국가들 간에 검토될 것입니다. 그러나 유엔의 손실이 너무 커서 즉각적인 대응이 필요할 경우 미 당국은 단독으로 통지할 수밖에 없습니다. 리지웨이 장군은 지체 없이 반격할 수도 있을 것입니다.

【83】 한국 휴전회담에 관한 소련 언론의 보도(1952.9.15)

[전 보]	한국 휴전회담에 관한 소련 언론의 보도
[문 서 번 호]	1870
[발 신 일]	1952년 9월 15일 14시 00분
[수 신 일]	1952년 9월 15일 17시 09분
[발신지 및 발신자]	모스크바/족스(주소련 프랑스대사)

오늘 언론은 9월 12일자 개성 주재 신화통신의 한국 휴전회담에 대한 다음과 같은 보도를 실었습니다.

"오늘 열린 본회의에서 미국 수석대표 해리슨은 포로들을 억류하기 위한 주장을 계속하였다. 또 그는 세계 여론을 오도하고 북한과 중국 사이에 불화를 조장하기 위한 터무니없는 발언들을 했다.

중공-북한 수석대표 남일 장군은 조선인민군과 중국인민지원군은 각 포로가 민간인의 삶으로 각자 집으로 돌아가기 위해 본국으로 송환되어야 한다는 정당하고 공평한 원칙이 절대 승리하는 그날까지 싸울 것이라고 말했다. 그는 20%의 인민군과 68%의 중국인민지원군 포로를 억류하겠다는 미국의 터무니없는 제안은 포로 관련 1949년 제네바협약 조항, 그리고 양당사자에 의해 합의된 휴전협상안 제52항에 완전히 위배된다고 설명했다. 중공-북한은 이 제안을 절대로 받아들이지 않을 것이라고 남일 장군은 선포했다.

남일 장군은 미국인들이 북한과 중국 포로들을 기소하고 학살하고 첩자 노릇을 하게 만들고 포로수용소를 유혈의 감옥으로 만들면서 이 모든 일을 겪게 만들었는데 이 포로들이 '피난처'를 찾는다는 말은 미국의 거짓말임을 밝혀냈다.

미국은 한국 휴전협정 체결에 대한 희망을 파괴하고 10개국 이상의 군인들의 피를 흘리게 하면서 수많은 전쟁범죄와 무기 밀매를 위해 포로들을 억류하려 고집하고 있다고 남일 장군은 강조했다. 소위 미국의 '동맹국' 국민들과 미국인들은 이 불공평한 전쟁에 대해 점점 강력한 목소리를 내고 있다.

남일 장군은 만약 미국이 전 세계의 항의에도 불구하고 포로들을 억류하려고 고집하고 한국전쟁을 지속하고 확산하려 우긴다면 미국의 완전한 패배만이 기다리고 있을 것이라고 말했다.

미국 대표단의 제안에 따라 차기 본회의는 1주일 연기되어 9월 20일에 개최될 예정이다."

족스

【84】 미국의 행동 계획서에 대한 유엔 프랑스대사의 견해(1952.9.15)

[전 　　　 보]	미국의 행동 계획서에 대한 유엔 프랑스대사의 견해
[문 서 번 호]	2095-2100
[발 　신 　일]	1952년 9월 15일 14시 30분
[수 　신 　일]	1952년 9월 15일 19시 35분
[발신지 및 발신자]	뉴욕/오프노(주유엔 프랑스대사)

워싱턴 공문 제1127-1132호

저는 파디야 네르보[1] 멕시코 대표와 현재 교착상태인 한국 휴전협상의 출구를 찾기 위한 자국 정부의 시도에 대해 이야기를 나누었습니다. 이에 대한 네르보의 발언은 다음과 같이 요약될 수 있습니다.

멕시코 정부는 미국 측이나 중공·북한 측에 적대행위를 종결하고자하는 진지한 열망이 존재하는지에 대해 의문을 제기했습니다. 멕시코 정부는 포로의 자발적 본국송환 문제에 대한 양쪽의 공식적 입장으로 보아 적대행위의 연장은 전반적인 평화에 지속적 위험을 초래한다고 생각하고, 미국 및 중공·북한 장군들이 스스로를 버리고 자신들이 너무 단호하게 주장해온 요구를 삭제할 수 있다는 점이 배제되었다고 생각합니다. 멕시코는 오늘날 반공주의자라고 선언한 중국 포로들의 강제 송환은 심각한 도덕적 문제를 야기한다는 사실을 인정합니다. 그러나 사람들은 이 포로들이 어떤 조건에서 의사표시를 하도록 요구되었는지, 그리고 본국송환에 억지로 저항하겠다고 선언한 모든 포로들이 내세운 이유의 진실성에 대해 좀 더 명확히 알기를 원합니다. 사실 진정한 도덕적, 이데올로기적 이유만이 개인 희망을 고려하는 것을 정당화할 수 있습니다.

1) 루이스 파디야 네르보(Luis Padilla Nervo, 1894-1985). 주유엔 멕시코대사(1945-1952).

여하튼, 이처럼 수만 명 포로들의 자결권 존중은 이미 양 진영에서 적어도 동등한 수의 병사들과 한국 민간인의 죽음을 초래했습니다. 만약 분쟁이 연장되고 확산되면 예측할 수 없는 수의 인명손실이 초래될 수 있습니다. 멕시코 정부는 이 원인과 결과 사이에 너무도 큰 불균형이 존재하므로, 평화는 아무리 반항하는 포로들이 원인이라 할지라도 이해관계와 저울질될 수 있다는 사실을 차기 총회에서 표명해 세계 여론이 받아들이도록 할 수 있다고 생각합니다.

멕시코 정부는 자국이 제안하는(수용하기로 하는 다수의 중립국들 사이에 포로를 배분하는 방법) 해결책이 북한 당국에 의해 수락될 수도 있다고 생각합니다. 왜냐하면 이 해결책은 그들의 체면을 살려줄 수 있고 이 포로들이 어떤 경우에도 국민당 중국에 합류할 수는 없기 때문에 상당한 정신적 만족을 가져다 줄 것이기 때문입니다. 또 한편, 이런 해결이 유엔에 의해 권고될 것임을 고려하면 연합군 사령부와 미국 정부가 여기에 반대하기는 힘들거나 불가능할 것이라는 것입니다.

멕시코 정부는 이 계획안이 실행되면 자국 영토에 중국 포로들을 맞이하게 될 정부에 분명 재정적인 희생이 부과될 것이라는 사실을 숨기지 않습니다. 그러므로 멕시코는 스스로가 솔선수범할 준비가 되어있고, 유엔 회원국들은 한국에 취해진 활동에 대한 그들의 연대와 동시에 평화적이고 명예로운 해결책을 찾으려는 희망에 대한 보다 효과적인 증거를 제공할 수 있을 것으로 보고 있습니다.

이 계획안은 파디야 네르보 대사가 최근 멕시코시티에 체류하던 중 구상해서 이번 달 초에 딘 애치슨 국무장관, 워렌 오스틴[2] 대사, 트리그브 리 유엔 사무총장에게 개인적으로 제출했습니다. 애치슨 국무장관과 오스틴 대사는 검토하겠다고만 대답했습니다. 사무총장은 그것을 도쿄 연합사령부에 전달했습니다.

여러 수도 및 파리의 멕시코 대사들도 비슷한 소통을 했습니다. 파디야 네르보 대사는 이 교섭에 대한 우리 프랑스의 의견을 알아봐줄 수 있다면 감사하겠다고 말했습니다. 이에 관해 저에게 우리 외무부의 의견을 명확히 해 주

---

[2] 워렌 오스틴(Warren Austin, 1877-1962). 주유엔 미국대사(1947-1953).

시고 제가 지시를 받으면 멕시코 동료에게나 다른 대표단들에게 어떻게 사용할 수 있는지 설명해 주시기를 요청 드립니다.

오프노

【85】 중공-북한 측의 미국에 대한 항의(1952.9.17)

[전   보] 중공-북한 측의 미국에 대한 항의
[문 서 번 호] 1882
[발 신 일] 1952년 9월 17일 10시 00분
[수 신 일] 1952년 9월 17일 17시 47분
[발신지 및 발신자] 모스크바/족스(주소련 프랑스대사)

오늘 아침 언론은 남일 장군이 9월 12일 미국에 의해 자행된 북한과 중공 포로들의 야만적 학살에 대해 해리슨 씨에게 한 항의를 보고하는 9월 15일자 신화통신 공보를 실었습니다.

중공-북한 대표의 편지 본문은 다음과 같은 내용을 담고 있습니다.

"지금까지 당신들은 우리 포로들에 대한 반복된 학살로 드러낸 야만적 행위에 대한 어떤 설명도 하지 않았다. 9월 12일 당신들은 1명을 살해하고 다른 7명에게 부상을 입히면서 우리 포로들을 향한 새로운 범죄를 저질렀다. 본 문서를 통해 본인은 단호하게 항의한다. 당신들은 우리 포로들의 이 학살 및 이전의 모든 학살까지 전쟁 범죄의 전적인 책임을 져야한다. 당신들의 행위는 제네바협약에 완전히 위배된다."

신화통신의 공보는 다음과 같이 계속합니다.

"같은 날 중공-북한 연락장교 지휘관은 9월 14일 미국이 판문점 회담 구역에 모욕적인 삐라를 뿌린 것에 대해 격렬하게 항의했다. 이런 종류의 삐라를 배포하며 미국은 회담 구역에 관한 협의를 위반했다. 그 외에도 삐라를 수거하면서 미군 경찰은 중공-북한군 경찰을 공공연하게 도발했다.

중공·북한 연락장교 지휘관은 협의를 위반하며 자신들의 목적을 위해 회의 장 구역을 이용하는 미국의 적대행위가 날마다 증가하고 있다고 설명했다. 밝혀진 반박할 수 없는 수많은 사실들이 이를 부인할 수 없기 때문에 미국은 앞으로 회담 구역에 삐라를 배포하지 않을 것이라고 선언할 것이다.

그러나 그들은 아직도 군 경찰대의 저속한 도발만큼은 부인하려 애쓰고 있다. 중공·북한 연락장교 지휘관의 간절한 요청으로 공동조사가 착수되고 양측 군 경찰과 증인들이 심문을 받았다. 미국이 도발을 조직했다는 사실은 미군 경찰의 부인에도 불구하고 중공·북한 군 경찰과 증인들에 의해 반박할 수 없이 밝혀졌다. 중공·북한 연락장교 지휘관은 이 도발에 연루되었던 소속이 없는 미국인부터 모든 미국 대표단이 이 조잡한 도발행위에 대해 전적인 책임을 져야한다고 강조했다."

족스

【86】 한국문제와 미국 선거운동(1952.9.18)

[공 문 (우 편)]	한국문제와 미국 선거운동
[문 서 번 호]	4152/SG
[발 신 일]	1952년 9월 18일
[수 신 일]	미상
[발신지 및 발신자]	워싱턴/보네(주미 프랑스대사)
[수신지 및 수신자]	파리/로베르 슈만(프랑스 외무부장관)

한국문제는 미국 선거의 주된 관심사 중 하나입니다. 그런데 지금까지 두 대통령 후보는 그들의 선거유세에서 이 문제를 실제로 다루지 않았다고 이번 달 18일 발표된 한 기사에서 월터 리프먼[1]은 쓰고 있습니다. 뜻밖에 이처럼 유보된 이유는, 월터 리프먼 기자에 따르면, 두 주요 정당이 분쟁 전과 도중에 한국에서 저질러진 실수를 공유하고 있다는 사실에서 찾아야 합니다.

리프먼 기자는 다음과 같이 쓰고 있습니다.

> 1950년 6월의 북한 침략 이전에 워싱턴 정부가 범한 주요 실수는 무엇인가?
> 1. 한국군이 완벽히 조직되기 전에 한국에서 미군 철수.
> 2. '미국의 방어선'에서 한국을 제외한 딘 애치슨 국무장관의 연설.
> 3. 미국의 '개탄스러운' 군사적 미비.
> 결국 북한 기습은 미국 정부의 책임으로 돌려야 한다.

이 실수들이 범해졌을 때 미군의 참모장, 즉 트루먼 대통령의 핵심 군사고문은 다른 사람이 아닌 아이젠하워 장군 자신이었습니다. 바로 그의 추천으로 오

---

[1] 월터 리프먼(Walter Lippmann, 1889-1974). 『뉴욕월드』 논설기자, 『뉴욕헤럴드트리뷴』의 칼럼 〈오늘과 내일〉 난에서 미국 및 세계 정계에 영향을 미치는 평론 발표. 퓰리처상 수상.

마 브래들리 장군이 그의 뒤를 이었고 그때 극동에서는 맥아더 장군이 최고사령관이었습니다.

월터 리프먼에 따르면 앞에 언급한 3명의 장군은 오늘날 한국을 보호 없이 내버려둔 것과 "그리하여 침략을 부추긴 것"이 근본적인 실수였다고 생각할 것이 분명합니다.

미군 철수 당시 한국이 공격당할 경우 미국이 방어에 나설 것임을 공개적으로 표명하지 않은 것이 "국방부와 국무부의 복합적 실수였다"는 것입니다.

그러나 리프먼에 따르면, 가장 비용이 많이 들고 돌이킬 수 없는 근본적인 오류는 1950년 9월에 범해졌습니다.

인천상륙이라는 훌륭한 작전 후에 북한이 패배하고 그들만을 눈앞에 두고 있었을 때 유엔이 그들에게 휴전을 제안했어야 하는 것입니다. 유엔의 목표는 사실 이 당시에 달성되었습니다. 당시 미국의 손실은 지금 현재 손실의 1/4 정도였고 물론 중국 전쟁포로도 전혀 없었습니다.

이 당시 "휴전협정을 체결하지 않고 북한을 점거하겠다는 결정이 전체 한국전쟁의 치명적인 실수"였다는 것입니다.

1950년 가을 선거운동 당시 "이 오류는 맥아더 장군의 조언, 그의 정치적 동지들의 압박 아래에서 트루먼 대통령과 애치슨 국무장관에 의해 범해진" 것입니다.

리프먼에 다르면 바로 이 실수가 "소모적이고 위험하고 무익한" 2년간의 전쟁을 초래한 것입니다.

이 유명 칼럼니스트는 1950년 9월 "분쟁 이전 우리의 실수에도 불구하고 우리는 전쟁에서 승리했었다"고 말합니다. 1952년 9월, 유엔은 무력으로도 협상을 통해서도 빠져나올 수 없는 피투성이의 교착상태에 빠져 있다는 것입니다.

왜 선거운동 중에 한국전쟁에 대해 언급하지 않겠습니까? "왜냐하면 당사자들이 보기에 이 문제는 건드리는 모든 사람을 다치게 하기 때문"이라고 월터 리프먼은 대답합니다.

이 기사의 저자는 대선 후보 중 한 사람이 정당 간 대립을 넘어서는 용기를 가지고 두 정당이 각각 책임이 있었다는 것을 인정하고 과거의 실수를 공개적으로 받아들이기를 바라면서 결론을 맺습니다.

　그리고 미국 대중은 자신이 "이 삶과 죽음의 문제에서" 좌절감과 걱정을 공유하는 한 사람이라는 것을 이해할 것이라고 했습니다.

보네

【87】 차기 유엔총회 한국문제 토론에 관한 미 정부의 입장(1952.9.18)

[공 문 (우 편)]	차기 유엔총회 한국문제 토론에 관한 미 정부의 입장
[문 서 번 호]	4155/SG
[발 신 일]	1952년 9월 18일
[수 신 일]	미상
[발신지 및 발신자]	워싱턴/보네(주미 프랑스대사)
[수신지 및 수신자]	파리/로베르 슈만(프랑스 외무부장관)

　미 국무부가 차기 유엔총회에서의 한국문제 토의에 관한 미국의 견해를 밝히는 이번 달 15일자 공문 내용을 다음과 같이 동봉하여 각하께 전해드립니다. 이 문건에서 국무부는 다음과 같이 밝히고 있습니다.

　　1. 한국에 관한 전반적, 정치적, 경제적 이해관계의 문제는 과거와 마찬가지로 필시 총회에서 표명될 것이다.
　　2. 유엔이 미국에 위임한 군사적 임무에 의거하여 유엔의 이름으로 휴전협상을 수행하는 책임은 여전히 미국 정부에 있다.

　이 해명은 최근 미국 및 해외 언론이 보도한 특정 정보들, 즉 워싱턴 정부가 한국 휴전협정 지휘의 책임을 총회에 전가하려 한다는 내용을 반박하는 목적을 지닙니다.

【88】 남한 민간인 포로의 석방(1952.9.20)

[전 보]	남한 민간인 포로의 석방
[문 서 번 호]	6477-6478
[발 신 일]	1952년 9월 19일 20시 00분
[수 신 일]	1952년 9월 20일 03시 31분
[발신지 및 발신자]	워싱턴/보네(주미 프랑스대사)

뉴욕 공문 제972-973호

당시 이 직책의 공문을 보면 1951년 12월 18일 한국전쟁포로들 명단을 교환하기 전에 유엔은 북한 포로의 수가 132,000명이라고 보고했고, 북한군으로 잡혀온 37,000명은 민간인이어서 석방되어 이 132,000명 명단에는 포함되어 있지 않다고 했습니다.

지난 봄 '심사' 이후 북한군으로 잡힌 전쟁포로 16,000명 중에는 남한 민간인도 있었던 것으로 밝혀졌고, 그중 11,000명은 공산주의 영토로 돌아가고 싶지 않다고 선언했습니다.

미 국무부는 방금 한국의 연합사령부가 하루 이틀 안에 이 전보의 첫 단락에 언급된 37,000명과 같은 상황에 놓인 11,000명의 남한 사람들을 석방한다는 발표를 할 것이라고 우리 대사관에 알렸습니다.

미 당국은 연합사령부가 공표하기 전에 이 정보가 공개되는 것을 원하지 않습니다.

보네

【89】 한국문제와 멕시코의 제안(1952.9.20)

[전　　　보]	한국문제와 멕시코의 제안
[문 서 번 호]	2654-2658
[발　신　일]	1952년 9월 19일 20시 00분
[수　신　일]	미상
[발신지 및 발신자]	파리/로베르 슈만(프랑스 외무부장관)
[수신지 및 수신자]	뉴욕/오프노(주유엔 프랑스대사)

뉴욕 공문 제2654-2658호

워싱턴 공문 제14877-14881호

런던 공문 제16063-16067호

멕시코 공문 제337-341호

귀하의 전보 제2095호 참조

우선 멕시코의 제안이 현재 직면한 판문점 회담 교착상태를 벗어나게 할 수 있는지 생각해볼 수 있습니다.

사실 멕시코의 제안은 시간에 따라 그 적용이 달라질 자원송환의 원칙을 기초로 하고 있습니다. 그런데 오늘날 중공-북한 협상가들에게서 정확히 말해 지금까지 회담의 걸림돌이 되어온 이 원칙의 반대를 완화할 기미가 전혀 보이지 않습니다. 며칠전만해도 언론이 보도한 9월 12일자 개성의 어떤 공보 표현에 따르면 중공-북한 수석대표가 유엔사령부 대표들에게 "조선인민군과 중국인민지원군은 각 포로가 민간인의 삶으로 각자 집으로 돌아가기 위해 본국으로 송환되어야 한다는 정당하고 공평한 원칙이 절대 승리하는 그날까지 싸울 것"이라고 선포하고 다시 한 번 전쟁포로에 대한 1949년 협약의 규정을 엄중히 적용할 것을 요구했습니다.

본인은 그럼에도 불구하고 멕시코의 제안이 신중하게 검토되어야 한다고 믿습니다.

송환 원칙의 즉각적 적용을 모면하고 중국 포로들이 국민당 중국에 합류할 수 없다는 사실을 보장하는 이 제안이 중공-북한 측에 의해 수용될 약간의 가능성은 있을 수 있으며, 이 가능성이 처음에는 약해 보이지만 당연히 시도해볼 수 있습니다. 이 제안이 적어도 새로운 공식을 찾는데 있어 새로운 길을 열어줄 수도 있습니다.

어쨌든 멕시코 정부에도 세계 여론에 대해서도 그 목적이 우리의 우려사항에 해당되는 이 제안에 우리의 모든 주의를 기울여야 할 것입니다. 더구나 이 제안은 중공-북한 측이 이달 말 베이징에서 열리는 세계평화평의회를 계기로 그들의 평화에 대한 의지를 표명하고 휴전 체결을 희망할 때 언급할만한 가치가 있습니다.

바로 이런 의미에서 프랑스 정부는 다음 호의 공문으로 전달하는 이 본문을 언론에 제출했습니다.

이 공문 내용은 본인에게 멕시코의 제안에 대해 알려주었던 파리 주재 멕시코 대사에게 알려졌습니다.

【90】 미 국무부 법률 고문의 편지(1952.9.19)

[공 문 (우 편)]	미 국무부 법률 고문의 편지
[문 서 번 호]	4157/SG
[발 신 일]	1952년 9월 19일
[수 신 일]	미상
[발신지 및 발신자]	워싱턴/보네(주미 프랑스대사)
[수신지 및 수신자]	파리/로베르 슈만(프랑스 외무부장관)

민주당 행정부는 1950년 6월 이전에 만약 서울 정부가 이웃 북한에게 침략을 당한다면 미국이 그 영토를 방어할 것이라고 분명하게 표명하지 않음으로써 남한에 공산침략을 '초청'했다고 자주 비난 받습니다.

이 같은 견해를 뒷받침하기 위해 1950년 1월 12일 워싱턴 프레스클럽에서 딘 애치슨 국무장관이 했던 연설이 가장 먼저 인용됩니다. 최근 월터 리프먼(본인의 9월 18일자 전보)과 9월 13일 사설에서 『뉴욕타임스』도 또 한 번 인용했습니다.

1950년 1월 12일 미 국무장관이 자신의 연설에서 미국의 태평양 '방어선'에 알류산열도, 일본본토, 류큐제도와 필리핀을 포함시켰지만 남한과 대만은 언급하지 않았던 것을 사람들은 기억합니다. 미 국무부의 법률 고문 애드리언 피셔[1]가 『뉴욕타임스』 발행인에게 쓴 편지에서 이 관료는 "사태를 바로 잡으려고" 애쓰고 이 문제에서 애치슨 장관과 국무부가 받는 비판은 근거가 없다는 것을 입증하려고 노력합니다. 이 편지의 요점을 각하께 전해드리는 것이 유익할 것 같습니다.

애치슨 장관이 1950년 1월 12일 연설에서 미국의 태평양방어선에 한국을 포

---

[1] 애드리언 피셔(Adrian S. Fisher, 1914-1983). 미 국무부 법률 고문(1949-1953).

함시키지 않은 것은 사실이지만, 만약 이 경계선 밖의 태평양 영토에 어떤 공격이 일어난다면 가장 먼저 이렇게 공격을 받은 주민들의 저항의지를 기대하고 이어 유엔 헌장에 따른 모든 문명인들의 참여를 기대해야 할 것이라고 국무장관이 즉시 덧붙였다는 사실을 기억하는 것이 중요하다고 피셔 씨는 쓰고 있습니다.

애치슨 장관은 여전히 같은 연설에서 남한 공화국을 계속 도울 필요를 강조하고 미 행정부가 이 임무를 실행하기 위한 수단을 제공하도록 의회에 요청할 것이라고 분명히 밝혔습니다.

프레스클럽 연설 이후 겨우 1주일이 지난 1950년 1월 19일, 불행히도 하원은 '한국 원조 법안'을 기각했습니다.

북한 라디오는 이 투표 후 당연히 기회를 놓칠 새라 미국이 남한을 얼마나 형편없이 여기는지를 언급했고, 한국원조는 "쥐구멍에 돈 던지기"나 마찬가지라고 한 어느 공화당 의원의 발언을 특별히 인용했습니다.

국무부 법률 고문은 이어 1950년 5월 8일 애치슨 국무장관이 하원 외교위원회에 한국 원조에 대한 명분을 변론하러 왔을 때 했던 연설을 되풀이합니다.

이어 6월 2일 상원의 외무·군사합동청문회에서 국무장관은 '상호방위 원조계획'을 통해 다시 한 번 남한에 군사원조를 계속해야 할 필요성을 호소했습니다.

마지막으로, 공산당이 서울 정부를 침략하기 일주일도 남지 않은 시점에 포스터 덜레스[2] 국무부 고문은 서울의 대한민국 국회에서 자신에게 공식 임무를 맡긴 미 정부를 대표하여 한국 국민에 대한 미국 국민의 '정신적 물질적' 지원에 대한 약속을 반복했습니다.

피셔는 이것이 사실이며, 이 사실들은 행정부가 한국에 대한 공격을 '초청'했다는 주장을 정당화하지 못한다고 끝맺고 있습니다.

미 국무부 법률 고문이 보낸 편지를 논평한 사설에서 『뉴욕타임스』는 이 문

---

[2] 존 포스터 덜레스(John Foster Dulles, 1888-1959). 미 국무부 고문. 초당파 외교의 공화당 대표. 각종 국제회의에 미국대표로 참석. 아이젠하워 행정부의 국무장관 역임.

제에 있어 행정부의 행동은 공격을 "초청"한 것은 아닐지라도 공격 의지를 꺾기 위해 분명히 아무것도 하지 않았다고 대응하는데, 상당히 기만적인 논법으로 보입니다.

보네

【91】 프랑스 외교대표단의 주한 프랑스 대대 방문(1952.9.23)

[전 보]	프랑스 외교대표단의 주한 프랑스 대대 방문
[문 서 번 호]	1849-1858
[발 신 일]	1952년 9월 23일 08시 00분
[수 신 일]	1952년 9월 23일 12시 00분
[발신지 및 발신자]	도쿄/드장(주일 프랑스대사)

1. 보레이유 중장의 초청으로 저는 멩상[1] 해군대령과 함께 프랑스 대대를 방문하기 위해 한국에 갔습니다.

이 방문을 계기로 저는 밴 플리트 미 제8군 사령관과 연합군 판문점 수석대표 해리슨 장군, 그리고 브리옹발 씨의 소개를 받아 이승만 대통령과 남한 정부의 여러 관계자들을 만났습니다. 우리는 17일 아침에 서울을 향해 도쿄를 떠나 20일 오후 부산을 거쳐 돌아왔습니다.

한국 여행 일정과 여러 이동 경로를 위해 클라크 장군과 밴 플리트 장군의 사무국은 매우 세심한 배려를 베풀어주었습니다. 우리의 방문은 군대 의전으로 예우를 받았고 모든 편의와 성의를 다한 접대를 제공받았습니다.

2. 기민하고 유연하면서 솔직하고 활기찬 성격의 해리슨 장군은 협상의 진행 방향을 간추려 요약하고 총정리를 해주었습니다. 협상은 가능한 휴전협정의 모든 군 규정에 따라 이루어졌습니다.

정치적 성격의 포로교환 문제만 남았습니다. 장군은 중공 포로 20,000명을 되돌려주면 공산 측은 휴전협정에 서명할 것이라고 확신합니다. 그는 이 의견

---

[1] 빅토르 펠릭스 멩상(Victor Félix Maincent, 1900-1975). 해군대령으로 도쿄 프랑스대사관 무관 역임.

에 대한 상당부분의 근거를 휴전협정이 체결되면 중공-북한은 북한의 비행장 건설을 마음대로 할 수 있다는 사실에 두고 있습니다.

따라서 지금까지 압록강 이남에 공군기지를 건설하지 못한 적군에 비해 연합군의 이점 하나가 사라질 수도 있습니다. 지상군의 강력한 집결을 실행하기 위해 회담을 이용했던 적군은 정전협정을 이용하여 연합군의 큰 강점으로 남아있는 공군의 우월성을 심각하게 반박하는 태세를 갖출 수도 있는 것입니다.

해리슨 장군은 가장 좋은 성공 방법은 공산주의자들이 새로운 제안을 내놓을 때까지 무기한으로 협상을 중단하는 것이라고 생각하고 있습니다. 이 연합군 수석대표는 이러한 방식이 심각한 단절의 위험을 안고 있다고 생각하지 않습니다. 그가 처음으로 며칠간의 일방적인 회담 중단을 결정했을 때 상대는 매우 격한 흥분과 거의 공포감을 느끼는 것을 보고 그는 매우 놀랐다고 했습니다.

3. 밴 플리트 장군은 결정을 내릴 수 없는 상황에서 전쟁을 무기한 지속해야 되는 것에 대해 어떤 성급함과 긴장감이 있는 것 같아보였습니다. 미 제8군 사령관은 워싱턴이 아직 사용하기로 결정하지 않은 수단으로 더 강력하게 칠 수 있기를 바라는 것이 역력합니다.

장군은 완전한 소강상태와 매우 폭력적이고 치명적인 현지 교전이 번갈아 나타남으로 인해 그 결과를 인지하기 힘든 전쟁이 만들어내는 군의 사기로 힘든 점에 대해 언급했습니다. 그는 훈련된 병사들의 군대를 번번이 빼가는 교대 제도에 대한 불만을 털어놓았습니다.

최근 몇 가지 사건을 염두에 두고 그는 일부 부대가 너무 쉽게 포기함으로써 다시 큰 희생을 치르고 뺏긴 영토를 되찾아야 했음을 암시했습니다. 반면 장군은 남한 군대의 강인함과 전투력을 매우 칭찬하고 프랑스 대대를 크게 칭찬하며 사령관을 "군인이자 최고의 지휘관"이라 불렀습니다.

저는 최근 전선의 몇 지점에서 중국 군대가 보여준 공격성이 더 대대적인 행동을 알리는 것으로 보였는지 물었습니다. 장군은 그에 대한 의견을 말하기가 어렵다고 했습니다. 제2사단 참모부에서 이루어진 우리를 위한 상황 설명회에서 적의 포병 대치는 여전히 방어적이라는 정보가 나왔습니다. 그러나 공세 개시에 필요한 조치는 공산군 사령부에 의해 매우 짧은 시간에 취해질 수 있습니다.

4. 저는 우리 병사와 장교들의 훌륭한 품행, 완벽한 규율, 훈련, 건강한 쾌활함에 깊은 인상을 받았습니다. 한 달 전, 2개의 미군 대대가 우측을 양보했었던 '티본 고지[2]' 전투 당시 상당한 어려움을 겪었지만 프랑스 대대는 육체적으로나 정신적으로 최상의 컨디션을 유지했습니다. 제2사단 사령관 프라이 장군은 우리 병사들의 용기와 기술에 대해, 그리고 그 지휘관의 탁월한 자질에 대해 입이 마르도록 칭찬했습니다. 그는 저와 다른 군관계자들에게 우리 프랑스 대대는 의심의 여지없이 제8군의 최고 부대라고 말했습니다.

드장

---

[2] 경기 연천 역곡천 인근으로 티본 스테이크처럼 생겼다고 해서 이름 붙여진 290고지.

【92】 미국의 결의안(1952.9.24)

[전　　　보]	미국의 결의안
[문 서 번 호]	6531-6535
[발 　 신 　 일]	1952년 9월 23일 18시 25분
[수 　 신 　 일]	1952년 9월 24일 01시 00분
[발신지 및 발신자]	워싱턴/보네(주미 프랑스대사)

보안

뉴욕 공문 제976-979호

　오늘 오후 미 국무부의 한국 관련 상황보고회에서 히커슨 차관보는 한국에 군사적으로 관여한 국가 대표들 모두에게 총회가 열릴 때 휴전협상이 여전히 교착상태에 머물러 있을 경우 차기 유엔총회의 행동에 대한 미국의 입장을 알렸습니다.

　차관보는 지난 8월과 마찬가지로 워싱턴 당국은 '동맹국'들이 결의안을 주도하는 것이 바람직하다고 생각한 이유를 밝혔습니다.

　히커슨 차관보는 우리 프랑스 대사관 대표에게 8월 15일 했던 것처럼 자국 정부가 두 단계의 총회 행동을 고려하고 있다고 말했습니다. 그러나 오늘은 우선 휴전협정 체결을 위한 중공-북한에 대한 총회의 호소만 다루겠다고 덧붙였습니다.

　그리고 차관보는 최종적인 것은 아니라고 강조한 결의안을 낭독했습니다. 그 본문은 아래와 같습니다.

　이 문서는 지난 8월 15일 제가 전보 제3673/SC호를 통해 각하께 전달했던

'사업 계획서'에 나타나는 첫 번째 결의안과 매우 다릅니다. 분명 우리 프랑스와 영연방국들의 지적에 영향을 받아 비강제 본국송환 원칙에 대한 언급은 많이 완화되었습니다.

히커슨 차관보는 대표들이 각 정부에 이에 대한 의견을 유엔 미 대표단에게 가장 빠른 시일 내에 알려줄 것을 요청해 달라고 촉구했습니다. 실제로 미 정부가 지금은 한국에 군사적으로 관여한 정부들뿐 아니라 비 공산당 정부들과도 이 문제에 대한 논의를 모으기로 정한 것은 뉴욕에서입니다.

보네

【93】 프랑스 외교대표단의 주한 프랑스 대대 방문 2(1952.9.23)

[전   보] 프랑스 외교대표단의 주한 프랑스 대대 방문 2
[문 서 번 호] 1859-1861
[발 신 일] 1952년 9월 23일 08시 00분
[수 신 일] 1952년 9월 23일 12시 00분
[발신지 및 발신자] 도쿄/드장(주일 프랑스대사)

본인의 전보 제1849-1858호에 이어

5. 우리는 전선의 일부 상공을 비행하고 얼마 전 우리 프랑스 대대가 성공적으로 방어했고 현재 네덜란드 분견대가 점령하고 있는 주요 전선의 앞쪽, 철원 서쪽 전진기지를 방문했습니다. 포병대 관측소에서는 참호와 방공호로 패인 갈수록 점점 높은 언덕이 끝없이 이어지는 적이 점령한 어마어마한 진지들을 볼 수 있습니다. 전선 대부분의 지형은 거의 비슷합니다. 중국 보병은 맹렬하고 훈련이 잘 되어있습니다. 많은 탄환을 풍부하게 갖춘 적의 대포는 매우 정확하게 발사됩니다. 우리 쪽의 모든 공세는 연합군 사령부가 갖춘 수단보다 훨씬 더 상당한 수단을 요구할 것이고 매우 큰 손실 없이는 불가능하다는 것이 확실합니다.

6. 회담 결과, 미 사령부가 휴전을 계속 추구하고 있다는 인상에 확신을 주었습니다. 미 사령부는 휴전을 이룰 수 있다는 것을 단념하지 않고 있지만, 판문점에서 강경한 태도를 취하고 미국 정책에 의해 정해진 틀 안에서 최대한 적을 강하게 치는 것, 즉 실제로 북에 대한 공중 및 해상 공세를 계속하고 가능하면 증가시키는 것이 최선의 방법이라고 보고 있습니다.

국방부에 전달 요망.

드장

【94】 휴전협정 가능성(1952.9.24)

[전 보]	휴전협정 가능성
[문 서 번 호]	1862-1867
[발 신 일]	1952년 9월 24일 09시 00분
[수 신 일]	1952년 9월 24일 18시 47분
[발신지 및 발신자]	도쿄/드장(주일 프랑스대사)

보안

2급 비밀

본인의 전보 제1849호 참조

저는 미국 몇몇 군인들이 아직도 키우고 있는 휴전협정 가능성에 대한 희망을 신뢰하지 않습니다.

북한에 행해지는 공·해상의 압박만으로 공산 측이 양보하게 만들 수 있을지 의문입니다. 결정을 하는 중국과 소련은 아마 북한 주민의 운명에 상당히 무관심할 것입니다. 북한 수력발전소의 파괴가 만주 산업에 당연히 가져오는 상당한 제약이 결정적인 요소가 될 수 있을지는 확실치 않습니다. 다른 한편, 소련의 일반적인 태도, 뤼순 항에 무기한 소련군 유지, 미국과 일본 간의 협정, 일본의 재군비와 소위 일본 군부 계급의 부활로 인한 침략 위협에 소련의 강력한 규탄 등, 이 모든 단서들은 샌프란시스코 강화조약의 발효로 인해 생성된 극동의 상황을 소련 정부는 전혀 받아들이지 않았고 미국의 영향 하에 있는 일본을 포기하지 않았음을 명백하게 보여줍니다. 그런데 소련이 한국에 관심을 갖고 한반도 전체에 대한 통제권을 확립하려는 것은 일본 때문입니다. 일본은 북한 침략의 최종 목표였고 여전히 목표로 남아 있습니다. 소련은 다른 지역이나 마찬가지로 극동에서 국제적 긴장감을 완화할 마음이 있어 보이지는 않습니다.

또 한편, 공산 측 사령부가 한국 전투에 깊이 관여할 준비가 되어있는 것처럼 보이지는 않습니다. 그런 행동은 전면전을 야기할 가능성이 매우 높기 때문입니다. 공산군은 얼마 전까지 연합군에게서 한국 상공의 통제권을 뺏으려는 의지를 보이더니 항공기들을 국경 너머로 되돌아가도록 했습니다. 그들은 최근 몇 주 동안 매우 격렬한 전투를 벌였지만 국지적인 성격을 유지했습니다. 즉 무기한 견딜 수 있도록 해주는 방어 진지를 확보하는 데에 특히 전념하는 것으로 보였습니다.

이러한 상황에서 소련 지도자들이 현재 상황을 계속 오랫동안 유지하도록 하는 것은 큰 이점이 없다고 여기는 것은 아닌가 추측해볼 수 있습니다. 따라서 미국은 여론이 점점 걱정하고 격화되는 출구가 없어 보이는 전쟁에 자국의 상당한 자원을 희생할 수밖에 없는 상황에 놓여 있는 것입니다. 장기적으로는 연합군들 사이에 의심과 피로와 분열을 예상할 수 있습니다. 소련에게는 한국전쟁을 인도차이나 전쟁과 동시에 연장하는 것이 소련 외교부와 공산 선전이 좋아하는 긴장된 분위기를 유지하면서도 비교적 저렴하고 서유럽 방어 체제를 저해할 위험도 없는 효과적인 방법으로 여겨질 수 있습니다. 만약 소련의 전략이 이러하다면 연합국 정부들은 명예로운 휴전협상을 위해 제공될 수 있는 어떤 가능성도 무시하지 말아야 할 것이고, 적어도 전쟁을 번번이 연장하는 이들의 책임을 분명하게 밝혀야 할 것입니다.

드장

【95】 한국의 정치: 주일 프랑스대사의 이승만 대통령과의 회담(1952.9.26)

[전 보]	한국의 정치: 주일 프랑스대사의 이승만 대통령과
	의 회담
[문 서 번 호]	1868-1875
[발 신 일]	1952년 9월 26일 08시 30분
[수 신 일]	1952년 9월 26일 18시 55분
[발신지 및 발신자]	도쿄/드장(주일 프랑스대사)

1952년 9월 25일

　제가 9월 19일 이승만 대통령과 가졌던 회담 중 그가 미국의 일본 정책을 비판한 신랄함과 일본을 향한 맹렬한 원한은 충격적이었습니다.

　그에 따르면 일본과 무조건적으로 우호와 동맹을 추구하는 정책은 일본의 본성에 대한 깊은 무지가 바탕에 깔려 있는 것이고 매우 심각한 위험성을 안고 있습니다. 미국의 구제를 받은 후 일본이 미국을 배반하고 소련과 공동전선을 펼 가능성을 전혀 배제할 수 없다는 것입니다. 그러므로 일본의 재무장은 매우 큰 위험을 가지고 있다는 것입니다. 그것은 특히 한국에 극단적으로 심각한 위협이 된다고 여깁니다.

　일본 정부와 한국 정부 간의 협상과 한국 소수 민족에 대한 일본 당국의 태도는 일본의 사고방식이 전혀 변하지 않았다는 것을 명백히 보여주는 것이라고 했습니다. 게다가 일본 내 한국인들을 마음대로 추방할 권리를 보유하려 했을 뿐 아니라 한국에게 대단히 중요한 두 가지 문제, 즉 자칭 한국의 일본 소유지와 어업수역의 문제에 있어 일본 정부는 파렴치한 돌변의 자세를 취했다는 것입니다. 샌프란시스코 강화조약 제4조를 언급하며 그들은 한국 국부 재산의 80%를 망설임 없이 요구했습니다.

다른 한편, 맥아더 라인을 은밀히 계속적으로 침해한 후 그들은 양국 해안에서 등거리에 있는 한국 대통령령에 의해 정해진 라인을 인정하지 않습니다. 남한 함대가 그들의 어선들을 체포했을 때 미 당국은 반환을 주장하며 개입했습니다. 최근 일본은 미국에게 받은 경비정들로 하여금 자국 선박을 호위시키기 시작했습니다. 한편 남한 함대는 발포 명령을 받았습니다.

그때부터 일본은 매우 반발하며 한국으로 되돌아옵니다. 일본은 한국 내에서 자기들에게 유리한 요소에 술책을 씁니다. 일본이 한국에 대한 통제권을 되찾으려 생각한 것이 분명했습니다. 미국의 우호 정책은 그러한 목적을 지닌 일본을 독려할 뿐입니다. 그러나 결국 한국인의 운명을 결정하는 것은 한국인 자신이라고 그는 말했습니다.

일본과의 협상에 대해서는, 한국은 일본 정부가 한국의 일본 소유지 관련 터무니없는 주장을 그만 둘 경우에만 협상을 재개하기로 합의했다고 합니다.

어업수역과 관련해서는 변영태 외무장관과 한국 함대사령관 제독이 이승만 대통령과 비슷한 발언을 제게 했었습니다.

실제로 일본 신문들은 9월 22일 한국 남동쪽 수역에서 일본 선박들을 지키기 위해 지명된 3대의 초계정 사진을 게재했습니다. 그런데 같은 날 한국 외무장관은 해안으로부터 거리를 두고 물러나라고 일본인들에게 경고하며 "침략"이라 부르는 결과를 초래할 수 있는 데에 대하여 책임을 지라고 했습니다.

이러한 위협에 너무 많은 중요성을 부여하지 않는, 대한민국의 후견인이자 일본의 보호자로써 미국의 이중 역할은 다소 어려움을 안고 있는 것으로 보입니다.

3. 저는 이승만 대통령에게 미국이 칭찬이 자자한 군대를 설립하도록 강력하게 도우면서 남한의 미래에 대한 관심과 커다란 애착을 보이고 있다고 지적했습니다. 대통령을 그것을 인정했습니다. 그는 비약적으로 발전하고 있는 이 군대가 자신의 큰 희망이라고 덧붙였습니다.

또한 미국 사령부가 자국 군대의 임무를 경감시키거나 필수적일 수 있는 추가 병력을 필요할 경우 제공하기 위해서 특히 기대하고 있는 것이 이 군대의 발전입니다.

4. 대통령에게서 저는 육체적 정신적으로 건강이 매우 좋고, 교활하고, 자기 확신에 찼으며, 미국에 대해 자신이 가진 강점이 무엇인지 완벽하게 인식하고, 분명히 방법의 선택에 있어서는 양심적이지 않지만 애국심에 불타고 자신이 한국을 상징한다고 확실히 믿고 있는 사람이라는 인상을 받았습니다.

드장

【96】 판문점 연합군 측 수석대표의 새로운 대안 3가지(1952.9.27)

[전 보]	판문점 연합군 측 수석대표의 새로운 대안 3가지
[문 서 번 호]	6607-6618
[발 신 일]	1952년 9월 26일 20시 00분
[수 신 일]	1952년 9월 27일 01시 10분
[발신지 및 발신자]	워싱턴/보네(주미 프랑스대사)

1급 비밀

보안

우선문건

뉴욕 공문(우편) 제997호

한국에 군사적으로 개입한 국가의 대사관 대표들은 십중팔구 해리슨 장군이 내일 토요일 저녁(한국 시간으로 일요일 아침) 판문점에서 하게 될 전쟁포로 관련 3가지 새로운 대안적 제안에 대한 정보를 전달받기 위해 오늘 오후 국무부에 소집되었습니다. 오늘 워싱턴으로부터 이에 관한 지시가 마크 클라크 장군에게 내려졌습니다.

3가지 대안 제안은 다음과 같습니다.

1. 첫 번째 제안

휴전협정 체결 즉시, 모든 자유로운 본국송환 전쟁포로들은 앞에 언급된 협정의 조항에 따라 석방되고 본국으로 송환되어야 한다. 양 당국은 포로들이 비무장지대 내에 지정될 한 지점에 인도되었을 때 이 의무를 이행한 것으로 인정한다.

이 장소에서 포로들은 양측이 원한다면 국내 적십자 또는 국제 적십자 또는 합동군사위원회(유엔과 중공-북한) 앞에서 양측 진영이 제공한 명단에 따라 신분이 확인될 것이다.

양측 진영은 만약 신분이 확인된 한 포로가 자신을 억류하고 있던 진영으로 되돌아가려는 의지를 표명하면 이 포로는 그렇게 할 수 있다는 데에 동의한다. 그러면 그는 비무장지대에서 그가 선택한 진영으로 이송될 것이고 그의 전쟁포로의 지위는 즉시 중단된다. 휴전 협정 제52조에 따라 민간인이 된 전쟁포로는 한국전쟁과 관련된 업무에 종사할 수 없다.

미국 정부 관계자들에 의하면, 이 제안은 다음과 같은 장점을 지닙니다.

1) 형식적으로 '심사'와 자원송환 원칙을 언급하지 않는다.
2) 비무장지대로 송환하는 것과 관련하여 모든 포로들을 같은 방식으로 대우한다.
3) 제네바협약과 관련하여 공산주의의 논지를 존중한다.

2. 두 번째 제안

휴전협정 체결 즉시 본국으로 돌아가길 원하지 않는 포로들은 따로 모아 소그룹으로 비무장지대의 지정될 한 지점으로 인도한다. 그들은 거기서 모든 군사 통제에서 석방되고 양 당국이 인정한 한국전쟁에 참여하지 않는 한 개 또는 여러 개 국가 대표들에 의해 질문을 받게 될 것이다.

해당 포로는 이 대표들에게 알린 후에 가고 싶은 곳으로 갈 수 있다.

이 두 번째 제안은 '심사'를 포함하지 않기 때문에 연합군 사령부의 4월 28일 제안과는 현저히 다릅니다.

위에 언급된 중립국 대표들은 사실상 관련자에게 어디로 가기를 원하는지 묻는 일만 하게 될 것입니다. 한국전쟁에 참여하지 않는 국가의 대표들의 출석방식은 다음 방식들, 즉 국내 적십자 또는 국제 적십자 또는 합동군사위원회(유엔과 중공-북한) 참관인 중 하나로 대체될 수 있을 것입니다.

3. 세 번째 제안

휴전협정 체결 즉시 본국송환을 원하는 모든 전쟁포로들은 가장 짧은 기간 내에 송환될 것이다.

본국으로 돌아가길 원하지 않는 포로들은 모든 군대 또는 민간의 통제 없이 소그룹으로 비무장지대의 지정될 한 지점으로 보내지고 거기서 그들은 그들이 원하는 곳을 결정할 것이다.

이 경우에는 심문도 신분 확인도 없을 것이고, 양 당사자가 원한다면 두 번째 제안의 마지막에 검토된 다양한 방법에 따라 참관인의 도움을 청할 수 있습니다. 미국 당국은 3가지 제안 각각이 엄청난 실질적 어려움을 야기할 것이라는 것을 알고 있지만 그것을 극복할 수 있다는 희망을 가지고 있습니다.

제 보좌관은 히커슨 차관보에게 이 제안들이 최종 제안으로 제출될 것인지, 그리고 해리슨 장군은 이 모든 제안이 거부되면 연합군 사령부는 판문점에 되돌아가지 않겠다는 암시를 하는 발표를 추가할 것인지 물었습니다.

히커슨 차관보는 이러한 제안이 어떤 경우에도 최후통첩의 성격을 띠지는 않을 것이라고 대답했습니다. 이 제안들은 모든 가능한 해결책을 모색하려는 유엔의 의지에 대한 증거로 제시될 것이며 휴전협상의 지속에 대해서는 전혀 언급되지 않을 것입니다.

게다가 해리슨 장군은 공산 측의 어떠한 즉각적 거부도 인정하지 말라는 지시를 받았습니다.

이 제안들은 중공-북한 측에 전달되자마자 널리 알려질 것입니다. 한편 국무부는 사전에 통보를 받은 정부들에게 연합사령부가 일요일에 실제적으로 이에 대해 발표할 때까지 이 새로운 제안에 대해 완벽하게 비밀을 유지해달라고 미리 요청했습니다.

방금 제가 각하께 보고한 계획안은 물론 지난 수요일 알리슨 씨가 제 보좌관 중 한 사람에게 준 지시들(본인의 전보 제6576-6578호)과 비교해 보아야 합니다.

이 계획안이 판문점 회담의 지속에 대한 경고를 동반하지 않는 것은 차기 총회에서 이 문제에 있어 모든 가능성을 자기 쪽으로 이끌 수 있도록 하기 위해 미 정부가 당분간은 일부 동맹국과 대다수 유엔 회원국들의 민감성에 신경을 쓰고자했기 때문입니다.

그러나 중공-북한이 위에서 언급한 3가지 제안을 거절한다면 미 정부는 중공-북한 측에 이런 상황에서는 판문점 회담 지속을 원하지 않는다고 분명히 통보하기로 결심한 것이 틀림없습니다.

이런 종류의 결정에 있어 선거의 고려사항이 얼마나 중요한 역할을 하는지에 대해 말할 필요는 없을 것입니다.

보네

【97】 한국 해상의 '해상 방위 구역' 창설(1952.10.1)

[전 보]	한국 해상의 '해상 방위 구역' 창설
[문 서 번 호]	1876
[발 신 일]	1952년 10월 1일 00시 00분
[수 신 일]	1952년 10월 1일 12시 00분
[발신지 및 발신자]	도쿄/드장(주일 프랑스대사)

사이공 공문

국방부에 전달 요망

9월 27일 유엔 사령관 클라크 장군은 한국 주변에 '해상 방위 구역'을 창설했다고 알렸습니다.

유엔 해군 봉쇄의 대상이 될 이 구역은 블라디보스토크에서 멀지 않은 해안 지점의 일본해[1]에서 시작하여 토구시마 섬 북서쪽과 제주 남쪽으로 15마일 떨어진 곳을 지나 황해에서 압록강 하구로부터 18마일 떨어진 지점까지 올라갑니다.

그 둘레가 해안선을 따라 가면서 한국 연안의 모든 섬을 포함하고 있는 이번 방위 구역 창설은 거제도 및 제주도 같은 섬에 공산주의 앞잡이들의 범법행위에 종지부를 찍을 필요성과 전시 밀수입을 진압하겠다는 것으로 정당화됩니다.

실제로 주된 이유는 한·일 어선과 그 호송군들 간의 충돌을 피하기 위한 것입니다.

동해에서 새로운 노선은 한국과 일본 해안에서 거의 등거리를 지나는 소위

---

[1] 동해를 말하는 것이나 문서 작성자는 '일본해'로 표기하고 있으므로 원문을 살려 번역함.

맥아더 라인이나 이승만 라인보다 한국에 훨씬 불리합니다. 반면 남쪽에서 이 노선은 이승만 라인과 매우 근접해있습니다.

　총사령부의 보고에 의하면 대한민국 대통령은 사전에 통보를 받고 관련된 모든 설명을 다 들었다고 합니다. 부산에서는 대한민국 해군이 유엔의 다른 해군들과 봉쇄 작전에 참여하고 있다는 보고가 들어왔습니다. 도쿄 신문들은 오늘 아침, 어획량이 매우 뛰어난 한국 남동쪽 해역, 특히 제주도 부근 해역에 특별한 관심을 가지고 있는 일본 정부가 서면으로 ㅁ ㅁ ㅁ 씨에게 해명을 요구했다고 보도했습니다. 일본 정부는 문제의 이 구역이 위험하다는 이유로 금지 구역으로 간주해야 하는지, 그리고 일본 어선처럼 한국 어선에도 봉쇄가 적용되는지 알고자 했습니다. 일본 정부는 새 노선이 남쪽에서는 도쿄가 전혀 인정한 적이 없는 이승만 라인과 상당히 일치한다고 지적했습니다.

　미 정부의 답변이 무엇이든 도쿄와 부산 간에 어업 협약이 이루어지지 않는 한, 미 해군은 실질적으로 일본과 한국 어부들 사이에 개입할 수밖에 없습니다.

드장

【98】 전방의 상황(1952.10.2)

[전   보] 전방의 상황
[문 서 번 호] 1899-1901
[발   신   일] 1952년 10월 1일 09시 00분
[수   신   일] 1952년 10월 2일 10시 53분
[발신지 및 발신자] 도쿄/드장(주일 프랑스대사)

보안

사이공 공문 제1183-1185호
국방부에 긴급 전달 요망

1. 일주일 전부터 적은 현지 연합군의 전진기지, 특히 한국군이 지키고 있는 중부 지역에 국지적 공격을 강화했습니다. 치열한 전투는 이편에서 저편으로 왔다갔다하는 고지들 주변에서 일어납니다. 9월 30일 하루 동안 공산군 포격은 47,000발(대포 또는 박격포)의 포탄을 발사하는 기록을 세웠습니다. 전방에서 공산 측 라디오와 스피커는 현재 개시된 지역적 공격은 유엔군을 바다에 던져 버릴 수 있는 전반적인 격퇴의 서곡일 뿐이라고 알리고 있습니다. 미군은 집으로 돌아가라고 촉구합니다.

총공세는 시작하지 않고 미 정부와 마찬가지로 중공 사령부는 유엔총회 전에 지상에서 괄목할만한 어느 정도 규모의 승리를 확보하려 하지 않을지 의문을 제기해 볼 수 있습니다.

2. 9월 29일 밤사이에 48대의 B-29 연합군 전략폭격기들이 425톤의 폭탄을 투하하며 압록강변의 남시 화학 공장을 폭파했습니다.

9월 30일 공개된 9월 22일자 편지에서 유엔사령관 클라크 장군은 8월 30일부터 9월 19일까지 42대의 미그기를 파괴하고(3대 추가 추정) 35대를 파손하고 그들 편에서는 제트 엔진 전투기 F-86 6대만을 잃은 제5공군 전투기가 이룬 성공에 대해 웨이랜드[1] 장군에게 축하를 보냈습니다.

드장

---

[1] 오토 폴 웨이랜드(Otto Paul Weyland, 1903-1979). 미 극동공군 및 유엔 공군 총사령관.

【99】 판문점 휴전회담에 대한 미 국무부의 보고(1952.10.1)

[전 보]	판문점 휴전회담에 대한 미 국무부의 보고
[문 서 번 호]	6657-6660
[발 신 일]	1952년 10월 1일 10시 00분
[수 신 일]	1952년 10월 1일 16시 00분
[발신지 및 발신자]	워싱턴/보네(주미 프랑스대사)

보안

뉴욕 공문(우편) 제1013-1016호

　존슨 차관보는 오늘 한국전쟁에 군사적으로 참여한 국가들의 대사관 대표들에게 9월 28일 판문점에서 열린 회담에서 저의 9월 26일자 전보 제6607호에서 보고 드렸던 전쟁포로에 관한 3가지 제안을 해리슨 장군이 공산 측에 제시한 내용을 보고 형식으로 설명했습니다.

　이 제안을 중공-북한 측에 제시하면서 연합군 대표단 수석대표는 "이를 기반으로 휴전을 수용할 수 있는 유일하게 열려있는 접근 경로"라고 강조하였습니다. 워싱턴으로부터 받은 지시에 따라 해리슨 장군은 자신의 발표 후 즉시 공산 측에 10일의 숙고기간을 제안했습니다. 공산 측은 회의 중단을 요청했고 회담은 몇 시간 후 재개되었습니다. 이에 남일 장군은 유엔 측의 이 3가지 제안에는 새로운 것이 전혀 없고 전쟁포로의 송환 거부를 위장한 방책임을 논증하려고 애썼고 연합 대표단에게 자신이 7월 18일 제시했었던 제안(20,000명의 중국 포로를 포함한 약 116,000명의 본국 송환)을 재검토할 것을 요청했습니다.

　이를 위해 그는 회담을 9월 8일에 재개하겠다고 수용했습니다. 그러자 해리슨 장군은 그러면 그날 자신의 제안에 대한 공산 측의 답을 기다리겠노라고 말했고 남일 장군은 자신이 한 발표가 그러한 답을 설정한 것인지의 여부에 대해 말을 하지 않았습니다.

미 국방부 대변인은 다른 한편, 국무부의 해당 회의에서 현재 한국에 있는 적의 병력 수는 전선의 348,000명을 포함한 1,049,000명에 이른다고 보고했습니다. 이전에 보고된 수치에 비해 명백한 증가를 보여주는 이 수치는 연합군 당국이 최근 실시한 재평가의 결과입니다. 따라서 특별한 의미를 부여할 필요는 없습니다.

보네

【100】 한국문제에 대한 미국의 계획(1952.10.6)

[전　　　　보]　한국문제에 대한 미국의 계획
[문　서　번　호]　2267-2273
[발　　신　　일]　1952년 10월 6일 14시 15분
[수　　신　　일]　1952년 10월 6일 20시 20분
[발신지 및 발신자]　뉴욕/오프노(주유엔 프랑스대사)

워싱턴 공문 제1251-1257호

본인의 전보 제2210호 참조

미 국무부에서 제가 가졌던 회담들은 한국에 관한 미국의 의도에 대해 우리가 이미 알고 있었던 것에 아주 새로운 것을 덧붙일 것이 없었습니다. 다음과 같은 사항들이 확인되었습니다.

1. 미 대표단은 한국문제에 관한 즉각적인 토의는 요청하지 않을 것입니다. 딘 애치슨 국무장관도 자신의 담화에서 일반적인 사항들만 언급할 것입니다. 그러나 만약 소련 대표단이 이 주제에 대한 토론을 즉시 열자고 주장한다면 미 대표단은 같은 방향의 의사를 표명할 것입니다.

2. 저와 회담을 나누었던 사람들은 결의안 A의 마지막 표현이 얼마나 상당한 정도까지 프랑스와 영국의 의견을 고려한 것인지를 강조했습니다. 저는 기꺼이 동의했고, 분쟁의 마지막 사항에 관해 연합 측 협상가들이 취한 입장에 대해 완전히 동의하지는 않음은 감추지 않고 개인적으로 대략 살펴 볼 때 계획안은 수용 가능해 보인다고 덧붙였습니다.

3. 중공-북한 당국이 총회를 통해 그들에게 보낼 호소에 응답하지 않거나 부정적으로 답할 경우 미 국무부는 여전히 결의안 플랜 B를 제출할 의도를 가지고 있습니다. 저와 대담을 나눈 사람들은 이 권고가 총회의 대다수에게서 유보적으로 받아들여 질 수 있음을 인정했습니다. 그들은 이 계획안에는 군사작전의 확산이나 만주기지의 폭격에 대해 다루어지지 않고 있다고 강조하는데 열중했습니다. 그리고 금수조치는 연안의 봉쇄를 의미하는 것이 아니며 단지 모든 회원국이 중국과의 무역을 이미 일부 국가가 적용하고 있는 제한에 따르도록 하는 것이라고 설명했습니다. 그들은 전문가들의 견해대로라면 효과적인 전면 금수조치야 말로 3개월 내에 중공-북한이 휴전협정에 서명하도록 만들 것이라고 덧붙였습니다. 저는 이 말에 회의감을 감추지 않았습니다. 해외로부터의 수입은 현재 중국 경제에서 무시할 만한 수준입니다. 전면 수입 중단은 중국의 비타협적 태도를 약화시키기보다는 오히려 강화시킬 위험이 있을 것입니다. 중국의 체면을 손상시킬 이 헛된 압박에 중국은 다른 전장, 특히 인도차이나를 향한 교란작전으로 대응하려 시도할 수 있습니다. 금수조치가 기대한 결과를 가져오지 못한다는 사실이 마침내 알려졌을 때 미국 정부는 필연적으로 해상 봉쇄, 만주 폭격, 소위 전술적 무기 사용 등 더 강력한 조치들을 제안하게 될 것입니다. 이들은 단지 형식적으로 부정할 뿐이었습니다.

4. 미 국무부에서는 중공-북한 당국이 통합사령부의 최근 제안을 수용할 것으로 기대하지 않습니다. 여기서는 멕시코 계획안을 호의적으로 고려하지 않고 있으며 그 계획안을 실제로 행했을 때 직면하게 될 모든 실질적 어려움을 강조하는데 그칩니다. 그러나 유엔으로서는 원칙적으로 어떤 이의도 제기할 수 없을 것이며, 만약 중공-북한이 이를 토론의 토대로 받아들인다면 통합사령부는 이 계획안을 배제할 수는 없다는 점을 모두 인정합니다.

한국문제에 관해 제가 들었던 언급들 중 지배적인 평가는 당혹스러움입니다. 선거운동에서 날마다 점점 더 중요한 역할을 하는 것을 고려한다면 쉽게 설명이 됩니다. 행정부에 반대하는 측은 행정부가 미국을 이 모험에 개입시켰고 그것을 끝내기 위해 충분히 강력한 수단을 사용할 수 없었다고 비난합니다. 바로 이 때문에 국무부는 11월 4일 이전에 휴전협정이 이루어지길 원하고 유화와 포기의 길로 이 결과를 추구한다고 비난받을까봐 두려워합니다. 저는 가끔 미국 정부가 일부 책임을 지게 하는 범위 내에서 이루어지는 유엔의 중재 개입은 미 담당자들의 은밀한 희망을 어느 정도 충족시킬 것이라는 인상을 받았습니다. 현재의 정치적 필요성은 미 대표단이 큰 소리를 내도록 만들 것입니다. 미 대표단이 비타협적 태도에도 모든 동맹국들이 따르기를 바라고 있는지는 불분명합니다. 영국대사는 저와 마찬가지로 미국 결의안 초안에 대한 프랑스와 영국의 반응이 고려되었다는 사실과 현재 교착상태에서 빠져나오기 위한 우리의 의견을 요청하는 미국의 집요함에 놀랐습니다. 한편 저는 그들에게 인내와 신중함만 권고할 수 있을 뿐이었습니다. 호랑이 등에 올라타는 것이 내려오는 것보다 쉽다는 인도 속담을 상기시켜 주었더라면 좋았을 것입니다.

오프노

【101】 한국의 정치 상황(1952.10.6)

[전보(외교행낭)]	한국의 정치 상황
[문서번호]	1928
[발신일]	1952년 10월 6일
[수신일]	미상
[발신지 및 발신자]	도쿄/드장(주일 프랑스대사)

브리옹발 씨로부터의 문서 제52호

부산 1952년 9월 28일 발신, 도쿄 1952년 10월 6일 수신

인용

얼마 전부터 새로운 정치 위기에 대한 예후가 눈에 띄었습니다.

이 대통령은 재선 이후 겉으로는 자신의 활동을 장기간의 서울 방문과 전방 순회 등으로 제한하고 있지만 여러 정치 당파들 그리고 적어도 부산의 일부 인구는 이 박사가 7월 중순부터 예고한 바대로 새로운 헌법 개정을 제안하려는 계획과 관련된 은밀한 술책을 불안스레 예감하고 있습니다. 실제로 7월 17일부터 그의 최근 '강권 발동'으로 형성된 분위기를 이용하여 대통령은 조만간 7가지 사항을 채택하라고 권고할 것임을 암시했었는데 여기에 그의 독재 욕망과 '국민의 뜻'이라는 경찰 명령은 그 의도를 충분히 드러냅니다.

사실상, 이 제안들은 다음과 같은 목적을 가지고 있습니다.
- 아래 사항을 국회에서 철회하여 유권자 2/3의 결정에 맡긴다.
- 정부의 형태 또는 국가의 미래에 영향을 미치는 계획의 승인
- 대통령 직무수행 장애사유 및 파면 결정

- 다음에 대하여 예외적으로 엄중한 법률을 마련한다.
- 자신의 특권 교사 또는 남용이 입증된 국회의원
- 금전매수 또는 공금횡령이 입증된 정부의 고위 공무원
- 개인 또는 조직 누구든지 외국의 힘에 의존하여 국가의 권위와 명예에 도전함으로 공화국의 활동을 마비시키려고 드는 자
- "자신들의 이익을 위해 봉사해달라는 국민의 뜻을 저버리는" 국회의원들을 회부할 권리를 유권자들에게 부여한다.
- 다른 쪽과 마찰을 일으키는 입법권, 행정권 또는 사법권 중 하나에 의한 모든 공작은 국민투표, 특별법원 및 인민재판에 회부한다.

그러나 이 대통령은 이번에는 분명 지난번과 같은 정도의 위기를 피하길 바라고 있을 것이므로 국회 안팎으로 사전 지지를 확보하고 정부 내에서 있을 수 있는 저항을 배제하기 위해 노력하고 있는 것으로 보입니다.

한편으로는, 2개월 전에 자신이 비난했던 원외자유당(본인의 전보 제43호)과 뻔뻔하게 다시 후원을 재개하고 장관직과 요직을 나누어주면서 최근 그는 며칠 만에 60여 명의 국회의원과 손을 잡았고 이러한 유일 정당 정치의 출현에 언론이 우려를 표할 정도입니다.

다른 한편, 이제는 조정자로서의 필요가 없어지고 이승만 박사의 새로운 계획에 실질적으로 일부 방해가 될 수 있는 국무총리 장택상은 약 일주일 전부터 다름 아닌 원외 자유당으로부터 이상한 공격을 받아오고 있습니다. 이 당은 발표와 게시문 등을 통해 장택상이 자신의 직권을 남용하며 옛날 서울 시장이었던 한 일본인의 최근 부산 체류를 "소위 상업적 목적으로" 도왔다고 비난하는 것입니다.

단지 명함 한 장을 중심으로 꾸며진 이 새로운 코미디를 보면서 자신의 새로운 공세를 펼치기 직전에 당연히 좀 더 유연한 국무총리를 손에 넣고자 하는 이승만 박사의 솜씨를 의심하지 않을 수 없습니다.

한국의 여러 계층에서 볼 수 있는 상당히 전반적인 우려와 분개한 이범석 장군이 완고한 그룹의 중심에 견고하게 자리를 잡은 원외 자유당 자체 내의 분열을 볼 때, 국회를 수동적 역할로 축소하고 국회의원을 순종하게 만들며

심지어는 이 국회의원들이 유엔위원회 또는 다른 외국 증인들에 호소하지 못하도록 만들려는 대통령의 제안은 매우 심각한 저항 없이는 진행될 수 없을 것이라고 생각하게 됩니다.

인용 끝.

드장

【102】 한국 전방의 상황(1952.10.8)

[전 보]	한국 전방의 상황
[문 서 번 호]	1935-1937
[발 신 일]	1952년 10월 8일 09시 00분
[수 신 일]	1952년 10월 8일 18시 30분
[발신지 및 발신자]	도쿄/드장(주일 프랑스대사)

보안

사이공 공문 제1213-1215호
국방부에 긴급 전달 요망

10월 6일 아침부터 적의 공격이 계속되고 있습니다. 7일 낮에는 문동 동부를
제외한 전방 전체 연합군 진지들을 향한 47회의 새로운 공격이 펼쳐졌습니다.
공산군의 항공기는 1개 소대부터 2개 대대에 이르는 병력으로 주도되었습니
다. 참여한 대대의 수는 총 16개로 추산되고 월요일에는 연합군 전진기지 10개
를 뺏겼습니다. 7일 저녁까지 2개의 전진기지만 되찾았습니다. 적군은 다음 세
지점에 주로 열중했습니다.

1. 전방 서쪽 해군 제1사단 구역
2. 프랑스 대대 구역, 철원 지역
3. 남한군 사단 구역, 금성 동쪽의 '캐피톨'

적의 9개 중대가 주요 전선에서 공격자들을 제압한 프랑스 대대에 맞서 전투
에 가담했습니다. 10월 6일부터 우리 분견대는 17명의 사망자, 61명의 부상자와

47명의 실종자를 포함하여 125명의 인명손실이 발생했습니다. 7일 하루에 발생한 전방 전체 연합군의 사상자는 총 1,300명으로 사망자 200명, 부상자 919명, 실종자 144명입니다. 같은 날 공산군의 인명손실은 3,400명으로 추산되며 그중 30명의 병사가 생포되었습니다. 중국도 포로들을 체포하기 위해 애를 쓰고 있습니다.

서해안에 영국 항공모함 '오션'은 안주와 해주 사이를 운항하는 미그 편대 4대의 존재를 밝혔습니다. 공산군 항공기가 38선 부근에서 발견된 것은 몇 달 만에 처음입니다.

드장

【103】 한국 전방 상황에 대한 미 국무부의 보고(1952.10.9)

[전   보]   한국 전방 상황에 대한 미 국무부의 보고
[문 서 번 호]   6843-6847
[발   신   일]   1952년 10월 8일 19시 20분
[수   신   일]   1952년 10월 9일 01시 30분
[발신지 및 발신자]   워싱턴/보네(주미 프랑스대사)

보안

2급 비밀

뉴욕 공문(우편) 제1052-1056호

오늘 미 국무부 회의에서 국방부 대변인은 한강 하구에서 북한강 동쪽까지 전방의 여러 지점에서 6일부터 7일 사이의 밤에 시작된 공산 측의 공세에 대해 다음과 같은 설명을 했습니다.

1. 워싱턴 시간으로 10월 8일 오늘 아침, 적은 48시간 전부터 점령된 4군데 진지만을 유지하는데 성공했다. 가장 심각한 침투는 철원 북서쪽 5마일 지점에 위치한 395번 고지의 남한군 제9사단 구역에서 있었지만 사실상 돌파는 아니었다.

2. 전방의 중앙 지역에서 적군은 제한된 수의 탱크를 사용했고 제1군단 구역에서도 탱크가 포착되었다.

3. 최근 일주일 동안 공산군의 포격은 새로운 기록을 세웠다. 215,000발 이상

을 발사되었고 그중 101,000발은 10월 6일에서 7일 밤과 10월 7일 하루 동안 발사된 것이다.

4. 지금까지 극동 미 사령관은 현재의 공세가 전면 공격의 서곡이라고 보지는 않는다. 다음과 같은 이유 때문이다.

1) 최근 적군의 후방에서 군대의 대대적 움직임이 전혀 포착되지 않았다.
2) 전방 대부분의 지역에서 공격의 기세는 이미 사라졌다.
3) 적군은 초기에 그들이 거두었던 승리를 모색하지 않았다.
4) 공산군의 최전선 집결은 제한된 성격의 공격을 허용할 뿐이다.
5) 적의 대폭적 포격은 방어 계획의 증거이다.
6) 중공-북한의 새로운 포병부대가 전방에서 멀리 떨어진 곳에 대기 중이다.
7) 적군의 발포는 거의 전적으로 연합군 포병중대를 소홀히 했다. 10월 6일부터 8일까지 실제로 연합군 포병중대에 대한 발포가 1,000회 미만이었다.

따라서 마크 클라크 유엔 총사령관의 참모부는 중공-북한군의 참모부가 우선 "모든 전방에서의 적극적 방어"를 계획하고 있다고 보고 있습니다. 미 국방부에 따르면 적은 이를 위해 20개 보병사단, 두 개 대전차사단, 1개 로켓사단과 1개 탱크독립연대를 지상에 배치시키고 있습니다.

적의 지상 예비군은 30개 보병사단, 1개 기계화사단, 그리고 일부 특수부대로 추정됩니다.

보네

【104】 신화통신의 한국 휴전회담 상황 보도(1952.10.10)

[전　　　보]	신화통신의 한국 휴전회담 상황 보도
[문 서 번 호]	2083
[발　신　일]	1952년 10월 10일 14시 00분
[수　신　일]	1952년 10월 10일 20시 18분
[발신지 및 발신자]	모스크바/브리옹발(주소련 프랑스대사관 참사관)

한국 휴전회담에 관하여 『프라우다』는 오늘 아침 개성 주재 신화통신 특파원의 10월 8일자 공보를 다음과 같이 보도했습니다.

"오늘 양측 대표단은 본회의를 열었다. 남일 장군은 9월 28일의 미국 측 제안이 포로들을 강제로 잡아두려는 미국의 이전 요구사항들을 반복하는 것들이어서 제네바협약 및 이미 수립된 휴전협의안에 규정되어 있는 양측 모든 포로들의 본국송환 원칙에 완전히 모순되므로 채택될 수 없다고 선언했다.

중공-북한 대표단은 모든 포로의 본국송환 원칙을 지지하면서 미국이 그들의 제안에 수정하는 시늉을 한 사항들을 신중하게 검토했다. 중공-북한은 포로 교환을 이행하기 위해 모든 포로를 비무장지대로 이송한다는 미국의 제안을 수용하고, 제네바협약 및 휴전협의안의 규정에 완전히 일치하는 좀 더 합리적이고 구체적인 송환계획을 제시했다.

그러나 미 대표단 수석대표 해리슨은 최후통첩의 말투로 우리가 미국의 제안을 수용할 때까지 회담은 중단될 것이라고 선언한 뒤 남일 장군의 답변을 듣지도 않고 도시를 떠났다.

이리하여 남일 장군은 해리슨의 그토록 오만한 태도가 미국이 한국의 휴전에 관심이 없다는 것을 명백하게 보여주는 것이라고 지적했다. 미국은 한국전쟁의 연장 및 휴전협상의 연기 또는 중단에 전적인 책임을 져야한다".

이어서 중국공산당 중앙위원회는 『인민일보』의 10월 9일자 「한국의 휴전협상을 파탄시킨 미 제국주의의 검은 계획을 깨부수라」라는 제목의 사설로 분석을 내놓았습니다.

　이 중국 공산당 일간지는 빠른 휴전회담 체결을 위해 중공-북한 대표단은 한국 분쟁의 "신속하고 공정한 해결책을 고려한 새로운 제안"을 했다고 회고했습니다. 신문은 중공-북한의 노력과 미국의 나쁜 의도를 암시하며 "전 세계 사람들은 더 이상 이 상황을 받아들일 수 없으며 미 침략자들은 반드시 회담의 연기와 중단에 대한 무거운 책임을 지게 될 것"이라고 덧붙였습니다.

　『인민일보』는 중공-북한은 회담의 지속과 제네바협약의 존중, 그리고 포로들이 집으로 돌아갈 권리를 위해 싸우기로 결심했다고 결론을 맺습니다. 평화를 사랑하는 국민들은 중국과 북한의 편이며 "미 침략자들의 모든 범죄 계획을 깨부수고 한국문제의 평화적 해결을 얻어내기 위해 그들과 끝까지 싸울 것"을 확신한다는 신념을 표명했습니다.

브리옹발

【105】 한국 전방의 상황(1952.10.10)

[전 보]	한국 전방의 상황
[문 서 번 호]	1945-1947
[발 신 일]	1952년 10월 10일 05시 30분
[수 신 일]	1952년 10월 10일 12시 55분
[발신지 및 발신자]	도쿄/드장(주일 프랑스대사)

보안

사이공 공문 제1218호
국방부에 긴급 전달 요망

10월 8일 하루 동안 적의 포병대는 93,000발의 대포와 박격포탄을 발사하는 새로운 기록을 세운 반면 연합군 포병대는 39,000발을 발포했습니다.

공산군의 공격은 8일 동쪽 지역을 제외한 전방 전체에서 지속되었습니다. 그들의 모든 공격은 격퇴 당했습니다. 적의 공격은 철원 서쪽에 있는 한국군 제9사단에 대해 특히 맹렬했던 반면 프랑스 대대에 대해서는 교란작전을 실시했습니다. 한국군 제8사단 구역에서 '백마고지'는 12번이나 주인이 바뀌었습니다. 가장 최근 소식으로 이 진지는 점령당하지는 않았고 두 개 포병대가 발포를 계속하고 있었습니다.

3일간의 격렬한 전투 후, 전체적으로 주요 저항선은 유지되었고 8개의 전진 기지가 여전히 적의 손에 머물렀습니다. 제2사단 사령관인 프라이 장군은 10월 8일 한 언론 발표에서 연합군의 '화살머리' 고지 방어에 있어 프랑스 대대의 활동에 대해 크게 칭찬했습니다. 그는 모든 군이 이와 같은 위업에 대해 자랑스러

울 것이라고 말했습니다. 그는 남한을 향한 침략 코스로서 철원지역의 가치를
부각시켰습니다.

드장

【106】 한국 전방의 상황(1952.10.10)

```
[ 전        보 ]  한국 전방의 상황
[ 문 서 번 호 ]  1953-1954
[ 발    신    일 ]  1952년 10월 10일 19시 53분
[ 수    신    일 ]  1952년 10월 10일 17시 28분
[발신지 및 발신자]  도쿄/드장(주일 프랑스대사)
```

보안

사이공 공문 제1224호
전쟁부장관에 긴급 전달 요망

10월 9일 하루 동안, 47,000발의 포환을 발사한 적의 주요 노력은 여전히 소위 백마고지라 불리는 395고지에 집중되었습니다. 한국군 제9사단 구역에 중국군은 1-2개의 사단을 투입한 것으로 보입니다. 빼앗긴 한 전진기지[1]를 한국군이 되찾았습니다.

1개 중국 중대가 다시 한 번 프랑스가 지키고 있는 281고지(화살머리고지)를 공격했습니다. 1시간 반의 전투 후에 그들은 격퇴 당했습니다.

3개 사단, 즉 미군 제3사단, 제40사단, 한국군 제8사단으로 구성된 연합군 예비군은 제9군단 구역의 중심에 배치되었습니다.

어제 유엔 측의 인명손실은 896명이었고 그중 사망자가 184명, 부상자 702명, 실종자는 10명이었습니다. 프랑스 대대에는 7명이 부상을 당했습니다.

드장

---

[1] Bigflnori.

【107】 미국 선거와 한국 상황(1952.10.10)

[공 문 (우 편)]	미국 선거와 한국 상황
[문 서 번 호]	4547/AS
[발 신 일]	1952년 10월 10일
[수 신 일]	미상
[발신지 및 발신자]	워싱턴/보네(주미 프랑스대사)
[수신지 및 수신자]	파리/로베르 슈만(프랑스 외무부장관)

　몇 주 전부터 『뉴욕헤럴드트리뷴』은 마가렛 히긴스[1] 기자가 부산과 도쿄로부터 보낸 한국 상황에 대한 일련의 기사를 게재해왔습니다.

　10월 6일자 신문에 게재된 이 기사들 중 하나는 그 내용에 포함된 정보 때문만이 아니라 기사 발행이 특별히 강조되는 상황 때문에 특히 주의를 기울일만합니다.

　이 기사의 주제는 휴전협상이 지속되면서 중공-북한은 상당한 정도로 그들의 군사력을 증강할 수 있었고 베이징 정부는 전쟁 상황의 연장을 구실삼아 중국에 대한 통제력을 강화하여 그 어느 때보다 강력해질 수 있었다는 것입니다.

　이 뉴스에 따르면, 유엔은 1년 전에 필요했을 병력의 적어도 두 배 병력을 투입하고 훨씬 더 막대한 손실을 겪어야만 현재 한국에서 승리할 수 있다고 합니다. 실제로 적은 병력만 두 배로 강화한 것이 아니라 장비 및 병사들의 질도 향상되었습니다. "유엔은 더 이상 한국에서 활약 중인 이 아시아 군의 역량을 가늠하지 못한다. 유엔은 역사상 중국 본토의 가장 노련한 아시아 군대에 맞서 싸워야 하는 것"이라고 합니다 다른 한편, 마가렛 히긴스에 따르면 공산주의 세력의 "잔인한" 통합이라는 의미에서 중공의 국내 상황도 동시에 진화했습니다.

---

[1] 마가렛 히긴스(Marguerite Higgins, 1920-1966). 한국전쟁에서 활약한 미국 종군 여기자.

전쟁 상황을 이용하여 정권은 반대자들의 물리적 숙청을 다른 어떤 위성국보다 빠른 속도로 진행했습니다.

"중국 인민들은 국가의 손안에서 다루기 쉬운 도구가 되었다."

이러한 상황에서, 순전히 군사적 관점에서 볼 때 날마다 점점 이기기가 힘들어지는 적은 "휴전을 바랄 이유가 그 어느 때보다 적다"는 것입니다. 연합군 공군이 북한에서 실행하고 있는 파괴작업은 당연히 산업적 잠재력과 사람들의 사기에 영향을 미치지만, 공산군 최고사령부가 전략구상에 있어 북한 인민의 사기를 고려하는지는 알아볼 일입니다. 마가렛 히긴스는 휴전협상이 열렸을 시점에 군사 상황이 어떠했는지 회상하면서, 유엔군이 자기들의 장점을 활용할 수 없고 제한된 전투에 그쳐야 했다면 이 결정은 "한국군 사령관의 견해에 반대한" 워싱턴에 의해 내려진 것이라고 강조합니다.

이러한 기사는 두말할 나위 없이 마가렛 히긴스가 정보를 얻어 인용하는 도쿄의 특정 미국인 사회의 심리상태를 반영합니다. 그러나 현 상황에서 그 영향력은 군사적 현실과 정치적 제약 사이의 차이에 대한 설명 범위를 넘어서는 것으로 보입니다. 바로 그 때문에 아이젠하워 장군을 위해 선거운동을 벌이는 『뉴욕헤럴드트리뷴』은 유명 기자의 재능을 이용하여 필요하다면 선거운동의 가장 뜨거운 쟁점 중 하나인 문제에 대한 유권자들의 관심을 촉구해야 한다고 생각했을 것입니다. 최근 판문점과 전방에서 펼쳐진 국면은 민주당 행정부가 모든 면에서 한국에서 실패했다는 느낌을 여론 곳곳에 더 강화할 뿐임은 자명한 일입니다. 언론에 매일 등장하는 수치와 목록에서 알 수 있듯이 미국의 손실이 증가하고 있는 시점에서 여론은 군사적 정치적 실패의 결과를 보고 반발하며 현 정권에 책임을 돌리지 않을 수 없는 것입니다.

공화당은 해결책을 구체적으로 제시하지는 않으면서 이 상황을 최대한 활용하는 것을 빼놓지 않습니다. 연사들은 단지 이 상황을 종결할 거라고 암시할 뿐이고 그들은 이렇게 청중들의 간절한 바람에 대처한다는 것을 알고 있습니다. 아이젠하워 장군은 어제 샌프란시스코에서 마가렛 히긴스의 논거를 다시 언급하면서 다음과 같이 밝혔습니다.

> "1951년부터 우리는 냉전 전략에서 쓴 교훈을 배웠습니다. 우리는 적이 그 모든 시간을 어떻게 사용하여 오늘날 이전보다 두 배로 강력해진 자신의 군사력을 재건했는지, 소련의 계략이 어떻게 완벽하게 계획되고 완벽한 타이밍에 맞춰 완벽하게 실행되었는지 이제 알게 되었습니다. 15개월 전부터 자유세계 외교단은 곰 구덩이에 빠진 상태에서 그 벽을 넘으려고 노력 해왔습니다. 이제 이것은 아시아 내 이 지역의 우리나라 '방위 경계선'을 표시하는 피의 전선입니다."

민주당 연사들은 이 문제의 국제적 국면을 언급하고 아이젠하워 장군 스스로도 자신이 비판하고 있는 특정 결정의 구상에 참여했다고 비난하면서 이러한 공격에 대응합니다. 그러나 이 부분에 있어 어떤 변화의 희망에 매우 민감한 청중을 선동적이기까지 한 발언으로 깊은 인상을 남긴 상대에 비해 민주당 연사들의 역할이 더 어려운 일임은 인정해야 합니다.

보네

【108】 공화당, 그리고 한국군으로 주한 미군 대체(1952.10.10)

[공 문 (우 편)]	공화당, 그리고 한국군으로 주한 미군 대체
[문 서 번 호]	4547/AS
[발 신 일]	1952년 10월 10일
[수 신 일]	미상
[발신지 및 발신자]	워싱턴/보네(주미 프랑스대사)
[수신지 및 수신자]	파리/로베르 슈만(프랑스 외무부장관)

아이젠하워 장군은 10월 2일 샴페인(일리노이 주)에서 행해진 연설 중에 미국은 2천만 명이 살고 있는 남한이 스스로의 방어선을 지킬 수 있도록 모든 최선을 다해야 한다고 말했습니다. 한국 전방 대부분의 충돌을 미군이 감당하도록 하는 것은 "상식적이지 않다"고 장군은 덧붙였습니다.

> "우리는 아시아가 서양의 백인을 적으로 여기지 않기를 바랍니다. 그 쪽에
> 서 전쟁이 일어나야 한다면 우리는 자유라는 문제에 있어 지원할 뿐 그것은
> 아시아인과 아시아인 간의 싸움입니다."

쉽게 상상할 수 있듯이, 이 말은 한국전쟁과 관련된 모든 것에 지쳐있는 미국 여론에 적지 않은 반향을 불러일으켰습니다.

장군의 연설 중 앞에서 인용한 대목에 암묵적으로 담겨있는 미 제8군 "청년들"이 하루빨리 되돌아오게 한다는 주장은 사실 큰 인기를 얻지 않을 수 없습니다. 우리 대사관의 공문이 여러 차례 지적한 것처럼 이 주장은 공화당 '선거강령'에 가장 자주 출현한 주장 중 하나입니다. 그리고 공화당 후보의 개성에 따라 다니는 훌륭한 군대전문가로서의 평판은 이 문제에 대해 샴페인 주에서 그가 발표했던 내용에 대중의 관심을 당연히 끌 수밖에 없게 만들었습니다. 이 발표

에는 국민당 중국 군대를 한국에서 싸우도록 파견하려는 공화당 우익의 요구에서 그 정치적 경향이 드러납니다.

또한 10월 4일 태프트[1] 상원의원은 오하이오 주 콜럼버스에서, 존 포스터 덜레스 국무부 고문은 뉴욕 주 로체스터에서 그 전날 아이젠하워 장군이 한 발언에 열렬히 동조했습니다. 장군이 고안한 해결책은 소련이 한국전쟁을 계속하려는 "두 가지 이유"를 제거할 것이라고 덜레스 씨는 강조했습니다.

1. 이 전쟁은 "먼 나라 반도"에 미군을 동결한다.
2. "인종 전쟁"처럼 여겨지는 이 지역에서 미군의 존재는 소련에게 "거대한" 정치선전의 성공을 가져다준다.

10월 5일 듀이[2] 주지사는 뉴욕의 한 TV 방송에서 아이젠하워가 대선에서 승리하면 1년 후에는 한국 전선의 90%가 남한 군대에 의해 지켜질 것이라고 밝히며 공약을 고조시켰습니다.

이와 관련하여 주지사는 자국민들에게 심지어 기록적으로 단기간 내에 인도차이나에 150,000명의 정부군을 구성하는데 성공했던 프랑스 정부를 예로 들기도 했습니다.

* * *

미군을 한국군으로 대체한다는 생각에 관한 아이젠하워 장군의 발언을 둘러싼 미 언론과 공화당 지도자들의 열광은 제 의견으로는 상투적인 말들을 따르고 거의 호들갑을 떠는 전형적인 미국 대중의 경향이라고 생각됩니다. 선거기간에는 그 어느 때보다 더 심해지고 말입니다.

트루먼 대통령과 러베트[3] 국방장관은 아이젠하워 장군에게 하는 답변에서

---

[1] 로버트 태프트(Robert A. Taft, 1889-1953). 미 공화당 상원위원회 위원장(1944-1953).
[2] 토머스 듀이(Thomas E. Dewey, 1902-1971). 미국 뉴욕 주 주지사(1943-1954).

민주당 정부는 약 2년 전부터 공화당 후보가 샴페인에서 권장한 방향으로 책임져왔다는 점을 강조하는 유리한 패를 내놓았습니다. 러베트 장관은 특히 지금 현재 상황을 다음과 같이 밝혔습니다.

1. 한국군은 약 400,000명에 달하고 이는 주한 미군의 50%를 넘는 수치이다. 게다가 이 400,000명에는 미국 정부의 지원을 받는 '한국 노무단[4]'이 포함되지 않았다.
2. 한국군의 손실은 미군의 손실보다 50% 더 높았다.
3. 한국군 신병 훈련은 훌륭한 장교와 하사관들을 배출했다.

한국군이 미군을 전적으로 대체할 수 있는 시기에 대해서는 해결하기가 그렇게 쉽지 않은 문제라고 국방장관은 말했습니다.

『워싱턴이브닝스타』가 정확히 지적한 바와 같이, 유엔의 입장에 대해 중공이 이토록 강한 위협으로 압박하고 있는 시점에 한반도에서의 미군 철수 구상은 "가혹한 정치적 군사적 현실과 양립하기 힘들 수" 있습니다.

* * *

그럼에도 불구하고 10월 2일 아이젠하워가 했던 발언이 미국 유권자들에게 어떤 영향을 미칠 것은 확실합니다. 이 유권자들 중 한국 분쟁의 양상에 속은 많은 이들이 이 난관에서 벗어나기 위한 모든 방법을 받아들일 준비가 되어있기 때문입니다.

보네

---

3) 로버트 러베트(Robert A. Lovett, 1895-1986). 트루먼 행정부에서 국방차관보 이후 국방장관이됨. 한국전쟁 시 군축프로그램을 계획함. 미 외교정책의 핵심원로였음. "Undersecretary of State"라는 직함이 당시 『조선신문』에는 "국방장관 대리"로 소개되었음
4) Korean Service Corps(KSC): 미 8군 지원단으로도 불림.

【109】 적이 백마고지를 장악하려는 이유(1952.10.14)

[전 보]	적이 백마고지를 장악하려는 이유
[문 서 번 호]	1958-1959
[발 신 일]	1952년 10월 14일 10시 00분
[수 신 일]	1952년 10월 14일 09시 41분
[발신지 및 발신자]	도쿄/드장(주일 프랑스대사)

보안

전쟁부장관에 긴급 전달 요망

사이공 공문 제1226-1227호

10월 13일부터 전방 전체에 평온이 되찾아왔습니다. 그러나 6일 오전부터 21번이나 주인이 바뀌었고 현재 남한군대의 점령 하에 있으며 중국의 새로운 공격을 받고 있는 395고지(백마고지)는 예외입니다.

포로들의 심문조서에 따르면 이 고지를 장악하려는 공산군 사령부의 악착스러움은 다음과 같은 이유 때문입니다.

1. 문제의 이 고지는 철원 계곡을 장악한다.
2. 이 고지의 포획은 유엔군이 인근으로 어느 정도 철수하도록 만들 것이고 접촉선의 확장을 유도할 것이다.
3. 이 지점의 성공은 중공군 제38군의 사기를 높일 수 있다.
4. 중국은 연합군의 공격을 예상하고 선수를 쳤다.
5. 공산 측은 휴전협상에서 자신들의 입지를 강화하기를 원했다.

지금까지 미 참모부는 최근 전선의 2/3에서 개시된 매우 강력한 국지적 전투를 대규모 공세의 전주곡으로 간주하지는 않고 있습니다.

드장

【110】해리슨 장군에게 보낸 남일 장군의 답장(1952.10.14)

[전   보]   해리슨 장군에게 보낸 남일 장군의 답장
[문 서 번 호]   1960
[발 신 일]   1952년 10월 14일 08시 00분
[수 신 일]   1952년 10월 14일 12시 44분
[발신지 및 발신자]   도쿄/드장(주일 프랑스대사)

사이공 공문 제1228호

　10월 11일 중국 연락장교는 남일 장군이 전날 해리슨 장군 앞으로 보낸 편지를 미국 연락장교에게 전달했습니다.
　이틀 전 해리슨 장군이 했던 성명에 답하고 있는 이 편지는 다음과 같이 작성되었습니다.

　　"전쟁포로의 본국송환 문제를 협상으로 해결하기 위해 10월 8일 우리가 제시한 합리적인 제안을 무시하고 귀측은 일방적으로 무기한 중단을 선언하고, 우리에게 발언할 시간도 주지 않고 회담을 그만두고, 전 세계가 관심을 갖고 있는 한국 휴전협상을 파기했습니다. 이 일련의 불합리한 행동은 귀측이 조직적으로 협상을 방해한다는 것을 명확히 보여주고 있습니다. 이것은 전 세계 평화 민족들이 절대 용납할 수 없는 일입니다.
　　전쟁포로 본국송환 문제 논의 시작부터 귀측은 1949년 제네바협약을 완전히 위반한, 실은 전쟁포로의 강제 억류에 불과한 자칭 자발적 송환의 제안을 끊임없이 주장했습니다. 귀측은 협상 중에 문제를 해결하기 위해 신중한 노력을 전혀 하지 않았습니다. 귀측은 비합리적인 요구를 만족시키기 귀하는 회담 안팎에서 일련의 도발적 행위에 몰두했습니다. 이번에는 아예 협상을 거부하

고 우리 쪽에서 전쟁포로 송환 문제를 해결하기 위한 합리적 제안을 제시하려고 하는 순간 협상을 파기했습니다. 바로 이것이 협상을 중단하고 전쟁을 연장하기 위한 귀측의 술책을 총회가 승인하도록 유엔 총회 본회의에 대한 압력을 행사하기 위해 계획된 행동입니다.

한편 우리 쪽에서는, 휴전협상에 관한 모든 문제는 공정하고 합리적인 기초를 바탕으로 논의에 의해 해결되어야 한다고 일관적으로 주장해왔습니다. 한국 휴전협정 체결에 방해가 되는 유일한 문제인 포로들의 본국송환 문제에 있어 우리는 제네바협약의 합리적 입장을 단호하게 주장하고 양측 간에 이미 합의가 이루어진 휴전 협의안의 조항들을 충실히 지킵니다. 우리는 양 진영에 의한 전쟁포로들의 전적인 본국송환의 공정하고 합리적인 원칙을 결코 포기하지 않을 것입니다. 그러나 해결을 용이하게 하기 위해 우리는 모든 전쟁포로의 석방 및 본국송환에 대한 방법과 절차가 협상에 의해 정해질 수 있다고 생각했습니다. 이번 우리의 제안에서 우리는 모든 전쟁포로들이 교환되기 위해 중립지역으로 운송하는 문제에 있어 귀측의 의견을 수용했습니다. 전쟁포로 문제 해결에 있어 우리 측의 노력과 당신들의 독단적 협상거부와 중단 사이에는 매우 명백한 대비가 있습니다. 사실은 말보다 더 설득력이 있는 것입니다. 귀측은 한국 휴전협상을 해체하는 심각한 책임을 피할 수 없습니다.

협상을 거부하고 중단한 당신들의 행동에 관해 본인은 강력하게 항의하라는 지시를 받았습니다. 귀측의 행동의 결과에 전적인 책임을 져야만 할 것입니다."

국방부에 전달 요망.

드장

【111】 미국의 휴전회담 '방해공작'에 대한 공산 측의 분석(1952.10.15)

[전 보]	미국의 휴전회담 '방해공작'에 대한 공산 측의 분석
[문 서 번 호]	2112
[발 신 일]	1952년 10월 15일 14시 30분
[수 신 일]	1952년 10월 15일 18시 50분
[발신지 및 발신자]	모스크바/브리옹발(주소련 프랑스대사관 참사관)

오늘 아침 『프라우다』는 마지막 면에 미국의 휴전회담 '방해공작'에 대해 조선중앙통신사가 보도한 기사에 대한 긴 분석을 발표했습니다. 기자는 유엔총회 개회 전날 미국이 회담을 방해한 것은 이 행위가 미리 계획된 것임을 증명한다고 강조합니다. 유엔의 깃발 아래 자신들의 공격 목표를 감추고 있는 미 침략자들은 차기 총회 회의에서 그들의 침략 확산 계획을 승인하도록 자신들을 따르는 투표 기구를 이용해 미 대표단의 휴전협상 방해를 정당화하려고 하는 것이 틀림없다고 기사는 덧붙입니다. 기자는 요컨대 다음과 같이 쓰고 있습니다.

"이전 제안들과 전혀 다르지도 않은 제안을 새로 하면서 미국은 우리가 수용하지 않을 것을 알고 있었다. 게다가 그들은 우리의 새로운 제안 내용을 무시했다. 문제는 분명해진다. 회담 연장 및 방해 작전을 쓰는 미국은 평화를 원하지 않는 것이다. 미국 국방부장관의 발표 또한 미국의 한국전쟁 연장 계획을 증명하고 있다. 워싱턴의 의도는 지금부터 전쟁의 모든 짐을 이승만 군대와 자신의 위성국 군대들에 넘기고 갈등을 확산하는 것이다."

브리옹발

【112】 판문점 연합군 측 수석대표의 새로운 대안 3가지(1952.10.17)

[전   보] 판문점 연합군 측 수석대표의 새로운 대안 3가지
[문 서 번 호] 7026-7032
[발   신   일] 1952년 10월 16일 20시 15분
[수   신   일] 1952년 10월 17일 02시 30분
[발신지 및 발신자] 워싱턴/보네(주미 프랑스대사)

뉴욕 공문 제1093-1099호
본인의 전보 제6952호 참조

10월 11일 통합사령부 연락장교들에게 전달된 10월 8일자 중공-북한 측 답변 문서는 미 국무부를 통해 방금 제게로 전달되었습니다.

　　공산 측의 이 답변에서 연합군 측의 제안을 부분적이지만 수용하는 것으로 해석될 수 있었던 대목은 포로 송환문제에 대해 다음과 같이 밝힌 부분입니다. "그러나 문제 해결을 위해 우리 측은 항상 전쟁포로들의 석방 및 송환 방법과 과정이 협상될 수 있도록 강구했으며, 이번에 포로 교환을 위해 모든 포로들을 비무장지대로 이송하자는 당신들의 제안을 존중하고 받아들였다."

이 대목은 협상의 길을 여는 것처럼 보였을 수 있습니다. 사실상 그 이후 공산 진영으로부터 받은 추가 정보는 같은 맥락은 아닌 것으로 보입니다.

어제(한국 시간 10월 16일) 중공-북한 대표단이 연합군 연락장교에게 제출한 이 각서는 사실상 여전히 강제 송환을 강조하고 있습니다.

직전에 이 각서를 받은 극동담당 차관보는 오늘 오후 저의 보좌관 중 한 사람에게 이에 대해 알렸습니다. 이 각서는 모든 전쟁포로의 강제 송환에 대한 공산

측의 입장을 단호하게 재천명하고 통합사령부가 이 포로들에게 '민간 난민'에 해당하는 원칙을 적용하고자 한다고 비난했습니다.

이 문서는 "세계 모든 사람들이" 휴전협정 서명의 지연에 애를 태우고 있다고 지적합니다. 특히 아시아 태평양 지역의 국가들과 한국전쟁을 "여성전쟁[1]"으로 보는 미국 국민들에게조차도 마찬가지라고 강조합니다.

그리고 그들은 통합사령부가 9월 28일 3가지 제안을 하게 된 것은 유엔총회와 미국 선거가 가까워졌기 때문일 거라고 설명합니다.

중공-북한 측은 이 제안들이 "완전히 수용 불가능한" 원칙임에도 불구하고 9월 28일 본문에서 몇 가지 "합리적인" 제안을 그래도 받아들였다고 주장합니다. 따라서 이 각서는 중공-북한이 어떻게 송환을 요구하는지 다음과 같이 설명합니다.

1. 휴전협정이 발효되면 모든 포로는 양측이 합의한 교환 지점에서 상대편 수용소에 넘겨진다.
2. 합동 적십자사 팀은 그때 포로들에게 "평화로운 삶"을 영위하기 위해 집으로 돌아갈 수 있고 한국전쟁에 다시 참여하지 않을 것을 설명한다.
3. 이어 '중립' 위원회는 양측에 의해 작성된 목록에 따라 포로들의 신분을 확인하고 거주지에 따라 분류하고 그들의 본국송환이 빠른 시일 내에 이루어지는지 살필 수 있다.

존슨 씨는 중립지역에서의 포로 교환을 허용한다고 해도 상대 수용소에 포로들을 넘겨주는 것부터 시작하고 이어서 간단한 신원 확인만 포함하고 있는 10월 16일 계획을 자국 정부가 어떻게 수용할 수 있을지 모르겠다고 저의 보좌관에게 말했습니다.

따라서 존슨 국무차관보에 따르면 10월 11일과 16일에 중공-북한이 전달한 각서들은 이 문제를 전혀 진전시키지 못할 뿐 아니라, 실상은 유엔총회가 개최

[1] dame war.

될 시점에 휴전협정을 서명하기 위한 공산진영의 노력들을 보여주려는 정치선전의 목적밖에 없을 거라고 합니다.

포로를 상대 수용소에 넘기는 문제에 관한 중공-북한 측의 제안 제1항은 유엔에 의해 인정되지 않을 것임은 의심의 여지가 없습니다. 그러나 이것이 모든 협상의 문을 닫을 것인지 그리고 이제 문서 내용이 알려졌으니 10월 16일 공산 측의 각서가 요청하는 것처럼 회담이 재개되어야 하는 것은 아닌지 의문을 제기해 볼 수 있습니다.

보네

【113】 김일성과 펑더화이의 편지(1952.10.17)

[전 보]	김일성과 펑더화이의 편지
[문 서 번 호]	2119
[발 신 일]	1952년 10월 17일 11시 00분
[수 신 일]	1952년 10월 17일 17시 21분
[발신지 및 발신자]	모스크바/브리옹발(주소련 프랑스대사관 참사관)

　오늘 아침 대부분의 주요 일간지는 마지막 면 3단 기사로 신화통신이 보도한 북한군 총사령관 김일성과 중공군 총사령관 펑더화이가 클라크 유엔 사령관에게 보낸 편지의 본문을 실었습니다.

　세계 여론의 조바심을 내세우며 10월 8일 회의에서 미국이 채택한 태도를 비난한 후 이들은 주로 포로 문제에 대해 상술하면서 휴전협상 초부터 미국이 내세운 "터무니없는 요구"를 회상하는 데 지면의 3분의 2를 할애합니다. 그들은 남일 장군이 수없이 사용한 모든 논거를 다시 언급하고 그와 마찬가지로 중공-북한이 해왔던 양보를 강조합니다.

　마지막 부분에서는 10월 8일 중공-북한 측이 제시한 제안의 내용을 요약합니다. 이 제안은 휴전협정이 발효되면 모든 포로들이 비무장지대에 위치한 양측 간에 합의된 교환 시설로 이송될 수 있기를 요구합니다. 포로 교환 이후, 휴전협의안의 제57항에 명시되고 미국이 제안한 바에 따라 합동 적십자사가 이들을 방문하여 "민간인의 삶이 보장되고 더 이상 한국의 적대행위에 참여하지 않아야 한다고 그들에게 설명"하게 될 것입니다. 그리고 이어서 중공-북한 측이 제안한 것처럼 포로들은 그들의 국적과 주소에 따라 분류될 것입니다. 분류가 이루어지면 즉각 본국송환이 이루어지게 됩니다. 포로들의 교환, 방문, 분류, 그리고 송환은 중립국 대표들로 구성된 감시단의 감독 아래 진행될 수 있을 것입니다.

김일성과 펑더화이 장군은 제네바협약 및 휴전협의안의 규정에 완벽하게 맞는 이 제안을 미국이 검토하기조차 원하질 않았으며 총회를 통해 "국제 협약을 위반하고 휴전회담을 방해하고 분쟁을 확산하려는" 그들의 계획을 유엔총회를 통회 승인시키고자 했다고 비난했습니다.

그럼에도 불구하고 마치면서 그들은 다음과 같이 제안합니다.

1. 미국은 휴전회담 진행에 있어 터무니없는 태도를 즉각 중단한다.
2. 모든 포로들의 본국송환이 국제 관행과 제네바협약 및 이미 합의된 휴전 협정안에 따라 진행된다.
3. 휴전협정안에 근거하여 가능한 한 신속하게 휴전협정을 체결한다.

브리옹발

【114】 중공-북한군 사령부의 '정치적 망명자' 개념(1952.10.18)

[전 보]	중공-북한군 사령부의 '정치적 망명자' 개념
[문 서 번 호]	2403-2405
[발 신 일]	1952년 10월 17일 22시 00분
[수 신 일]	1952년 10월 18일 05시 00분
[발신지 및 발신자]	뉴욕/오프노(주유엔 프랑스대사)

워싱턴 공문 제1291-1293호

　AFP통신은 10월 16일자 도쿄발 한 전보에서 중공-북한군 사령부가 판문점 회담을 재개할 것을 요청하기 위해 통합사령부에 보낸 편지에서 "협상해야할 방법과 절차에 따라 정치적 망명자를 제외한 엄밀한 의미에서의 모든 포로들의 본국송환"을 제안했다고 알렸습니다.

　이러한 제안은 중공-북한 측의 거동을 보도하는 미국 소식통의 어떤 속보에 의해서도 알려지지 않았습니다. 그러나 우리는 그 중요성을 간과할 수 없습니다. 여전히 보류 중인 마지막 사항에 대한 토론에 본국송환을 거부한다는 포로들에게 적용되는 '정치적 망명자' 라는 개념을 도입하면서 조선 최고사령부는 실제로 현재 협상의 난제에서 벗어날 수 있는 길을 제시할 수 있습니다. 제가 이 정보를 알리자 여러 대표단들이 여기에 매우 큰 관심을 가졌습니다. 특히 미국 언론의 불완전한 정보를 통한 유일한 견해를 바탕으로 통합사령부에 의한 회담 재개 수락을 추진하기 위해 다양한 접촉을 하려고 생각하고 있던 호주대표단은 프랑스 통신사가 제공한 자료가 도쿄 주재 우리 대사관에 의해 확인된 것인지를 매우 알고 싶어 합니다.

　관련 부서가 이에 관해 제가 오스트리아 동료에게 가장 빠른 시간 내에 알려줄 수 있도록 해주시면 감사하겠습니다.

오프노

【115】 연합군 군사훈련(1952.10.17)

[전　　　　보]	연합군 군사훈련
[문 서 번 호]	1965-1968
[발　신　일]	1952년 10월 17일 01시 00분
[수　신　일]	1952년 10월 17일 10시 43분
[발신지 및 발신자]	도쿄/드장(주일 프랑스대사)

보안

전쟁부장관에게 전달 요망
사이공 공문 제1231-1234호

1. 주인을 24번이나 바꾼 이후 소위 '백마고지'라 불리는 395고지 전체는 10월 13일부터 한국군 제9사단의 수중에 있습니다. 9사단은 심지어 공산군 공격 초에 비해 자신들의 진지를 개선했습니다.

백마고지 탈환 실패 이후 적군은 전방 전체적으로 방어 태세를 취했습니다.

김화 북쪽에서 이루어진 미국 제7사단의 공격은 다양하게 변하며 지속되고 있습니다. 많은 수의 탱크가 사용되고 있지만 언론이 주장한 만큼 중요성을 띠지는 않으며 국지적 전투의 성격을 유지하고 있습니다.

2. 연합군은 어제 한국 동해안 위도 39도선 근처 현 전방과 원산 사이의 중간 지점 고저(庫底)의 맞은편에서 선원의 상륙을 제외하고 모든 작전 과정을 포함한 대대적 상륙 훈련을 실시했습니다.[1] 이 군사훈련은 제7함대 사령관 클라크[2]

---

[1] 고저상륙양동작전. 유엔해군이 1952년 10월 14일 공습을 시작으로 10월 15일 실시한 양동작전.
[2] 조셉 J. 클라크(Joseph J. Clark, 1893-1971). 미 해군 제7함대 사령관(1952-1953).

부제독이 지휘했습니다. 1대의 장갑함, 6대의 항공모함, 4대의 순양함, 30대의 구축함 및 수많은 소형 전투함과 착륙함을 포함한 백여 대의 함선이 여기에 참여했습니다.

통합사령부는 적의 영토에 계획된 작전에 대한 정보가 흘러들어 가도록 허용하여 적의 반응을 살필 수 있도록 하고자 했습니다.

참여한 군대는 현재 연구 중인 흥미로운 감찰을 실시했습니다. 게다가 이 군사훈련은 적이 부대 이동을 하도록 만들었으며 함대의 포격 아래 기습당하고 공습을 당한 포병대 진지를 성공적으로 드러내게 만들었습니다. 군사훈련 총연습이 10월 6일 38선 남쪽 30㎞ 지점 강릉 앞바다에서 실제 상륙과 함께 이루어졌습니다.

드장

【116】 공산 측과 연합군 측의 서신 교환(1952.10.17)

[전 보]	공산 측과 연합군 측의 서신 교환
[문 서 번 호]	1969
[발 신 일]	1952년 10월 17일 02시 30분
[수 신 일]	1952년 10월 17일 10시 43분
[발신지 및 발신자]	도쿄/드장(주일 프랑스대사)

사이공 공문 제1235호

1. 10월 15일 해리슨 장군은 남일 장군에게 10월 8일 회의에서 공산 측이 한 제안(저의 전보 제1960호 참조)에 답신을 보냈습니다. 내용은 다음과 같습니다.

"본인은 귀하의 1952년 10월 11일 편지에 회신합니다. 귀하가 10월 8일 회의에서 제시한 제안은 귀하가 제출한 바로 그 순간에 유엔군사령부 대표단에 의해 검토되었습니다. 그 제안은 새롭지도 합리적이지도 않다고 평가되었습니다. 그렇게 하려면 무력의 힘을 빌어야 할 수도 있다는 것을 알고 있으면서도 모든 전쟁포로를 그쪽 통제 하에 제자리에 돌려놓으라는 귀측의 요청을 다시 한 번 주장하는 것일 뿐이었습니다. 유엔사령부에게 모든 전쟁포로들을 강제로 본국송환하라고 요구하는 제안을 반복하기만 하는 것은 휴전협정 체결을 이끄는 긍정적인 제안이 아닙니다. 본인은 유엔사령부 대표의 결정이 일종의 보류라는 것을 귀하가 알고 있다고 생각합니다. 이 사실을 알면서 세계의 평화를 사랑하는 사람들을 속이려는 프로파간다 노력의 일환으로 사실에 대한 반쪽짜리 진실, 거짓 및 위조에 의존하는 당신들의 모든 시도는 실패할 수밖에 없습니다.

귀하가 10월 8일 본인의 선언을 의도적 또는 다른 이유로 오해할 수 있는 모든 가능성을 배제하기 위해 본인은 다시 한 번 우리가 단지 보류했다는 사실을 밝히는 바입니다. 우리는 귀측이 우리의 제안 중 하나를 수용할 준비가 되었다고 알려주거나, 귀측이 원하는 어떠한 제안이라도 휴전협상을 이끌 수 있는 건설적인 제안이라면 서면으로 제시하고 귀측을 만날 것입니다. 우리의 연락장교들은 협의 또는 그들의 평상시 임무 보장을 위해 언제든 대기할 것입니다."

2. 도쿄 본부는 10월 16일 어제 클라크 장군이 북한군 총사령관 김일성과 중공군 총사령관 펑더화이의 편지를 받았다고 알렸습니다. 공산 측 사령관들의 이 편지는 새롭거나 건설적인 어떤 제안도 제시하지 않습니다. 선전을 위한 이전에 했던 주장들을 길게 반복할 뿐입니다. 이 편지는 클라크 장군이 검토했고 그는 차후에 답변할 것입니다.

3. 공산 측 연락장교는 어제 10월 16일 남일 장군이 해리슨 장군에게 보내는 편지를 전달했습니다. 이 편지는 10월 12일 제주도에서 사망한 2명의 포로, 10월 13일 및 15일에 부상을 입은 11명의 포로의 핍박에 대한 항의를 담고 있습니다.

이 편지는 포로에 대한 조직적 학살에 대한 일반적인 주장을 되풀이하고 있으며 휴전회담 중단 이후 유엔사령부가 한국 휴전협정 체결에 유일한 난관인 전쟁포로 문제 해결을 방해하려 한다고 비난하고 있습니다.

국방부에 전달 요망.

드장

【117】 공산 측 총사령관들의 편지에 관한 미 국무부의 견해(1952.10.18)

[전 보]	공산 측 총사령관들의 편지에 관한 미 국무부의 견해
[문 서 번 호]	7050-7056
[발 신 일]	1952년 10월 17일 21시 20분
[수 신 일]	1952년 10월 18일 04시 00분
[발신지 및 발신자]	워싱턴/보네(주미 프랑스대사)

보안

뉴욕 공문 제1100-1106호

미 국무부는 오늘 16개국 대사관 대표들에게 공산 측 사령관들이 10월 16일 마크 클라크 장군에게 보낸 편지 내용을 전달했습니다.

외교행낭을 통해 각하께 보내드리는 이 문서는 어제 이미 간단한 분석을 전해드린 바 있습니다. 이 편지는 그리 고무적이지 못한 의미에서 10월 11일 편지의 공산 측 반대제안에 남아있을 수 있던 모호함을 없애줍니다. 이 문서는 반대제안을 명확하게 진술하면서 10월 8일 남일 장군이 판문점에서 했던 발표를 되풀이하고 있습니다. 실제로 "일단 포로들의 이송과 접수가 이행된 후" 적십자 단체가 개입할 것이라고 설명합니다. 또 포로 교환은 중립국감시단에 의해 통제될 수 있을 것이라는 추가 정보만 포함하고 있습니다. 표면상의 양보 전술을 계속하며 공산 측 총사령관들은 중립지역에 포로들을 이송하는 것과 적십자 단체의 개입을 수용하는 동시에 유엔의 제안을 지지한다고 강조하는 것을 빼놓지 않습니다. 그러나 그들은 국적과 거주지에 따른 분류에 관해서는 자신들의 제안을 고집합니다.

이 대목에 이어 협상의 간략한 '역사', 제네바협약의 특정 조항에 대한 환기 및 유엔총회와 미국 대선을 몇 주 앞두고 9월 28일 3가지 제안을 제시한 연합군 대표단에 영감을 주었을 동기에 대한 평가 등이 뒤따라옵니다. 이 편지는 무엇보다 선전을 목적으로 작성된 것이라고 해석하는 존슨 차관보는 비록 이 문서가 협상의 즉각적 재개를 요청하며 끝내고 있는데도 실망스러운 흔적을 남겼다고 논평했습니다. 이것은 그의 개인적인 결론일 뿐 아니라 국무부와 국방부의 결론이기도 합니다. 마크 클라크 유엔군 총사령관은 현재 그 내용을 조율하고 있는 답장에서 그 점을 보여주려 할 것입니다.

회의를 마치면서 저의 보좌관은 존슨 차관보와 가진 대담에서 각하의 전보 제16145호에서 내린 지시에 따라 그에게 질문했습니다. 제 보좌관은 특히 10월 11일 편지의 특정 대목이 남일 장군의 10월 8일 발표와 마찬가지로 상황과 분리되고 16일 편지에서 증폭되어 공산 측 선전에 사용된 것은 여론에 중공-북한 측이 새로운 양보를 했다는 느낌을 줄 수 있었다고 지적했습니다. 같은 우려를 하고 있다고 밝힌 차관보는 한국 언론 특파원들에게 비밀을 지켜달라는 어떤 지시도 내려지지 않은 것 같다고 말했습니다. 그러나 그는 양 진영의 상호 입장을 좀 더 명확히 밝힐 때임을 인정했고 마크 클라크 장군이 차기 답신을 통해 그런 기회를 제공할 것임을 암시했습니다.

이에 관해 저는 그들이 연합군 측의 제안 중 하나를 왜곡하여 수용하는 것처럼 하는 만큼, 공산 측에 반격을 가하여 그들 스스로가 작성한 반대제안의 수정된 버전, 즉 자율적 본국송환에 대한 유엔의 원칙과 마찬가지이지만 응용된 도식에 따라 발전시킨 문서를 제안하는 것이 영리한 일이 아닐까 순전히 비공식적으로 물어볼 것을 제 보좌관에게 요청했습니다. 존슨 차관보는 이 제안에 주의를 기울였습니다. 그러나 그는 미국이 마크 클라크 장군의 답신이 최대한 빨리 중공-북한 측 연락장교들에게 전달되기를 바라고 있는 만큼 이 답신이 전달되기 전에는 해당 사무국이 저의 제안을 검토할 수 없을 것이라고 지적했습니다. 다른 한편, 이러한 문서는 중공-북한 측의 건설적인 제안이 없을 경우 연합군 협상가들의 최종적 제안으로 9월 28일 공산 측에 소개되고 제시된 제안과 함께 토론에 '약간의 혼란'을 초래할 위험이 있다고 보는 것 같습니다.

보네

【118】 김일성과 펑더화이의 편지에 대한 베이징라디오 보도(1952.10.18)

[전 보]	김일성과 펑더화이의 편지에 대한 베이징라디오 보도
[문 서 번 호]	1975
[발 신 일]	1952년 10월 18일 03시 30분
[수 신 일]	1952년 10월 18일 12시 23분
[발신지 및 발신자]	도쿄/드장(주일 프랑스대사)

사이공 공문 제1242호

10월 16일 베이징라디오는 김일성과 펑더화이 장군이 같은 날 클라크 장군에게 보낸 편지 내용을 보도했습니다.

다음은 이 긴 문서의 내용 분석입니다.

"사람들이 그토록 기대하는 완전한 휴전 합의가 이루어지려던 순간 유엔대표단은 공산 측이 10월 8일 제출한 제안을 배제하며 같은 날 일방적으로 무기한 휴회를 선언했다. 이것으로 유엔군사령부의 진정성의 결여와 휴전협상 붕괴에 대한 책임을 입증하는데 충분하다.

이 협상이 15개월간 지속되는 동안 연합군대표단은, 공산군에 점령된 영토를 심하게 잠식하는 분계선, 군인들에 의한 공산 측 후방의 지상 및 상공 정찰, 휴전협정 이후 비행장 건설에 대한 개입 등 여러 가지 불합리한 요구들을 제시했다. 동시에 유엔군 사령부는 회담 장소의 중립성 합의를 끊임없이 위반했으며, 협상 이외의 소위 군사적 압박이라는 수단을 동원하여 세균, 네이팜, 독성 가스 등이 장전된 폭탄으로 스스럼없이 도시와 마을의 선량한 주민들에게 폭격을 가했다. 이 모든 수단들은 우리의 양보를 유도하는데 사용되어 왔다. 그러나 전장에서 얻지 못한 것을 협상을 통해 획득할 수는 없다. 이 모든 불합리한 시도는 실패했고 실패로 끝날 것이다.

한편, 공산 측 또한 이 15개월 동안 공정함과 이성의 원칙을 큰 인내심으로 유지해왔다. 그래서 전쟁포로에 관련하여 합의된 9개 조항을 포함한 63개 조항의 휴전협정 계획안이 체결될 수 있었다. 유엔군사령부의 무조건적인 고집이 없었다면 휴전은 이미 오래 전에 이루어졌을 것이다.

연합국 측은 '강제 송환 반대' 원칙을 내세우고 고집했다. 이 제안은 법적으로나 사실적으로 모든 근거가 결여되어 있다. 협상을 미루고 좌절시키려는 구실일 뿐이다. 이 제안은 적대행위가 끝난 후 교전국들이 전쟁포로를 억류하는 비인도적 행위를 저지르지 않도록 막는데 그 목적이 있는 1949년 제네바협약 제18조 및 제7조에 정면으로 위배된다.

국제적 관행, 제네바협약의 규정 및 양측에 의해 이미 수락된 휴전협정 계획안 조항의 내용을 고려할 때, 유엔군사령부는 포로들이 가족에게로 돌아가 평화로운 삶을 영위할 수 있는 송환 원칙에 반대할 어떤 이유도 없다. 포로들이 항상 반대해왔던 가증스럽고 침울한 압박 아래에서 난민으로, 총알받이로 남아있기를 선호한다는 것은 상식에 위배되는 것이며 전혀 믿을 수가 없는 것이다. 이에 대해서는 포로로 억류되어있는 우리 군사들이 날마다 박해를 받고 있고 이 잔학행위에 항의하고 있는 것을 상기하기만 해도 다른 말이 필요 없는 것이다. 포로수용소 소장 콜슨[1] 준장이 우리 포로에게 보낸 메시지는 이 사실에 대한 결정적인 증거를 제공했다.

연합군대표단이 전쟁포로 분류 문제를 제기함에 따라 우리는 양측에 억류되어 있는 모든 외국 국적의 군사, 즉 한편으로는 유엔군 병사들, 다른 편으로는 중국인민지원군을 송환하자고 제안했다. 한국인 병사의 경우 억류하고 있는 측이 통제하는 지역이 거주지인 경우는 송환되지 않고 바로 집으로 돌아갈 수 있고 다른 사람들은 교환되는 것으로 제안했다. 교환된 포로는 더 이상 한국의 전쟁 행위에 참여하면 안된다고 제52항이 규정하고 있다. 제51조에 규정된 수정된 명단의 확정에 있어 유엔군사령부는 아래 명시된 원칙에 따라 분류 작업을 이행하는 대신에 소위 개인 희망 표현의 자유에 근거하여 제네바협약과 완전히 반대되는 분류 원칙을 도입했다.

---

[1] 찰스 F. 콜슨(Charles F. Colson, 1896-1970). 거제도 포로수용소의 미국인 소장.

전쟁포로 교환문제가 수개월째 끌고 있는 것은 순전히 불합리한 제안을 유지하려는 유엔군사령부의 방해 때문이다.

전 세계 사람들, 특히 아시아와 태평양 지역 사람들은 최근 휴전 협상의 지연에 점점 인내심을 잃어가고 있음을 보여주었다. 미국인들조차도 한국에 대한 개입전쟁을 저주의 전쟁으로 간주하기에 이르렀고, 다른 한편 유엔총회와 대통령 선거가 다가오고 있다. 이런 이유로 유엔군사령부 대표단은 전면 송환 방법을 통해 세계 여론을 바꿔놓으려는 시도로 9월 28일 전쟁포로 송환을 위한 세 가지 제안을 제시하였다. 그러나 이 제안들은 여전히 전쟁포로의 강제 억류와 마찬가지인 강제송환 원칙이 지배적이었다. 그 동안에 유엔군사령부는 송환문제에 대한 합의를 기다리지도 않고 뻔뻔스럽게 일방적으로 포로들을 대했다. 이것은 연합국이 그들 자체의 제안도 수행할 준비가 되지 않았음을 증명하는 처사이다.

그러나 공산 측은 한국문제의 평화적 해결을 위한 입장을 단호하게 유지하고 사람들의 열망에 호응하기 위해 연합 측의 제안 중 몇 가지 합리적 요소를 추출하여 10월 3일 새로운 제안서를 작성했다. 공산 측은 휴전협정 발효 후, 모든 포로는 중립지역의 합의된 교환 장소로 이송되고 거기서 상대방에게 포로를 돌려주고 돌려받는 것으로 제안했다. 포로 교환이 이루어지고 난 후 유엔군사령부가 제안한 휴전협정 제37항에 따라 합동 적십자 팀이 양 진영의 포로들을 방문하게 될 것이다. 그들은 포로들에게 평화로운 삶이 보장되어있고 적대행위에 더 이상 참여하지 않을 것이라고 설명하게 된다. 이어 유엔군사령부가 제안한 대로 이 지역의 국적을 고려한 전쟁포로 분류가 수행된다. 송환은 분류에 따라 즉시 이루어질 것이다. 교환, 방문, 분류, 그리고 송환은 모두 중립국 참관인 팀의 감독 하에 수행될 수 있다.

이렇게 작성된 공산 측 제안은 제네바협약 조항과 휴전협정 계획안의 규범에 전적으로 부합한다.

10월 8일 회담에서 연합국대표단은 이 합리적인 제안을 무시하고 논의를 거부했을 뿐만 아니라 미리 준비한 성명문을 낭독하고 일방적으로 무기한 연기를 결정했다. 또한 이 대표단은 대답을 기다리지도 않고 회의장을 떠났고 전 세계인이 관심을 갖고 있는 협상을 단호하게 파기했다.

이러한 협상 방해는 명백하게 계획된 것이었다. 유엔군사령부는 분명 국제

협약을 위반하고 휴전 협상을 방해하며 전쟁을 확장하려는 책략을 유엔총회가 승인할 수밖에 없도록 만들려 하고 있다. 그러나 세계의 평화적 사람들이 이 음모의 성공을 용납하지 않을 것임을 단호하게 확언할 수 있다. 그러나 공산 측은 한국 휴전협정을 장려하기 위해 여전히 모든 최선을 다할 것이다. 이에 다음과 같은 사항을 요청한다.

1. 휴전 협상을 파기하려는 불합리한 행위를 즉각 중단한다.
2. 전쟁포로의 전적 송환이 국제 관행과 제네바협약 및 양측에 의해 이미 합의된 한국 휴전협의안에 따라 수행된다. 방법과 절차는 협의에 따라 해결된다.
3. 한국의 휴전은 휴전협정 계획안을 기초로 신속히 실현된다.

유엔군사령부가 한국문제의 평화적 해결을 위한 최소한의 의지가 있다면 이 세 가지 합리적인 요구를 수용해야 할 것이다. 전 세계 평화의 국가와 민족들이 그들을 지켜보고 있다."

국방부에 전달 요망.

드장

【119】 장면 씨의 방문과 한국의 정치 상황(1952.10.18)

[전보(외교행낭)]	장면 씨의 방문과 한국의 정치 상황
[문 서 번 호]	1979
[발 신 일]	1952년 10월 18일
[수 신 일]	미상
[발신지 및 발신자]	도쿄/드장(주일 프랑스대사)

브리옹발 씨로부터의 문서 제54호
부산 1952년 10월 4일 발신, 도쿄 1952년 10월 18일 수신

인용

　　장면 씨는 어제 오후 저를 긴 시간 방문하여 한국 내부의 정치 상황과 이승만 대통령의 눈에 띄는 구상에 대해 자신뿐 아니라 많은 다른 인물과 단체들이 느끼는 깊은 우려를 솔직하게 드러냈습니다.

　　그가 비록 말을 하지는 않았지만 많은 다른 한국 인사들과 마찬가지로 경호원의 호위 없이는 다니지 않으며 지금까지도 쫓기는 사람 같은 느낌을 주고 있었습니다. 장면 씨는 당연히 자신이 여기서 표현하는 두려움이 이 경로를 통해 유엔위원단의 귀에, 그리고 아마도 직접적인 방문이 더 많은 주목을 끌게 될 미국 대사관의 귀에까지 들어가기를 바라고 있습니다.

　　그러나 최근 경험에 비추어 볼 때, 특히 클라크 장군이 지난 8월 15일 서울 취임식에 인상적으로 참석함으로써 야릇하게 그의 '쿠데타'를 인정한 것처럼 보인 이후, 그는 이승만 대통령에 대해 유엔위원단이 발휘할 수 있는 중재 영향에 큰 환상을 품지는 않습니다.

인용 끝.

　　　　　　　　　　　　　　　　　　　　　　　　　　드장

【120】 일본인 후루이치 사건(1952.10.18)

[전보(외교행낭)]	일본인 후루이치 사건
[문 서 번 호]	1980
[발 신 일]	1952년 10월 18일
[수 신 일]	미상
[발신지 및 발신자]	도쿄/드장(주일 프랑스대사)

브리옹발 씨로부터의 문서 제58호

부산 1952년 10월 7일 발신, 도쿄 1952년 10월 18일 수신

인용

　　오늘 언론은 10월 2일부터 "사라져" 부산 교외에 숨어있던 갈홍기 씨가 어제 아침 체포되었다고 보도했습니다. 후루이치 사건의 결탁으로 그에게 체포 영장이 발부되었다고 설명되어 있습니다. 언론은 또한 이 사건에 연루된 다른 세 사람, 즉 정치부와 외무부 여권 사무국의 각 책임자 및 약 2주 전 사임한 전 치안국장 역시 체포되었다고 알리고 있습니다. 신문들은 유태하 주일대사가 파면된 것으로 알려졌다고 덧붙입니다. 마지막으로 다른 이들의 체포도 검토되고 있는데 여러 정보에 따르면 이것은 장택상 국무총리와 여러 국회의원을 겨냥하고 있는 것으로 보입니다. 이전의 '음모' 사건을 떠올리게 하는 이와 같은 전개상황은 다시 한 번 장택상 및 갈홍기에 대한 고발을 마치 언론을 통해 알게 된 것처럼 가장하며 놀란 듯 관대하고 객관적인 말투로 연기한 이승만 대통령의 그저께 성명에 이어 벌어졌습니다.

　　일본인 후루이치의 방문에 대하여 대통령은, 장관들의 사임을 수락했지만 "한국에서 15일을 보내고 국가적 비밀을 수집한" 이 일본인의 불규칙적인 한국 입국에 관한 이들의 공모가 조사를 통해 공식적으로 밝혀지지 않은 한 자

신은 이들을 비난할 생각을 없다고 밝혔습니다.

　　물론 이승만 박사는 결론적으로 조사의 결과에 따라 공적 인물이든 아니든 이렇게 심각한 사건에 공모한 모든 사람은 최대한의 엄격함으로 기소될 것임을 암시합니다. 국내 정치의 현 분위기에서 대대적으로 확대될 여지(본인의 전보 제52호 및 이후 전보)가 있는 사건입니다.

브리옹발

인용 끝.

드장

【121】 한국 전선의 상황(1952.10.18)

[전보(외교행낭)]	한국 전선의 상황
[문 서 번 호]	1981
[발 신 일]	1952년 10월 18일
[수 신 일]	미상
[발신지 및 발신자]	도쿄/드장(주일 프랑스대사)

브리옹발 씨로부터의 문서 제60호

부산 1952년 10월 10일 발신, 도쿄 1952년 10월 18일 수신

인용

　유엔군 점령 고지들을 향한 공산군의 부분적 공격이 얼마 전부터 시작되어 이제 3일 전부터 전방 전선의 4분의 3을 차지할 정도로 조직화된 것으로 보입니다. 그 공격의 강도가 엄청나게 증가했고, 특히 한국군 제9사단 군사들이 점령하고 있는 진지들(백마고지)과 프랑스 대대가 지키고 있는 진지(화살머리고지)에 대한 공격에 주된 초점을 맞추고 있습니다.

　우리 프랑스 대대가 다시 한 번 그 용맹성을 증명해 보였고 3일 간의 격렬한 전투 끝에 아침 9시에야 그들의 진지에 대한 통제권을 완전히 되찾은 것처럼 보이는 남한 군대 또한 용감하게 싸웠지만, 어제는 미군의 지휘관들 사이에서 제2 사단을 "어려움에 빠트릴 수도 있고 남한 침략의 전통 경로를 열어줄 수도 있는" 한국군의 진지 상실을 우려할 정도로 상황이 상당히 심각해 보였습니다.

　그저께 밴 플리트 장군은 공산군이 "10월과 11월 기간 동안 제한된 목표물을 향해 어느 정도 규모의 공격을 하기에는 충분한 군대를 전선에 배치하고 있으나 같은 기간에 전면 공격을 수행할 수는 없을 것"이라고 설명했습니다.

그러나 위에서 언급한 어제의 공문 내용은 적지 않은 놀라움을 드러냈고 군 지휘관들 사이에서는 10월 8일부터 적의 공격 규모가 확고해졌다는 동요 까지도 느껴졌습니다.

그리고 클라크 장군은 유엔군의 안전을 지키기 위해 필요할 경우 극단적 조치를 취할 수 있는 재량권을 가지고 있다고 러베트 국방부장관이 나서 급히 안심시키려 한 것을 보면 이 동요가 워싱턴에 어느 정도 반향을 일으킨 것을 알 수 있습니다.

브리옹발

인용 끝.

드장

【122】 공산 측 편지에 대한 클라크 장군의 답장(1952.10.21)

[전   보] 공산 측 편지에 대한 클라크 장군의 답장
[문 서 번 호] 1984
[발   신   일] 1952년 10월 20일 09시 45분
[수   신   일] 1952년 10월 21일 00시 30분
[발신지 및 발신자] 도쿄/드장(주일 프랑스대사)

사이공 공문 제1245호
본인의 전보 제1975호 참조

1. 공산 측 장군들의 10월 16일 편지에 대한 답장으로 클라크 장군은 1952년 10월 20일 오늘 다음과 같은 답을 보냈습니다.

인용

　　귀측의 10월 16일 편지를 받았습니다. 귀측이 근거 없는 거짓 비난을 반복하고 모욕적인 장광설까지 늘어놓기 위해 이 수단을 사용하는 것이 적절하다고 판단했다는 사실을 유감스럽게 생각합니다. 본인은 그와 같은 방식으로 답할 의도가 없습니다.

　　유엔군사령부는 15일 동안 선의로 대하면서 양측을 위해 공정하고 수용 가능한 휴전을 협상하기 위해 진지한 노력을 기울였습니다. 커다란 진전이 있었고 세계인들은 한국의 유혈사태를 종식시킬 휴전협정에 대한 희망을 막연히 예상하기도 했습니다. 이 희망은 몇 달 전 귀하의 진영이 선의를 보여주고 인도적 원칙을 받아들이고자 했다면 현실이 될 수도 있었습니다. 이 원칙 없이는 자신들의 생명에 위협을 느끼는 포로들은 그들의 의지에 반해 당신들에게

돌려질 수가 없었습니다. 유엔군사령부 수석대표는 1952년 9월 28일 당신들에게 3가지 추가 제안을 보냈고, 이 중 어떤 것이든 개인의 선택 권리를 인정하는 다른 건설적인 반론 제안을 제기하지 않고도 합리적인 제안으로 휴전에 이를 수 있었습니다. 유엔군사령부의 제안 중 하나는 송환을 원치 않는 포로들의 귀환을 양측의 군사 통제에서 벗어나기 위해 비무장지대의 한 지점에서 집단적으로 이송하는 것으로 규정하고 있습니다.

더구나 이 제안은 심문이나 선발의 대상이 되지 않고 석방된 각 개인은 자유롭게 자신이 선택한 진영에 합류하고, 이 송환 거부 포로들의 이동과 석방은 적십자위원회, 양 진영의 군 참관자 또는 양 진영에 속하는 적십자 대표들의 통제 아래 이루어지게 된다고 규정하고 있습니다.

이 절차는 귀측이 포로로 만들었다고 인정했고 전방에서 석방되었던 유엔군 50,000명을 석방함으로써 귀하의 진영이 취했다고 주장하는 행동 원칙과 비슷합니다. 귀측 진영이 이런 관행을 행했다고 주장하면서 유엔군사령부 제안을 거절하는 것은 서로 모순되며 유엔군사령부가 전쟁포로들을 강제로 빼돌리려 한다고 비난하는 귀측 주장의 허위성을 분명히 보여주는 것입니다.

9월 18일 제시된 우리 측의 각 제안은 이 중상모략을 반박합니다. 각 제안은 서로의 강압 행사의 모든 가능성 배제를 수없이 보장합니다.

귀측 대표단은 유엔군사령부의 이토록 확실히 공정한 이 제안들 중 어떤 것도 수용하지 않으면서 한국 유혈사태를 종결하고자 하는 귀측 의지의 신중성에 대해 사람들의 마음에 의심을 불러일으켰습니다.

유엔군사령부의 수석대표는 10월 8일 그의 성명과 10월 16일 자신의 편지를 통하여 유엔군사령부 대표단은 협상을 중단한 것이 아니라 귀측 대표단이 유엔군사령부의 제안 중 하나를 받아들이거나 유엔이 수락할 수 있는 건설적인 제안서를 서면으로 제출하는 즉시 귀측 대표단을 만날 준비가 되어있다고 분명하게 밝혔습니다. 이 사령부는 귀측이 부당하게 주장하는 것처럼 협상을 파기한 것이 아니고 그 대표단은 귀측이 10월 8일 본회의에서 우리 대표단이 제시한 기초 위에 선의로 협상하고자 하는 의지를 표명하면 언제든지 귀측의 대표단을 만날 준비가 되어 있습니다.

귀측은 우리 제안의 여러 사항을 채택했다고 주장하며 소위 더 매력적인 측면의 새로운 제안이라고 미화하려 들지만 본인은 귀측의 10월 16일 편지에는 전혀 새롭거나 건설적인 내용이 포함되어 있지 않다고 봅니다. 사실상 귀측의 제안은 9월 28일 발표된 유엔군사령부의 제안과 거의 비슷한 점이 없습니다. 귀측 제안의 진정한 성격은 모든 전쟁포로가 당신들에게 인도되고 당신들이 접수해야 한다는 요구에서 분명히 드러납니다. 귀측의 진영으로 송환되는 것을 힘으로 저항하겠다고 단호하게 선언한 수천의 전쟁포로들을 귀측으로 인도하라고 유엔사령부에 요구하는 것입니다.

또한 귀측의 제안은 유엔군사령부가 송환을 원하지 않는 포로들을 귀측의 손에 양도한 후 이어서 국적 및 거주지의 재검토를 진행하고 이 분류에 따라 포로들을 송환한다고 명시하고 있습니다. 7월부터 귀측은 국적에 상관없이 수많은 포로들이 귀측 진영으로 되돌아가지 않겠다고 결심한 사실을 매우 잘 알고 있으면서 이러한 분류를 제안해왔습니다.

유엔군사령부는 몇 달 전부터 귀측 체계의 허위성을 입증해왔습니다. 그래서 이미 모든 것이 밝혀졌고 소위 귀측의 새로운 제안은 유엔군사령부에게 원하지 않는 포로들을 그들의 감옥으로 다시 데려다 달라는 이미 수 천 번 반복된 요구를 포함하고 있는 동일한 제안일 뿐입니다.

이제 귀측은 유엔군사령부가 포로들을 귀측 쪽으로 강제로 송환하려는 모든 제안을 절대로 수용하지 않을 것이고 이러한 제안을 토대로는 절대 협상하지 않을 것임을 분명히 이해해야 합니다.

따라서 유엔군사령부는 1952년 10월 16일 귀측의 편지가 대표단 회의 재개를 위해 타당한 근거가 되지 않는다고 간주합니다.

인용 끝.

드장

【123】 한국에 관한 미국의 새 결의계획안(1952.10.22)

[전 보]	한국에 관한 미국의 새 결의계획안
[문 서 번 호]	2460-2462
[발 신 일]	1952년 10월 21일 21시 15분
[수 신 일]	1952년 10월 22일 03시 15분
[발신지 및 발신자]	뉴욕/오프노(주유엔 프랑스대사)

워싱턴 공문 제1303-1305호

한국에 관한 미국 새 결의안의 비공식 번역입니다.

총회는

1. 한국 군사작전과 휴전협상의 상황에 대한 1952년 10월 8일자 연합사령부의 특별 보고서를 검토하고,

2. 유엔 원칙에 따라 한국에서의 전투를 종식하기 위해 정당하고 명예로운 휴전협정을 달성하기 위한 유엔 협상자들의 노력을 인정하고 주목하며,

3. 또한 한 가지 남은 문제에 대한 대립이 휴전협정의 완결을 방해한다는 점을 인식하며,

4. 한국 분쟁의 정당하고 명예로운 해결을 이루고자 하는 유엔의 진실한 의지를 재확인하고,

5. 통합사령부가 유엔의 이름으로 체결한 임시 협의를 인정하고 주목하며,

6. 전쟁포로들 송환 문제에 대한 통합사령부의 원칙 및 이 인도주의 원칙에 따라 문제를 해결하기 위해 통합사령부가 제시했던 수많은 제안들을 인정하고 주목하며,

7. 또한 통합사령부의 근본적인 인도주의적 입장에 따른 다른 제안들은 여러 유엔 회원국들에 의해 만들어졌음에 주목하고,

8. 모든 전쟁포로들이 제한 없이 송환될 수 있고 강제 송환을 피할 수 있는 권리를 인정하는 휴전협정에 그 대표들이 합의함으로써 새로운 유혈사태를 막자고 중공 당국과 북한 당국에게 호소하며,

9. 이 결의안을 중공 당국과 북한 당국에게 전달할 것과, 이 회기 동안 이 교섭의 결과를 적당하다고 생각되는 시점에 총회에 보고할 것을 유엔총회 의장에게 요청한다.

오프노

【124】 공산 측 제안과 미국 제안의 비교(1952.10.21)

[전   보]   공산 측 제안과 미국 제안의 비교
[문 서 번 호]   1985-1988
[발   신   일]   1952년 10월 21일 02시 20분
[수   신   일]   1952년 10월 21일 16시 50분
[발신지 및 발신자]   도쿄/드장(주일 프랑스대사)

본인의 전보 제1975호 참조

베이징라디오가 보도하는 10월 8일 공산 측 제안은 9월 28일 해리슨 장군이 대안으로 제시한 세 가지 제안(본인의 전보 제1887호) 중 첫 번째와 몇 가지 측면에서 비슷합니다. 그러나 다음과 같은 두 가지 핵심 측면에서 다릅니다.

1. 미국의 제안에 따르면 모든 전쟁포로가 비무장지대의 합의된 곳으로 이송되어, 그때부터 포로들은 "교환되고 송환된" 것으로 간주되고, 신원확인 절차 시 합당한 보증과 함께 어느 쪽을 택할 것인지 권한을 가지게 되는, 전적이지만 비현실적인 송환이 이루어진다.
   공산 측의 제안에 따르면 모든 포로는 비무장지대로 이송되어 거기서 양도되고 "받아들여지게" 된다. 즉 상대측에 사실상 맡겨져 그 통제 하에 놓이게 되는 것이다. 그들 미래의 운명(평온한 삶의 영위, 더 이상 한국전쟁에 참여하지 않음)에 대한 보장을 구두로 받는다. 그러나 포로들은 어떤 선택을 표명할 권한도 없으며 그들이 놓인 통제를 벗어날 수는 더더욱 없다.
2. 또한 공산 측 주장에 따라 이루어질 분류는 북한 또는 남한 주민의 특정 범주에 혜택을 주는 반면, 외국 국적을 가진 모든 포로들, 즉 모든 유엔군 및 중국인 포로들은 강제든 아니든 송환에 포함되어야 한다.

따라서 베이징라디오가 보도한 바와 같이 10월 8일 공산 측 제안은 유엔군사령부가 제시한 원칙과 양립할 수 없는 것입니다. 클라크 장군의 첫 반응이 이것을 설명하고 있습니다.

공산 측 제안은 그 의미가 분명한 반면, "포로들은 상대 진영에 의해 수용될 것" 같은 다소 불분명한 표현이 포함되어 있습니다. 현재 협상 계획보다 선전 계획에 더 열을 올리고 있는 만큼 공산 측이 제시한 제안을 단번에 거부하기보다 그들의 타협을 위한 진지한 노력에 대한 답으로써 좀 더 분명한 해명을 요구하는 것이 나을 것 같습니다.

국방부에 긴급 전달 요망.

드장

【125】 공산 측 총사령관들의 편지 분석(1952.10.22)

[전   보] 공산 측 총사령관들의 편지 분석
[문 서 번 호] 7121-7125
[발 신 일] 1952년 10월 21일 19시 05분
[수 신 일] 1952년 10월 22일 01시 05분
[발신지 및 발신자] 워싱턴/보네(주미 프랑스대사)

보안

뉴욕 공문 제1117-1121호

미 국무부는 오늘 한국 관련 결의안 본문을 15개국 대표들에게 전달했는데 미국 대표단은 오늘 오후 유엔 및 이 국가들 대표단에 이 문서를 제출하게 될 것입니다.

이 문제는 현재 유엔에서 다루어지고 있는 만큼, 존슨 차관보는 이 계획안이 관련국들이 제출한 특정 견해들을 고려했으며 전쟁포로 문제에 관한 멕시코와 페루의 제안도 참조하고 있다고 강조하기만 했습니다. 그는 마지막으로 미국은 한국전쟁에 군사적으로 참여한 국가들이 이 계획안의 총회 승인을 얻을 수 있도록 추천해주기를 희망한다고 밝혔습니다.

이 회의에서 차관보는 10월 16일자 공산 측 총사령관들의 편지에 답한 마크 클라크 장군의 답장 내용을 알려주었습니다. 존슨 차관보가 금요일 제 보좌관 중 한 사람에게 제공한 정보에 따르면, 그리고 의심의 여지없이 유엔 정책위원회에서 이 주제에 대해 토론이 열릴 것을 예상하면서 미 정부는 지난 24시간 동안 공산 측 선전 논거에 답변하는데 열중했습니다.

한편, 이곳에서 널리 배포된 마크 클라크 장군의 편지는 사실상 중공-북한 제

안의 마지막 반응을 자세히 분석하고 있습니다. 다른 한편, 동시에 국무부는 이 제안들에 관한 참고자료집을 발표하여 이 제안들은 어떤 새로운 요소도 포함하지 않을 뿐만 아니라 이미 협의되었던 다음의 몇 가지 사항에 대해서는 오히려 퇴보했다고 강조했습니다.

1. 휴전협정 계획안은 전쟁포로 교환이 비무장지대에서 실행될 것이라고 이미 규정하고 있다.

2. 또한 휴전협정 계획안은 이 교환 작업이 완료되기 전에 인도주의적 목적으로 합동 팀이 포로들을 방문한다는 조항을 포함하고 있다. 그런데 이제 공산 측은 교환이 일단 끝난 후에 이 방문을 검토하고 있다. 1952년 3월 공산 측은 1950년 6월 25일 이전에 남한에 거주하던 포로들의 송환을 요구하지 않을 것을 수용했었다. 그런데 10월 16일 편지는 이제 그들이 이 포로들의 반응을 묻겠다는 것을 암시하고 있고 이것은 결국 중공-북한 사령부에 포로들의 거주지를 결정할 권리를 부여하는 것이 된다.

저는 오늘 저녁 마크 클라크 장군의 편지 및 미 국무부의 공문을 각하께 항공편으로 송부합니다.

보네

【126】한국 국회의 특별총회(1952.10.21)

[전보(외교행낭)] 한국 국회의 특별총회
[문 서 번 호] 1989
[발 　 신 　 일] 1952년 10월 21일
[수 　 신 　 일] 미상
[발신지 및 발신자] 도쿄/드장(주일 프랑스대사)

브리옹발 씨로부터의 문서 제62호

부산 1952년 10월 15일 발신, 도쿄 1952년 10월 21일 수신

인용

　　한국 국회는 오늘 아침 이승만 대통령의 청원에 따라 소집된 특별총회 개막 회의를 열었습니다.

　　이 회의에서 예정된 의제는 신익희 국회의장의 개회사 연설에서도 밝힌 것처럼 다음과 같은 사항을 결정하는 것이 목표입니다.

　　- 이승만 박사가 지명한 국무총리 임명
　　- 개정 헌법에 의해 규정된 상원 설립을 위한 선거 조직
　　- 추가 예산 표결

　　그러나 회의가 끝나기 몇 분 전에 이 의제들을 인정하면서도 다음과 같은 사항들을 추가한 이승만 대통령의 메시지가 도착했습니다.

　　- 공산군에게 끌려간 국회의원 27명의 공석을 채우기 위한 보궐선거 지침
　　- "전방에서 전개되는 격렬한 전투를 고려한" 한국군 강화의 필요성

이 회의의 소집에 앞서 이승만 대통령은 며칠 전, 정계에서는 전혀 알려지지 않은 무명의 공무원인 박술음[1] 씨와 강인택 씨를 각각 공석이었던 사회부장관과 체신부장관에 10월 8일부터(본인의 전보 제59호) 임명했습니다. 동시에 그는 이전에 무임소장관이었던 이윤영을 국무총리로 지명하고 동시에 재무부장관 백두진 씨에게 국무총리 서리를 부여했습니다.

이러한 조처는 여전히 겁에 질리고 분열된 국회를 심각하게 동요시킵니다. 국회는 1948년과 1950년 이미 두 번 기각된 이윤영(대통령의 비호를 받는 자)의 특별 입후보와 암암리에 대안 후보인 백두진의 입후보 사이에 강제 선택이 인지된다고 생각합니다. 백두진의 이승만 박사에 대한 비굴한 헌신은 누가 봐도 대통령의 최근 정치 술책에 필요한 금전적 방편을 마련해준 재정 스캔들을 덮었습니다.

그 다음의 세 가지 의제는 예상했던 것(위에서 언급한 본인의 전보)과 일치합니다. 반면 최신 상황의 결과물인 마지막 의제는 며칠 전 아이젠하워 장군의 연설을 통해 윤곽이 잡힌 구상의 흐름을 활용하려는 이승만 대통령의 열의를 상당히 드러냅니다.

브리옹발.

인용 끝.

드장

---

[1] 연세대(연희대) 영문과 교수였음. 휘문고 제자이던 백두진의 추천으로 사회부장관에 임명됨.

【127】 아이젠하워 장군의 미군 철수 주장(1952.10.21)

[전 보 (외교행낭)]　아이젠하워 장군의 미군 철수 주장
[문 서 번 호]　1990
[발 신 일]　1952년 10월 21일
[수 신 일]　미상
[발신지 및 발신자]　도쿄/드장(주일 프랑스대사)

브리옹발 씨로부터의 문서 제61호

부산 1952년 10월 15일 발신, 도쿄 1952년 10월 21일 수신

인용

　한국 방위는 강력한 한국군에 맡기고 주한 미군을 철수시키자고 주장하는
아이젠하워 장군의 최근 선거 연설은 이곳에서 상당히 강력한 반발을 불러일
으켰습니다.

　여론의 일부는 공화당 후보의 연설에서 한국 포기 계획을 인지했다고 믿는
것 같습니다. 국회 부의장 윤치영은 "공산주의자들을 격려"하는 아이젠하워
장군의 이 같은 선거공약을 맹렬히 비판하고 특히 이러한 해석의 대변인 역할
을 하며 이 제안에 박수를 쳤던 주유엔 상임 참관인 임병직의 파면을 단호하
게 요구하기까지 했습니다.

　아이젠하워 장군의 제안은 당연히 수많은 한국군 병력의 사전 훈련과 적절
한 군축을 전제로 하는 것입니다. 문제의 이러한 양상은 결국 이승만 대통령
이 지난 2년 동안 부단히 내세웠던 주장을 지금까지 미국이 조심스럽게 무시
해온 결과일 것입니다. 이러한 동기는 당연히 왜 임병직이 아이젠하워 장군의
연설을 자연적으로 환영했는지를 설명해주며, 윤치영이 표명한 분노에 이승만
대통령은 어떠한 반응도 보이지 않았습니다.

아이젠하워 장군이 명백하게 선거운동의 요지 중 하나로 만든 구상은 물론 새로운 것이 아닙니다. 지난 몇 개월 사이 다양한 군사 학교의 설립, 점점 더 활발한 징병, 오늘날 400,000명에 이르는 병력을 보유한 한국 군대의 더 발전된 훈련 등은 이미 그만큼 이 구상이 현실화되고 있다는 증거입니다. 이렇게 수립된 실제 병력의 규모에 관하여는 유엔군의 개입을 보도하는데 더 신경을 쓰는 언론은 분명 충분히 밝히지 않았습니다. 현재 한국군 제9사단이 펼치고 있는 백마고지 전투는 전쟁이 시작된 이래 다른 남한 군대(특히 수도 기계화보병사단)들이 보여준 모든 모범사례에 또 하나의 모범사례를 제공하고 있습니다.

브리옹발.

인용 끝.

드장

【128】 제1위원회의 한국문제 토론(1952.10.24)

[전 보]	제1위원회의 한국문제 토론
[문 서 번 호]	2513-2515
[발 신 일]	1952년 10월 23일 21시 50분
[수 신 일]	1952년 10월 24일 05시 00분
[발신지 및 발신자]	뉴욕/오프노(주유엔 프랑스대사)

한국에 관한 토론이 10월 23일 제1위원회에서 시작되었습니다.

회의 시작부터 태국은 남한 대표들이 투표권 없이 심의에 참여할 수 있도록 제안했습니다. 비신스키 소련대표는 이 건의안을 수락하면서 북한 대표들도 동일한 조건에서 참여하도록 요청했습니다.

이 긴 토론에서 다음과 같은 3가지 경향이 드러났습니다.

네덜란드와 그리스의 지지를 받은 앵글로색슨 국가 그룹은 위원회가 침략국 대표들의 말을 들을 필요는 없다고 주장하며 소련의 제안을 반박했습니다.

그런데 영국 대표는 북한 대표들의 청문을 침략자로서의 반대하는 것이 아니라 유엔이 판문점에서 그들과 토론을 했을 뿐만 아니라 이 청문이 현재로서는 평화를 위해 어떤 좋은 결과도 가져올 수 없다고 보기 때문이라고 강조했습니다. 파키스탄이 주도하는 일부 아랍-아시아 대표단은 북한에 붙여진 침략자 자격의 타당성을 인정하면서도 도덕적 동기를 따르기보다는 구체적인 결과에 도달하는 것이 더 중요하다고 평가하므로 양측의 입장을 듣는 것이 바람직하다고 말했습니다. 그러나 같은 그룹의 이라크 같은 다른 대표단은 북한 초대를 당분간 보류하는 것이 바람직하다고 보았습니다. 소련 진영은 당연히 비신스키 소련 대표의 제안을 지지했습니다.

한편 저는 태국의 제안에 찬성하고 소련의 제안에 반대했습니다. 그러나 이 토론회에 이어, 위원회가 휴전 이후든 이 청문이 휴전 체결을 용이하게 할 수

있다고 보이는 경우든 북한의 이야기를 듣는 것이 이롭다고 여길 수도 있다고
설명했습니다.

결국 태국의 제안이 찬성 54표, 반대 5표, 기권 1표(유고슬라비아)로 채택된
반면, 소련의 제안은 파키스탄과 인도네시아가 포함된 찬성 11표, 이라크를 포
함한 반대 28표, 기권 8표(유고슬라비아, 중앙아메리카)로 기각되었습니다.

긴 발언을 하기 위한 애치슨 국무장관의 요청으로 회의가 다음날로 연기되었
습니다.

오프노

【129】 미 국무장관의 한국에 대한 성명(1952.10.25)

[전 보]	미 국무장관의 한국에 대한 성명
[문 서 번 호]	2520-2523
[발 신 일]	1952년 10월 24일 21시 45분
[수 신 일]	1952년 10월 25일 02시 55분
[발신지 및 발신자]	뉴욕/오프노(주유엔 프랑스대사)

애치슨 국무장관은 예정된 대로 10월 24일 오후 한국에 대한 성명을 발표했습니다.

매우 기품 있는 변호사 출신인 그는 제1위원회에서 3시간 동안 청중이 어떤 순간도 피로해 보이는 기색 없이 문제의 모든 관계 자료를 훌륭히 소개해 냈습니다. 그 기원부터 이 문제에 관한 그의 자세한 연대기적 설명은 유엔에 의해 검증된 사실을 상기함으로써 어느 쪽에서 침략을 자행했는지, 그리고 적대행위 중단을 위해 휴전회담이 시작된 이래 통합사령부가 어떤 인내의 노력을 해왔는지를 보여주었습니다. 변론의 모든 부분은 여전히 정전을 지연시키는 유일한 사항, 즉 포로들의 자발적 송환문제에 청중의 관심을 집중시키려는 것이었습니다.

이 연설에서 가장 경청된 부분 중 하나는 이 분야의 국제 관행은 미국의 제안과 일치하며 제네바협약은 포로가 송환될 권리를 열어주는 것이지만 그들이 동의하지 않을 경우 강제 송환하는 것으로 해석되어서는 안 된다고 애치슨 장관이 밝히려는 부분이었습니다. 이 연사는 자신의 논리를 뒷받침하기 위해 1차 세계대전 이후 소련 스스로 체결한 모든 조약들을 인용하면서 위원회의 가장 큰 관심을 불러일으켰습니다. 특히 독일과의 브레스트-리토프스크 조약 또는 1920년 프랑스를 포함한 유럽의 여러 국가들과 맺은 코펜하겐조약과 같은 경우를 예로 들 수 있는데, 이 조약들은 모두 양당사자는 억류 국가의 영토에 머물지 않기를 원하는 포로들만 그들의 집으로 보내는 것이 합당하다는 동일한 조항을 포함하고 있습니다. 그는 강제 송환을 단호하게 배제하는 소련과 터키 사이의 협의 조항을 강조했습니다.

그는 위원회를 향해 매우 짧고 간결한 결론에서 자신이 자발적 송환에 대해 방금 전개한 논리를 총회가 확증하고 ㅁ ㅁ ㅁ하기를 기대하며, 그것이 한국전쟁에 참여한 모든 국가를 포함한 다른 20개국의 지지와 더불어 자국이 제시한 결의의 주요 목적이라고 밝혔습니다. 이 결의문은 제가 최근 각하께 그 내용을 전달했던 것입니다.

드물게 긴 박수로 애치슨 국무장관의 결론에 응답한 위원회를 볼 때 그의 매우 절제된 연설 말투, 논증의 명확성 및 사실의 객관성은 매우 강한 인상을 준 것으로 보입니다.

저는 국무장관 성명의 임시 보고서를 오늘 외교행낭으로 각하께 송부합니다.

오프노

【130】 공산 측의 전쟁포로 분류 개념(1952.10.24)

[전   보] 공산 측의 전쟁포로 분류 개념
[문 서 번 호] 1994-1997
[발   신   일] 1952년 10월 24일 20시 00분
[수   신   일] 1952년 10월 24일 12시 50분
[발신지 및 발신자] 도쿄/드장(주일 프랑스대사)

본인의 전보 제1991호에 이어

이 문건에서 중공-북한 사령부는 정치적 망명자들에게만 생각할 수 있는 대우를 전쟁포로에게 적용하기를 거부한다는 것이 분명해졌습니다. 중공-북한은 1949년 제네바협약의 엄격한 적용을 요구하기 위해 바로 이 구분을 언급합니다. 따라서 협상에 있어 현재의 교착상태에 가능한 해결책의 실마리를 여기서 찾을 수는 없을 것입니다.

공산 측은 오히려 유엔군사령부가 전쟁포로로 분류한 이후 민간 난민으로 재분류했던 27,000명의 석방에 항의하고 있습니다. 이들의 석방은 최근에 발표되었고 지금 현재 진행 중입니다.

공산 측이 제안한 분류는 정치적 난민이라는 개념을 전혀 고려하지 않습니다. 그것은 단지 한국 국적의 군인과 비한국인 군인의 구분에 근거합니다. 공산 측은 인민군 또는 한국군에 속했던 한국 국적의 포로는 자신의 거주지가 있는 지역에 수감되어 있을 경우 송환되지 않고 곧바로 자신의 집으로 돌아갈 수 있다고 인정합니다. 이 두 부류의 한국인 명단 작성에 있어서만 유연성을 보입니다.

외국 국적의 전쟁포로, 즉 유엔군과 중국인민지원군에게는 어떤 예외도 허용되지 않습니다. 그들은 모두가 송환되어야 한다는 것입니다. 공산 측의 이러한

분류 개념은 김일성 장군과 펑더화이 장군의 10월 16일 편지에 명확하게 되풀이되어 밝혀지고 있습니다.

유엔군사령부가 제안하는 76,000명과 공산 측이 주장하는 96,000명 또는 심지어 90,000명 사이의 차이를 줄이면서 한국 포로들의 명단을 조작할 가능성을 여전히 검토해 볼 수 있을 것입니다. 리쭝런[1] 장군은 공산 측이 전체 송환을 요구하고 있는 반면 단지 6,400명만이 송환에 동의하고 있는 중공 포로 20,000명에 대한 분쟁을 해결할 보다 나은 방법 지금까지는 전혀 보이지 않는다고 했습니다. 중공-북한의 10월 8일 제안도 16일 제안도 이에 대해서는 어떤 해결책을 제시하지 못합니다.

드장

---

[1] 리쭝런(Li Zongren, 1890-1969). 중화민국 부총통(1948-1954).

【131】 한국문제에 관한 미 국무부의 계획(1952.10.26)

[전 보]	한국문제에 관한 미 국무부의 계획
[문 서 번 호]	2531-2533
[발 신 일]	1952년 10월 25일 20시 40분
[수 신 일]	1952년 10월 26일 02시 40분
[발신지 및 발신자]	뉴욕/오프노(주유엔 프랑스대사)

　10월 25일자『뉴욕타임스』는 한국에 관한 애치슨 국무장관의 연설 중, 공산 측이 휴전을 계속 거부할 경우 침략에 대한 저항 행동을 더 강력하게 추진하고 자 하는 미 정부의 단호한 의지를 보인 대목을 논평하며, 여러 대표단들은 이 성명을 총회의 개입이 실패할 경우 제2의 결의안 제출을 예상하게 하는 것으로 해석했다고 쓰고 있습니다.

　기사는 이 두 번째 결의안이 회원국들에게 한국 전투에 대한 군사 참여 강화 를 촉구하고 경제적 보이콧 강화 및 중화인민공화국을 인정한 정부의 외교 사 절에 대한 경고를 포함할 수 있을 것이라고 밝히고 있습니다.

　따라서 통상적인 방법에 따라 미 국무부는 수개월 전부터 영국과 프랑스 정 부와 의논해온 작업을 언론으로 하여금 착수하게 한 것으로 보입니다. 국무부 는 런던과 파리에서 심각한 유보적 입장을 야기했던 결의안을 다시 시작할 가 능성이 있습니다. 미국대표단이 첫 번째 결의안을 제시하고, 여러 주 동안 이 결의안의 여러 사항에 대해 우리가 표명한 반대의사에 대한 토론이 끝나지 않 았는데도 우리의 협조를 요청했던 성급함을 고려할 때, 워싱턴에 견해를 알리 는 방법에 있어 우리 프랑스와 의견을 같이하는 영국과 의논하기 위해 런던에 서 시작된 대화를 재개하는데 너무 오래 기다리지 않는 것이 좋을 것입니다.

오프노

【132】 한국전쟁의 제한에 대한 국무부장관의 발표(1952.10.28)

[전   보]   한국전쟁의 제한에 대한 국무부장관의 발표
[문 서 번 호]   2579
[발   신   일]   1952년 10월 28일 14시 00분
[수   신   일]   1952년 10월 28일 20시 05분
[발신지 및 발신자]   뉴욕/오프노(주유엔 프랑스대사)

애치슨 국무장관의 한국문제 관련 연설에서 압록강 아래 한반도 자체로 군사
작전 제한을 언급하는 짧은 대목을 주목할 필요가 있습니다.
국무부장관은 다음과 같이 말했습니다.

"본인은 이제, 유엔이 한국 밖에서 작전활동을 하는 공산군과 대적하고 있
지만 분쟁을 한국에만 제한했다는 사실을 강조하려 합니다. 수많은 어려움과
심각한 도발이 있었음에도 전쟁은 한국 자체에만 국한되어 왔습니다. 유엔의
계획은 이 제한을 계속 지켜나가는 것입니다."

오프노

【133】 한국 전방의 상황(1952.10.28)

[전 보]	한국 전방의 상황
[문 서 번 호]	2012-2013
[발 신 일]	1952년 10월 28일 09시 10분
[수 신 일]	1952년 10월 28일 15시 45분
[발신지 및 발신자]	도쿄/드장(주일 프랑스대사)

보안

국방부에 긴급 전달 요망

　10월 27일 하루 동안 공산군이 4차례의 지역 공격을 행했습니다. 판문점 북동쪽 서부지역의 해병대 제1사단, 철원 북쪽의 미군 제3사단, 김화 지역의 남한 군대 제2사단, 그리고 금성 동쪽의 한국군 제8군에 대항한 공격입니다. 전방에서 몇 킬로미터 떨어진 곳에서 몇몇은 매우 격렬하게 진행된 이 공격은 모두 격퇴되었습니다. 포기되었던 전진기지들은 저녁쯤에 되찾았습니다.

　아군의 인명 손실은 450명, 적군은 약 두 배로 추정됩니다.

드장

【134】 중국인민지원군 전쟁참여 2주년 행사 및 거제도 포로수용소 사건(1952.10.29)

[전　　　　보]	중국인민지원군 전쟁참여 2주년 행사 및 거제도 포
	로수용소 사건
[문 서 번 호]	2014
[발　신　일]	1952년 10월 29일 03시 00분
[수　신　일]	1952년 10월 29일 11시 02분
[발신지 및 발신자]	도쿄/드장(주일 프랑스대사)

　　중국인민지원군의 전쟁 참여 2주년을 맞아 10월 25일 중국 공산당 여러 지도 자들이 미국의 침략을 공동으로 격퇴하고 한국문제에 대한 평화적이고 합리적 인 해결을 가능하도록 한국에 더 적극적이고 효과적인 지원을 제공하겠다는 의 지를 확인하는 행사가 베이징에서 열렸습니다. 동일한 목적을 위해 그들은 생 산 증가와 경제 발전을 권장했습니다.

　　그들은 유엔군사령부가 협상을 무기한으로 끌고 있다고 비난하는 것을 빼놓 지 않았습니다. 그들은 공산 측의 마지막 제안의 바탕이 된 타협 정신을 칭찬했 으며, 클라크 장군이 이 제안을 거부한 것을 두고 마치 유엔 총회를 기정사실로 놓고 중국에 대한 침략으로 확산된 전쟁에 유엔을 더더욱 끌어들이려는 책략처 럼 소개했습니다.

　　그들은 문제의 제안이 통합사령부에 의해 즉시 공개되지 않은 것이 그 근거 라고 주장했고, 공산 측의 마지막 제안은 진전이 아니라 이전 제안보다 퇴보한 것이라고 표현한 10월 22일자 국무부의 성명서에 격렬하게 반발했습니다.

　　행사에 대한 긴 보고가 10월 26일 베이징라디오를 통해 보도되었습니다.

　　연합군 최고사령부의 소식에 따르면 10월 28일, 거제도 포로수용소 제11구역 에서 새로운 말썽이 발생했습니다. 포로들은 규정을 어기고 훈련부대를 조직하 고 체계적으로 물의를 일으킬 목적을 드러내며 가까운 수용동에서 군사훈련을 실시했습니다.

수차례의 경고 후 미군 2개 소대가 개입했습니다. 75명의 공산군이 부상을 당했는데, 그중 18명이 입원하고 그중 한 명은 병원에서 사망했으며 다른 이들은 가벼운 부상을 입었습니다.

국방부에 전달 요망.

드장

【135】 어업수역 문제로 인한 한일관계 악화(1952.10.30)

[전 　　　　보]	어업수역 문제로 인한 한일관계 악화
[문 서 번 호]	2015-2020
[발 　신 　일]	1952년 10월 30일 01시 20분
[수 　신 　일]	1952년 10월 30일 15시 03분
[발신지 및 발신자]	도쿄/드장(주일 프랑스대사)

사이공 공문 제1268-1273호
국방부에 전달 요망
본인의 전보 제1895호 참조

머피[1] 미국대사는 10월 28일 어제 클라크 장군과 함께 한국으로 떠났습니다.
그는 한국에서 3일간 머물며 이승만 대통령을 만나게 됩니다.

이 방문은 악화되는 한일 관계의 긴장감과 직접적인 관련이 있습니다.

갈등의 주요 원인은 어업 수역 문제입니다.

총사령관에 의한 한국 주변의 방위 구역 수립을 계기로 일본 당국은 이 구역
의 지위를 명확히 하기 위해 노력했습니다. 연합 해군은 처음에는 증기선에서
수색을 진행할 것 같습니다. 외무부장관은 불만족스럽게 생각한다는 의견서를
교환한 후, 유엔군사령부는 10월 21일 이 구역에 일본 어선의 진입이 금지되었
다고 일본 정부에 알렸습니다.

이러한 결정은 대부분 이승만 대통령의 단호하고 거의 공격적인 태도에서 시
작되었습니다. 이 대통령은 남한 해군에게 유엔군사령부가 결정한 경계선이자
남한의 어획량이 매우 높은 바다에서 이승만 라인과 사실상 혼돈되는 선을 넘

---

1) 로버트 다니엘 머피(Robert Daniel Murphy, 1894-1978). 일본 주재 미국대사(1952-1953).

어서 나포된 일본 어선은 부산으로 인도하라고 명령했습니다. 저항하는 경우 남한의 배가 발포해야 합니다. 로버트 P. 브리스코[2] 극동 해군 사령관이 상기 어선들을 미 해군당국에 넘겨주도록 한국 함대 사령관에게 권고했음에도 불구하고 이 대통령의 명령은 실행되었습니다.

남한 해군에 의해 체포된 선박 수는 최근 몇 주간 상당히 증가했습니다. 지난 1월 이후 그 수가 142대에 이르고 더불어 20대가 실종하고 8대가 침몰했습니다. 일본은 그들의 어선들을 호송하며 응수할 준비를 했습니다. 클라크 장군이 일본 선박들에게 금지구역에서의 어업행위를 금지한 것은 바로 심각한 사고를 막기 위해서입니다.

이 조치는 일본의 격렬한 항의를 불러일으켰습니다. 이것은 실제로 일본에 상당한 물질적 손해를 입힙니다. 이 금지령은 1,800대의 선박과 30,000명의 어부에 관련됩니다. 그 결과 80억 엔에 달하는 연간 200,000톤의 어획량이 손실됩니다. 게다가 취해진 결정은 일본의 독립에 해로운 것으로 간주됩니다. 클라크 장군이 지정한 라인은 이승만 대통령 라인만큼이나 현실성이 없고 국제 관행에도 위반되는 것이라 할 수 있습니다. 클라크 사령관도 맹렬한 비판을 받고 있습니다. 일본 신문들은 장군이 공개적으로 일본의 공공연한 적인 이승만 정부의 편을 드는 것을 보고 놀라고 있습니다. 언론은 이에 대해 남한 당국이 끊임없이 조직하는 소란스런 시위들을 상기하고 이승만 대통령이 양국 간의 모든 협상을 불가능하게 만든다고 비난합니다. 언론은 또한 미국이 이승만 체제처럼 인위적인 정권을 선호하는 사실에 놀라움을 표명하고 새 정부가 적극적으로 국가의 이익을 방어할 것을 촉구합니다.

드장

---

[2] 로버트 P. 브리스코(Robert P. Briscoe, 1897-1968). 미국 극동 해군 사령관(1952-1954).

【136】 미국 결의안에 대한 영국의 입장(1952.10.29)

[전 보]	미국 결의안에 대한 영국의 입장
[문 서 번 호]	4481-4485
[발 신 일]	1952년 10월 29일 20시 40분
[수. 신 일]	1952년 10월 29일 20시 55분
[발신지 및 발신자]	런던/마시글리(주영 프랑스대사)

워싱턴 공문 제393-397호

뉴욕 공문 제36-40호

본인의 전보 제18052호 참조

영국 외무부는 앞서 뉴욕 전보 제2531호에서 인용된 『뉴욕타임스』의 기사에 관심을 두지 않았었습니다. 영국 극동담당 차관보 스콧 씨는 우리 대사관의 참사관 중 한 사람이 전달한 정보를 관심 있게 검토했고 이 상황이 신중하게 고려되어야 한다는데 즉각 동의했습니다. 8월 15일 미 국무부가 제출한 계획안에 대해 워싱턴 주재 영국, 프랑스 두 대사관이 8월과 9월 제기했던 반론들이 사실상 미국의 견해를 거의 바꾸지 못했고 대담은 어떤 결론도 맺지 못하고 짧게 끝났기 때문입니다.

스콧 씨는 지체하지 않고 정당성이 인정되는 우리의 제안을 미 국무장관에게 제출할 것이고 우리에게는 2-3일 안에 그의 견해를 알려줄 것입니다.

스콧 차관보는 어쨌든 프랑스-영국의 교섭은 11월 4일 선거 이전에 실행되면 소용이 없게 될 것이라고 개인적으로 말했습니다. 결국 두 번째 결의안 제출은 첫 번째 결의안의 표결 이후 적당한 시간이 지나기 전에는 생각할 수 없는 것입니다.

그는 이에 대해 영국 외무부가 우리 프랑스 외무부처럼 동조하기를 포기한 체념한 결의안이 충분한 과반수를 얻을 수 있을지 의문스러워 합니다. 영국 외무부는 실제로 정책위원회에서 인도를 대표할 크리쉬나 메논[1]이 거기에 반대하며 두 대립 그룹이 서로 기권할 수 있는 내용의 문서를 '중립국'들이 제출하도록 캠페인을 벌인다는 사실을 알았습니다.

영국 외무부가 보기에는 베이징과 평양 대표의 청문 요청에 문을 연다고 여전히 믿는 첫 번째 결의안이 어떠하건 간에 스콧 씨는 8월 15일 미국 결의안에는 단호히 반대 입장을 고수합니다. 두 번째 결의안이 필요하게 된다면 영국 외무부의 생각에는 첫 번째 결의를 수용했지만 한국전쟁에 아직 참여하지는 않은 나라들의 할당병력 파견 요청이 본질적으로 포함될 것이라고 봅니다.

금수조치와 중국과의 관계단절은 중국이 휴전을 완전히 거부하고 대대적 군사작전을 주도할 경우가 아니면 계획될 수 없는 것으로 봅니다.

마시글리

---

[1] V. K. 크리쉬나 메논(V. K. Krishna Menon, 1896-1974). 유엔 주재 인도대표(1949-1962).

【137】 한국문제에 대한 미국의 계획(1952.10.30)

[전 보]	한국문제에 대한 미국의 계획
[문 서 번 호]	2292-2297
[발 신 일]	1952년 10월 29일 21시 20분
[수 신 일]	1952년 10월 30일 03시 45분
[발신지 및 발신자]	뉴욕/오프노(주유엔 프랑스대사)

비신스키 소련대표는 10월 29일 오후 한국에 대한 첫 성명을 발표했습니다. 애치슨 국무장관의 성명을 검토할 시간이 그에게 주어졌기 때문에 그는 이 성명의 반론처럼 자신의 연설을 고안하여 거기에 3시간 30분을 할애했습니다.

그는 무엇보다 소련의 결정을 실행한 한국에 관한 타협을 단절한 것에 대한 미국의 책임을 증명하는데 초점을 맞추었습니다. 그는 소련의 건설적인 북한 민주화 작업을 미국에 의해 설립된 남한의 정치 체제와 비교하면서 그는 이승만이 이끄는 독재 체제가 민중의 불만과 당파의 저항 조직을 불러일으켰다고 지적했습니다. 그리고 점점 규모가 커지는 이 움직임을 축소하고 북한 민주주의자들과의 관계를 방해하기 위해 미 당국은 점점 38선 반대쪽의 지배력을 넓히려는 구상을 하기에 이르렀다는 것입니다. 그에 따라 한국의 전쟁준비가 시작되고 그를 계기로 갈등이 전쟁으로 터졌다는 것입니다. 유엔의 안전보장이사회와 총회가 발표한 비난은 거짓 정보를 근거로 작성되었으므로 유효하지 않다는 주장입니다. 애치슨 국무장관과는 달리 비신스키 소련대표는 전쟁의 진행에 대해서는 한 마디도 하지 않았고 세균전에 대해서는 매우 간단한 언급만 했습니다. 그는 공산 측의 양보를 강조하기 위해 휴전협상에 대해 더 길게 상술했습니다. 그리고 그는 연설의 중심을 이루는 포로문제에 이르렀습니다. 그는 포로수용소에서 미국의 잔학성이라 부르는 것에 대해 친절하게 상세한 묘사를 해가며, 문제가 되는 것은 자발적 송환 원칙 그 자체가 아니라 포로들이 본국송환에 대해 반대하도록 용납할 수 없는 압박을 가하면서 송환을 방해하려는 미국의 엉성하게 위장된 의도라는 사실을 청중에게 설득하려했습니다.

그는 또한 애치슨 국무장관이 2차 세계대전 말 체결된 조약에서 이끌어낸 법률적 논증을 반박했습니다. 그는 이 반박에서 이미 언급한 조약들의 특정 조항들(특히 1920년 영소 조약 제1조) 뿐만 아니라 그 이전의 조약들, 예를 들면 1889년 스페인-미국 조약, 1907년 헤이그 협약, 베르사유 조약 및 기타 전후 조약, 1929년 제네바협약, 독일과 일본의 항복 조인서, 그리고 마지막으로 1949년 제네바협약 등을 근거로 들었습니다. 이 문서들은, 당시 소련이 혁명의 성공에 모든 힘을 다 바쳐야 했기 때문에 사건들의 제약 하에 어쩔 수 없이 서명했던 조약들이 아니라 송환에 관한 진정한 국제법이 무엇인지를 밝히고 있다고 그는 말했습니다.

연설의 마지막에 비신스키 소련대표는 논의의 요지가 단지 한국통일부흥위원회의 보고일 뿐이므로, 유일하게 평화회복을 가져올 수 있는 폴란드 제안이 논의될 때 한국문제의 다른 양상들을 추후에 언급하기로 보류한다고 말했습니다.

짧게 생략하고, 그는 한국문제의 평화적 해결을 위해 이해 당사자들뿐 아니라 적대행위에 가담하지 않은 다른 국가들도 포함하여 구성된 위원회를 설립하기 위한 결의안의 제출을 알렸습니다. 위원회는 이 국가들의 감독 하에 한반도 통일과 평화를 준비할 임무를 가지게 될 것입니다.

오프노

【138】 유엔 제1위원회에서의 한국문제 관련 프랑스대사의 발언(1952.10.30)

[전 보]	유엔 제1위원회에서의 한국문제 관련 프랑스대사의 발언
[문 서 번 호]	1952/POL/1/6
[발 신 일]	1952년 10월 30일
[수 신 일]	미상
[발신지 및 발신자]	뉴욕/오프노(주유엔 프랑스대사)

제7차 유엔총회 16호 의제: 한국문제

1차 위원회에서의 오프노 프랑스대사 발언 내용
(제516회)

프랑스 대표단은 이 토론회에서 한국의 현 상황에 이르게 된 사건들의 연대기적 설명을 반복할 의도는 없습니다. 이에 대한 설명은 딘 애치슨 국무장관께서 우리의 이 1호 의제에 대한 검토를 시작하면서 훌륭한 발표를 통해 포괄적으로 그리고 상세히 해주셨습니다. 1차위원회가, 그리고 그것을 넘어 세계 여론이 이 사실을 상기하는 이 자리에 함께 할 필요가 있었습니다. 미국 수석대표께서 언급하신 모든 과거 중에서 이 토론을 파악하고 우리의 행동을 결정하게 될 명심해야 할 핵심 사항 2가지가 있습니다. 첫째, 침략이 저질러졌다는 사실입니다. 둘째, 수많은 역경 끝에 이 침략이 저지되고 격퇴되었으며, 유엔이 착수한 투쟁 덕분에 제압된 침략군은 그 출발점으로 돌아가고 잠시 침입당한 영토는 해방되었습니다.

침략이라는 객관적 사실에 대해서는 선의를 가진 사람이라면 그 누구도 의심할 수 없을 것입니다. 그 해석이 어떠하든 특정 발의나 성명을 야기할 수 있는 유보 또는 유감이 어떠하든, 이 운명의 날 이전에 38선 이남 또는 다른 곳에서 지도상 그들의 국가를 북한으로부터 갈라놓던 그 가상선을 남한 군대가 먼저 넘지 않은 것은 명확하게 분명한 사실입니다. 세계 모든 국가 간의 관계를 해결해야 하는 결정적 원칙들 중 하나는 침략이 절대로 정당화될 수도, 변명이 될 수도 없다는 것입니다. 피해를 입었다고, 심지어는 도발 또는 위협을 당했다고 믿는 사람이라도 그 어떤 경우에도 먼저 대처하여 무력을 사용하는 것은 허용될 수 없습니다. 이것을 용납하는 것은 우리 기구의 설립 기초를 훼손하는 것이 될 것입니다. 유엔은 세계의 모든 국가들에게 그들의 모든 분쟁 및 갈등의 평화적 해결을 위한 방책과 경로를 열어주기 위해 설립되었습니다.

혹자는 유엔이 이 문제들을 해결하기에는 너무 느리고 힘이 없다고 판단할지도 모르겠으나 이러한 결점이 사실이든 상상이든 스스로 복수하는 것은 어떤 국가에게도 정당화될 수 없습니다. 우리는 이 중요한 원칙을 반복하는 것에 지쳐서는 안 될 것입니다. 우리는 이것을 우리의 판단과 행동의 절대규칙으로 삼는 것을 절대 멈추어서는 안 됩니다. 현재의 경우 북한이 위반한 것이 바로 이 규칙입니다. 그리고 유엔이 북한에게 그리고 이 위반의 직접적 공범자들에게 실행한 것이 바로 이 규칙에 대한 징계입니다.

유엔의 깃발 아래 1년간의 치열한 전투를 벌인 결과 연합군은 그들에게 배정된 목표에 도달했습니다. 침략은 격퇴되었고 침략당한 영토는 해방되어 가장 고양된 국제사회의 정의가 승리를 거두었습니다. 사보나롤라[1]의 표현대로 정의는 슬픔의 무기를 앞세워 진보한다는 말을 다시 쓸 수 있는 경우입니다. 그리고 이 승리를 위해 치러야했던 모든 희생과 고통을 생각할 때 마음이 아프지 않을 수 없습니다. 가장 많은 몫을 부담한 미국 국민의 희생, 군대를 여기에 동참시킨 16개국이 할 수 있는 범위 내에서 각각의 몫을 부담한 희생이 있습니다. 그리고 조국 분단의 무고한 희생자들이 있습니다. 그들에 대한 유엔의 의무는 모든 파괴된 가정들을 너나 할 것 없이 언젠가는 다시 일으켜 세우는 것입니다.

---

[1] 지롤라모 사보나롤라(Girolamo Savonarola, 1452-1498). 이탈리아 도미니쿠스회 수도사 · 설교가 · 종교개혁가.

너무 많은 피와 너무 많은 눈물의 대가로 그들에게서 앗아간 것들을 불행히도 전적으로 모두 되돌릴 수는 없겠지만 말입니다.

더불어 저는 그들 지도자들의 맹목적인 계획 때문에 이 피투성이 모험에 내던져진 모든 이들에 대한 우리 연민의 표시도 잊어서는 안 된다고 생각합니다. 이에 대해서는 유엔 군인들이 가장 먼저 상대방의 용기와 희생정신에 대해 증언할 수 있을 것입니다. 침략에 책임이 있는 지도자들이 광신적 도구로 삼는 이 병사들에게 겪게 만드는 극악무도함에 우리의 도덕적 비난은 더욱 거세질 수밖에 없는 상황에서 유엔이 중공과 북한 국민들의 고통 역시 우리가 존엄한 모든 수단을 다 이용하여 지치지 않고 평화 회복을 모색해야 할 이유라는 인식을 하지 않는다면 유엔은 그 소명과 책임에 불충실한 것이 됩니다.

1년 동안 유엔 협상가들은 인내와 끈기를 갖고 이 목표를 추구해 왔으며 미 수석대표는 이에 대해 해야 할 적절한 말을 했으며 거기에 대해 저는 더 이상 추가할 말이 없습니다.

그런데 휴전협상이 시작될 수 있는 분위기가 조성될 수 있었던 것은 우리의 상대가 그들의 침략 실패를 인정할 수밖에 없었기 때문이기도 하지만 통합사령부가 이런 결과를 위해 꼭 필요한 목표에 행동을 제한할 줄 알았기 때문이기도 하다는 사실에 주목하여야 할 것입니다.

우리는 가끔 갈등을 확산하는 위험을 안고 격렬한 전투에서 적을 치는 계획에 착수하고 싶은 유혹이 무엇보다 컸다는 사실을 알고 있습니다. 대부분의 유엔 회원국은 분명 이것이 통합사령부에게 맡긴 임무의 한계를 넘어서는 일이라고 생각했을 것입니다. 이러한 가장 위태로운 순간에 이 문제에 대해 내려진 수뇌부 결정의 자제와 지혜에 경의를 표하지 않을 수 없습니다. 며칠 전 딘 애치슨 국무장관으로부터 직접 미 정부가 입장을 단호히 지킨다는 말을 듣고, 모든 압박과 도발에도 불구하고 전쟁을 계속 한국 영토에 제한하겠다는 통합사령부의 의지를 보장해주어서 우리는 기뻤습니다.

거의 1년 반 동안 휴전협상이 판문점에서 진행되고 있습니다. 이 협상은 여러 가지 대안, 중단과 재개 또 중단을 거치고 상호적 동의에 의한 양보를 통해 진보했으며 양 당사자는 협상을 이루겠다는 상호 의지에 대해서는 절대로 의문을 제기할 수 없을 것입니다. 한쪽 당사자가 다른 당사자에게 자신의 조건을 지시하고 항복의 조건을 정하는 것을 그만 둔 날부터, 서로가 모든 정전과 휴전 조항이 포함하는 군사적 문제의 해결책을 협상하는데 동의한 날부터, 이날부터 양측 장군들은 이 임무를 위해 외교적 방법을 이용해야 했습니다. 이 협상이 연합군 측에서 진행된 방식에 대한 비판적 검토는 현재 순전히 연대기적인 흥미를 제공할 뿐입니다. 여기에 주의를 집중할 필요는 없습니다. 우리가 여기서 기억해야 할 것은 중공-북한 협상가들의 기법, 국가적 관용어법을 통한 마르크스주의 변증법의 우회적 표현, 선전을 목적으로 하는 모든 협상 국면을 끝없이 이용하는 일 따위는 통합사령부 대표들에게 도움이 되지 않았습니다. 그리고 연합군 측 대표들은 이 회담이 진행되는 동안 인내심이라는 외교관의 근본적인 미덕을 지니고 있음을 보여주었다는 것도 기억해야 할 것입니다.

마침내 합의는 이루어졌고 심지어 휴전협정의 초안도 단 한 가지 사항, 즉 포로 송환 교환 문제와 관련된 사항을 제외하고는 모든 세부 사항에 대해 작성될 수 있었습니다. 말이 났으니 하는 말이지만 이 포로교환 문제는 더 이상 장군들의 기술적 능력 영역에 속하는 순전한 군사적인 문제가 아니라 유엔이 의사를 표명할 권리를 가지는 정치적, 법률적, 도덕적 측면까지 제공하는 문제였다는 점이 중요합니다.

위원회 회원 여러분들은 공개된 논쟁의 본질을 알고 있습니다. 여러분에게 제안된 결의안에 서명한 21개국 중 하나가 프랑스라는 사실만이 이에 대한 연합국 협상가들의 원칙적 입장에 프랑스가 동의했다는 사실을 증언하고 있음은 두 말할 필요도 없습니다.

이 입장의 합법성은 딘 애치슨 국무장관이 이 위원회의 절대다수 회원들에게 깊은 인상을 남겼던 논거와 논리로 지지했습니다. 그는 모든 포로들의 송환에 대한 불가침의 권리를 양당사자의 한쪽을 위해 의무로 변형시키고, 포로의 의지에 반하여 송환시키기 위해 힘과 폭력을 사용하는 것은 제네바협약 조항들의 목적과 중요성을 왜곡하는 것이라고 강력하게 반증했습니다. 모든 협정은 그것을 이끈 원칙에 비추어 선의로 해석되어야 합니다. 저는 1949년 제네바협약 외교 회담의 심의를 면밀히 지켜보았는데 그 참여자들은 무엇보다 인간성의 권리를 존중하고 보호해야 한다는 점에서 착상을 얻었고 그들이 예방하고자 했던 것은 적대행위 중단 이후의 포로 억류의 남용으로, 독일이 1940년 나의 조국 프랑스를 희생시켜 그 선례를 남겼고 그 후 불행히도 다른 국가들이 독일을 뒤따랐었습니다.

포로의 권익을 위해 규정된 이 원칙에 오히려 포로를 배반하는 확대해석의 예를 제공할 수는 없는 일입니다. 본국송환은 적어도 과거에 있어서는 거대한 보편성에 상응했기 때문에 규칙이 맞습니다. 국가 간의 전쟁이 이데올로기 전쟁과 섞이지 않고 국가 간의 분쟁이 특정한 내전의 양상을 띠지 않던 역사의 기간 동안에는 한 포로병사가 자신의 조국에 돌아가기보다 망명을 선호할 정당한 이유를 갖는 경우는 생각조차 할 수 없었습니다. 반면 그 포로를 억류한 국가가 승리한 경우 자신의 진영에 무기한 유치할 수 있는 권력을 남용하는 것은 배제되지 않았습니다. 제네바협약 서명국들이 염두에 두었던 것이 바로 이러한 남용의 방지였는데 그들이 이 자발적 송환 조항을 포기하려 했다고 추정하는 것은 상식과 진실에 어긋나는 일일 것입니다. 소련은 1919년과 1924년 사이 자발적 송환 조항에 동의하는 15개 또는 20개의 조약에 가입하고 전쟁의 절정기에는 나치 포로들에게 혜택을 확장했습니다. 이처럼 인정하지 않을 수 없는 보증에도 불구하고 판문점의 중공-북한 협상가들은 오늘날 이 조항에 가입하기를 거부하고 있습니다.

적대행위의 중단 즉시 모든 포로들의 본국송환은 보편적 원칙으로 유지되어야 하고 억류하고 있는 국가의 영토에 머무를 포로의 권리는 예외적인 성격을 유지해야 합니다. 말하자면 이 권리의 행사는 이를 간청하는 모든 이들에게 무차별적으로 인정될 수 있는 것이 아니라 이 권리를 요구하는 사람들이 내세운 이유가 경우에 따라 심층적인 검토의 대상이 되어야 한다는 뜻입니다. 이 이유들은 포로의 출신 국가에 존재하는 환경, 포로의 귀국에 따른 위험, 자신의 결정을 정당화하는 동기의 타당성 및 진정성에 비추어 검토되어야 합니다. 개인적인 형편이나 취향이라는 단순한 이유만으로 원칙에 대한 예외를 자신에게 유리하도록 정당화할 수 없다는 것은 명백합니다. 포로를 억류하고 있는 국가가 포로에게 가하는 압력이 없다는 사실 또한 확인되어야 합니다. 그렇지 않으면 세계의 모든 군대에 탈영을 장려하는 결과가 될 것입니다. 어떤 군사 책임당국도 이러한 선례를 만들어서는 안 됩니다.

여러 가지 면에서 이 문제는 양심적 병역 거부자의 경우, 즉 자신의 철학적 또는 종교적 신념에 따라 제복 착용 또는 무기 소지를 금지하는 개인의 경우와 비슷합니다. 앵글로색슨 국가들에서는 이에 대한 법적 조항이 만들어졌는데 저는 우리 프랑스를 시작으로 모든 국가가 이에 대해 착상을 얻고 인격체의 존중과 국가 의무 요구사항을 조절하려고 노력하기를 희망합니다. 병역의무로부터 면제되는 지위는 그들 신념의 진실정과 긴박성에 어떠한 의심의 여지가 없을 때까지 오랜 철저한 조사 후에야 부여됩니다. 이를 준용하자면 수감 국가에 머물도록 허가된 포로와 출신 국가에 현존하는 조약을 적용하여 송환될 포로를 판별하는 작업을 하는 기간 동안 책임당국이 착상을 얻어야 하는 비슷한 고려사항들입니다.

제가 이 문제의 법적 및 도덕적 측면에서 어느 정도 상술한 것은 제가 상기한 원칙들이 전체적으로 통합사령부에 의해 존중된 것으로 보이기 때문입니다. 우리에게 제출된 문서들에 의하면, 결정의 자유를 보장하는 조건에서 포로들에게 선택이 제안되었고, 포로들이 본국에 돌아갔을 때 그들의 운명에 대해 안심시키기 위해, 그리고 그들에게 약속된 이 보장사항들이 직접적으로 완전하게 포로들에게 알려질 수 있도록 초기에는 연합국 당국과 중공-북한 사령부 간의 어떤 협력이 이루어지기까지 했습니다. 우리는 따라서 이 대부분의 경우 그들의 선택은 합당하게 이루어졌다는 인상과, 무력행사가 그것을 이겨낼 수 있기에는 그러한 선택을 한 이유가 너무 강력하다는 인상을 받았습니다.

물론 중공과 북한 당국은 포로들의 협조와 더불어 개별적인 사례를 하나씩 확인할 수 있도록 요청할 권리가 있으며 그들의 동포 각자가 고향으로 돌아오도록 설득할 가능성이 거부되어서는 안 될 것입니다. 그러나 정확히는 동등한 보장과 함께 다양한 형태로 그들에게 열린 이 가능성에 대해 양당사자 각각이 ㅁ ㅁ ㅁ. 불행히도 이 제안들은 지금까지 한꺼번에 거부되었으며, 중공-북한 사령부는 타협점 및 건설적 협상의 근거를 찾기보다 모든 포로의 전적 강제송환의 절대 원칙을 고수하고 마치 그들이 새로운 양보를 하는 것처럼 보이기를 선호했습니다. 이것은 새로운 증거가 나올 때까지 같은 원칙이 엉성하게 위장된 양식으로밖에 보이지 않습니다.

이 원칙은 무조건적인 경직성 때문에 유엔의 이름으로 말하는 사람들은 수용할 수 없었고 통합사령부는 상대의 부정적인 태도로 야기된 교착상태를 인정하고 협상을 일시 중단하면서 분명히 현명하게 대처했습니다. 통합사령부가 이전의 수많은 실망에도 불구하고 회담을 재개하기 위해 적이 보낸 권유를 거부하지 않으면서 이 권유가 정말로 교착상태에서 빠져나올 수 있는 얼마간의 새로운 요소를 동반하고 있는지 밝혀내려고 시도하며 지혜롭게 대처할 것이라고 생각할 수 있습니다.

이 출구를 찾아 우리의 노력은 끊임없이 헌신되어야 하며 모든 유엔대표단들이 이를 위해 협조해야 합니다. 우리가 상기한 원칙과 그것이 정하는 범위를 존중한다면 우리의 모든 통찰력과 상상력과 마음을 다해 추구하는 다른 방법, 다른 형태들이 가능할 수도 있습니다. 일부 대표단은 이미 우리에게 모범을 보였습니다. 예를 들어 멕시코대표단은 그들의 제안을 통해 방안을 제시했고 유엔 사무총장은 그것을 통합사령부에 전달했고 프랑스 정부는 즉시 그에 대해 관심을 표명했습니다. 페루 대표는 총회에서 그의 훌륭한 연설을 통해 가능성을 넓히기 위한 흥미로운 ☐☐☐에 동의하였습니다. 유엔이 본국송환에 원하지 않는 포로들을 보호해줄 수 있는 가능성은 신중히 검토해볼 만한 가치가 있습니다. 이 포로들을 정치적 난민으로 인정하면 진정한 이념적 동기가 본국송환보다는 망명을 선호하게 만드는 순간부터 유엔이 사람들의 권리에 의해 보편적으로 인정된 이 신분을 그들에게 보장해줄 수 있을 것입니다. 이 문제에 대한 모두에게 좋은 해결책을 제시하는 다른 길은 분명 찾아질 수 있고 찾아져야 합니다. 우리 모두는 여기에 관심을 기울여야 합니다. 그런데 저는 특히 지리적 역사적 문화적으로 중국과 한국 민족에 가까워서 그 지도자들의 관점을 누구보다 잘 이해할 수 있는 국가들의 대표단에게 우리의 입장에 대해 밝혀주고 그 누구의 위신이나 명예도 건드리지 않으면서 우리의 난관에 대한 인도적이고 공정한 해결을 위한 기초로 사용될 수 있는 방법을 찾아 줄 것을 호소합니다.

저는 또한 소련대표단에게 호소합니다. 소련이 단 한번만이라도 순전한 논쟁의 문제에서 벗어나 우리 앞에 발생한 이 문제에 대한 실용적이고 건설적인 답을 찾기 위해 함께 힘을 모으고 8년 전 소련이 우리 모두의 승리의 명분에 제공했던 것과 동등한 도움을 평화의 명분에 돌려주기를 우리 모두 바라고 있습니다.

비신스키 소련대표가 최근 연설로 많은 사람들에게 실망을 안겨주었음에도 불구하고 저는 호소합니다. 저는 대부분을 차지하는 모든 논쟁의 연대기적 설명으로 시간을 끌지 않겠습니다. 이 시간에 우리는 과거 사건에 대해 헛되이 토론하는 것보다 미래로 고개를 돌려 나아가야 합니다. 포로 송환문제에 관한 소련 입장을 밝힌 비신스키 대표의 발표에 대해 저는 간단히 그리고 최대한 분명하게 다음과 같은 질문을 던지고 싶습니다. 비신스키 대표가 비록 이 자리에는 부재하지만 멀리서도 저의 발언을 경청하실 수 있길 바랍니다.

비신스키 씨, 귀하께서는 제가 해석한 바로는 포로의 본국송환 의무는 원칙이라고 말했고 이 점에 대해 우리 모두는 동의합니다. 이 원칙은 거기에 덧붙일 수 있었던 예외를 통해 확정되었고 그 또한 우리는 인정합니다. 이어 귀하는 이 예외들은 지배적 외부 상황에 의해 인정될 수 있고, 소련이 과거에 서명했던 상당수의 조약에서 소련이 찬성했던 예외에 대한 정당성은 이러한 역사적 맥락에서 찾아야 한다고 설명했습니다. 이러한 설명은 완벽하게 합법적입니다. 그러면 저는 다음과 같은 질문을 드리겠습니다. 현재 우리가 한국에서 직면한 상황이 소련이 1919년 처했던 상황만큼이나 특수한 상황은 아닌지, 그 당시 당신들이 찬성했던 예외사항과 비슷한 예외사항이 전쟁포로의 본국송환 의무 원칙에 적용되는 것도 정당화될 수 있을 정도로 정상 상황과는 다른 특수한 상황이지는 않은지 함께 검토해볼 준비가 되어있습니까? 본국송환에 대한 포로들의 절대적 권리는 거의 모든 전례에 따라 휴전 협정에서 인정되고 기록될 것입니다. 그러나 예외 조항을 덧붙여 요청하는 모든 이들에게 그것을 거부할 가능성을 강구할 것입니다. 이 요청에 대해 포로들은 현재 그들을 수감하고 있는 당국이 없는 곳, 그들이 이송될 중립 또는 중립화된 영토에서(즉 모든 외부의 압력에서 벗어나 그들의 출신국가 동포들이 출석하게 될 위원회와 대면하여 자신들의 결정을 표명하기만 하면 되는 곳)에서 알리게 될 것입니다. 이러한 절차는 사실상 유지하는 것이 옳은 원칙을 보호할 것입니다. 이 절차는 특정한 상황에 따라 정당화될 수 있다고 당신들 스스로가 인정했고 우리가 보기에 인간성 존중을 위해 필요한 예외 사항들을 적용하도록 만들 것입니다. 이러한 상황은 오늘날 전체적으로 좀 작은 규모지만 10월 혁명 직후 소련이 주장한 상황과 그리 다르지 않습니다.

우리는 순전한 내전도 아니고 순전한 민족전쟁도 아닌, 상반되는 이념이 대치하는 갈등에 직면해 있습니다. 귀하는 이전의 의견을 취소하지 않고 당장 이러한 제안을 받아들일 수는 없겠지만 제가 귀하께 제기했던, 그것을 검토하고 숙고할 가능성이 있는 것처럼 보이는지 알고자하는 저의 질문에 예 또는 아니오로 대답할 수는 있습니다.

비신스키 대표님, 귀하의 대답에 이 고통 받는 한국에 평화와 통일이 되돌려지기 전에 우리 앞에 여전히 밀어닥칠 모든 난관의 해결이 달려있는 것은 아니지만, 전쟁의 모든 고통이 덮친 그곳의 수백만 사람들에게, 그리고 전 세계에서 그들의 고통과 운명에 연대감을 느끼는 모든 이들에게 희망을 줄 수도 희망을 앗아갈 수도 있습니다.

오프노

【139】 한국문제에 대한 영국의 견해(1952.10.31)

```
[ 전       보 ]   한국문제에 대한 영국의 견해
[ 문 서 번 호 ]   2612-2615
[ 발   신   일 ]   1952년 10월 31일 08시 10분
[ 수   신   일 ]   1952년 10월 31일 14시 50분
[발신지 및 발신자]   뉴욕/오프노(주유엔 프랑스대사)
```

한국문제에 대한 영국의 견해는 오늘 30일 총회 1차위원회에서 셀윈 로이드[1] 영국 외교담당 국무장관이 발표했습니다. 국무장관의 발표는 한국에서의 적대 행위의 중단이라는 이루어야 하는 목표에서 위원회가 벗어나지 않도록 하는 매우 객관적으로 표명된 의향이 담겨져 있었습니다. 그는 의도적으로 자신의 연설에서 모든 쟁론을 제거하고 다만 침략에 대한 책임을 남한에 돌리는 비신스키 대표의 주장에 유엔위원회의 매우 명확한 검증과 서울을 점령하기 위해 1950년 6월 25일 38선을 넘은 것은 북한 군대였음을 11월 부인하지 않은 사실로 반박하는데 그쳤습니다.

이어 그 역시 포로들이 출신국가에서 그들의 삶과 자유가 위험에 처하게 될 것을 두려워하는데 그들의 의지에 반하여 무력으로 송환되는 것은 국제법이 아니고 국제법일 수도 없음을 증명하려 노력했습니다. 포로 송환문제가 유일하게 논쟁으로 남아있는 부분임을 상기하면서 그는 1년 전에 파리에서 군축에 관한 소련 대표의 질문에 서양 3개국이 솔직하게 대답한 것처럼 그가 제기한 다음의 질문에 대답해줄 것을 비신스키 대표에게 요청했습니다.

비신스키 대표는 포로 송환에 관한 유일한 사항이 휴전 체결을 여전히 방해

---

[1] 셀윈 로이드(Selwyn Lloyd, 1904-1978). 영국 외교담당 국무장관(1951-1954).

한다고 생각하는가? 그리고 소련 정부는 모든 포로가 무력을 써서라도 본국으로 송환되어야 한다고 생각하는가? 클라크 장군에게 보낸 10월 16일 편지를, 수감 장소가 거주지인 몇 포로들이 곧바로 집으로 돌아갈 수 있는 가능성 외에 다른 새로운 요소가 없기 때문에 필요할 경우 각 포로들을 무력으로 송환시킨다는 입장에 대한 주장으로 해석하는가?

그렇지 않다면, 북한의 최근 제안은 어떤 면에서 새로운 내용을 포함하고 있는가?

로이드 장관은 양측에 의해 이미 이루어진 양보들을 열거하고 마지막 이해의 노력이 한국문제를 종식시킬 수 있도록 이성에 호소하면서 결론을 맺었습니다.

저는 그의 연설 전문을 항공우편으로 각하께 보냅니다.

이어 제가 한 발언에 대해 별도의 전보로 각하께 보고 드리고 그 전문은 항공우편으로 보내드립니다.

회의 초에 콜롬비아 대표는 한국전쟁의 시초에 대한 비신스키 소련대표 주장의 진실성과 이 소련 대표가 예로든 전쟁포로 관련 여러 국제 협약에 대한 편향적 해석에 대해 격하게 반론을 제기했습니다.

오프노

【140】 한국문제에 대한 영국의 견해 2(1952.10.31)

[전   보] 한국문제에 대한 영국의 견해 2
[문 서 번 호] 2616
[발   신   일] 1952년 10월 31일 08시 30분
[수   신   일] 1952년 10월 31일 14시 50분
[발신지 및 발신자] 뉴욕/오프노(주유엔 프랑스대사)

본인의 전보 제2612-2615호에 이어

한국문제에 대한 토론에서 저의 발언은 영국대표의 훨씬 더 긴 발언 다음에 이어졌습니다. 셀윈 로이드 국무장관은 가능한 한 가장 고양되고 객관적인 구상을 유지하고, 소련대표단이 포로 송환문제와 중공-북한 당국의 최근 다른 제안들에 대하여 어제 비신스키 대표가 했던 것보다 더 분명한 견해를 표명하도록 하려는 자신의 의도를 제게 설명했었습니다. 저는 30년 전 소련 정부가 포로의 일반적 송환 원칙에 대한 이러한 예외를 받아들이는 것을 정당화했던 상황과 비슷한 상황이 현재 한국에서 벌어지고 있다고 생각하지 않는지 소련 장관에게 물어보면서 저의 발표를 이어나갔습니다. 저는 그의 대답이 중요하다고 강조하고, 그가 당장 가부를 표명하지 않더라도 적어도 제기된 문제의 존재를 인정하고 다른 모든 대표단들과 함께 이를 검토할 수 있을 것이라고 말했습니다.

오프노

【141】 타 신문사 속보를 보도한 『뉴욕타임스』(1952.10.31)

[전 　　　 보]	타 신문사 속보를 보도한 『뉴욕타임스』
[문 서 번 호]	7322-7330
[발 　 신 　 일]	1952년 10월 31일 8 시 50분, 10월 31일 14시 50분
[수 　 신 　 일]	1952년 10월 31일 14시 55분
[발신지 및 발신자]	워싱턴/보네(주미 프랑스대사)

뉴욕 공문 제1191-1199호

오늘 『뉴욕타임스』 2면에 실린 북미의 한 신문사 서울 특파원의 속보가 현재 상황에서 특히 주목할 만해 보입니다.

「한국에서의 압박에 찬성하는 유엔군 사령부」라는 제목 아래 발표된 속보의 내용은 글쓴이 존 리카코스[1] 기자에 의하면 이 주제에 대하여 '최고위급 장교들'이 그에게 진술했던 견해를 반영하고 있다고 합니다. 이들은 유엔이 추가로 7개 또는 8개 사단을 더 배치하고 여론이 3주간의 돌파작전과 수륙 전투로 인한 큰 손실을 수용할 준비가 되어있다면 압록강까지 갈 필요 없이 한국에서 군사적 승리가 이루어질 수 있음을 믿고 있다고 합니다. 현재 미국이 극동에 배치한 항공수단으로 약 2500대의 항공기는 이들 최고지휘관들 사이에서는 "전장을 격리할 필요가 있다면 북중국 또는 만주의 교통망 및 적의 공군기지의 도로망 폭격을 시작하기에는 충분한" 것으로 여겨지고 있지만 추가로 1,000대의 예비 항공기가 필요할 것이라고 봅니다.

이 언론인과 인터뷰한 고위 장교들은 단 한 명을 제외하고 모두, 중소우호동맹조약에도 불구하고 소련은 이러한 전쟁의 확장에 참여하지 않을 것이지만 제

---

1) John Leacacos.

3차 세계대전을 촉발시킬 위험보다는 "대리인을 내세워" 싸우기를 선호할 것이라고 내다보았습니다. 유일하게 자신의 성명을 인용하도록 허락한 밴 플리트 장군은 다음과 같이 밝혔다고 합니다.

"우리는 군사적 승리가 필요하다. 우리는 현장에서 중국 군대를 격퇴해야 한다. 한국은 아시아의 열쇠다. 승리만이 우리의 명성을 회복할 수 있는 유일한 방법이다. 우리는 압록강까지 갈 필요가 없으며 필요할 경우 만주 공군기지를 칠 준비가 되어 있어야 한다."

다른 한편 참모들은 유엔이 소련이 원했던 전쟁의 함정에 빠졌고 중국은 중국인의 생명이 탄약보다 더 저렴하기 때문에 고갈될 수 없다고 지적했다고 합니다.

마지막으로 이 미군 지휘관들은 만약 휴전이 체결되면 발생할 수 있는 두 가지 결과에 대해 매우 우려하고 있다고 합니다.

1. 제2차 세계대전 이후에 그랬던 것처럼, '병사들'의 귀환을 위해 가해질 압박은 남한 군대에 홀로 전선을 지키는 책임을 지우게 될 수 있을 것이다. 한국군이 비록 유엔군 수의 2배를 보유하고 전선의 65%를 차지하고 있지만 훈련된 병사와 고위 지휘관의 부족으로 적어도 1년 이전까지는 전선 전부를 지킬 수는 없으며 그것도 개입할 준비가 되어있는 연합군 병력이 예비로 남아 있다는 조건 하에 가능한 일이다.
2. 그것보다 훨씬 더 위험할 수 있는 것은 휴전 체결 이후 공산주의자들이 북한의 비행장을 복구할 수 있도록 권한을 부여하는 판문점 협약의 결과일 것이다. 전선에서 가까운 이 영토에 중공·북한의 천여 대의 미그기가 800대의 프로펠러 폭격기를 보호하기 위해 배치될 것이고 따라서 적대행위 재개의 경우 유엔군과 후방연락선이 부산까지 적의 폭격에 노출될 것이다.

이 기사의 보도 내용은 각하께 다음 외교행낭 편으로 보내드리겠습니다. 주한 유엔사령부의 의식 상태에 대해 보도하고 있는 이 기사는 완전히 새로운 요소를 포함하고 있지는 않습니다. 적에 결정적인 압력을 가하기 위해 이 사령부가 검토하고 있다는 전술의 실행은, 사령부 자체의 견해로도 일정 조건이 이루어져야 가능한데 특히 병력에 있어 필요한 모든 조건이 모아질 가능성은 요원합니다. 『뉴욕타임스』편집국은 아마도 다른 신문사 특파원의 이 속보를 실으면서 유엔의 토론과 차기 대선의 관계에 비례하여 내부는 물론 외부에서 정치적으로 유리한 견해를 얻으려 한 것 같습니다. 이와 관련하여, 남한 군대가 전쟁의 대부분 부담을 지게 될 가능성에 관해 아이젠하워 장군이 내놓은 구상을 전문가들조차도 회의적으로 받아들임에도 불구하고, 리카코스 기자에 의해 전해진 밴 플리트 장군이 했다는 이런 종류의 발언은 한국전쟁의 진행과 출구에 대한 아이젠하워 공화당 후보의 최근 성명과 이 기사를 놓치지 않고 연결시킬 미국 여론에 반향을 불러일으킬 것입니다.

보네

【142】미 대통령 선거와 한국문제(1952.10.31)

[전 보]	미 대통령 선거와 한국문제
[문 서 번 호]	7334-7337
[발 신 일]	1952년 10월 31일 09시 00분
[수 신 일]	1952년 10월 31일 15시 05분
[발신지 및 발신자]	워싱턴/보네(주미 프랑스대사)

뉴욕 공문 제1200-1203호

지난 몇 주간 제가 각하께 여러 번에 걸쳐 언급한 바와 같이 11월 4일 투표일이 다가오면서 한국문제는 미국 선거에 있어 중요한, 더 나아가 핵심적 역할을 하는 것으로 보입니다.

공화당 후보의 최근 연설이 상당한 정도로 이 문제를 유권자 관심의 선두에 올려놓는데 기여한 것은 의심의 여지가 없습니다. 다른 한편, 이 문제는 선거의 관점에서 볼 때 매우 이용할 가치가 높습니다.

며칠 전『월스트리트저널』이 지적했듯이 현재 한국전쟁이 도달한 국면은 미국에서 "심하게 인기가 없는" 상태입니다.

이 분쟁으로 인한 인명과 재산 피해는 어떤 해결책도 없는 만큼 미국인들에게는 더 이상 용납될 수 없는 것입니다. 주요 적인 중공은 그것이 만주 폭격이든 중국 해안 봉쇄든 또는 장제스 군대나 아시아 대륙의 게릴라 조직을 사용하는 것이든 작전 수행에 대한 제한 때문에 "군사적으로, 그리고 정치적으로도 손 댈 수 없는" 상태입니다.

게다가 중공은 군사적으로나 정치적으로 전쟁을 통해 더 강해진 것으로 보입니다. 사실 1950년 6월 미국이 대만을 '중립화'하는 동안 마오쩌둥 군대는 아무런 위험 없이 한국에 집중할 수 있었고, 미국의 위협을 구실 삼아 중국은 내부에서 야만적인 탄압을 가하면서 베이징 체제가 적들을 숙청하는 데 용이하게 만들어 주었습니다.

미국 대중은 당연히 이러한 사태를 참지 못합니다. 이들은 한국에서의 '변화'를 요구하고 있고, 공화당은 이 난국을 벗어나는 방법에 대해 건설적인 제안을 하지 못하면서도 이러한 대중의 감정을 유지시키는데 여념이 없습니다.

보네

【143】 남한 군대의 발전에 대한 밴 플리트 장군의 편지(1952.10.31)

[공 문 (우 편)]	남한 군대의 발전에 대한 밴 플리트 장군의 편지
[문 서 번 호]	4853/SG
[발 신 일]	1952년 10월 31일
[수 신 일]	미상
[발신지 및 발신자]	워싱턴/보네(주미 프랑스대사)
[수신지 및 수신자]	파리/로베르 슈만(프랑스 외무부장관)

제가 관련 부서에 이미 보고한 바와 같이, 아이젠하워 장군은 자신의 선거유세 막바지에 주한 미군을 남한 군대로 대체할 수 있는 가능성을 강조했습니다.

공화당 후보는 10월 29일 뉴욕의 한 라디오-TV 방송 연설 중에 이 주제를 다시 다루면서, 행정부가 남한 군대를 10사단에서 20사단으로 증강하자는 자신의 요청을 거부했다고 기억을 떠올리는 밴 플리트 장군의 편지를 읽었습니다.

아이젠하워 장군은 이 편지가 마치 미 제8군 사령관이 자신에게 보냈던 것이라는 인상을 분명하게 심었습니다. 그런데 실제로 그는, 지난 10월 10일 밴 플리트 장군이 한국에서 자신의 전직 참모장이자 현재 워싱턴 군 병원에서 치료 중인 올랜도 C. 무드 장군에게 보냈던 "기밀이자 개인적인" 편지의 발췌문을 읽은 것이었습니다.

이 사건에 관해 질문을 받은 무드 장군은 이 편지의 사본이 어떻게 공화당 후보의 손에 들어갔는지 자신은 알지 못하며, 어쨌든 아무도 자신에게 그런 허가를 요청하지 않았었다고 방금 밝힌 바 있습니다.

한편 아이젠하워 장군 측에서는 이 문서를 밴 플리트 부인이 스스로 그들에게 직접 전달했다고 주장합니다.

이번에는 한국에 있는 밴 플리트 장군에게 묻자 그는 단지 "노코멘트"라고 대답할 뿐이었습니다.

이 사건은, 군 당국이 전선에서 미국 군대를 최대한 빨리 남한 군대로 교체하기 위해 이들을 강화시키는 일에 모든 노력을 해왔고 노력을 계속하고 있다는 국방부의 최근 발표와 공개적으로 모순되기 때문에 분명히 그에게 매우 당혹스러운 일입니다.

결국 로버트 러베트[1] 국방부장관은 사태를 분명히 설명하고 긴 성명을 통해 행정부의 입장을 변호할 수밖에 없었습니다. 그 성명문은 아래 동봉합니다.

이 성명문에서 러베트 장관은 행정부가 남한 군대의 훈련을 전혀 소홀히 한 적이 없었고 2년 남짓한 시간 동안 30,000명에서 400,000명으로 병력을 키웠다고 입증했습니다.

1952년 4월 리지웨이 장군에게 보낸 편지에서 실제로 밴 플리트 장군은 한국 군대가 10개 사단에서 20개 사단으로 증강되어야 한다고 요청했지만 이렇게 남한 군대를 늘리기보다는 당분간은 현존 10개 사단의 자질을 향상하는 것이 필요하다고 판단한 리지웨이 장군은 이 청구를 받아들이지 않았습니다. 미 극동 총사령관에 따른 이 주장은 적어도 3년이 걸리는 것이었습니다.

바로 이러한 방향으로 리지웨이 장군은 워싱턴에 제안을 했고 참모들과 국방 장관이 수락한 것이었습니다. 한편 클라크 장군은 한국군의 증원에 찬성했던 전임자의 견해에 동조했습니다.

트루먼 대통령과 러베트 국방부장관은, 밴 플리트 장군이 무드 장군에게 보낸 자신의 편지가 공개되자 사령부에서 해임되었다는 정보는 전혀 사실무근임을 방금 밝혔습니다.

백악관과 국방부는 다시 한 번 전쟁 장군들의 적절치 않은 진술 때문에 선거에서 곤란한 입장에 놓이게 되었습니다. 그렇지 않아도 한국전쟁이 중요한 역할을 하는 것처럼 보이는 선거전의 막바지에 이러한 표명들이 끼어들면서 행정부에게 더더욱 당혹함을 안기고 있습니다.

보네

---

1) 로버트 러베트(Robert A. Lovett, 1895-1986). 미 국방부장관(1951-1953).

【144】 한국 외무부장관의 유엔총회 발언과 각국의 논쟁들(1952.11.4)

[전 보]	한국 외무부장관의 유엔총회 발언과 각국의 논쟁들
[문 서 번 호]	2683-2687
[발 신 일]	1952년 11월 4일 21시 00분
[수 신 일]	1952년 11월 5일 03시 00분
[발신지 및 발신자]	뉴욕/오프노(주유엔 프랑스대사)

11월 3일 유엔총회 제1위원회는 한국 외무부장관의 발언을 들었습니다.

제가 외교행랑 편으로 그 전문을 전해드렸듯이 변영태[1] 장관은 남한의 상황에 대한 긴 발표를 이어갔습니다. 그는 자국에서 벌어진 전쟁의 참상과 그에 따른 한국의 정치적·경제적 실상을 설명했습니다. 그는 한국의 통일과 재건에 대한 위원회의 보고서가 담고 있는 이승만 정부에 대한 비판들을 변호하려고 노력한 후, 이전에 비신스키 장관이 개별적으로 거론한 소련의 결의안을 승인하지 말 것을 요청했습니다. 변 장관은 추후 한국 질문에 관련된 다른 문제들에 끼어들기로 하였습니다.

그 이전, 캐나다 대표는 소련 외무부장관에게 결의안에 대해 질문했습니다. 특히 장관이 제안한 위원회의 창설이 휴전회담의 중단으로 이끌지 않을지, 완전히 새로운 협상들이 이미 얻어낸 결과물들을 무효화시키며 완전히 새로운 협상들이 이루어져서는 안 되는 것이 아닌지 물었습니다. 폴 마틴 씨는 정치적 해결책에 대한 논의들은 휴전회담의 결정을 따라야 하지 그것보다 먼저 논의되어서는 안 된다고 분명히 밝혔습니다.

회의 말미에, 벨라운데[2] 씨는 결의안 발표를 마친 후 길게 발언하였습니다.

---

[1] 변영태(1892-1969). 대한민국 외무부장관(1951-1955).

[2] 빅터 안드레스 벨라운데(Victor Andres Belaunde). 페루 유엔대표.

그 전문을 다음 전보로 보내드립니다.

페루 대표는 애치슨 장관이 포로들에게 자유롭게 자신들의 처지를 알릴 수 있는 방법을 보장할 필요성을 인식했는지 상기시켰습니다. 그는 문제는 포로송환 원칙 그 자체가 아니라 포로들이 그들의 의사대로 자유롭게 알릴 수 없었던 것에 있다는 비신스키 소련 외무부장관의 발언을 설명하려 했습니다. 소련 대표단은 원칙상 포로들의 자유로운 선택을 반대하지 않는다는 것을 강조하면서 말입니다.

그런 다음, 그는 이익보호국의 개념을 되살릴 필요성을 제기하고 자신이 발표한 결의안은 첫 단락에 규정되어 있는 5개국 위원회는 이익보호국에 전통적으로 부여된 기능을 보장할 임무를 지녔다는 염려에서 나온 것임을 설명하였습니다. 5개국 위원회는 연합사령부 대표, 북한-중국 사령부 대표, 유럽 혹은 미국의 대표, 아랍 혹은 아시아국의 대표로 이루어져야 할 것입니다. 의장은 스위스 대표가 될 수도 있는 다섯 번째 회원국이 맡게 될 것입니다.

10월 30일과 31일 회의 때에는, 호주, 네덜란드, 그리스, 벨기에, 중국, 뉴질랜드, 스웨덴이 차례대로 서구 열강 3개국 대표들이 이미 표출한 논쟁들을 반복했습니다. 폴란드 대표 쪽에서는 비신스키 장관의 의사를 반복하는 것에 불과한 얘기를 했습니다.

오프노

【145】 멕시코 대표의 유엔총회 연설(1952.11.4)

[전 보]	멕시코 대표의 유엔총회 연설
[문 서 번 호]	2688-2693
[발 신 일]	1952년 11월 4일 22시 10분
[수 신 일]	1952년 11월 5일 04시 20분
[발신지 및 발신자]	뉴욕/오프노(주유엔 프랑스대사)

본인의 이전 전보 제2683-2687호에 이어

멕시코 대표는 총회 제1위원회에서 한국전쟁 포로들의 처지에 관해 다음과 같은 해결책을 공유했습니다.

총회

유엔은 정당하고 존엄한 휴전협상의 종결에 따라 평화 유지와 전쟁 중단을 목적으로 하므로,

전쟁포로 교환 문제에 대한 의견 불일치가 휴전협상의 종결을 위한 유일한 장애물이라는 총회의 결과내용에 따라서,

전쟁포로와 관련하여 엄격히 국제기구에 기초한 인도주의 원칙의 존중을 보장하는 유엔의 의무에 따라,

휴전협상의 신속한 종결을 위해 북한·중국군 사령관들이 전쟁포로 교환에 대한 일반원칙들을 검토하는 것이 적절하다는 쪽으로 끌고 갈 것을 총회 의장에게 요구한다.

　1. 본인의 의사에 따라 고국으로 돌아가려는 희망을 표출한 각국에 억류된 전쟁포로들은 지체 없이 휴전협상이 종결되자마자 송환될 것이다.

2. 다른 나라에 일시적으로 체류하기를 원하는 각국에 억류된 전쟁포로들은 휴전협상 종결 이후 소집될 정치회담에서 한국문제의 평화적 해결을 위해 어떤 결정을 채택하기 전까지는 고국으로 돌아가지 못할 것이다.

3. 소위 그러한 결정들이 시행되기를 기다리며, 위의 2항에서 언급된 전쟁포로들의 상황은 다음 조처들에 의해 관리될 것이다.

   1) 총회는 그 목적과 절차에 따라 현재의 결의안에 마련된 계획에 참여하기로 한 각 나라들과 각 국가가 받아들이기로 한 포로 수와 그 조건에 관한 협상을 시작할 것이다.

   2) 포로들이 일시적으로 체류할 국가의 당국은 그들에게 일하고 돈을 벌 수 있는 이민자의 지위를 승인할 것이다.

4. 위의 제2항 내용에서 송환을 위해 준비된 조건들이 마련되었을 때, 본국의 국가 당국은 외국 포로들이 고국으로 돌아갈 수 있도록 모든 편의를 제공하고 귀국 이후 그들의 자유와 생명보호에 관해 전적인 보장을 해줄 것이다.

5. 현 결의안에 근거하여 일시적으로 다른 나라에 있게 되고 제2항의 내용에서 송환을 위해 준비된 조건들이 실현되기 전에 고국으로 돌아가고자 하는 의사를 표현한 외국 포로들에 대해서는, 유엔은 이러한 희망이 이루어지도록 방안을 마련할 것이다.

총회 의장은 현 결의안에 따른 전개 결과를 적절한 시기에 알리기 바란다.

오프노

【146】 포로송환에 대한 유엔총회의 결정 사안들(1952.11.4)

[전　　　보]	포로송환에 대한 유엔총회의 결정 사안들
[문 서 번 호]	2694-2696
[발　신　일]	1952년 11월 4일 16시 10분(현지 시간), 11월 5일 22시 20분(프랑스 시간)
[수　신　일]	1952년 11월 5일 04시 20분
[발신지 및 발신자]	뉴욕/오프노(주유엔 프랑스대사)

본인의 이전 전보에 이어

페루의 해결안

총회는 전쟁포로의 송환 문제가 휴전협상 종결의 유일한 장애물임을 염려하면서 인류가 즉각적이고 정당하고 존엄한 평화를 이루려는 희망을 설명하였습니다.

결정된 사안

1. 각각 한 사람의 대표를 둔 5개국으로 구성된 위원회를 창설한다. 총회는 2명의 대표를 지명하고 이 위원회를 보충하고 주재하기 위해 유엔 비회원국인 중립국의 협력을 요청한다.

2. 그와 같이 정해진 위원회는 지체 없이 자유롭게 표현된 의사에 따라 포로들의 송환을 위한 활동을 시작할 것이다.

3. 송환을 거부하는 포로들은 위원회의 보호에 의해 최종 결정이 내려지기를

기다리며 중립 지역에 머물 수 있다.

4. 이와 같은 위원회는 특히 몇몇 신탁통치지역에서 관계당국의 허가를 받고 포로들을 받아들이거나 정착하게 하도록 준비된 국가들로 인도할 가능성을 고려하면서, 유엔 기구에 가능한 빠른 시일 내에 유엔이 보호하는 포로들의 상황을 최종적으로 해결하기 위한 최선의 방법을 제안할 것이다. 그 모든 경우에 있어, 포로들은 조국으로 돌아가거나 그러지 않거나 최종적으로 결정할 자유가 있다.

5. 위원회는 임무를 수행하면서 유엔헌장과 인권선언에 언급된 원칙들을 따를 것이다.

오프노

【147】 포로 송환에 대한 의견 교환(1952.11.4)

[전 　　　 보]	포로 송환에 대한 의견 교환
[문 서 번 호]	2712-2718
[발 　 신 　 일]	1952년 11월 4일 22시 30분
[수 　 신 　 일]	1952년 11월 5일 04시 30분
[발신지 및 발신자]	뉴욕/오프노(주유엔 프랑스대사)

보안

저는 어제 그로미코¹⁾ 씨와 회담하며 제1위원회에서 한국 사태에 대해 현재 진행 중인 논쟁에 대한 몇 가지 관점을 자연스레 주고받았습니다. 각하께 제 2660호 전보를 통해 전해 드렸습니다. 소련 대표가 제게 전한 뜻의 요지는 다음과 같습니다.

그로미코 씨는 위원회가 "한국문제의 평화적 해결을 위한 특별위원회" 창설을 계획하는 소련의 해결안을 비웃을 정도로 이미 벌어진 논쟁은 실질적인 결론을 낼 수 없을 것이라고 판단합니다. 이러한 위원회의 조직, 회원국들의 수 등등, 그로미코 씨는 막연한 상태에 있으며 그것을 총회가 결정할 거라고 강조하는 데 그치고 있습니다.

그로미코 씨는 포로문제에 대해 중국과 북한 정부는 단지 포로들 중 미국인들 사이에서 표출된 의사에 기초하여 행해지는 송환포로와 비송환포로의 구분을 결코 허용하지 않을 것이라고 강력히 주장했습니다. 저는 그것은 모든 압박에서 벗어나고 완전한 선택의 자유가 주어진 상황에서 포로들에게 다시 물어보기로 위원회에서 만장일치로 합의했으므로 어려운 일이 아니라고 답했습니다.

---

1) 안드레이 그로미코(Andreï Gromyko, 1909-1989). 유엔 안보리 대표와 주미 소련대사 역임.

유일하게 문제되는 것은 "송환"에 대해 이해하는 것이라고 말했습니다. 만일 이 용어가 예외 없이 모든 중국과 북한 포로들을 중국·북한 사령관의 지휘 하로 인도하는 것을 포함하는지 말입니다.

이러한 질문에 곧바로 대답하지 않은 채, 그로미코 씨는 북한 당국이 요구할 것은 모든 포로에게 "자유"가 주어져야 하는 것이라고 주장했습니다. 그는 여러 차례에 걸쳐 "송환자"라는 용어를 사용하지 않고 자유라는 용어를 반복했습니다. 저는 석방된 포로들이 자유롭게 무엇을 할 것인지, 그들이 그 자유를 통해 남한이나 혹은 다른 곳으로 가기를 선택할 수 있는지 물었습니다. 그는 바로 그것이 미국이 검토를 거부한 바 있는 중국·북한 사령관의 새로운 제안을 두고 휴전협상위원회가 다루어야 할 문제라고 대답했습니다. 저는 미국 사령관이 그러한 제안에서 어떠한 새로운 것도 발견하지 못해서 거부했다고 말했습니다. 그는 중국·북한 당국에 설명과 보충을 요구하는 것이 용이했을 것이며 만일 미국 사령관이 그렇게 하지 않았다면 그것은 휴전회담의 종결을 막기 위해 가능한 모든 핑계를 댄 것이라고 반박했습니다.

회피하는, 하지만 전적으로 부정적이지 않은 그로미코 씨의 태도로 인해 이러한 대화는 제게 매우 조심스러운 표현만을 허용한다는 인상을 남겼습니다.

1. 비신스키 씨의 발표나 남일 장군의 마지막 제안에서도 형식상 아무 것도 일단 전면 석방된 포로들의 자유로운 선택을 반대하지 않는다는 사실로부터,
2. "석방된 포로는 개인 자유로 고국으로 돌아가야 한다"는 캐나다 대표가 초안하고 폴란드 대표가 발언한 문구로부터,
3. 사람들은 만일 소련 정부가 모든 포로가 중립 지역에서 석방되어 거기서 합동위원회나 국제적십자를 통해 자유의사대로 고국으로 돌아가거나 다른 목적지를 선택하도록 하자는 해결책을 받아들이지 않을 것인지 궁금해 할 수 있습니다.

사람들은 이러한 제안이 해리슨 장군이 제출한 최근의 선택적 제안들과 커다

란 맥락에서 어떠한 차이도 없다며 반대할 것입니다. 하지만 북한·중공 협상자들은 아마도 어떠한 미국의 제안도 받아들이지 않으려 정면으로 문제를 제기하고 다른 발표에서 요지를 다시 제기하려 자리를 뜰 것이라는 점을 놓치지 않아야 할 것입니다. 드장 씨의 최근 전보도 전하고 있듯이, 이것이 바로 미국 사령관이 용납하지 않을 그들의 실제 의도를 탐색하는 것이었습니다. 이는 그로미코 씨가 여러 발언을 통해 눈에 띄게 시도했던 설명의 결론 속에 있는 협상 재개로 향하는 것입니다.

저는 글래드윈 젭 경에게 이러한 얘기를 비밀로 해줄 것을 요청하며 전했습니다. 그도 우리가 신중하게 끌어낼 수 있었던 긍정적 요소를 포착했습니다. 하지만 그는 미국 협상자들이 실제로 그것을 이끌어낼 준비가 되어 있을까라는 저의 비관적 견해를 함께 했습니다. 유엔의 효과적인 개입만이 휴전협상을 현재의 장애물로부터 꺼내주고 앞으로 올 최악의 상황을 피하게 해줄 것이라 확신합니다. 우리는 다음날 의장 선출에 대해 다시 얘기하기로 했습니다.

오프노

【148】 유네스코 회담 대표로 임명된 백낙준(1952.11.6)

[전 보]	유네스코 회담 대표로 임명된 백낙준
[문 서 번 호]	2049
[발 신 일]	1952년 11월 6일 08시 00분
[수 신 일]	1952년 11월 7일 10시 17분
[발신지 및 발신자]	도쿄/드장(주일 프랑스대사)

브리옹발 편으로 받은 10월 29일자 제64호 전보. 11월 6일 도쿄 도착

  한국 정부는 방금 다음번에 파리에서 개최될 제7차 유네스코 회담에 참석할 한국 대표로 교육부장관인 백낙준[1]을 임명했습니다.

  백 씨의 임명은 3년 간 맡았던 장관 직책의 사임과 함께 이루어졌습니다.

  60세에 접어든 백 씨는 미국식 교육을 받았으며 1949년까지 조선의 기독학교인 연희대학 교수로 있었습니다. 특출한 정신을 지닌 그는 한국 정치계에서 가장 눈에 띄는 인사 중 한 사람입니다. 그의 좋은 영향력이 오로지 이승만 대통령의 의중을 따르는 데 열중하는 인사들만으로 이루어진 내각에서 이제 점차 사그라들고 있는 점이 안타깝습니다. 그의 퇴임 결정은 향후 국내정치의 향후 전개에 있어 행정부 한가운데에 있지 않으려는 염려에서 비롯되었을 가능성이 있습니다.

  들리는 소리에 의하면, 그의 후임은 프랑스식 교육을 받은 동국대학 철학 교수로서 "선거관리위원회" 위원장을 맡았던 김법린[2]일 것이라고 합니다.

  백낙준 씨는 어제 11월 2일 부산을 떠나 파리로 향할 것이라고 알려왔습니다.

드장

---

1) 백낙준(1950-1952). 교육부장관(1950-1952).
2) 김법린(1952-1954). 교육부장관(1952-1954).

【149】 두 단계의 휴전협상 제안(1952.11.7)

[전   보]   두 단계의 휴전협상 제안
[문 서 번 호]   4595-4596
[발   신   일]   1952년 11월 7일 21시 30분
[수   신   일]   1952년 11월 7일 21시 45분
[발신지 및 발신자]   런던/크루이[1](주런던 프랑스공사 참사관)

뉴욕 공문 제50-62호, 워싱턴 공문 제433-434호

어제 내각에서 벌어진 외교정치 토론 중, 야당 대변인인 모엘 베이커 씨는 한국전쟁에 대해 근본적으로 새로운 내용이 아니라고 생각한 다음과 같은 제안을 하였습니다.

휴전협상은 두 단계로 종결될 수 있을 것이며, 그 각각의 단계는 정치회담이 시작되기 전에 성사되어야 한다. 첫 번째 단계는 이미 이뤄진 합의에 기초하여 종전을 성사시키는 것이다. 두 번째 단계는 종전 자체에 의해 용이해질 합의로서, 포로송환에 대한 합의가 될 것이다.

이든 씨는 이 점에 대해 만일 그러한 두 단계의 구분이 받아들여진다면 유엔이 포로들의 온전한 귀환을 성사시키는 데 매우 어려운 입장에 설 위험이 있다며 매우 유보적인 입장을 내비쳤습니다.

크루이

---

[1] 에티엔 드 크루이-샤넬(Étienne de Crouy-Chanel, 1905-1990). 주런던 프랑스공사 참사관, 주오스트리아 대사(1958-1961), 주네덜란드 대사(1961-1965), 주벨기에 대사(1965-1970) 역임.

【150】 휴전협상의 두 단계와 관련하여(1952.11.7)

[전 보]	휴전협상의 두 단계와 관련하여
[문 서 번 호]	4597-4600
[발 신 일]	1952년 11월 7일 21시 40분
[수 신 일]	1952년 11월 7일 22시 00분
[발신지 및 발신자]	런던/크루이(주런던 프랑스공사 참사관)

보안

뉴욕 공문 제52-55호, 워싱턴 공문 제435-438호
본인의 이전 전보에 이어

이러한 입장을 취하면서, 이든 씨는 우리가 그의 업무로 알고 있는 주요 관심 노선에 머물러 있습니다.

아마도 그의 주요 관심 노선은 판문점에서 중국 대표단의 태도 혹은 가정이 자신의 정부를 면전에서 구하려는 욕망으로 읽힐 것이라는 점을 완전히 배제하지는 않을 것입니다. 그렇다면, 중립 지역의 존재와 조직된 감시가 포로들의 전면 "석방"과 그들 중 몇몇의 정치적 망명 지위 선언의 가능성을 양립시킬 수 있으리라는 점은 자명합니다. 외무부도 뉴욕에서 제안한 어떠한 해결책도 충분히 준비된 검토 없이 거부되지는 않았다는 점을 잘 이해하고 있습니다.

포로 문제는 중국인들에게 전략적 관심일 뿐이라는 점이 맞습니다. 그들에게 근본적인 것은 재무장이 염려되는 일본 앞에서 정치적 방법을 통해 공산주의가 남한을 이기는 것입니다. 폴란드의 해결안은 협상 자리를 판문점에서 뉴욕으로 옮기려는 작전으로 보입니다. 그러한 문제의 개입은 휴전협상위원회보다는 정치위원회의 중심에서 성사될 여지가 있는 순전히 군사적 문제와 함께 한국전쟁

전반적인 해결에 관련됩니다.

　두 시기로 휴전협상을 받아들인다는 것은 결국 연합군 포로들이 협상 속에서 압박 수단으로, 예를 들어 외국군대의 신속한 철수나 한국의 통일을 요구하는 선전 캠페인을 지원하려는 압박 수단으로 사용되었음을 드러내는 것입니다.

　외무부는 뉴욕 체류를 위한 이든 씨의 관심 방향을 이러한 식으로 결정하고 있습니다.

크루이

【151】 비신스키 장관의 새로운 위원회 설립 제안에 대해(1952.11.10)

[전　　　　보]	비신스키 장관의 새로운 위원회 설립 제안에 대해
[문 서 번 호]	2813-2823
[발　신　일]	1952년 11월 10일 22시 00분(현지 시간), 11월 11일 04시(프랑스 시간)
[수　신　일]	1952년 11월 11일 04시 20분
[발신지 및 발신자]	뉴욕/오프노(주유엔 프랑스대사)

비신스키 씨는 11월 10일 제1위원회 앞에서 프랑스와 영국 대표들의 논의와 페루와 멕시코 대표단의 제안들에 답변했습니다.

그는 발언의 전반부를 한국 공격은 남쪽에서 시작되었다는 긴 논증을 하는 데 할애했습니다. 그는 이 점에 대해 다른 대표들, 특히 로이드 씨와 자신의 발언들을 이용하려 애썼습니다. 그런 다음 그는 전쟁포로들의 지위에 대한 길고 상세한 분석에 집중했습니다. 제네바협정을 한 번 이상 거론하면서, 그는 국제법이 전쟁포로를 위한 선택을 규정하지 않았으며 반대로 전쟁포로들은 공통의 법규를 따라야 하고 본국 정부에 예속되어 있다고 법률적인 능숙함으로 예리하고 긴 주장을 펼쳤습니다. 비신스키 씨는 여러 사례들을 들어 인용했고, 다른 것 중에서 상부의 동의, 최종적인 석방에 대한 동의를 통해서만 포로에게 허락될 수 있는 선서에 의한 자유와 비교하였습니다.

결론적으로, 소련 대표는 멕시코와 페루의 제안에 있어 인도주의적 관점에 전적인 경의를 표하며, 분명 국제적 합의, 특히 제네바협정에서 유래하는 다음과 같은 원칙들을 내세웠습니다.

1. 전쟁포로의 송환은 의무적이다.
2. 비록 전쟁당사국들 간의 합의에서 명백히 고려되지 않았다 해도 실행되어야 함이 마땅하다.

3. 제네바협정은 이 원칙에 어떠한 예외도 두지 않았다.

4. 전쟁포로의 송환이 결코 지체되어서는 안 된다.

5. 판문점에서 미국 정부가 보인 태도는 제네바협정과 모순되는 방향을 보인다.

6. 우리는 전쟁포로들이 표출한 고국으로의 송환 거부에 대해 어떠한 법률적 가치도 인정할 수 없다.

그럼에도 한국에서의 정당하고 훌륭한 합의 도출이 필요함을 되새기면서, 게다가 모두가 평화를 염원하고 있음을 되새기면서, 비신스키 씨는 그 중요성을 명백히 하려고 자신의 해결안에 뒤이어 자세한 설명을 덧붙일 준비가 되어 있다고 주장했습니다.

그가 설립을 제안하는 위원회는 다음과 같이 구성될 수 있다고 합니다.

미국, 영국, 프랑스, 소련, 중화민국, 인도, 버마, 스위스, 체코슬로바키아, 조선민주주의인민공화국, 남한.

그밖에도 최초의 제안에서 규정된 업무는 "양 진영의 모든 전쟁포로의 송환을 이행하기 위한 광범위한 행동"을 포함할 것이라고 합니다.

오프노

【152】 아이젠하워 대통령의 행보에 대한 예상(1952.11.11)

[전　　　　　보]	아이젠하워 대통령의 행보에 대한 예상
[문 서 번 호]	699-701
[발　신　일]	1952년 11월 11일 10시 00분
[수　신　일]	1952년 11월 11일 13시 40분
[발신지 및 발신자]	코펜하겐/부르데예트[1](주덴마크 프랑스대사)

신문들은 한국에 대한 아이젠하워 장군의 다음 여정의 의미와 결과가 무엇일지 궁금해 하고 있습니다. 신문들은 한국문제가 미국의 선거에서 상당한 역할을 했음을 기억하고 있지만, 아이젠하워 장군이라는 존재가 소련이 분명 연장을 바라고 있는 이 상황에 종지부를 찍는 데 충분할지에 대해서는 의구심을 갖습니다.

덴마크 자유당 기관지 『소로암스티덴데』[2]는 소련의 전략이 영국을 말레이시아에, 프랑스를 인도차이나에, 미국을 한국에 묶어두는 것이라고 상기시킵니다.

아이젠하워 장군의 주도권을 바라보는 신문의 시각은 회의적입니다. 일간지 『폴리티켄』[3]은 세 가지 해결책을 내놓습니다.

- 판문점 협상의 재개
- 군사적 노력의 증대
- 유엔군 대체를 위한 남한군대 편성

신문은 새로운 협상이 성공할 것이라 믿지 않으며, 남한군대의 조직은 기약

---

[1] 장 부르데예트(Jean Bourdeillette). 덴마크 주재 프랑스대사(1951-1958).

[2] 『소로 암스티덴데|Sorø Amstidende』. 덴마크 자유당 기관지.

[3] 『폴리티켄|Politiken』. 덴마크 일간지.

없이 오래 걸리는 해결책이 될 것이라고 평가했습니다. 전쟁을 위한 노력이 증대할 것이란 가정을 취하는 『폴리티켄』은 아이젠하워 장군이 유엔의 동의를 얻을 생각이 있는지, 혹은 맥아더 장군처럼, 미국이 독단적으로 이 사태를 맡기를 원하는지 궁금해 합니다.

『보르스네』[4] 신문만 낙관적이며, 아이젠하워 장군의 여정이 훌륭한 결과들을 가져올 것이라고 믿습니다만, 신문은 그러한 결과들이 군사적 안녕일지 외교적 안녕일지 명백히 밝히고 있지는 않습니다.

정치계는 전반적으로 걱정스런 모습을 보이고 있습니다. 상황의 열쇠는 한국에 있는 것이 아니라 모스크바와 베이징에 있습니다. 새로 선출된 대통령의 여정은 군사적 의미만을 가질 뿐이라고 평가합니다.

부르데예트

---

[4] 『보르스네|Borsené』.

【153】 적군의 포병 부대 관련 미 국방부의 소련에 대한 의구심(1952.11.12)

[전 보]	적군의 포병 부대 관련 미 국방부의 소련에 대한
	의구심
[문 서 번 호]	7549-7551
[발 신 일]	1952년 11월 12일 19시 50분(현지 시간), 13일 01시
	50분(프랑스 시간)
[수 신 일]	1952년 11월 13일 02시 20분
[발신지 및 발신자]	워싱턴/보네(주미 프랑스대사)

뉴욕 공문 제1264-1266호

한국의 군사적 상황에 대한 발표만 하는 미 국무부의 주간 회의 중, 국방부 대표는 공산군 포병대 사용 실태에 대해 전선 접경 지역에서 미군이 시행한 검토 결과를 전달했습니다.

적군 포병대는 지난달 민첩성과 기동성을 상당히 증가시켰습니다. 포병대는 현재 한정된 목표물만 겨냥하는 것이 아니라 같은 위력으로 또 다른 목표물로 신속하게 이동합니다. 군대의 다른 일부는 은밀하게 전투의 필요에 따라 대포를 사용하는 포병대 제형으로 배치되어 있으며 후방에 배치된 대포들은 전선 근방으로 이전보다 훨씬 더 빨리 가져올 수 있습니다.

미국의 군 인사들은 그러한 작전들이 완전히 훈련된 사람들에 의해서만 만족스런 상태에서 펼쳐질 수 있을 뿐이라고 강조합니다. 그들은 명백한 증거가 없음에도 그러한 훈련이 소련 교관의 지도하에서만 이루어질 수 있다고 말합니다.

보네

【154】 아이젠하워 대통령의 한국 방문(1952.11.14)

[전 보]	아이젠하워 대통령의 한국 방문
[문 서 번 호]	2093-2097
[발 신 일]	1952년 11월 14일 08시 40분
[수 신 일]	1952년 11월 14일 11시 51분
[발신지 및 발신자]	도쿄/드장(주일 프랑스대사)

전문(全文)

머피 씨와 클라크 장군이 전해준 얘기에 따르면, 아이젠하워 장군의 한국 방문은 12월 초에 있을 것이라고 합니다.

당선된 대통령은 일본을 경유할 가능성이 있지만, 거기에 공무상 머물지 않을 것입니다. 아이젠하워 장군이 이 방문에서 얻을 수 있는 인상이라면, 얼마 전부터, 휴전협상의 전망을 매일 감소시키는 미국 사령관이 더 높은 수위의 전투 재개를 준비하고 있다는 점일 것입니다.

이러한 변화의 징표들은 점차 증폭되고 있습니다.

1. 지난 7월 이후, 국방 문제를 다루는 정치인들과 군 고위층 인사들의 방문이 계속되었습니다. 7월 12일에는 10여 명의 제1, 2, 4사무국 인사들을 대동한 콜린스 장군, 7월 15일에는 해군의 작전사령관인 페치텔러[1] 해군 대장, 7월 28일에는 태평양 해군 사령관 하트 장군, 10월 6일에는 해군과 해병대를 감독하고 해군본부 위원 맥그리거 해군제독을 만난 래드포드 해군제독, 10월 15일에는 미국 육군 야전군사령관 하지[2] 장군, 10월 19일과 11월 5일에는 국방부 보좌관

---

1) 윌리엄 페치텔러(William M. Fechteler, 1896-1967). 미국 해군 참모총장(1951-1953).

들인 포스터 씨와 로젠버그 부인, 11월 11일에는 공군 수송 대장인 스미스 장군과 공군 감독관인 보트너 장군, 11월 12일에는 공군참모총장으로 래드포드 제독처럼 남아시아의 여러 수도를 방문했던 반덴버그 장군이 방문했습니다.

게다가 여러 회원국 사절단이, 특히 군사위원회에 속한 사절단이 8월, 9월, 10월에 방문했습니다.

2. 10월 15일 한국 38선 근처 동해에서 장갑함 1대와 폭격기 6대를 포함한 군함 100대가 참여한 대대적 군사작전의 수행은 전반적으로 군 사령부의 계획을 드러내는 것으로 여겨졌습니다. 게다가 그것은 남한에서 수행된 광범위한 공중투하 작전에 앞선 것이었습니다.

3. 소위 철의 삼각지대를 점령하기 위해 유엔군사령부는 희생이 따르는 값비싼 노력들을 최근 펼쳤습니다. 이 언덕은 저 유명한 철원-김화-평강 삼각 요충지 안에 자리한 자그마한 산맥의 일부로서 동쪽 해안을 제외하고 ㅁ ㅁ ㅁ로 가는 철도와 도로가 통로를 이룹니다. 며칠간의 소강상태 이후, 이 산악지대를 차지하기 위한 전투가 치열하게 재개되어 이어졌습니다.

4. 클라크 장군은 10월 22일 ㅁ ㅁ ㅁ의 시기를 약간 늘렸습니다.

드장

2) 존 리드 하지(John Reed Hodge, 1893-1963). 미국 육군 대장. 1945-1948. 미 제24군단장 겸 주한미군사령관.

【155】유엔총회에서 이스라엘, 쿠바 및 여러 국가 대표단의 입장(1952.11.17)

[전 보]	유엔총회에서 이스라엘, 쿠바 및 여러 국가 대표단의 입장
[문 서 번 호]	2917-2925
[발 신 일]	1952년 11월 17일 19시 20분(현지 시간), 18일 01시 20분(프랑스 시간)
[수 신 일]	1952년 11월 18일 01시 50분
[발신지 및 발신자]	뉴욕/오프노(주유엔 프랑스대사)

11월 14일, 이스라엘 대표 에반 씨는 제1위원회에서 한국문제의 검토 당시 나타난 다양한 입장들을 매우 명료하게 요약하며 발언했습니다. 그는 이러한 종합을 통해 결론적으로 문제가 된 모든 진영에서 받아들여질 수 있는 몇 가지 제안들을 꺼내들었습니다.

에반 씨는 우선 자국 대표단의 눈에는 한국전쟁이 침략 행위에 의해 시작되었으며, 유엔이 유엔헌장에 따라 명백히 침략자를 식별하고 이러한 침략에 저항하는 데 유용한 모든 조치를 취하며 움직였다고 주장했습니다. 하지만 그는 유엔의 행동이 기본적으로 군사적 승리를 쟁취하고 적을 굴복시키는 것이 목적인 과거의 전쟁과는 구분되어야 한다고 강조했습니다. 반대로, 유엔은 자발적으로 전쟁을 억제하고 전쟁이 끝나는 대로 민주적 절차를 거쳐 한국의 통일을 이룩하는 데 노력을 다해야 할 것이라고 주장했습니다.

에반 씨에 의하면, 대부분의 유엔 회원국들은 그러한 원칙을 적용하는 것에 동의하며, 마찬가지로 수용할 만한 내용으로 휴전협상이 종결되기를 추구하며, 전쟁 중지 이후 즉각적으로 정치적 합의를 위한 협상을 열 준비가 되어 있습니다. 이스라엘대표단은 이 점에 대해 이미 서구 열강이 표한 의견을 공유합니다.

에반 씨는 그런 다음 제네바협정이 개인에게 유리하게 해석되었던 것이고, 국가들에 유리하게 해석되지 않았다는 자국 정부의 의견을 내놓았습니다. 결론적으로 이 협정의 내용은 전쟁포로들에게 자신의 희망과 다른 송환을 강제하도록 하는 데 사용하지 못한다는 것입니다.

"만일 소련 대표가 진정 전쟁포로 문제가 한국문제 해결의 유일한 장애물이고 이 해결이 세계의 평화를 강화시킬 것이라고 생각한다면, 그는 분명 문제 해결을 가로막는 원칙들을 완고하게 적용하지 않는 것도 용인할 수 있을 겁니다."

자국 대표단이 21개국 열강의 결의안에 지지를 보낸다고 밝힌 이후, 에반 씨는 이 결의안에 어떤 전쟁포로도 자신의 의사와 반대되는 것을 강요받아서는 안 되며, 송환을 거부하는 포로들의 희망은 별도 기구에 의해 수용되는 것이 적절하다고 주장했습니다. 이어서 에반 씨는 소련의 제안을 검토하며 비신스키 씨가 제안한 위원회의 창설에 동의했습니다만, 1952년 2월 1일 채택한 결의안에 따라 휴전협상 종결 이후에나 이러한 위원회를 갖추는 것이 적합하다고 생각했습니다. 다음으로 그는 이미 발표된 다양한 안건들을 종합하여 모두가 수긍할만한 텍스트로 작성하는 업무를 맡는 산하위원회를 정하는 일을 거론했으며, 그러한 텍스트의 바탕이 될 수 있는 다음과 같은 제안들을 내놓았습니다.

총회는 다음과 같이 해야 할 것이다.
1. 1952년 10월 18일자 통합사령부의 특별 보고의 수령을 알린다.
2. 유엔의 원칙을 따르는 휴전협상 합의문 작성에서 실질적인 진전이 이루어졌다는 점을 만족스럽게 기재한다.
3. 단 하나의 문제에 대한 의견 불일치가 그러한 휴전협상의 성사를 가로막았다는 점을 기재한다.
4. 한국전쟁을 정당하고 명예롭게 해결하려는 유엔의 확고한 의지를 재확인 한다.

5. 휴전협상 동안 성사된 임시 합의를 충분히 기재한다.

6. 전쟁포로 문제는 인도적 원칙과 국제법에 따라 해결되어야 하며, 모든 합의는 송환의 권리에 부합하지 않은 강제 수감과 포로들의 의사에 반한 강제 소환을 배제하고 전쟁포로에게 송환의 절대적 권리를 인정해야 함을 권고한다.

7. 합동위원회는 송환을 거부하는 전쟁포로의 청원을 검토할 목적으로 양측의 상호 합의를 통해 구성되어야 함을 권고한다.

8. 포로문제 해결을 돕는 데 적합하고 위의 원칙들을 따르는 모든 제안을 협상 당사자들이 고려할 것을 권고한다.

9. 제60항을 포함한 권고들이 발효될 때, 휴전협의안 제60항에 담긴 권고를 자기 것으로 삼아야 하고, 한국의 헌법과 관련된 소련 결의안 문항(문서 A/C 726) 검토가 수행되도록 권고한다.

10. 21개국 열강의 결의안 제9항에 의거하여 의장에게 베이징과 북한 정부에 이러한 결의안을 전달할 것을 요청한다.

결론적으로, 에반 씨는 총회가 포로들의 상황을 해결하는 데 있어 전투에서 수많은 생명을 희생시키는 "심각한 모순" 속에 갇혀 있지 않기를 바라는 마음을 표명했습니다.

쿠바 대표는 비신스키 씨의 선의를 의심하면서 소련의 발표 내용을 신랄하게 비판했으며, "우리는 소련이 전쟁포로 문제가 한국의 평화 수립에 있어 유일한 장애물이라고 주장하는 것에는 진정성이 없다고 확신한다"고 밝혔습니다. 그에게는 소련 정부가 자국이 아닌 타국 국민들의 피의 대가로 민주주의 국가들의 국민들을 끝까지 이용하고자 하는 것으로 보였습니다. 누케즈 포르투칸도[1] 대표는 자국 대표단은 21개국 결의안을 위해 투표하고 소련의 계획에는 반대할 것이라고 밝혔습니다.

파키스탄 대표도 포로송환에 관한 소련대표단의 법률 개념에 반대하여 유사한 주장을 펼쳤습니다. 자프룰라 칸 경에 의하면, 현재 제기된 문제는 제네바협

[1] Nukez Portukando.

정에서 예견된 바 없으며, 최선의 방법은 포로들을 그들의 운명을 결정할 중립 기구에 맡겨야 한다는 것입니다.

살바도르와 파나마의 대표도 같은 의미에서 발언했으며, 자신들도 21개국의 결의안에 찬성할 것이라고 밝혔습니다.

오프노

【156】 멕시코 대표의 연설(1952.11.17)

[전   보] 멕시코 대표의 연설
[문 서 번 호] 2926-2928
[발   신   일] 1952년 11월 17일 19시 25분
[수   신   일] 1952년 11월 18일 01시 55분
[발신지 및 발신자] 뉴욕/오프노(주유엔 프랑스대사)

정치위원회는 11월 15일 네르보 멕시코 대표 단 한명의 발언을 들으며 한국
문제를 검토했습니다.

파디야 네르보 씨는 11월 1일 자국 대표단이 내놓았던 전쟁포로 문제의 해결
을 위한 결의안(본인의 전보 제2688호)을 설명했습니다.

그는 한국문제의 정치적 해결이 종결된 이후 전쟁포로들이 필요한 모든 보장
을 받으며 자신들의 안식처로 반드시 돌아갈 수 있도록 해주며, 송환을 원하는
전쟁포로들은 휴전협상이 종결되자마자 그렇게 해주고, 송환을 원하지 않는 포
로들은 다른 국가에 이민자로 받아들여줄 것을 제안하는 해결안을 다시 꺼내들
었습니다.

멕시코 대표는 자국의 제안은 양 진영이 고집하는 어떤 원칙도 위반하지 않
는 방식으로 표명되었음을 강조했습니다. 즉 한편으로는 어떤 강요된 송환도
없을 것이며, 다른 한편으로는 포로들의 의사에 반하게 억류되지도 않고 단기
간이건 장기간이건 상대방에 반하는 부분들 중의 하나도 이용되지 않을 것이라
고 합니다.

파디야 네르보 씨는 총회가 이 해결안에 투표했다면, 판문점 협상은 문제의
실질적 측면을 해결하기 위해 선행된 기반들 위에서 즉각 재개되었을 거라 생
각했다고 밝혔습니다.

그는 비신스키 씨가 내놓은 의견과는 달리 멕시코의 해결안은 제네바협정에

따르는 것이라고 주장했습니다. 그는 소련 대표에게 제네바협정이 송환을 위해 무력에 의지할 수 있다고 명기하고 있는지, 그리고 이러한 협정이 몇몇 전쟁포로가 휴전협상 종결 이후 즉각 송환되지 않을 수 있다고 정하는 특별한 합의 도출을 금하도록 명백히 표명하고 있는지 물었습니다. 예전에 무니즈 의장은 제1위원회를 계획보다 매우 지체시켰던 논쟁의 흐름을 가속화시키도록 각국 대표들을 급히 부른 적이 있습니다.

오프노

【157】 전쟁포로 관련한 인도 대표의 11월 18일자 제출 해결안(1952.11.17)

[전 보]	전쟁포로 관련한 인도 대표의 11월 18일자 제출 해결안
[문 서 번 호]	2931-2942
[발 신 일]	1952년 11월 17일 21시 10분
[수 신 일]	1952년 11월 18일 03시 10분
[발신지 및 발신자]	뉴욕/오프노(주유엔 프랑스대사)

워싱턴 공문 제1693호

전쟁포로 관련 인도 대표의 11월 18일자 제출 결의안

인용

총회

1952년 10월 18일, 한국에 관한 다른 보고서들과 함께 "한국 휴전협상과 군사작전의 현재 상황"에 대한 유엔사령부의 특별 보고서를 받음.

협상에서 이루어진 상당한 진전과 한국문제 해결과 한국에서의 전쟁 중단을 이끌 합의안을 승인하고 기재하기.

그밖에 휴전협상 당사국들 간의 불일치 외에도 미결 상태인 이 문제를 해결할 원칙들에 대한 매우 광범위한 조치 속에서 의견 일치가 성사되었음을 기재함.

전쟁 중단을 신속하게 이끌 필요성과 한국문제의 평화로운 해결에 대한 필요성을 절실하게 인식함.

휴전협상안 제60조에 예고한 정치 회담 소집을 용이하게 하고 서두르기 바람.

전쟁포로의 석방과 송환은 "1949년 8월 12일 전쟁포로 처리에 관한 제네바 협정"의 조처들, 국제법에 규정된 원칙과 관행, 휴전협상안의 적절한 조처들에 따라 시행되어야 함을 강조함.

전쟁포로들이 고국으로 돌아가는 것을 확실히 하거나 방해하기 위해 무력을 사용해서는 안 되며, 그들이 모든 상황에서 제네바협정의 전체 정신과 더불어 이 협정의 조처들에 명시된 것에 따라 인도적으로 대우받아야 함을 강조함.

총회 의장이 정당하고 합리적인 합의를 기반으로 다음의 제안들을 중화민국 정부와 북한 당국에 전달하고 그들이 그러한 제안들을 수락하고 현 회기 중 총회가 열리는 대로 보고서를 제출하도록 권유하기 바람.

1. 체코슬로바키아, 폴란드, 스웨덴, 스위스의 대표들, 즉 휴전협상안의 제37항에 거론된 중립적 유엔조정위원회를 구성하는 4개국의 대표들이든지, 전쟁 비참여국 중 양진영에서 2개국 씩 지명하여 4개국이든지, 위원회에 속하지 않은 영구적인 안전보장이사회 회원국의 대표들로 구성되어 모든 전쟁포로들의 귀국을 용이하게 하도록 송환위원회가 설립되어야 한다.

2. 전쟁포로의 석방과 송환은 1949년 8월 12일 전쟁포로 처리에 관한 제네바협정의 조처들, 국제법에 규정된 원칙과 관행, 휴전협상안의 적절한 조처들에 따라 시행되어야 한다.

3. 전쟁포로들이 고국으로 돌아가는 것을 확실히 하거나 방해하기 위해 무력을 사용해서는 안 된다. 그들 개인에게 폭력도, 그들의 존엄성과 자존심에 대한 모욕도, 어떠한 목적과 형태에서건 있어서는 안 된다. 그것은 송환위원회와 그러한 조치를 감시할 회원국들의 의무이다. 그들은 모든 상황에서 제네바협정의 전체 정신과 더불어 이 협정의 조처들에 명시된 것에 따라 인도적으로 대우받아야 한다.

4. 각 진영의 보호 하에 군사적 감시를 받고 있는 모든 전쟁포로들은 적절한 수로 적합한 교환 장소와 비무장지대에서 송환위원회에 넘겨지고 석방될 것이다.

5. 김일성 북한인민군 최고사령관과 펑더화이 중국인민지원군 사령관이 마크 클라크 유엔군 최고사령관에게 10월 16일 보낸 편지에서 제안했듯이, 국적과 주소에 따른 포로들의 분류가 즉시 이행되어야 할 것이다.

6. 분류 이후, 전쟁포로들은 즉시 석방되어 고국으로 돌아갈 것이고 모든 관련국들은 그들의 귀국이 최단기간에 용이하게 이루어지도록 해야 한다.

7. 송환위원회에 의한 이러한 마무리의 최종 조처들에 따라, 전쟁의 각 진영은 무엇이 그들의 권리인지 전쟁포로들에게 설명하고 조국으로의 귀국과 특히 송환에 있어서의 전적인 자유에 관련한 모든 정보를 전쟁포로들에게 알려줄 자유와 수단들을 가지게 될 것이다.

8. 양 진영의 적십자 기구들은 각자의 업무를 통해 송환위원회를 돕고 휴전협상안의 조처에 따라 송환위원회의 임시 권한 아래 있는 전쟁포로들에게 다가가도록 한다.

9. 전쟁포로들은 위원회가 마무리할 조처들에 따라 송환위원회와 기구들, 협회들에 모든 문제에 관련된 자신들의 희망사항을 알리는 것과 더불어 그러한 기구들에 대해 표현과 소통의 자유와 수단을 가질 것이다.

10. 위 3번 항의 조처들에도 불구하고, 현재 합의된 어떤 송환 조처도 송환위원회의 권리(혹은 자신의 임시적 권한 하에 있는 포로들의 감시를 맡은 법적 의무와 기능을 수행하게 되어 있는 대표자들의 권리)를 훼손하는 것으로 해석되어서는 안 될 것이다.

11. 송환에 대한 현재의 합의 종결과 이러한 합의가 적용된 협정은 주지하는 대로 모든 전쟁포로들에게 해당된다.

12. 송환위원회는 전쟁 당사자들에게, 위원회 참여 정부에, 유엔회원국들에, 역할과 업무를 이행하는 데 당연히 필요한 지원을 위원회의 결정에 따라 부담하도록 요구하기에 수월할 것이다.

13. 대치 중인 양 진영은 현 제안을 기반으로 합의할 것이다. 송환위원회는 소위 그 합의를 설명할 권한을 가질 것이다. 위원회 내에서 의견 불일치가 있을 경우, 다수결로 결정하도록 한다. 다수의 동의를 얻지 못할 경우에는, 1949년 제네바협정의 제132조와 다음 구절의 조처에 따라 공동 합의로 지명된 중재자가 재결권을 가질 것이다.

14. 위원회는 첫 회의에서, 그리고 휴전협정의 종결 이전에, 중재자를 선택하여 지명하도록 한다. 만일 첫 회의 시작일 이후 3주 안에 위원회가 중재자 지명의 합의에 이르지 못하면, 이 문제는 총회로 보내질 것이다.

15. 위원회는 마찬가지로 휴전협정 이후 인사들이 감시 기구에서 혹은 모든 전쟁포로의 송환을 서두르기 위해 위원회에 의해서나 휴전협상안의 조처들 관련 업무들을 맡은 다른 기구들에서 중재자의 자질을 가지도록 모든 유용한 조치들을 취할 것이다.

16. 관련국들이 송환 합의에 동조할 때, 그리고 중재자가 위의 14번 항에 따라 지명되었을 때, 그 나라들은 반대 협약이 결정되었을 경우를 제외하고 휴전협상안을 받아들여야 한다. 휴전협상안의 조처들은 송환 합의에 의해 수정되지 않는 한 적용될 수 있을 것이다. 이러한 합의에서 계획된 송환 조치의 이행은 휴전협상이 종결될 때 시작될 것이다.

17. 90일의 기간이 만료되면, 위에서 밝힌 절차대로 고국으로 송환되지 않은 전쟁포로들의 처지 문제는 송환위원회에 의해 휴전협상안의 제60조가 소집을 예고한 정치회담으로 넘겨질 것이다.

오프노

【158】 인도의 결의안에 대한 애치슨의 비판(1952.11.18)

[전 보]	인도의 결의안에 대한 애치슨의 비판
[문 서 번 호]	2944-2946
[발 신 일]	1952년 11월 18일 12시 40분
[수 신 일]	1952년 11월 18일 18시 40분
[발신지 및 발신자]	뉴욕/오프노(주유엔 프랑스대사)

워싱턴 공문 제1509-1511호

  그로스 씨가 크리슈나 메논[1] 씨와 가진 접촉을 알리려고 11월 13일 모였던 한국 관련 공동 결의안에 서명한 21개국 열강은 인도의 결의안이 그들에게 배포된 이후 어제 아침 새로운 회의를 열었습니다. 애치슨 씨는 그것이 일종의 계략으로 만들어진 것이라고 주장하며 이 문건에 대해 신랄한 비판을 가했습니다. 그것이 결과적으로 포로송환을 이행하기 위해 폭력 사용을 금했다면, 이는 강력한 심리적 압박에의 의지를 예외로 두지 않고, 송환위원회의 권한 밑에 두게 하려는 세력일 수도 있다는 것입니다. 더군다나 송환위원회는 공산주의자들이 동수로 들어가는 모든 기구들처럼 무력해질 수 있을 것입니다. 하지만 미 국무장관은 그리스 대표와 터키 대표가 조용히 읽은 문건에는 지지를 표했습니다. 논의에 참여했던 나라들 중의 대다수는 이 안에 대해 의사방해를 해서는 안 되며 오히려 그의 의견을 지지해주어야 한다고 결론 지었습니다. 왜냐하면 오직 그만이 여러 나라를 모이게 할 수 있으며 최종적으로 베이징이 받아들일 것이기 때문입니다. 하지만 거의 모든 대표들이 송환되지 않은 포로들을 정치

---

[1] V. K. K. 메논(Vengalil Krishnan Krishna Menon, 1897-1974). 인도 최초의 고등판무관, 유엔총회 인도대표(1946), 유엔 주재 차석 대표(1952), 인도 국방장관 역임. 유엔에서 한국전쟁 휴전 문제 조정을 알선하고 네루의 특사로 동서 냉전 완화를 위해 일함.

회담으로 넘기기로 하는 17번 항이 어렵게 받아들여질 것이며 그것을 수정할 필요가 있다는 견해를 가졌습니다.

산하위원회(미국, 영국, 프랑스, 터키, 호주, 캐나다, 콜롬비아, 덴마크)는 안의 좀 더 깊숙한 검토를 맡게 되어 있습니다. 위원회는 오늘 아침 소집될 예정입니다.

오프노

【159】 인도의 결의안에 대한 찬성 분위기의 반전(1952.11.18)

[전 보]	인도의 결의안에 대한 찬성 분위기의 반전
[문 서 번 호]	2944-2946
[발 신 일]	1952년 11월 18일 19시 00분
[수 신 일]	1952년 11월 19일 01시 40분
[발신지 및 발신자]	뉴욕/오프노(주유엔 프랑스대사)

워싱턴 공문 제1516-1518호

본인의 전보 제2944호 참조

흐름을 거슬러 싸우는 미국 대표가 인도 결의안을 가능한 최대 부분 채택하기 원하는 대다수 대표들 앞에서 거의 소외되어 있는 동안 제가 말씀드렸던 산하위원회가 오늘 2번의 긴 회의를 열었습니다. 그로스 씨는 21개국 안건이 그 힘을 잃지 않았으며 거기에 몇 가지 생각을 집어넣으면 충분하고, 위원회에서의 논쟁이 열기를 띠었으며 메논 씨가 중동과 아시아가 참여하여 다수결로 그것을 채택하기 위해 투표로 가결하는 것을 지지했습니다. 하지만 하루가 저물 무렵, 마틴 씨와 로이드 씨, 저의 영향으로 반대의 경향이 그러한 분위기를 압도하는 것처럼 보였습니다. 최상의 전략은 진정 기본적인 사항들에 대해서만 한 아시아인이 몇 가지 수정안을 제안하기를 바라며 그 안을 완전히 수정하려 들면서 인도의 결의안을 무시하는 것이 전반적인 감정이었습니다. 가장 기본적인 사항들 중 한 가지는 송환위원회가 실질적으로 기능하는 것을 보장하는 데 있으며, 그 결과 총회가 5개 회원국을 지명하도록 하는 데 있습니다. 또 다른 사항은 송환되지 않는 포로들에게 주어지는 처지에 관계합니다. 셀윈 로이드 씨는 그들의 석방과 정착을 보장해주는 임무를 맡을 국제기구를 창설하자고 제안했습니다.

그로스 씨는 이러한 논의를 할 준비가 되어 있지만, 자신의 정부는 인도의 안에 커다란 염려를 나타내며, 미 합동참모본부의 견해에 따라 송환에 반대하는 전쟁포로들을 보장하는 해결책만을 수용할 수 있다고 주장하고 있으므로 이 논의는 자기 정부의 책임은 아니라는 점을 분명히 했습니다. 무력에 의해서도 거동의 자유에 대한 송환위원회의 연장된 통제 가능성이 되는 심적인 압박에 의해서도 포로들을 송환을 강제할 수 없을 뿐더러, 포로들이 선택한 모든 장소, 특히 대만으로 갈 수 있게 하는 송환인데도 말입니다.

오프노

【160】 인도의 결의안에 대한 평을 실은 『타임스』의 사설(1952.11.19)

[전   보]   인도의 결의안에 대한 평을 실은 『타임스』의 사설
[문 서 번 호]   4724-4725
[발   신   일]   1952년 11월 19일 21시 55분
[수   신   일]   1952년 12월 5일 22시 00분
[발신지 및 발신자]   런던/마시글리(주영 프랑스대사)

한국 휴전협상을 다룬 사설 속에서, 오늘 아침 『타임스』는 한국전쟁을 종식시키려는 공산군의 진정한 의지에 대해 우리가 어떤 의구심을 갖고 있건 간에, 포로송환에 대한 인도의 최근 제안은 좀 더 세심하게 검토할 필요가 있다고 주장했습니다.

양 진영의 바깥에 있는 인도의 생각이 비판받을 수 있음에도 불구하고, 중립국 열강이 작성한 플랜만이 양 측의 공감을 이끌어낼 어떤 기회가 될 수 있는 것도 사실이라고 『타임스』는 평가합니다.

신문은 계속해서 인도 결의안(案)이 필시 판문점에서 연합군이 한 마지막 제안들보다 좀 더 앞으로 나아간 것이며, 정전(停戰) 이후 협상의 전망을 어렵게 열어둘 위험을 제공한다고 합니다. 그렇지만 그것이 보여주는 커다란 이익은 공산군을 최후의 방어진지까지 몰고 간다는 것이며, 그들이 거절할 경우, 그들에게 전쟁 지속의 전적인 책임을 명백히 씌울 수 있다는 것입니다.

마시글리

【161】 미국 신문들의 인도의 결의안에 대한 반응(1952.11.19)

[전 보]	미국 신문들의 인도의 결의안에 대한 반응
[문 서 번 호]	7655-7660
[발 신 일]	1952년 11월 19일 20시 30분
[수 신 일]	1952년 11월 20일 02시 00분
[발신지 및 발신자]	워싱턴/보네(주미 프랑스대사)

뉴욕 공문 제1277-1282호

한국 사태에 대한 인도의 결의안을 오늘 아침 미국 신문에 실은 모든 기사와 사설들은 이 안(案)이 전쟁포로의 송환을 계획하거나 주도하는 데 무력의 사용을 분명히 제외시키고 있으며 유엔의 토론에서 진전을 이룬 것이라고 밝히고 있고, 마찬가지로 그 적용 조처들을 알리는 데 모두, 특히 『뉴욕타임스』, 『뉴욕헤럴드트리뷴』, 『볼티모어선』, 『워싱턴포스트』의 내용이 일치했습니다.

그들이 보기에, 이 조처들은 다음의 원칙적인 반론들을 불러일으킬 것입니다.

1. 예정된 대로 구성된 송환위원회는 공산주의자들에게 유리하다고 말할 수 없도록 불분명한 중립성을 띨 것이다. 위원회는 공산주의자들에게 의사방해 작전에 탁월한 근간을 제공할 것이다. 그들의 업무가 어떠한 구체적 결정에 이르지 못할 수도 있으며, 공산주의자들의 압력에 포로들을 전적으로 내맡기면서 중재자에게 기본적인 책임이 되돌아오게 할 것이다.

2. 비송환 포로들의 처지를 해결하지 못한다. 그것은 궁극적으로 송환에 굴복하거나 수용소에 머무는 것밖에 선택의 여지가 없게 만든다. 그러한

포로들의 정착을 목표로 하는 실질적 조처들이 없으면, 그들은 발생하는 모든 문제들을 안고 영원히 이동하는 자들이 될 것이다.

3. 90일 기한 안에 해결되지 못할 모든 포로 관련 문제에 따른 제안은 한국전쟁에 대해 순전히 정치적인 관점들만을 논하는 회담에 맡겨지게 될 것이고, 예상된 적대행위의 중단에 내재된 위험을 증가시킨다. 국방부와 연합참모사령부에서는 중국과 북한의 의도를 불신한다. 휴전협상 합의의 기본적 사항들 중 하나가 해결되지 않음에 따른 휴전협상 기간의 연장은 유엔군사령부가 적의 움직임을 통제하기 위해 중대한 수단을 사용하지 않는 한 공산주의자들에게 다른 군사적 수단을 더욱 강화시키게 할 것이다.

이처럼 평행관계가 놀라운 해석들은 우선 보기에 명시적이건 혹은 암묵적이건 인도의 결의안에 기초한 두 가지 가정, 즉 하나는 전쟁포로의 송환 문제가 휴전협상 합의를 이끌어내고 소련이 전쟁을 연장한 핑계로 사용하지 않는 데 유일한 장애물이라는 가정과, 다른 하나는 공산주의자들이 성의껏 실제적 합의를 이룰 준비가 되어 있다는 가정을 수락할 지에 대한 미국 당국의 망설임을 대변합니다.

약간의 해석들은 지금까지 연합군대표단의 반응에 할애되고 있습니다. 『뉴욕 헤럴드트리뷴』「비판적 연합국은 미국에 인도의 결의안에 '아니오'라고 촉구한다」란 제목으로 사설을 실었음에도, 영국, 프랑스, 캐나다, 호주는 그런 의미에서 의견을 표명하지 않았다고 밝혔습니다. 한편 오늘 아침 UP통신에 실린 공문은 이 문제에 대해 8개국 위원회에서 드러난 "심각한 균열"을 일깨우고 있으며, "미국이 한국전쟁을 종결시키고자 하는 인도의 안(案)을 받아들라는 서구 연합군의 증대된 압력을 견디고 있다"고 명확하게 말할 수 있다는 생각입니다.

보네

【162】 극동 담당 국무차관의 인도 결의안에 대한 견해(1952.11.20)

[전 보]	극동 담당 국무차관의 인도 결의안에 대한 견해
[문 서 번 호]	4763-4766
[발 신 일]	1952년 11월 20일 18시 05분
[수 신 일]	1952년 11월 20일 18시 10분
[발신지 및 발신자]	런던/마시글리(주영 프랑스대사)

뉴욕 공문 제66-69호, 워싱턴 공문 제477-480호

오늘 아침 영국 신문은 다소 신중한 형태로 한국에 대한 인도의 제안을 앞에 둔 상황에서 영미 여론의 불일치에 대해 다루었는데, 동료 중 한 사람은 이 문제에 대해 극동 담당 국무차관에게 질문하였습니다.

결론적으로 스콧 씨는 솔직히 말해 잘 고안되었고 '중립적인' 아시아 국가들의 지도자로부터 나왔다는 이중의 장점을 가지고 있는 제안을 미국 대변인이 단번에 거부하는 모습을 보인 것은 유감스럽다고 평가했습니다. 게다가 아마도 사람들은 워싱턴으로부터 돌아오는 길에 캐벗 로지[1]와 의견을 나눈 애치슨 씨가 덜 부정적인 태도를 취할 것이라고 바랄 수 있을 것입니다.

이든 씨의 경우는, 외무부는 메논 씨가 발표한 안에 대한 반응에 대해 어떠한 정보도 가지고 있지 않습니다. 그럼에도 휴전협상에 이르려는 모든 가능성을 열어놓으려는 군센 목적을 감안하여, 국무부는 인도의 결의안에 호의적인 예측을 내릴 수도 있습니다.

스콧 씨 자신도 이러한 검토를 하려는 데 있어 같은 생각입니다. 그에게는

---

1) 헨리 로지(Henry Cabot Lodge, 1902-1985). 미 공화당 상원의원(1947-1953) 유엔 상임대표, 베트남 주재 대사, 파리회담 수석대표 역임.

사실 첫눈에는 휴전협상에 대한 사항으로 판문점에서 한번 표명되었던 인도의 안은 유엔대표들이 한 제안보다 더 불리한 것으로 중국·북한에 의해 억류된 포로들에게 허용되지 않을 수 있는 것으로 보였습니다. 그 상황이 정치회담의 범주에서 제기될 수 있는 포로들은 송환되기를 거부하는 전쟁포로들일 뿐입니다.

하지만 이 점에 대해 90일이 다 될 때까지 포로 수송이 지연되면 일정 수의 연합군 포로들이 외무부가 의심스러워하는 압력수단을 통해 조처를 취할 중국·북한의 손에 넘겨질 수 있으므로 신중해야 하는 것이 매우 중요합니다.

게다가 우리는 여기서 모스크바와 베이징의 반응을 전혀 모릅니다. 기껏해야 소련과 중국의 라디오와 언론이 지극히 무례한 어조로 한국에 대한 이든 씨의 담화를 받아들였다는 그다지 전망이 밝아 보이지 않는 징후로써 고려할 뿐입니다.

마시글리

【163】 인도의 결의안 관련한 수정 논의(1952.11.20)

[전 보]	인도의 결의안 관련한 수정 논의
[문 서 번 호]	2983-2985
[발 신 일]	1952년 11월 20일 13시 45분
[수 신 일]	1952년 11월 20일 22시 05분
[발신지 및 발신자]	뉴욕/오프노(주유엔 프랑스대사)

워싱턴 공문 제1521-1523호

8개국 위원회가 메논 씨의 담화에 비추어 상황을 검토하기 위해 어제 오후가 저물 무렵 열렸습니다. 저는 영국, 캐나다, 호주 동료와 함께 가장 분명한 방식으로 21개국 안이 우선권을 가진다고 평가하는 것은 이제는 비현실적이며 인도의 결의안을 거부하는 것은 조금 정치적이지 못할 것이라고 표명했습니다. 그로스 씨는 그것을 인정하기에는 꽤나 까다롭게 굴었습니다. 마틴 씨는 무엇보다 인도 대표가 자신의 발표에서 비송환포로를 정해지지 않은 기간 동안 억류시키는 문제는 있을 수 없다고 명백히 한 이후부터 가능해 보이는 일로 14번 항과 17번 항이 어떻게 수정될 수 있는지 보려고 로이드 씨와 공동으로 메논 씨에게 다가갔습니다. 그로스 씨는 우리가 이미 좀 신뢰할 수 없는 사람과 너무 많이 협상했다고 주장하면서 거기에 반대했습니다. 그는 8개국, 그리고 21개국이 인도 안의 수용하게 하는 채택에 있어 수정안의 최종 형태에 대해 24시간 안에 합의를 도출할 것을 강하게 주장했습니다. 이러한 서두름은 제가 제2989-2992호 전보에서 알려드렸듯이 다시 열리기로 한 산하위원회에는 지나친 것으로 보였습니다.

걱정거리는 거기에 있습니다. 마틴 씨는 물론 필시 로이드 씨도 메논 씨와 계속 접촉하겠지만, 그에게 21개국의 이름으로 말하지는 않을 것입니다. 그들이 가져다준 정보를 고려하여 우리는 메논 씨가 기회를 만든 수정안에 합의하려 노력할 것입니다.

애치슨 씨는 월요일에 얘기를 나누기로 되어 있습니다. 그로스 씨는 우리에게 만일 21개국이 송환위원회의 5번째 회원국의 선택을 총회에 맡기고 90일 안에 비송환포로의 석방을 계획하는 수정에 동의하지 않는다면, 국무장관이 10월 24일 안에 대한 우선권을 가진 투표에 찬성하여 단호하게 개입할 것임을 이해시키려 했습니다.

오프노

【164】 인도의 결의안에 대한 영국과 미국의 수정문(1952.11.20)

[전   보] 인도의 결의안에 대한 영국과 미국의 수정문
[문 서 번 호] 2989-2990
[발   신   일] 1952년 11월 20일 14시 30분
[수   신   일] 1952년 11월 20일 21시 45분
[발신지 및 발신자] 뉴욕/오프노(주유엔 프랑스대사)

워싱턴 공문 제1524-1525호

본인의 전보 제2983-2985호 참조

인도의 결의안에 담긴 제안들 중 17번 항에 대한 미국과 영국의 수정안은 다음과 같습니다.

영국 수정문

"휴전협상의 조인에 따라 90일 안에 자신의 조국으로의 송환이 위에서 말한 절차에 따라 이행되지 않은 전쟁포로들의 운명은 송환위원회에 의해 결정될 것이다. 송환위원회는 유엔이 이를 위해 설립한 기구와 함께 전쟁포로문제를 처리하는 데 필요한 조처들을 취할 것이다. 위에 언급된 기구는 □ □ □로 구성되고 포로들의 석방과 정착을 목적으로 준비되어야 할 것이다."(기한은 이번에 정해질 것이다).

미국 수정문

"휴전협정 조인 이후 90일 이후에는, 위의 절차에 따라 자신의 조국으로 돌아가지 않는 모든 전쟁포로는 송환위원회에 의해 석방될 것이다."

송환위원회는 "한국의 통일과 재건을 위한 유엔위원회가 그러한 포로들을 맡아 정착하거나 민간인으로 돌아가는 것을 살피도록 돕는다."

오프노

【165】 인도의 결의안 제14항에 대한 미국의 수정문(1952.11.20)

[전 보]	인도의 결의안 제14항에 대한 미국의 수정문
[문 서 번 호]	2991-2992
[발 신 일]	1952년 11월 20일 14시 35분
[수 신 일]	1952년 11월 20일 21시 40분
[발신지 및 발신자]	뉴욕/오프노(주유엔 프랑스대사)

워싱턴 공문 제1526-1527호
본인의 전보 제2983-2985호 참조

인도의 결의안 속에 포함된 제14항에 대한 미국의 수정문

"제1항에 따라 양 진영이 송환위원회 4개국 지명에 대한 합의가 이루어지자마자 휴전협상의 발표 이전에 4개국은 중재자를 지명하기 위해 소집될 것이다. 만일 4개국 대표가 첫 회의 시작일로부터 3주 안에 중재자 지명에 합의하지 못한다면, 이 문제는 총회로 넘겨질 것이다."

제1항의 참조는 송환위원회가 "위원회를 주재하여 제14항에 따른 선택된 투표권을 가지는 5번째 중재자"를 포함하도록 명시할 것을 원했던 미국의 개정안 제1항에 따른 것입니다.

오프노

【166】 주유엔 남한 대표(양유찬)의 인도 결의안에 대한 반대 의견(1952.11.20)

[전 보]	주유엔 남한 대표(양유찬)의 인도 결의안에 대한 반대 의견
[문 서 번 호]	3002-3003
[발 신 일]	1952년 11월 20일 19시 50분(현지 시간), 11월 20일 01시 50분(프랑스 시간)
[수 신 일]	1952년 11월 20일 01시 50분
[발신지 및 발신자]	뉴욕/오프노(주유엔 프랑스대사)

본인의 이전 전보에 이어

이든 씨에 따르면, 남한 대표는 공격적인 용어로, 개별적으로 비신스키 씨까지 거론하며 소련 대표가 발표한 내용들을 반박했습니다. 자국 정부의 선의를 변호하기 위해, 그는 공산주의자들에게 유엔의 공평한 감독하에 한국 전체에서 민주적이고 자유로운 국민투표를 수락할 수 있으면 해보라고 말했습니다. 그의 생각에 그러한 국민투표는 유엔군 감독하에 자리할 만주 국경의 중립지역 설정에 뒤따른 것이어야 했습니다.

그런 다음 인도의 제안을 검토하며, 양[1] 씨는 감동을 받기는 했지만 "이 결의안은 그 전제에 있어 오류가 있으며 결론적으로 실현불가능하다"고 밝혔습니다. 그의 생각에 포로들이 억류되어 있는 공산 진영 쪽 2인과 중립국 인사 2인으로 구성된 위원회는 공평할 수 없었습니다. 공산군이 억류된 포로들에게 수용소에서 행사한 압력을 상기시키며, 그는 인도의 안에 의해 계획된 절차는 포로들의 자유로운 의사를 보장할 수 없을 것이라고 주장했습니다.

네덜란드 대표 폰 발렉[2]은 위원회에 제출된 다양한 계획안을 요약하며 최대

---

[1] 양유찬(1897-1975). 주미 대사와 유엔총회 한국 수석대표 역임.

한 빠른 기한 내에 휴전협상을 종결할 필요가 있다고 주장했습니다.

오프노

---

2) 다니엘 요하네스 폰 발렉(Daniël Johannes von Balluseck, 1895-1976). 주유엔 네덜란드 대표
(1949-1955).

【167】 소련 기자의 한국전쟁에 대한 미국의 태도 비판(1952.11.21)

[전 보]	소련 기자의 한국전쟁에 대한 미국의 태도 비판
[문 서 번 호]	2287
[발 신 일]	1952년 11월 21일 08시 30분
[수 신 일]	1952년 11월 21일 11시 36분
[발신지 및 발신자]	모스크바/족스(주소련 프랑스대사)

「침략자들이 협박을 해오다」라는 제목 하에, 코리오노프[1] 기자는 오늘 아침 『프라우다』에 한국문제에 대한 "국제적 의견들" 중의 하나를 게재했습니다.

요컨대 미국에서 언급한 한국전쟁의 검토는 소련과 폴란드의 제안 채택이 한국전쟁을 평화롭게 매듭짓게 해주리란 것을 증명했습니다. 논쟁들은 명백히 이 해결에 있어 유일한 장애물이 워싱턴 정부의 입장이라는 것입니다.

코리오노프 씨는 미국이 한국에서 "패배에 패배"를 거듭함에도 불구하고, 그들은 '모험적인' 정치를 따르므로 현실을 직시하려 들지 않으며, 사람들이 한국에서 "새로운 군사적 압력"을 조직하고, 만주를 폭격하고, 중국 쪽 봉쇄를 강화하고, 핵무기를 사용할 것을 요구한다고 했습니다. 소련 기자는 이에 대해 최근 미국 군대의 병기창이 소유한 "새로운 폭탄, 최고 우수한 폭탄"에 대해 들리는 소문의 특성을 미국 신문에서 찾아냅니다. 그는 그러한 것이 분명 "수소폭탄"일 것이라고 주장하며 "단편적인 정보들로부터 나온 그러한 소문들은 겉보기에 "수소폭탄"이라는 협박이 "핵폭탄"이라는 협박보다 성공할 것으로 추정된다고 덧붙였습니다.

한국전쟁이 격화되도록 하는 '미 재향군인회' 수장의 호소와 대만에 숙영 중인 장제스 군의 일부를 한국에 파견하라는 허가를 클라크 장군이 받았음을 암

---

[1] Korionov.

시하면서, 코리오노프 기자는 다음과 같이 썼습니다.

"이러한 모든 협박이 두 가지 목적을 지니고 있음을 깨닫는 것은 어렵지 않다. 하나는 한국의 용감한 국민과 중국인민지원군을 겁먹게 하려는 것이며, 다른 하나는 한국 침략을 연장하고 확장하려는 계획에 대해 커지는 반대세력을 무마시키려는 것이다. 그 국가에서 전쟁에 대한 열광을 되살아나게 하면서, 미국 지도층은 이러한 분위기 속에서 새롭고 커다란 신용을 의회로부터 얻어내는 것이 더욱 용이할 것이다. 이러한 정치 선동자들은 그러한 방식을 통해 자신들의 나약함을 드러낼 뿐임을 이해하지 못한다."

기자는 선거에서 트루먼 쪽 당의 실패는 투표자들의 눈에 한국전쟁의 개시에 관련되어 있는 실패이며 "침략자들"이 이것을 곰곰이 생각하도록 해야 할 것이라고 주장하며 글을 끝맺습니다. 하지만, 그것은 전혀 사실이 아니며, 『아메리칸머큐리』[2]는 공화당 의원 브리지[3]의 증언으로 "워싱턴은 휴전협상의 종결을 생각지도 않으며 유엔의 미국 대표들의 위선적인 얘기들은 국민들을 속이려는 것일 뿐이다"라는 것을 말해줍니다.

"한국에서의 휴전협상의 종결을 허용하지 않기", 군대의 유력인사들에게 엄청난 이익을 가져오는 이 전쟁을 질질 끌게 하기, 군비 경쟁을 강화하려는 전쟁 광증과 새로운 전쟁 준비에 관련된 다른 조치들의 실현을 자극하기, 이러한 것들이 바로 미국 정치인들의 진짜 속셈이라는 것입니다.

족스

---

[2] 『아메리칸머큐리American Mercury』. 미국의 월간 평론잡지.
[3] Bridges.

【168】영국 수상의 인도 결의안에 대한 찬성 의사 표명(1952.11.22)

[전　　　보]	영국 수상의 인도 결의안에 대한 찬성 의사 표명
[문 서 번 호]	776-777
[발　신　일]	1952년 11월 22일 20시 40분
[수　신　일]	1952년 11월 22일 18시 05분
[발신지 및 발신자]	뉴델리/오스트로루그[1](주인도 프랑스대사)

　정치위원회에서 한국에 대한 인도의 계획안 발표는 제가 제9호 전보를 뉴욕으로 보내고 외무부로 알렸듯이 모든 언론의 사설에 낙관주의가 보이는 기회를 만들어 주었습니다.

　사람들은 소련의 수락을 확실시하고, 미국의 망설임에 화를 냈습니다. 사람들은 최악의 경우에는 인도의 안이 "절름발이 협상"만을 허락해주고, 이러한 결과는 세계 평화를 위협하는 거대한 전쟁을 가져오기 쉽게 할 것이라고 했습니다. 그러기에 뒷받침이 되는 영국의 발표는 오늘 아침 안도감 속에 환영받았습니다.

　수상은 의회 연설에서 의원들에게 뉴욕에 있는 인도 대표단에 격려 메시지를 보낼 것을 요구했습니다.

　　"세상살이에서 어느 순간의 결정이 막중한 무게를 지녀야 하는 때가 오는데, 지금이 바로 그렇다. 미국에게는 결정력과 용기를 가지고 그 안을 받아들여야 하는 시기이다."

　제가 얻은 정보에 따르면, 그러한 연설들이 상정하는 것과는 반대로, 인도 정

---

1) 스타니슬라스 오스트로루그(Stanislas Ostroróg, 1987-1960). 주인도 프랑스대사(1951-1960).

부는 중국의 실제 의도가 무엇인지 알지 못합니다.

중국은 베이징 주재 인도대사와의 담화에서 판문점 회담을 재개하고자 하는 희망을 드러내는 데 만족할 것입니다.

오스트로루그

【169】 인도의 결의안에 대한 호주 대표의 견해(1952.11.22)

[전　　　보]	인도의 결의안에 대한 호주 대표의 견해
[문 서 번 호]	3037-3040
[발　신　일]	1952년 11월 22일 10시 40분(현지 시간), 15시 40분 (프랑스 시간)
[수　신　일]	1952년 11월 22일 15시 45분
[발신지 및 발신자]	뉴욕/오프노(주유엔 프랑스대사)

원칙상 11월 24일 전반적 논의를 끝내야 하는 첫 위원회는 호주 대표의 의견을 들었습니다. 호주 대표는 인도 대표가 발표한 해결안에 대한 자국 대표단의 견해를 밝혔습니다. 그의 생각에 이 해결안은 몇 가지, 특히 제1, 14, 17항과 관련해 불충분함을 보이지만, 퍼시 스펜더[1] 대표는 몇몇 수정을 가하면 수락할만하다고 평가했습니다. 그에 따르면, 비록 이후 또 다른 해결안들이 제안되었음에도 인도의 해결안이 우선적으로 논의되어야 한다고 합니다.

하지만 연설자는 다음과 같이 포로문제의 해결에 우선해야 하는 원칙들을 분명하게 알렸습니다.

1. 전쟁포로는 석방되거나 송환되어야 한다.
2. 보호시설의 권리는 생명이나 자유의 위협을 느끼는 모든 전쟁포로에게 허락되어야 한다.

호주 대표는 원칙적으로 공평한 송환위원회를 창설할 것에 찬성하지만, 판문점 협상에서 실질적이고 행정적인 문제들을 해결할 임무를 남겨주는 방식으로 이러한 기구가 너무 명확한 용어로 정의되어서는 안 된다고 생각합니다.

---

[1] 퍼시 스펜더(Percy Spender, 1897-1985). 호주 외무장관(1949-1951). 주미 호주대사(1951-1958).

그는 연설을 마치며 유엔 협상의 인내심과 유연성에 경의를 표하고, "아마도 사상자를 전혀 내지 않은 소련만이 영향력 확대를 위해 전쟁 지속을 바라볼 준비가 되어 있을 뿐" 어느 누구도 계속된 전쟁에서 이기지 못했다고 말했습니다.

체코의 대표 콤잘라[2] 씨는 습관대로 자본주의 국가에 반대하여 공격적으로 나오고 제네바협정에 대한 소련의 해석을 옹호한 다음 자국 대표단은 프라하로 인도의 해결안을 보냈으며 자국 정부의 지시를 기다리고 있다고 밝혔습니다.

인도네시아 대표 사스트로미드조조[3] 씨는 자국 대표단도 해결안을 작성해봤으며, 논의가 다시금 어떤 곤경에 처하게 되는 경우 제출하겠다고 간단히 밝혔습니다.

오프노

---

[2] Komzala.

[3] Sastromidjojo.

【170】 미국 정부의 수정안 제출(1952.11.22)

[전 보]	미국 정부의 수정안 제출
[문 서 번 호]	3048-3050
[발 신 일]	1952년 11월 22일 14시 40분
[수 신 일]	1952년 11월 22일 21시 40분
[발신지 및 발신자]	뉴욕/오프노(주유엔 프랑스대사)

워싱턴 공문 제1550-1552호

본인의 전보 제2983호와 각하의 전보 제3445호 참조

제가 제2989호와 제2991호를 통해 알려드린 수정안 이외에, 즉 두 항이 각각 기본적인 사항(중재자 지명, 비송환포로의 향후 처리)을 담고 있을 뿐인 수정안 이외에, 그로스 씨는 지난 수요일 8개국 산하위원회에 수많은 수정안 목록을 제출했습니다. □□□ 산하위원회의 대다수는 그것을 채택하는 것보다 더 어설픈 것은 아무것도 없을 거라고 판단했습니다. 마치 우리가 인도 결의안에 대한 서구의 버전을 위원회에 제출하고자 하는 것처럼 말입니다. 현명한 방법은 토론을 뒤죽박죽으로 만들고 메논 씨에게 자신의 안을 다시 끄집어낼 계기를 던져줄 위험 속에서 각각의 세부사항까지 완전한 문서를 작성하는 것이 아니라고 봅니다. 이든 씨가 이튿날 공개적으로 한 말도 거의 이와 같습니다.

오늘 퍼시 스펜더 경은 수정안의 대상이 되어야 하는 것들을 미국 대표단과 검토한 이후 8개국 위원회에서 발표를 했습니다. 다음의 제4호로 전해드리는 이러한 목록은 아직 어떤 상세한 검토의 대상도 아니었습니다. 산하위원회는 최소한 지금이라도 고려해보자는 로이드 씨의 요구를 거절했습니다. 그로스 씨는 다른 한편으로는 자국 정부는 인도의 제안들이 총회 의장을 통해 전달된 이후 베이징 정부에 의해 통째로 거부되거나 수락될 것으로 생각한다고 밝혔습니

다. 전적인 수락의 경우에만 협상의 양상이 양쪽 반대편 사령부 사이에서 이루어질 수 있을 것입니다. 그러한 것은 겉으로 보기에는 메논 씨의 목표는 아닙니다. 왜냐하면 거기에 포함된 그의 제안의 마지막 항은 "합의의 공평하고 합리적인 바탕"이라고만 나타나 있기 때문입니다.

오프노

【171】 인도의 결의안을 수정하면서 마무리해야 할 대상 목록(1952.11.22)

[전 보]	인도의 결의안을 수정하면서 마무리해야 할 대상 목록
[문 서 번 호]	3051-3055
[발 신 일]	1952년 11월 22일 15시 20분
[수 신 일]	1952년 11월 22일 22시 40분
[발신지 및 발신자]	뉴욕/오프노(주유엔 프랑스대사)

보안

절대우선문건

워싱턴 공문 제1553-1557호

본인의 이전 전보 참조

인도의 해결안을 수정하면서 마무리해야 할 대상 목록

1. 위원회 구성

1) 제1항과 14항의 제안들은 무한정한 기간이라는 장애를 피하기 위해 수정되어야 한다.

2) 그러한 준비와 중재자의 효과적인 지명은 휴전협상의 종결에 선행한 조건이어야 한다.

3) 중재자는 위원회의 5번째 회원국의 자격과 '의장의 자격을'(그로스 씨가 나중에 덧붙임) 가져야 한다.

4) 이러한 중재자는 우선 송환위원회의 4개국 회원국에 의해 지명되어야 한다.

5) 4개국 사이에, 그리고 3주 안에 합의가 안 되면, 문제는 중재자 지명을 위해(결정을 위해) 총회로 넘겨져야 할 것이다.

로이드 씨는 오늘 아침 이처럼 엄격한 형식에 반대를 표명했습니다.

2. 비송환포로의 운명

1) 결의안에 따르면 포로들은 미해결인 채로 남을 수 없다.
2) 결의안은 그러한 포로들을 맡아 자유로운 선택이라는 기반 위에서 그들의 운명을 책임질 결정위원회 구성을 계획해야 한다.
3) 만일 결의안에 정해진 방식으로도 여전히 송환되지 못한 전쟁포로들이 있다면, 결정위원회는 그 역할을 실행해야 한다.
4) 위원회는 되도록 언커크 혹은 특별히 결의안에서 지명된 다른 기구, 혹은 유엔에 의해 창설된 기구여야 할 것이다.
5) 이 기구는 포로들에게 목적지를 가리키거나 혹은 어떤 국가에 그들을 받아줄 것을 요청하거나 할 아무런 자격도 가지지 않지만 자유로운 선택이라는 기반 위에서 기능해야 할 것이다.

3. 앞의 내용에서 파생되는 수정안

그러한 조건들로부터 파생되는 수정들은 텍스트 속에 삽입되어야 한다. 그 숫자를 축소시키는 것이 좋을 것이다(유엔대표단은 인도의 안(案)에서 계획된 송환의 합의를 위해 휴전협상의 통합적 부분을 그러한 수정안들 사이에 포함시킴을 적시해야 한다. 미국의 협상자들은 이 점을 기본적인 것으로 고려하고 있다).

4. 전쟁포로의 분류

국적과 주소지에 의한 전쟁포로의 분류는 송환위원회의 독점적인 권한이 되어야 한다(유엔군사령부는 중국인과 한국인 사이에서 선별을 단행하는 중국 · 북한 사령부가 그러한 권한을 가지는 것을 받아들일 수 없다고 생각한다).

5. 송환위원회의 책무

송환위원회는 총회에 대해 의무를 가지고 있음을 결의안 속에 명시해야 한다.

오프노

【172】 정부의 서울로의 이전 검토(1952.11.22)

[전　　　보]	정부의 서울로의 이전 검토
[문 서 번 호]	2038-2040
[발　신　일]	1952년 11월 22일 03시 10분
[수　신　일]	1952년 11월 22일 10시 40분
[발신지 및 발신자]	도쿄/드장(주일 프랑스대사)

11월 17일자 부산 공문 제71호, 11월 21일 도쿄 도착

　외무부 의전국장이 오늘 오후 제게 다양한 부처와 정부조직의 인사 일부는 여기서 서울로 2주나 3주 후 옮겨야 한다고 공식적으로 알려왔습니다. 각각의 경우에 있어 단지 대사나 일부 사무부처의 장과 관련될 것입니다. 이러한 이동은 정부의 근거지를 서울로 설정하는 것으로 여겨져서는 안 될 것입니다. 내각 부처, 내각 산하 조직, 게다가 국회는 임시 수도인 부산에 있습니다.

　그것은 전형적으로 이승만 박사가 분명 유엔군사령부가 이제까지 이 점에 대한 그 자신의 계속된 변덕에 반대하였던 다양한 반론을 회피하려고 하는 아시아적인 방식입니다.

　재선 이후 이 박사가 실제로 서울에 정주지를 만들었다는 사실과 간간히 반증되기는 했지만 요즘 계속 전해졌던 온갖 소문들이, 서울에서 50km도 안되는 곳에서 군사행위가 일어날 수도 있는 위험성도, 여전히 가장 필수적인 생활요소조차 없는 도시에서 견뎌야 하는 계절의 혹독함도, 폐허가 된 문화유산에 쏟아부어야 할 엄청난 비용도 내세우지 않는 이러한 결정을 예상하도록 했습니다. 이번 이전 결정은 부산과 필연적인 관련이 있습니다.

　의전국장이 제가 필요로 할 수도 있는 조치들로 걱정하기에, 그가 '통지'해 준 것에 감사를 표한 후, 이 조치에 대한 공식 통보를 기다릴 것이며, 그때는 아마

도 외교단의 우리 동료들과 대화할 거라고 말해주었습니다.

그날, 같은 전달사항을 받은 미국과 영국 동료, 유엔위원회는 매우 신중하게 서울로의 이전에 대한 추측을 받아들였으며, 여전히 이러한 계획으로 인해 군사령부가 제기할 수 있는 견해는 대통령의 재검토에 대한 요청일 것입니다. 미국 업무 담당자가 몇 가지 소문들과 함께 뭐라고 말하던 간에, 정치적 계획에 대해 이 대통령에게 "군부가 취할 수 있는 태도는 대사관의 생각을 완전히 벗어납니다"라고 말했습니다.

드장

【173】 아이젠하워 장군에게 보낸 이승만 대통령의 제안들(1952.11.22)

[전 보]	아이젠하워 장군에게 보낸 이승만 대통령의 제안들
[문 서 번 호]	2041-2045
[발 신 일]	1952년 11월 22일 08시 10분
[수 신 일]	1952년 11월 23일 15시 15분
[발신지 및 발신자]	도쿄/드장(주일 프랑스대사)

11월 18일자 제71호 브리옹발 편으로 11월 21일 도쿄 도착

인용

　제가 수집할 수 있었던 몇 가지 정보에 의하면, 이승만 대통령은 아이젠하워 장군에게 다음의 7개항의 형태로 한국문제, 한일 관계, 태평양 국가들의 공동 안보에 관한 자신의 입장을 제안할 것입니다.

　1. 통일 - 한국의 통일은 무력에 의해서만 실현되어야 한다.

중국 공산주의자들은 북한에서 물러나야 한다.

북한 괴뢰 집단은 해체되어야 한다.

총선거는 대한민국에 북한을 통합하기 위해 유엔의 통제 하에 이루어져야 한다.

　2. 휴전협상

모든 휴전협상에 대한 한국정부의 입장은 불변이다. 이 나라의 정부는 최근에 발표된 원칙들(1951년 6월 30일의 선언에 담긴 원칙들 - 본인의 1951년 제37호 전보)에 반대되는 어떤 휴전협상에도 동의하지 않을 것이다.

3. 국군의 강화

정부는 한국군의 형성과 지도를 보장하기 위해 유엔군이 남북한에 주둔하기를 원한다. 정부는 또한 한국군의 병력이 20사단에 이를 것을 원한다. 한국군 장비는 중량급 병기로 구성되어야 한다.

4. 군비 지원

유엔군에 대여된 비용 결제를 이유로 증대되어야 한다. 9월 30일 이러한 대여는 미화 1억 3천만 달러에 이르렀으니, 이를 한국 화폐단위 원으로 환산하면 한국은행에 유통되는 화폐 총액에 해당된다. 오늘 총액의 절반을 갚았으며, 인플레이션이 심화될 것이다. 이러한 문제는 가능한 한 빨리 해결되어야 한다.

5. 경제 보조의 증가

군사적 승리에 전쟁의 피해로 인한 경제적 파산이 뒤따라오는 것은 피할 수 없는 일이다. 한국에 대한 경제 지원의 대폭 확대를 계획함이 마땅하다. 이러한 지원은 체계적으로 이루어져야 한다.

6. 한국과 일본

일본 거주 7십만 한국인의 보호를 보장하기 위해 필요한 공식적 관계를 정립하지 않는 "어제의 침략자" 일본의 기만에 대해, 미국은 "충분한 의미에서" 한일 협정의 재개에 확실히 협력해야 할 것이다.

7. 태평양 지역 안전체제의 정립

이 지역의 안전보장은 분명 대서양 국가들의 안보에도 필수적이다. 우리는 한국을 제외시키지 않은 채 가능한 한 빨리 안전체제를 확립하기 위해 노력해야 할 것이다.

일본은 이러한 안전보장의 조직에서 주도권을 가져서는 안 될 것이다.

인용 끝.

드장

【174】 영국 언론에 실린 영국과 미국의 의견 불일치(1952.11.24)

[전   보] 영국 언론에 실린 영국과 미국의 의견 불일치
[문 서 번 호] 4802-4822
[발 신 일] 1952년 11월 24일 20시 15분
[수 신 일] 1952년 11월 24일 21시 40분
[발신지 및 발신자] 런던/마시글리(주영 프랑스대사)

뉴욕 공문 제66-68호

　오늘 아침 영국 신문은 사건의 본질에 대한 모든 해석을 유지하면서도 전혀 강도를 최소화하려 하지 않는 한국에 대한 영국과 미국의 의견 불일치를 주요 기사로 다루었습니다.

　「한국에 대한 영국과 미국의 불화」(『맨체스터가디언』), 「분열은 끝나지 않았다」(『데일리헤럴드』), 「영국은 태도 변화에 대해 규탄한다」(『데일리텔레그래프』), 「이든의 미국 변호」(『데일리메일』)와 같은 주요 제목들이 불일치 그 자체에 대해 얘기하고 있습니다.

　어제 뉴욕에서의 영국 대표단의 공식 발표는 양호한 상태를 나타내지만, 미국의 태도를 위한 어떠한 논쟁도, 혹은 그 어떤 것도 표출되지 않았습니다.

　유엔의 『타임스』 기자는 미국 대표단이 아직도 계속되고 있는 이든 씨와 그로스 씨 담화의 기본적 내용에 대해 언론에 정보를 제공한 사실을 내세웁니다.

　아마도 불에 기름을 붓지 않으려는 염려는 다가온 미국 입장에 대한 평가 시간에 미묘한 변화를 줄 것입니다만 이든 씨가 등 뒤에서 이 일에 대한 전체적인 자국의 여론을 느끼고 있다는 것은 의심할 여지가 없습니다.

마시글리

【175】 21개국 위원회의 인도의 결의안(案) 우선권 인정(1952.11.25)

[전 보]	21개국 위원회의 인도의 결의안(案) 우선권 인정
[문 서 번 호]	3163-3165
[발 신 일]	1952년 11월 25일 20시 45분
[수 신 일]	1952년 11월 26일 02시 45분
[발신지 및 발신자]	뉴욕/오프노(주유엔 프랑스대사)

워싱턴 공문 제1611-1613호

21개국 위원회는 오늘 오후 만장일치로 조건 없이 인도의 결의안에 유리하게 우선권을 인정하기로 결정했습니다.

이러한 결정은 딘 애치슨 씨가 자국 대표단은 이러한 절차를 비웃는다고 짧게 밝히고, 셀윈 로이드 씨와 저도 같은 의견을 표명한 이후 이루어졌습니다. 앞선 모임들에서 이러한 우선권에 반대를 표명했던 대표단들(온두라스, 필리핀, 그리스, 터키, 에티오피아)은 분명한 반대의사를 밝혔습니다.

오후가 되자 미국인들은 21개국이 수정안 확정 문안에 참여하라고 요청하거나, 제안하고 논의를 유지하는 것을 포기했습니다. 회기 중에 메논 씨가 설명했던 것과 일치하려면 인도 계획안 17조항에 몇몇 수정안을 더하는 것은 필요하다고 인정됐습니다. 하지만 발의는 대표단의 개별적 발의권에 맡기기로 했습니다. 캐나다와 네덜란드 대표와 저는 그러한 수정이 21개국에 들지 않는 대표단들에 의해 주도되기를 바란다고 강조했습니다. 이러한 관점은 전적으로 받아들여졌습니다.

이러한 논쟁에 주어진 결론은 미국인들이 이번 경우처럼 우리에게 급하고 비합리적인 결정들을 내놓는 때마다 일관성 없음과 위험성을 공정하고 솔직하고 인내심 있게 보여주려는 우리의 의도를 말해줍니다.

이것이 바로 우리 나름 최소한의 조치로 영국과 캐나다대표단, 또 우리 프랑스대표단이 지난주부터 계속 했던 일입니다. 우리의 생각은 결국 이해되었습니다. 애치슨 씨와 그로스 씨의 입장 번복이 모든 어려움을 없애지는 않지만, 적어도 내일 두 번째로 시작되는 논쟁이 타협적이고 건설적인 기반 위에서 이루어지게끔 해줄 것입니다. 그리고 만일 우리의 노력이 실패하게 되면, 모든 자유국가들의 시선에는 책임이 상대방에 있게 될 것입니다.

오프노

【176】 인도의 결의안에 대한 소련의 반론과 각국의 견해(1952.11.26)

[전   보] 인도의 결의안에 대한 소련의 반론과 각국의 견해
[문 서 번 호] 3174-3176
[발   신   일] 1952년 11월 26일 19시 00분
[수   신   일] 1952년 11월 27일 01시 00분
[발신지 및 발신자] 뉴욕/오프노(주유엔 프랑스대사)

정치위원회는 찬성 49, 반대 5, 기권 1(중국)로 11월 26일 인도의 결의안 논의에 우선권을 인정하는 이란의 발의를 채택했습니다. 비신스키 씨는 총회 규정의 제130항을 어기는 것이라며 이러한 결정에 또다시 반대했습니다.

소련의 대표는 중화민국이 인도대표단이 내세운 제안을 우호적으로 수용할 것이라는 정보의 허황됨을 알리기 위해 논쟁 중에 발언을 이어갔습니다. 그는 베이징 정부가 11월 24일 공식적으로 인도 대표에게 메논 씨의 제안을 거절했다고 주장했습니다.

군비축소의 문제에서 소련이 지난 해 이미 사용한 전술들을 다시 펴면서, 비신스키 씨는 실질적 해결안은 인도의 텍스트를 소련의 안으로 대체할 것이라며 인도의 안(案) 수정을 제안했습니다. 그렇게 되면 인도의 안은 포로의 관리와 관련하여 김일성 장군의 편지 내용을 되풀이하는 대책들에 대한 2개의 항들과 몇 가지 전제 사유만 남게 될 것입니다.

외무부로 소련의 제안문을 별도로 보내드립니다.

칠레, 노르웨이, 페루, 멕시코의 대표단은 인도의 결의안에 대한 찬성을 언급했습니다. 뒤의 두 대표단은 몇 가지 '설명'이 인도의 안에서 제시되는 한 자신들의 계획안 고수를 주장하지 않을 것임을 전했습니다. 이라크 대표는 인도의 안에 찬사를 보낸 후 제17항을 보충하기 위해 중재자를 없애고 위원회의 다섯

번째 국가로 인도를 지명하도록 하는 수정안을 제출했습니다.

제1위원회는 다시 오후에 모이기로 했습니다.

오프노

【177】 소련에 의한 한국 관련 인도의 결의안 수정안(1952.11.26)

[전 보]	소련에 의한 한국 관련 인도의 결의안 수정안
[문 서 번 호]	3177-3181
[발 신 일]	1952년 11월 26일 19시 35분
[수 신 일]	1952년 11월 27일 01시 35분
[발신지 및 발신자]	뉴욕/오프노(주유엔 프랑스대사)

본인의 이전 전보에 이어

소련에 의한 한국 관련 인도의 결의안 수정

1. 해결안의 제7조를 다음의 문장으로 대체하기.
"전쟁포로들은 모든 상황에서 제네바협정의 신속한 조치에 따라 이 협정의 전체 정신과 더불어 인도적으로 대우받아야 한다."

2. 결의안 대책 속에 다음의 한 단락을 삽입하기.
"소련의 결의안에서 계획된 한국문제의 평화적 해결을 위한 위원회의 검토에 전쟁포로의 완전한 송환 문제를 넘기고, 그 문제는 이 위원회에서 회원국의 3분의 2 찬성으로 해결되도록 하면서, 한국에서 교전중인 국가들에 전쟁당사국들이 이미 합의한 휴전협정안에 부합하도록 즉각적이고 전적인 전쟁의 중단, 즉 육·해·공 전체에서 모든 전투 작전의 중단을 요구한다."

3. 제2조에 다음과 같이 작성된 단락을 삽입하기.
"한국문제의 평화적 해결을 위하여 직접적으로 관련된 국가들의 참여와 다음과 같이 한국전쟁에 관련되지 않은 다른 나라들을 포함시켜 위원회를 창설한다. 그 위원회는 다음과 같이 구성된다. 미국, 영국, 프랑스, 소련연방국가들, 중화민국, 인도, 버마, 스위스, 체코슬로바키아, 남한과 북한."

　"앞서 언급한 위원회는 한국문제 해결을 위한 조치들을 즉각적으로 취하는 임무를 담당한다. 한국의 통일이라는 의미에서, 한국인들 스스로 지체 없이 협의를 통해 양측의 모든 전쟁포로의 송환을 보장하기 위해 펴야 할 대책들을 위원회의 통제 하에 실행한다."

　4. 제3조의 첫 번째 문구를 다음의 문장으로 대체하기.
　"전쟁포로와 관련하여 그들에게 어떤 형태이건, 어떤 목적이건 간에 그러한 행위들이 허락되지 않으면서 모든 폭력 행위를 금하기 위한 규정이 정해질 것이다."

　5. 제6조의 단락을 다음의 문장으로 대체하기.
　"분류 이후, 모든 전쟁포로는 즉시 자신의 조국으로 돌아가고, 모든 관련국들은 그들의 빠른 시일 안에 그들의 귀환을 용이하게끔 한다."

　6. 제17조에서 제안들을 포함하여 7단락을 삭제하기.

오프노

【178】 한국 관련 인도의 결의안에 대한 이라크의 수정안(1952.11.26)

[전　　　보] 한국 관련 인도의 결의안에 대한 이라크의 수정안
[문 서 번 호] 3182
[발　신　일] 1952년 11월 26일 20시 00분
[수　신　일] 1952년 11월 27일 02시 00분
[발신지 및 발신자] 뉴욕/오프노(주유엔 프랑스대사)

본인의 이전 전보에 이어

한국 관련 인도의 결의안에 대한 이라크의 수정안 번역

"제안목록에서 다음을 수정하기
1. 제1조에서, "스위스" 다음에 "인도"를 덧붙이고 그 다음을 삭제하기.
2. 제13조에서, "대다수의 경우"란 문구로 시작하는 마지막 문장을 삭제하기.
3. 제14조를 삭제하고 결과적으로 다음 항의 번호를 수정하기.
4. 제17조의 마지막 문구를 다음으로 대체하기.
   "만일 60일 기한 이후 조국으로 송환되지 못한 전쟁포로가 남아 있을 경우 혹은 송환이 정치회담에서 계획되지 않았을 경우, 그들의 상황에 대한 책임은 유엔으로 넘겨질 것이다."

오프노

【179】아이젠하워 장군의 한국 방문과 관련한 소문들(1952.11.26)

[전 보]	아이젠하워 장군의 한국 방문과 관련한 소문들
[문 서 번 호]	420-422
[발 신 일]	1952년 11월 26일 17시 00분
[수 신 일]	1952년 11월 27일 16시 00분
[발신지 및 발신자]	타이베이/시귀레(주타이베이 프랑스영사)

영사관 무관 편으로 국방부로 전달

"국민당은 아이젠하워 장군이 한국에 가면서 압록강 전선으로의 병력 지원에 대한 미국 여론에 대비하고 자신의 선거공약에 답하기 위한 목적 밖에 없었다고 생각했습니다.

결국 전쟁 종결을 위한 모든 시도들이 실패로 돌아가자, 미국은 내년 봄에 공산군이 주둔하고 있는 배후 중국의 국경 안쪽으로 상륙작전을 개시할 의도가 있을 것입니다.

미국은 이러한 작전이 한국에 대한 전적인 통제권을 부여해 줄 것이라 판단했을 것입니다. 그것은 만주 경계에 세워질 방어선을 막아주는 방패가 될 것입니다.

만일 공화당 소속 미국 사무관이 우연히 한 말로 덧붙여지지 않았다면, 저는 국민당 출처의 이러한 정보를 기록하지는 않을 것입니다. 랜킨[1] 씨에 따르면, 아이젠하워 장군의 여정은 방어하기에 좀 더 수월한 위치를 향해 북쪽으로 현재 국경을 더 밀어버리는 공격을 가능케 하도록 한국에 병력 지원을 준비하는 것이라고 합니다. 미국 새 행정부의 극동에 대한 집착은 한국에서 국민군의 활용도가 전반적인 주제가 되는 가장 다양한 공론의 장을 대만에 열어줍니다.

---

1) Rankin.

이 주제에 대해 아이젠하워 장군이 한국에서 돌아오며 오키나와에서건 괌에서건 간에 치앙 씨와 대담을 가질 수 있다고 중국인들 사이에 떠도는 소문을 전합니다."

가장 세심한 주의를 기울이며 앞선 내용을 전합니다. 랜킨 씨에 따르면 아이젠하워의 한국 방문 예고는 근본적으로 선거의 전략으로만 생각해서는 안 되며 오히려 그 실패가 공산주의자들과의 휴전협상 불가능성을 미국 국민들에게 이해시키려는 행동으로 생각되어야 할 것입니다.

시귀레

【180】 베이징 정부의 인도의 안에 대한 입장(1952.11.27)

[전 　　　 보]	베이징 정부의 인도의 안에 대한 입장
[문 서 번 호]	4913-4914
[발 　 신 　 일]	1952년 11월 28일 13시 25분
[수 　 신 　 일]	1952년 11월 28일 18시 25분
[발신지 및 발신자]	런던/마시글리(주영 프랑스대사)

　　외무부는 유엔 정치위원회에서 비신스키 씨가 인도의 결의안에 반대를 표명하며 언급한 내용이 베이징 정부의 기관지에 전체내용으로 실린 사실에 특별한 중요성을 부여하고 있습니다. 만일 사람들이 비신스키 씨의 주장에 대한 정보에 다가간다면, 중국 공산정부의 입장에 대해 약간의 의문이 있을 것입니다. 외무부로서 가질 수 있는 희망은 베이징의 답변이 전적으로 부정적이지 않고 어느 정도 토론과 타협의 가능성을 열어두는 것입니다. 바로 이런 의미에서 이든 씨가 하원에서 한 발언의 몇몇 구절들을 해석해야 합니다.

　　결국 인도 정부가 자국의 계획을 발표했을 때, 베이징 정부가 그것을 철저하게 거부하지는 않을 것이라고 생각한 이유가 있었습니다. 그런 중에, 외무부는 현재 뉴델리가 이 문제에 대해 베이징과 계속 접촉하고 있다고 알고 있습니다. 우리가 아직 여기서 중국 지도자의 입장을 알지도, 인도 외교관들이 이에 대해 가졌을 생각을 알지도 못하는 것은 사실입니다.

마시글리

【181】 인도 관료에게 프랑스의 의견 전달(1952.11.28)

[전 보]	인도 관료에게 프랑스의 의견 전달
[문 서 번 호]	788-789
[발 신 일]	1952년 11월 28일 19시 50분
[수 신 일]	1952년 11월 28일 18시 30분
[발신지 및 발신자]	뉴델리/오스트로루그(주인도 프랑스대사)

뉴욕 공문

저는 외무부 서기장에게 한국의 휴전협상과 관련한 인도의 제안에 대한 소련과 중국의 거부에 대해 질문하였습니다.

그는 비신스키 씨의 발언이 인도대표단을 매우 놀라게 했음을 숨기지 않았습니다.

중국으로 말하자면, 그들로부터 어떠한 확인도 얻어내지 못한 채, 인도 정부는 그들의 선의에 기대볼 수 있다고 생각하고 있습니다. 아마도 막판에 베이징에 압력들이 행사되었을 것입니다.

필레이[1] 씨는 저의 의견을 물어왔습니다. 저는 개인적으로 이전에 느꼈던 인상들을 떠올리며, 소련이 참전하지 않은 채 중국과 미국이 주도하는 전쟁의 연장이 얼마나 소련의 정치 원칙에 응하는가를 강조했습니다. 저는 그것에 보태서 예전의 사례를 인용했습니다.

필레이 씨는 네루 수상과 자유롭게 논하는 몇몇 안 되는 관료 중의 한 사람입니다. 그러므로 그는 네루 수상에게 현재 상황에서 그러한 발언이 이의 제기가

---

[1] Pillai.

아니라는 점을 전할 수 있을 것입니다.

오스트로루그

【182】 소련 언론의 선전(1952.11.29)

[전   보] 소련 언론의 선전
[문 서 번 호] 2336-2337
[발   신   일] 1952년 11월 29일 10시 00분
[수   신   일] 1952년 11월 29일 12시 20분
[발신지 및 발신자] 모스크바/죡스(주소련 프랑스대사)

긴급

『프라우다』 사설과 『이즈베스티야』의 토픽은 오늘 아침 소련이 한국전쟁 포로에 대한 인도의 결의안에 대해 절대적 책임을 졌다고 느끼는 당혹감을 게재한 것으로 보입니다.

첫 사설은 바로 한국에서의 미국 정치에 대한 모스크바의 불만들을 요약하고 그 밖의 새로운 증거들을 내밀지 않은 채 "인민들 앞에서" 전쟁을 끝내려는 중국과 소련의 입장을 재확인시키는 상대적으로 방어적인 자세의 어조였습니다.

결국 효과적으로 인도의 제안을 지지하기 위해 처음에는 그것을 거부하는 척하다가 머뭇거리는 대표단에게 그것의 가치를 재평가해 보여주려는 미국의 작전을 알았을 때를 『이즈베스티야』는 더욱 명확히 밝힙니다.

다른 한편으로는, 오늘 다시 전쟁포로의 시험적 인가에 대한 이미 오래 전의 규탄을 충분히 이례적이고 파문을 일으킬만한 내용으로 다시 내놓으면서, 소련의 선전은 아마도 잘못되었다고 인식하고 있는 미국에 대한 전략을 적대감을 불러일으키는 캠페인으로 덮으려고 하는 것 같습니다.

죡스

【183】 비신스키 장관의 인도결의안에 대한 비판(1952.11.29)

[전　　　　보]	비신스키 장관의 인도결의안에 대한 비판
[문 서 번 호]	3230-3234
[발　신　일]	1952년 11월 29일 11시 15분
[수　신　일]	1952년 11월 29일 18시 25분
[발신지 및 발신자]	뉴욕/오프노(주유엔 프랑스대사)

　　제1위원회는 11월 28일에 찬성 27표, 기권 7표로 12월 1일 오후 회의에 회부될 인도의 안이 표명한 요구를 만족시키려 제안된 인도네시아의 발의를 채택하였습니다. 그것은 메논 씨의 중재로 인한 것입니다. 인도대표단이 논의 중인 결의안에 계획된 위원회에 인도를 포함시키는 이라크의 제안과 관련하여 뉴델리의 지시를 아직 받지 못한 것은 메논의 개입에 의한 것입니다.

　　그 전에 비신스키는 인도의 안에 대해 비판을 재개했습니다. 소련을 제외하고는 자발적 송환 문제에 대한 위원회의 만장일치 의견을 알고 있는 그는 이제 미국이 포로들에게 행사한 강압이 그들의 표현의 자유를 상당히 억눌렀을 것이라고 주장했습니다. 그러한 논리로 다음과 같은 말까지 했습니다.

　　　　"만일 역사가 오늘 시작했다면 무력에 의한 송환 원칙이 허용되었을 것이다."

　　같은 생각의 맥락에서, 그는 이전 몇 번의 회의 때부터 인도의 결의안에 종전 조항의 부재에 대한 비판의 주된 사항을 거론하며 논쟁을 시작했던 방향을 강조했습니다(본인의 전보 제3177호).

　　이번 경우, 소련 대표는 계속해서 인도의 안에 대해 찬성의견을 표명했던 대부분의 약소국들을 공격하였습니다. 여러 나라들은 자신들의 답변의 권리를 사용하였고, 특히 페루 대표 벨라운데 씨는 인도의 결의안에 대한 찬성은 비신스키 씨의 주장과 반대로 평화를 지속시키고 이끌 기회를 가진 진정한 휴전을 함축하고 있다고 강력하게 밝혔습니다. 반면 소련의 수정안은 그 내용에 계획된 위원회는 3분의 2 다수결로 결정하게 되어 있는 조직 구성은 결국 출구 없는 길목에 다다름으로 해서 일시적인 성격이 두드러지는 휴전만을 제안할 뿐이라고 주장했습니다.

버마, 이라크, 영국, 이집트, 남아프리카 연방공화국, 볼리비아, 엘살바도르, 프랑스, 콜롬비아 대표도 똑같이 발언을 했습니다.

오프노

【184】 위원회 투표를 통한 소련 결의안 기각(1952.12.1)

[전 보]	위원회 투표를 통한 소련 결의안 기각
[문 서 번 호]	3274-3277
[발 신 일]	1952년 12월 1일 03시 35분
[수 신 일]	1952년 12월 1일 04시 10분
[발신지 및 발신자]	뉴욕/오프노(주유엔 프랑스대사)

　찬성 53표, 반대 5표, 기권 1표, 불출석 1표로, 제1위원회는 12월 1일 제17항에 명시된 기한을 30일로 축소하는 덴마크의 수정안과 더불어 인도의 결의안 전체를 채택하였습니다.

　결의안은 위원회가 소련의 여러 수정안들에 대해 부분별 투표로 처리하였습니다(본인의 전보 제3177호). 첫 네 가지는 찬성 46, 반대 5, 기권 8(아프가니스탄, 버마, 이집트, 인도네시아, 이란, 사우디아라비아, 예멘, ㅁㅁㅁ)로 기각되었습니다. 다섯 번째는 찬성 53, 반대 5, 기권 1로, 여섯 번째는 찬성 52, 반대 5, 기권2로 기각되었습니다. 결국, 위원회는 찬성 38, 반대 5(소비에트연방), 기권 14(중동-아시아 국가들과 칠레)로 인도의 안에서 7항에서 17항까지의 삭제를 주장하는 소련의 6번째 수정안을 기각시켰습니다.

　이라크와 그리스의 대표는 회의 초에 그들 각자의 수정안을 철회한다고 알려왔습니다.

　인도 대표는 투표 전에 그러한 계획안에 영향을 준 동기를 다시 발표하였고, 베이징 중국 대표의 총회 불참에 유감을 표했습니다. 그는 비신스키 씨의 비판에 대한 대답으로 자국 결의안의 성공은 분명 전쟁을 중단시킬 것이라고 주장했습니다. 휴전협상의 종결에 장애가 되는 유일한 문제를 해결해주기 때문입니다. 인도는 그러므로 소련대표단과 같은 목적을 추구하는 것이며, 메논 씨는 평화에 대한 최선의 공감대 속에서 모두의 의견과 함께하도록 소련대표단에 요청했습니다.

마지막 발언에서, 소련 대표는 인도의 관점에 어떠한 양보도 하지 않았으며, 특히 인도의 안이 어떠한 방식으로도 절충안이 아니며 총회가 자국의 제안을 제쳐두고 활동의 책임을 짊어지는 것에 심각한 염려를 표출했습니다.

위원회는 내일 투표에 대한 설명을 듣고 소련의 결의안에 대한 의사를 표명하고 수요일 오후로 연기될 것입니다.

오프노

【185】 유엔에서의 소련의 전략 실패(1952.12.3)

[전 보]	유엔에서의 소련의 전략 실패
[문 서 번 호]	2345-2350
[발 신 일]	1952년 12월 3일 09시 00분
[수 신 일]	1952년 12월 3일 11시 27분
[발신지 및 발신자]	모스크바/족스(주소련 프랑스대사)

　유엔 정치위원회에서 찬성 55표, 반대 5표로 인도의 결의안 채택이 총회에서 확정된다면, 그것은 소련의 전략상 중요한 실패를 가리키는 것입니다. 결국 오랜만에 처음으로 소련은 자국과 그 위성국들에 반대하는 만장일치를 이루게 한 것입니다. 그 사실은 얼마 전부터 유엔에 대한 러시아의 태도 전개에 열중케 했던 것만큼이나 놀라운 일입니다. 이러한 변화는 근본적으로 총회의 대다수 국가들에 동의하지 않으려는 의도로, 게다가 뒤집어놓으려는 의도로 보입니다.

　이러한 전개의 진행은 2년도 안되는 기간 동안 이루어지고 있습니다. 그 점을 생각해보는 것이 유용할 것입니다. 스탈린은 1951년 2월 17일 『프라우다』 기자와의 "한담(閑談)"에서 유엔을 강력히 비난했습니다. 그는 유엔을 미국에 종사하는 기구로만 보았습니다. 그는 "유엔에서 미국에 가장 복종하고 가장 유사한 군대"를 구성하는 라틴아메리카의 20개국을 비난했습니다.

　그런 중에, 같은 해 12월 3일, 『프라우다』 기자인 주코프는 중동·아시아 국가들의 "중립적인 소집단"이 확장되는 방식에 주목하였습니다. 그는 라틴아메리카 지역의 중심에서 불협화음의 징후를 느낀다고 생각했습니다.

　정확히 12월 28일 그는 이 주제로 다시 돌아왔습니다. 그는 "라틴아메리카 국가들 대표의 마음속으로 빠져 들어갔던 의심의 가시"라고 결론 내렸습니다. 한 분석은 끊임없이 우방국들에게 점차 버려지고 작전의 주도권을 쥐지 못하는 미국의 고립을 강조했습니다. 1952년 2월 16일 폭록(Polyok) 박물관에서 열린 회견에서, 니콜라스 칼리닌[1]은 "유엔에서 소련이 가져온 커다란 승리"를 열렬히 찬양하며 다음과 같이 덧붙였습니다.

> "미국대표단이 투표하게 했던 기계적인 다수는 줄어들었으며", "미국을 그대로 따라가는 것이 습관화된 남아메리카 국가들은 한국에서의 유엔의 시도가 실패한 것에 충격을 받았으며, 그들은 아랍국들과 인도의 계획에 표를 모았다."

이러한 발언은 바로 유엔의 현재 회기가 소련을 위해 열려 있다는 희망적인 분위기 속에서 나왔습니다. 그들은 자신들이 "식민지와 독립국"이라는 부르는 국가들 대표와 함께 기구 내부에서 회의 움직임을 이용할 수 있을 것으로 믿었습니다. 1952년 10월 5일 회의 관련하여 말렌코프가 미국에 다녀간 것도 그렇게 설명됩니다. 그는 이전 해에 스탈린이 주장한 견해와 대치되는 말을 했습니다.

> "유엔 기구에 상당한 중요성을 부여하는 소련 정부는 유엔이 평화 유지를 위한 중요한 기구가 될 수 있다고 생각합니다."

그는 이러한 평화 정치 속에서 소련이 "현실주의적인" 제안들이 채택되게 나설 것이라고 말했습니다. 그러므로 모스크바에서는 현재의 실패를 인식하고 있습니다. 게다가 우리는 여기서 작전의 실패가 뉴욕에서 있었음을 느끼지 않을 수 없어 보입니다. 비신스키가 보인 좁은 관점, 그의 완강한 고집은 말렌코프가 암시한 그러한 현실주의자의 의미에는 어울리지 않아 보입니다. 그의 제안들은 소련에 이득이 되게 사용되지 않았습니다. 그것들은 현실주의적인 방식의 평화를 원하는 국가들의 입장을 더욱 명확히 해주었습니다. 논쟁은 일시적으로 소련을 고립되게 놔둔 채, 여하튼 헛된 기대 속에서 실망하도록 놔둔 채 종결되었습니다.

족스

---

[1] Nicolas Kalinine.

【186】 소련의 고립에 대한 인도 대표의 난처한 입장(1952.12.3)

[전   보] 소련의 고립에 대한 인도 대표의 난처한 입장
[문 서 번 호] 2362-2363
[발   신   일] 1952년 12월 3일 15시 30분
[수   신   일] 1952년 12월 3일 18시 14분
[발신지 및 발신자] 모스크바/족스(주소련 프랑스대사)

모스크바 주재 인도대사관에서는 뉴욕에서 인도대표단이 취한 시도의 결과에 매우 실망했습니다. 대사관 관료 중의 한 사람은 이 경우 크리슈나 메논 씨의 경솔함에서 나온 대사의 반응을 보인 것으로 보이며, 신중치 못하게 소련대표단이 취한 바를 확인한 이후에만 선택해야 하는 방식을 택한 그를 비난했습니다.

이러한 판단은 인도 외교관의 전형적인 반응을 보여준다는 점에서, 메논 씨 자신도 느끼는 것 같다는 점에서 흥미롭습니다.

신문사에 전달된 정보에 의하면, 인도 대표는 자신의 목소리가 소련의 고립을 가져오는 결과만을 낸 것을 인식하자마자 계획안을 도로 집어넣고 싶어 했을 것이라고 합니다.

그러한 상황에서 뉴델리의 지배적인 심리로 보아, 인도 외교관은 소련 쪽에서 보면 몇 가지를 희생시켜버리는 중재자의 입장에 다시금 서지 않으려 할 것이라고 생각해볼 수 있습니다.

족스

【187】 인도결의안 채택과 남은 문제들(1952.12.4)

[전 보]	인도결의안 채택과 남은 문제들
[문 서 번 호]	3341
[발 신 일]	1952년 12월 4일
[수 신 일]	미상
[발신지 및 발신자]	뉴욕/오프노(주유엔 프랑스대표)

어제 인도결의안을 채택하면서, 총회는 6주 전부터 한국문제에 할애했던 논쟁에 결론을 내렸습니다. 논쟁은 10월 24일 시작되었고, 그것을 가지고 간 애치슨이 언급했듯이 21개 열강들의 결의안 제출은 처음부터 판문점 협상이 해결하지 못한 유일한 쟁점인 포로 송환문제에 대한 논의에 집중하게 했습니다.

전략적 합의에 의한 것처럼, 아무 것도 한국문제의 최종 타결이라고 하지는 않습니다. 그것이 원칙상 "한국의 통일과 재건을 위한 유엔위원회 보고서"를 검토하는 것임에도 불구하고 말입니다. 그들 내면의 신념이 무엇이든 간에 그들이 포로들의 운명의 차이가 단지 중단을 원했던 휴전협상을 종결하지 않으려는 중국을 위한 변명일 뿐이라고 판단했거나, 반대로 그들이 보기에 중국은 체면을 차리기보다 모든 대표단이 한국에서의 평화 정착이 전쟁포로의 송환 방식에 대한 합의에 달려있을 뿐이라고 행동하고 말하기를 원한다는 것입니다. 우리는 총회가 어떻게 다르게 행동할 수 있을지, 휴전협상을 중단시켜 버리는 문제를 피할 수 있을지 잘 모릅니다.

회의 시작에서, 미국대표단은 자신의 주도했던 계획에 알맞은 다수를 끌어모았고, 그것은 빠르게 투표에 부쳐질 것이며, 미국 계획에 반대하지 않는 멕시코의 안으로 보완하며 마칠 것입니다. 자국으로 돌아가지 않으려는 중국 공산 포로들의 정착 방식을 준비하는 것입니다. 하지만 다수의 대표단들은 ㅁㅁㅁ 21개국의 안, 의견 교환, 다양한 측면에서 시도된 법적인 분석 보고들이 미국의 안이 몇 가지 요소를 담고 있지 못함을 밝혔다고 판단했습니다. 점차 분위기는 1949년 제네바협정에서 나온 노선에 엄격히 맞추어져야 하는 것으로 결론이 도출되고 있습니다. 포로 송환의 원칙과 중립적 기관에 그들의 운명을 맡기는 것을 정한 계획을 11월 3일 제출하며 그것을 번역한 이는 벨라운데 씨입니다. 그러한 것을 전혀 예상하지 못했던 21개 열강의 안(案)은 빼버렸습니다. 다수의 남아메리카 대표단들이 그것은 불충분하다고 여겼습니다. 아랍 쪽에서나 아시아 쪽에서조차 어떠한 형식적 지지도 없었고, 그들은 인도네시아대표단이 논쟁의 전반적 의미와 더불어 가장 균형적인 문장을 발표하게 해주었습니다. 우리가 제출한 안이 계속되는 혼란을 겪을 수밖에 없다는 것을 인식한 저는 11월 7일 미국과 영국 동료에게 우리의 상황에 맞출 필요성을 밝히고 우리의 제안을 요청할 것을 써 보냈습니다. 우리의 제안은 더 이상 포로송환을 보장하기 위해 단지 무력에 의지하는 것만을 비난해서는 안 됩니다. 그러한 보장은 마찬가지로 전술한 송환을 방해하는 모든 무력의 사용에 반대하여 주어져야 합니다.

저의 제안은 이행되지 않았습니다. 미국대표단은 그러한 제안들이 더 이상 상황에 맞지 않는다고 인식했지만, 상황이 자신들의 페이스대로 가도록 내버려 두었습니다. 인도의 결의안이 등장한 것은 바로 그러한 상황 속에서입니다. 인도가 미국의 주도권을 갑자기 탈취했다고 말할 수는 없습니다만, 인도의 결의안은 미국의 주도권을 상실하게 만들었습니다. 그들의 입장은 완전히 균형을 상실했습니다. 외무부는 저의 교신을 통해 어떻게 우리 연합세력이 우선 재정비되는 데 열중했는지, 어떻게 우리와 하나가 된 영국, 캐나다, 호주의 대표단의 반대가 그들로 하여금 커다란 결함을 아는 것을 방해했는지에 대해 지켜보고 있습니다. 인도 결의안을 거부하면서 그것이 워싱턴에서 생겨나게 한 몇 가지 걱정들을 사라지게 하는 데 성공시킨 것은 당연히 소련대표단이었습니다. 이러한 거부가 확인되기 전부터 미국 대표단은 처음부터 기본적으로 고수했던 수정안의 가장 큰 부분을 포기하도록 계속해서 유도했음을 상기하는 것이 좋습니다. 어제 저녁 채택된 인도 결의안의 윤곽 속에서, 그리고 소련이 자기들 방식대로 생각하도록 내버려두지 않는 모든 나라들의 견해로부터, 인도의 제안들은 진정하고 타당한 타협이 됩니다.

비신스키 씨는 당연히 거부했습니다. 그가 거부한 것은 단지 미국 안의 반영 혹은 되풀이였습니다. 하지만 소련 대표는 자신이 선택한 작전지에서 반격하기 위해 논쟁을 포기하고자 함을 내보이는 것에 매우 괴로워했습니다. 우선 그는 포로들의 상황 자체가 자유로이 자신의 의사를 표현할 수 없게 하므로 자발적 송환은 하나의 허구일 뿐임을 내세우고자 했습니다. 그러므로 당연히 제네바협정이 즉각 송환 규정을 만든다는 것입니다. 소련 외무부장관이 총회에서 포로들의 자유로운 의사를 전적으로 보장하는 시스템을 위한 어떤 움직임이 계획되는 것을 보았을 때, 그는 포로의 지위는 군인의 신분을 벗어나서는 안 된다고 주장했습니다. 군인은 조국에 대해 신성불가침의 관계로 연결되어 있으며 아무 것도 고국으로 돌아갈 의무를 면하게 해서는 안 된다는 것입니다. 결국 계획안에 그러한 보장은 실제적으로 주어졌습니다. 크리슈나 메논 씨는 그러한 보장들이 너무 늦게 이루어졌다고 주장했습니다. 마음은 이미 "미국 심문자의 끔찍한 절차에 의해 산산조각 나 있는" 포로들 쪽에서는 어떠한 선택도 더 이상 가능하지 않았다는 것입니다. 그것은 이미 비신스키 씨가 알고 있는 논쟁입니다. 그는 그것의 성공과 인도결의안 제3항이 담고 있는 원칙에 대한 반대가 그를 어떤 고립 속으로 몰아넣을지 헤아려볼 수 있었습니다. 계속해서 그는 그 정신과 주요 조항들이 모두에게 1949년의 협정에 전적으로 부합한 것으로 보이는 인도의 안에 반대하는 입장에 서게 되었습니다.

소련 대표는 그렇게 해서 다른 방향을 취하게 되었고 전쟁포로 문제의 전적인 해결 이전에 즉각적 전쟁 중단을 결론지을 필요성을 강조하면서 자신의 결의안을 수정했습니다. 메논 씨와 다른 사람들은 소련이 반대 입장을 가진 결의안의 채택이 이론상 휴전협상 조인 이후 12시간 사이에 전쟁 중단으로 이끌 것이라고 증명하는 것이 어렵지 않았습니다. 요컨대 1951년 1월 단지 종전협정을 우선하려 한 유엔의 제안을 거부한 것은 중국 정부였습니다. 그렇지만 비신스키 씨는 계속해서 필시 포기할 준비가 되어 있지 않은 주제들로 되돌아왔습니다. 단지 중국, 러시아, 그들과 연합한 국가들만이 전쟁을 끝내고자 하며 소련의 안에 반대하는 입장을 가진 모든 나라들은 한국전쟁을 연장하려 한다는 것입니다. 무장해제에 대한 논쟁 때 소련이 따른 전략과의 비교가 순간적으로 떠올랐습니다. 거기에는 또한 상황을 핵무기를 즉각적으로 중단하는 상황으로 만들려는 자들만이 불화에 대한 책임이 있는 것으로 드러났습니다.

저는 이러한 작전이 심각한 결과를 낳고 소련 수정안에 기권한 8개국 대표단도 속아 넘어갔다는 의심을 품고 있습니다. 특히 비신스키 씨가 인도 대표에 제시한, 때로는 가차 없이 제시한 비타협적인 근거들을 고려한 인도의 경우는 분명 아닙니다. 이를 통해서만, 만일 인도대표단의 실망이 뉴델리와 공유되지 않은 것인지, 그리고 우리는 정직함과 완고함의 미덕을 인정해야 하는 화해의 노력을 묵살시킨 소련을 어떻게 판단해야 하는 것인지 말할 수 있습니다. 반대로 우리는 서구의 국가들이 인도의 계획안을 좌절시키면 아랍-아시아 대표단들 쪽을 잃어버릴 수 있다는 생각을 가질 수 있습니다.

하지만 더욱 중요한 것은 모든 남은 일은 베이징이 어제 채택된 계획안을 보류하려는 반응이라는 점입니다. 비신스키 씨의 언어적 폭력 이후 그리고 그가 중국이 계획안을 "잘못된 타협"이라고 거부했다고 알린 이후, 아무도 공산 정부가 총회 의장의 통지에 호의적으로 대답할 것이라고 더 이상 바라지 않습니다.

54표의 다수 국가들이 원하는 명백한 도덕적 권한을 가진 새로운 제안이 판문점 협상의 재개에 대한 구실 혹은 핑계를 찾는 이들에게 제안될 수 있다고 말할 수 있을까요? 하지만 중국은 종결을 바랄까요? 그것은 중국의 동맹국들에 의해 허락받았을까요?

오프노

【188】 인도차이나 반도에 대한 대만 군대의 사용 가능성(1952.12.5)

[전 보]	인도차이나 반도에 대한 대만 군대의 사용 가능성
[문 서 번 호]	5041-5043
[발 신 일]	1952년 12월 5일 21시 20분
[수 신 일]	1952년 12월 5일 21시 25분
[발신지 및 발신자]	런던/마시글리(주영 프랑스대사)

보안

본인의 전보 제19557호 참조(타이베이 전보 제420호)

언론이 아이젠하워 장군이 한국을 떠났다고 알리는 순간에, 외무부는 비밀리에 우리 대사관에 장제스 총통이 대만에서 이틀 간 사라졌다고 전해왔습니다. 외무부는 두 인물 간에 만남이 있었을 법하다고 짐작하고 있습니다.

이러한 정보를 받은 대사관 고문은 진지한 미국 기자로부터 다음과 같은 정보를 수집했습니다. 포스터 덜레스 씨는 이 신문기자에게 한국으로의 국제적 군대 파병은 미친 짓이며, 그러한 굳건한 땅으로의 군대 파병은 재앙이 될 것이라고 분명히 밝혔습니다. 반대로 만일 중국이 인도차이나에 개입한다면, 하이난 영토를 회복하기 위해 대만의 군대를 사용하는 것은 가능할 것이라고 밝혔습니다.

이러한 문제에 대한 질문을 받은 극동담당 국무차관은 자신은 그러한 덜레스 씨의 태도를 알지 못했지만, 그러한 태도는 매우 있을 법해 보인다고 했습니다. 국민당 사령관 장제스는 결국 언제나 너무 빨리 물러난 섬을 되찾고 싶어 했습니다. 다른 한편으로는, 그 작전의 부차적 성격과 대만 군대의 사용에 주어진 위험들이 그토록 균형이 맞지 않는 이 하이난 섬은 인도차이나 방어를 위해 매우 큰 가치가 있는 공군기지가 될 수 있었습니다.

마시글리

【189】 총회에서의 인도결의안 승인(1952.12.5)

[전 보]	총회에서의 인도결의안 승인
[문 서 번 호]	3304-3305
[발 신 일]	1952년 12월 5일 9시 30분
[수 신 일]	1952년 12월 5일 15시 30분
[발신지 및 발신자]	뉴욕/오프노(주유엔 프랑스대사)

전체 회의로 모인 총회는 12월 3일 찬성 54표, 반대 5표(소련 연방국), 기권 1표(중국)로 앞서 정치위원회에 의해 채택된 인도의 결의안을 승인하였습니다.

아마도 비신스키 씨의 비난(본인의 전보 제3274호)에 대해 해명하기를 원하는 인도 대표는 회의 초에 결의안에 대한 하나의 수정안을 제출했습니다. 이는 "전쟁을 효과적으로 즉시 중단시키려는 합의의 합리적이고 정당한 기반"(전문의 마지막 항)에 대한 자신의 제안을 규정하려는 것입니다. 수정안은 찬성 53표, 기각 5표(소련 연방국)로 채택되었습니다.

인도의 안에 대한 소련의 수정안들은 위원회에서 있었던 같은 방식으로 기각되었습니다. 소련 해결안의 경우, 찬성 5표, 반대 40표, 기권 11표(아프가니스탄, 아르헨티나, 버마, 이집트, 인도, 인도네시아, 이란, 파키스탄, 사우디아라비아, 시리아, 예멘)를 획득했습니다.

오프노

【190】 아이젠하워 장군의 한국 방문에서 키리노 대통령과 장제스 총통과의 접촉
(1952.12.5)

[전　　　보]　아이젠하워 장군의 한국 방문에서 키리노 대통령과
　　　　　　　　　장제스 총통과의 접촉
[문 서 번 호]　429
[발　신　일]　1952년 12월 5일 12시 50분
[수　신　일]　1952년 12월 5일 15시 00분
[발신지 및 발신자]　타이베이/시귀레(주타이베이 프랑스영사)

　아이젠하워 대통령의 한국 방문 소식이 알려짐과 동시에, 오늘 지역 신문은
장제스 총통의 지난 월요일 이후의 부재 이유에 대한 추측들에 몰두하였습니다.
　통상적 방식으로 사람들은 나토 육군무기단장[1]이 어떤 접촉을 위해 한국을
방문했을 것이라고 생각했습니다.
　하지만 몇몇 소문에 의하면, 그의 방문 목적은 아이젠하워 장군이 필리핀의
키리노 대통령과 장제스 총통을 귀국길에 모종의 장소에서 만나도록 하는 데
있다고 합니다.

시귀레

---

[1] NAAG, NATO army armaments group.

【191】 유엔 전사자들 관련한 프랑스의 결의안 채택(1952.12.5)

[전 보]	유엔 전사자들 관련한 프랑스의 결의안 채택
[문 서 번 호]	3361-3363
[발 신 일]	1952년 12월 6일 12시 00분
[수 신 일]	1952년 12월 6일 18시 30분
[발신지 및 발신자]	뉴욕/오프노(주유엔 프랑스대사)

12월 5일 총회는 소련 연방국 5개국을 빼고 회원국 만장일치로 여러 상황에서 유엔을 위해 죽은 "유엔 전사자들" 기재에 대한 프랑스결의안을 채택했습니다.

부르주 모누리 씨는 짧은 연설을 통해 프랑스 계획을 발표하였고 우리의 제안에 대한 전적인 지지를 주장했고 배후의 모든 정치적 사고를 배격했습니다.

그는 대부분이 프랑스의 고귀한 전통에 경의를 표한 그리스, 터키, 미국, 영국, 벨기에, 남아프리카공화국, 콜롬비아 대표들의 지지를 연속적으로 받았습니다.

문제가 논의 말미에 불거져서, 주로 중동-아시아, 스칸디나비아 지역의 12개국 대표 자리가 비게 되었습니다.

외무부도 우리 결의안의 최종 전문을 받아 보게 되겠지만, 이것은 처음의 안과 비교해 약간 수정되었습니다. 새로운 작성은 한국에서의 미국 전사자들 수관련 주요 당사자인 미국대표단의 반대의사를 고려한 것입니다. 미국대표단은 미국의 국민정서에 부합하지 않고 법체계에 없는 적용의 척도로, 각국에서 채택을 함축하는 것으로 받아들여질 수 있는 권고를 통해 자국 정부와 정신적으로 연결시키지 못할까 우려하고 있습니다. 우리가 참조한 대부분의 외국 대표단은 우리에게 유사한 견해를 표명했습니다.

한편, 프랑스대표단으로서는 국무부의 명목상 지시가 내려질 재정적 부담을 피하기에 시의적절하다고 여깁니다.

오프노

【192】 아이젠하워의 한국 방문과 일정(1952.12.6)

[전   보] 아이젠하워의 한국 방문과 일정
[문 서 번 호] 2195
[발   신   일] 1952년 12월 6일 04시 00분
[수   신   일] 1952년 12월 6일 10시 16분
[발신지 및 발신자] 도쿄/드장(주일 프랑스대사)

1. 미국 사령관은 12월 5일 어제 저녁 10시에 아이젠하워 장군의 한국 방문을
두고 둘러싼 침묵을 깨뜨렸습니다.

11월 29일 뉴욕을 떠난 장군은 하와이-미드웨이-이오지마[1])를 거쳐 12월 2일
저녁 8시에 서울에 도착했습니다.

그는 윌슨 국무차관, 애토니 장군, 브래들리 합참의장, 래드포드 태평양 총사
령관, 래키 공군 참모총장, 버슨스 대통령 특별보좌관, 해거티 언론담당 비서관,
캐롤 부관, 데이비스 개인비서관을 대동하였습니다.

아이젠하워 장군은 한국에서 클라크 장군, 밴 플리트 장군, 극동 해군사령관
인 브리스코 제독, 극동 공군사령관인 웨일랜드 사령관, 제5공군 사령관인 바쿠
스 사령관, 대만의 보충부대 대장인 체이스[2]) 장군, 영국 군 참모부관인 스테판
슈스미스, 이승만 대통령, 한국 주둔 미군 3개 군단의 사령관들, 제8군의 모든
연합군 사령관들, 수도방위사령관 송요찬 장군을 만났습니다.

2. 다음과 같은 일정
12월 3일 아침 클라크 장군 및 밴 플리트 장군과 한국 상황에 대해 회의.

---

[1]) 일본 남동쪽에 위치한 섬으로 제2차 세계대전 당시 일본의 수도 도쿄와 미군기지가 있던 사이
판의 가운데에 위치한 전략적 요충지.
[2]) 윌리엄 커티스 체이스(William Curtis Chase). 대만 주둔 미군군사고문단 단장(1951-1955).

같은 날 제4추격단과 제68정찰단, 여러 군대의 파견부대 행렬과 더불어 해군 제1사단과 제1군단을 방문하고 이 대통령과 20분간 면담.

12월 4일 체이스 장군과의 면담. 다음의 부대들 방문: 영연방 사단, 제8055호 이동병원, 한국 제1사단, 미국 제2, 3사단, 남한의 수도사단.

12월 5일 미국 장군들과 회의. 10시 기자회견. 정오에 이승만 대통령과 회담. 20시에 미국행.

제1군부대의 본부에서 사열하는 연합군 부대들 사이에 프랑스 대대의 분견대가 있습니다. 얼마 전 프랑스 대대 사령관이 된 드 제르미니 중령은 아이젠하워 장군이 제2사단을 방문했을 때 만났습니다.

비밀 보장을 위해 아이젠하워 장군은 뉴욕에서 수리바치 산을 넘어 이오지마까지 비행기를 떠나지 않았습니다. 신문기자 6명이 다음 비행기로 따라갔습니다.

3. 아이젠하워 장군은 남한군부대에 커다란 관심을 보였습니다. 한국군 제1사단 방문 중에, 그는 보병부대와 기계동력차량에서 이룬 남한군의 장비 발전에 대해 정확한 안내를 받았습니다. 수도사단의 사격실전 연습을 시찰한 후, 그는 총사령관에게 남한군부대를 더욱 수적으로 많아지고 최고가 될 수 있도록 가능한 것들을 다하겠다고 약속했습니다. 그는 여러 지점에서 전투지역을 방문했으며 미국 공군의 폭격을 관찰했습니다.

그는 신문기자들 앞에서 출발 전에 수집된 정보를 정리할 어느 정도의 시간이 필요하다고 밝혔습니다. 그는 그들 앞에서 이러한 부류의 전쟁은 전쟁을 확대하는 1차적 위험을 감수하지 않고 긍정적이고 최종적인 승리를 이끌 계획을 수립하기란 어려울 것이라고 인정하였습니다. 그는 돌아가서 동료들과 수집한 모든 자료를 검토할 것을 제안하였고, 그 결과 내년 1월 □일 새로운 행정부가 이 사태를 담당하게 될 때 세계의 자유를 수호할 수 있고 미국 경제는 계속해서 새 행정부가 기대하는 지원을 제공할 수 있을 것이라고 덧붙였습니다.

국방부에 전달 요망.

드장

【193】 장제스 총통의 부재에 대한 궁금증(1952.12.8)

[전 보]	장제스 총통의 부재에 대한 궁금증
[문 서 번 호]	432
[발 신 일]	1952년 12월 8일 18시 00분
[수 신 일]	1952년 12월 8일 21시 00분
[발신지 및 발신자]	타이베이/시귀레(주타이베이 프랑스영사)

보안

본인의 전보 제429호에 이어

　지난 토요일 이후, 언론 발표에도 불구하고 그리고 아마도 무엇보다 그 언론 발표로 인해, 정부 정보에 따르면, 장제스 총통이 체이스 장군에게 의견서도, 메시지도, 추천도 보내지 않았으며, 가장 다양한 추측들이 진정 장제스 총통이 아이젠하워 장군을 만났는가를 알고자 하는 면에 주어졌습니다. 확인은 되었지만 설명되지는 않은 중국 국가 수장의 부재는 모든 사태에 대해 어느 정도의 의문을 만들고, 가능한 시간 안에 그러한 접촉의 주장을 정당화시킵니다. 현재까지 모두의 궁금증을 해소시키기 위해 어떠한 시인 또는 공식적 반박도 이 부분에서 주어지지 않았습니다.

시귀레

【194】 아이젠하워 대통령과 체이스 장군의 접촉(1952.12.8)

[전 보]	아이젠하워 대통령과 체이스 장군의 접촉
[문 서 번 호]	434
[발 신 일]	1952년 12월 8일 18시 00분
[수 신 일]	1952년 12월 8일 21시 00분
[발신지 및 발신자]	타이베이/시귀레(주타이베이 프랑스영사)

　오늘 아침 체이스 장군이 한국에서 아이젠하워 대통령과 접촉한 내용에 대해 언론에 한 주장들은 일부러 그러는 듯 비밀스러운 분위기가 역력했습니다.

　같은 의문이 주타이베이 미국대사와 지역 군사고문단장이 어제 장제스 총통과 가진 접촉에도 감돌고 있습니다. 새로 선출된 미국 대통령과 있으며 그 대통령이 "대만에 구애받지 않는 중국의 현 상황"에 관련한 모든 문제들에 대해 자신의 말에 주의를 기울이는 것에 체이스 장군이 느꼈을법한 만족감은 모두에게 알려진 바대로 이러한 모든 신중함으로부터 옵니다.

　마찬가지의 신중함으로, 자신이 알고 있는 것에 의구심이 존재하도록 내버려둔 체이스 장군은 추후의 노력과 정치적 발전에 대해 제기된 질문에 대답하기를 거부합니다. 그는 "그것은 나보다 더 고위 당국에 속한 문제입니다"라며 대답해야 할 것에 대해 겸손하게 표현했습니다.

시귀레

【195】 호주의 여론(1952.12.9)

[전 보]	호주의 여론
[문 서 번 호]	336-339
[발 신 일]	1952년 12월 9일 18시 35분
[수 신 일]	1952년 12월 10일 09시 03분
[발신지 및 발신자]	캔버라/로셰[1](주호주 프랑스대사)

3급 비밀

　한국전쟁을 먼 곳의 일로 여기지 않는 호주 여론은 아이젠하워 장군의 일정에서 지금까지 생긴 약간의 실질적 결과보다 인도의 제안 실패에 더욱 실망한 듯합니다.

　여기 사람들은 결코 새 대통령이 기적을 만들 수 있다고 생각하지 않았습니다. 사람들은 특히 후보자의 약속을 받아야 한다는 감정을 가졌습니다. 사람들은 무엇보다 시찰여행 같은 이 여정이 무익한 것은 아닐까 가정합니다.

　인도의 제안은 반대로 아직도 타협의 가능성을 믿었고, 소련 연방에 협력 의사를 알렸고, 베이징에 의견을 표명한 인도 정부가 맨발 벗고 나서기 전에 중국 정부의 조치를 기대했다는 점을 의심치 않았던 많은 사람들에게 희망을 불러일으켰습니다. 또한 이러한 측면에서 매우 실망했습니다.

　외무부에서 사람들은 현실에 대한 희망을 가지지 않았지만 인도를 지지할 수밖에 없었다고 말합니다. 케이시[2] 씨가 개인적으로 미국에 매우 적극적으로 개입한 것 같습니다. 유엔이 강력한 위상을 지니기 바란다면 서구 열강은 아시아

---

[1] 루이 로셰(Louis Roché, 1903-1989).

[2] 케이시(R.G. casey, 1890-1976). 호주 외무장관. 주호주 프랑스대사(1952-1955).

와 중동 열강들 뒤로 비켜서야 했습니다. 결과는 예상을 넘어섰습니다. 인도의 제안은 압도적인 다수를 끌어 모았습니다. 아직 공식적으로 확인되지는 않았지만 중국 정부의 피할 수 없는 거부는 우리가 보여주고자 했던 것을 입증해주고 대화와 긴장 완화의 모든 가능성을 추구하지 않는 서구를 비난하는 모두에게 깊이 생각할 시간을 줄 것입니다.

아이젠하워 장군의 여정과 관련하여, 사람들은 외무부가 미국 언론이 이미 발표한 것을 해석하는 데 열중하는 것에는 반대합니다. 사람들은 새 대통령과 그의 동료들이 아직은 자신들의 정치를 모른다고 강조합니다. 포스터 덜레스 씨가 유럽을 희생시켜 아시아에 대한 미국의 노력을 지지할 것을 권유했다는 점은 확실치 않습니다. 최근 몇 달 동안 미 공화당은 무엇보다 승리를 쟁취하려 했고 많은 것들을 말했습니다. 그들이 승리자인 이제 그들은 지켜보고 숙고하고 있으며, 아무도 무엇이 그들의 숙고의 열매가 될지 말할 수 없습니다.

로셰

【196】 공산군과 남한군의 군대 상황(1952.12.9)

[전 　　　 보]	공산군과 남한군의 군대 상황
[문 서 번 호]	8068-8069
[발 　신 　일]	1952년 12월 9일 20시 40분
[수 　신 　일]	1952년 12월 10일 01시 00분
[발신지 및 발신자]	워싱턴/보네(주미 프랑스대사)

보안

뉴욕공문 제1340-1341호

1. 미 국방부는 오늘 한국에 대한 국무부 정기회의에서 지난 5월 이후 한반도에서 공산군 대포 자원의 증가에 대한 다음과 같은 정보를 제공하였습니다.

　　중국-북한군의 발포
　　- 5월: 102,000
　　- 6월: 187,000
　　- 7월: 171,000
　　- 8월: 197,000
　　- 9월: 190,000
　　- 10월: 655,000
　　- 11월: 297,000

1952년 4월까지는, 평균적으로 2만-3만 회에 불과했습니다.

1952년 5월부터 11월까지, 유엔군의 대포의 발포 횟수 평균은 1,600,000에 가까우며, 10월에는 최대 3,723,000회까지 되었습니다.

위와 같은 수치는 대포와 박격포를 포함하고 있습니다. 공산군에게 박격포 부분은 미군사령부에 의하면 55%로 추정됩니다.

2. 남한의 새로운 사단이 지난 11월 8일 제9군단 작전지역으로 편성되었습니다.

보네

【197】 총회의 논의와 아이젠하워 장군의 한국 방문 이후 한국 상황(1952.12.10)

[전 보]	총회의 논의와 아이젠하워 장군의 한국 방문 이후 한국 상황
[문 서 번 호]	600/AS
[발 신 일]	1952년 12월 10일
[수 신 일]	미상
[발신지 및 발신자]	도쿄/드장(주일 프랑스대사)

유엔총회 논쟁이 끝난 후, 아이젠하워 장군이 발 빠르게 전선을 방문(12월 2-5일)한 그 이튿날, 한국 사태는 국제 상황의 가장 걱정스러운 면의 하나인 채로 남아 있습니다. 선출된 대통령과 그의 최측근 인사들 사이에 괌에서 하와이까지 '헬레나' 순양함에 대해 현재 진행되는 논의 중심에, 한국 사태는 다음과 같은 여러 사실들에 의해 파악됩니다.

1. 곧 휴전협상을 기대하기는 이성적으로는 더 이상 가능하지 않습니다. 그것이 바로 워싱턴이 실제로 실망하는 바입니다. 개성과 판문점의 오랜 협상 도중, 미국 측의 착오와 오류가 있었습니다. 하지만 유엔 사령관이 진정으로 협상을 원했음은 부인할 수 없습니다. 협상을 위해, 그는 폭넓은 양보를 했습니다. 군사적으로 허용할 수 있어 보이는 한계까지 갔습니다. 오래 주저한 후, 그는 북한에 비행장 건립에 대한 매우 오래된 쟁점에 대해 양보하며 물러섰습니다. 그는 상대편에서는 포로문제에 대해 양보하기를 기대했습니다. 그는 4월 28일의 전체 제안들에 커다란 희망을 걸었습니다. 협상이 전혀 진전을 보지 못하자, 그는 다른 방법을 시도했습니다. 그는 협상에서 뻣뻣한 태도를 보이고 적군에 대한 군사적 압력을 증대시켰습니다. 판문점 접촉에 큰 시간차를 두면서, 그는 북한의 수력발전소를 포함한 잠재적 산업체계의 파괴를 시도하고 정박한 해군

과 공군의 폭격을 강화시켰습니다. 그것은 협상의 최종 성공을 심각하게 의심하기 시작한 해리슨 장군의 양자택일의 '최종적이고' 세 가지 제안(9월 28일)에 대한 거부 이후에 이루어졌습니다. 그는 뉴델리 정부가 발전시킨 형태는 논의 속에 진정 새로운 요소를 담고 있지 못하고 논리상 판문점에서 연합군 대표단의 양자택일의 최종 세 가지 제안과 유사한 결과를 낳음을 알아야 한다고 판단했습니다. 비신스키의 발언(11월 26일)과 베이징(11월 27일)과 평양(12월 6일)으로부터 나온 그에 상응한 선언들은 분명 소련이 근본적으로 한국전쟁의 연장을 원했고, 여하튼 중국의 위성국들과 북한은 모스크바의 지시를 따랐습니다. 여기까지가 엄밀히 확인된 사실입니다. 하지만 다음과 같은 사실들이 부과됩니다.

2. 1) 17개월의 별 소득 없는 협상 동안, 한반도에서의 군대 관계는 급격한 변화를 겪었습니다.

육군의 경우, 적군에 아주 유리한 진척이 있었습니다.

미국 참모부에 따르면, 한국에 있는 공산군 병력은 1952년 12월 1일자로 중국군 760,000명, 북한군 290,000명을 합해서 1,050,000명까지 증가했습니다. 그러한 병력은 수륙양용의 혹은 공수의 연합군에 의한 전선 후방에서의 작전에 맞선 적군 사령부 쪽에서 계속된 염려를 보여주는 준비에 따라 은밀하게 배치된 것입니다. 북한군의 약 3분의 1은 지속적으로 전선에서 발견됩니다(보병 21개 사단, 포병 5개 산단, 대전차부대 2개 사단, 전차부대 3개 대대, 로켓 발사부대 1개 사단, 북한 2개 군단). 중국군 보병 32개 사단과 북한군 6개 군단은 첫번째와 두 번째 예비군에 배속되었고, 특별히 해안을 따라, 무엇보다 동해안을 따라 집중되었습니다. 만주에 집중되어 전투에 짧은 시간에 투입될 수 있는 부대들은 600,000명을 헤아립니다. 적군의 수적 우세는 그렇게 해서 한국에서는 2대 1, 한국-만주 지역에서는 3대 1에 달했습니다.

미국이 수집한 정보에 따르면, 남쪽에서 온 중국의 새로운 군대는 현재 만주를 향하고 있습니다.

맞은편에, 유엔 지상군은 남한 병력에 있어 상당한 증가를 보여 500,000명까지 늘어났으니, 미군 250,000명(7개 사단과 조력), 한국군 200,000명(12개 사단:

8개 사단은 전선, 2개 사단은 예비훈련, 20,000명 영국군과 유엔의 여러 지역의 12,000명과는 별도의 6개 대대)이 증가했습니다.

적군과 연합군의 전투 안내서는 첨부문서의 참모부 지도 2장에 나타나 있습니다.

2) 적군 병력의 괄목할 만한 증가는 힘의 균형 관계의 긴장 속에서 고려해야 할 유일한 요인이 아닙니다. 엄청난 양의 자료는 적군의 전투 성격과 가치를 완전히 바꿔놓았습니다.

1951년 7월 휴전협상의 개시 때, 가장 근대적인 부대와 무기를 갖춘 훌륭한 군대가 운반이 용이한 무기와 박격포를 갖춘 별도 군대를 대체하였습니다.

공산군 포병대는 특히 최근 몇 달 동안 괄목할만한 진척을 이루었고 대포의 수, 발포의 세기, 대량의 탄환에 있어 가공할만한 것으로 드러났습니다. 대포 혹은 보병의 직접 지원을 받는 무거운 박격포의 수가 대략 천 대로 추정됩니다. 중국-북한군은 한반도에 대포를 총 3,000대 배치하였습니다. 전문가들은 중국 포병들이 현재 사용하는 발포 방식과 마지막 세계대전에서 소련 포병대가 사용했던 방식 사이의 유사성에 놀라워했습니다. 그들은 특히 한정된 대상에 여러 시간 동안 구현된 동일한 집중 발포를 보았습니다. 마찬가지로 소련 교관들은 연합군 공군의 대다수 인명 피해를 남긴 고사포 포수들을 훈련시켰습니다.

반면 포병 분야에서, 유엔군은 매우 분명한 우위를 차지하고 있습니다. 포병대의 우세함은 최고 구경을 사용하는 물자의 동질성, 탄약의 실제적 무제한 공급, 발포의 조정을 위한 정찰기의 이용에서 옵니다. 중단된 폭탄투하로 연합군이 기대한 결과를 내지 못하자 적군은 전선 지역에 중요한 탄약 보유고를 배치하였습니다. 하루에 90,000번의 포탄을 쏠 수 있었습니다. 이 숫자는 연합군 포병대의 기록(120,000)에서 그리 멀지 않은 것입니다. 연합군 사령부는 하지만 연합군 공군에 의해 저지당한 적군이 대형의 공격을 원했던 시간 동안 유지하기 위해 필요한 상당한 포탄 보유고 물량이 없다는 것을 확신했습니다.

연합군은 마찬가지로 전투 전차에 있어 상당한 진전을 이루었습니다. 연합군은 수많은 전차 군단이 약 1,500대의 전차를 배치하였습니다. 적군은 한국에 러시아산 탱크 'T-34' 500여 대와 자동 대포 150여 대를 보유하고 있습니다. 이러한 물자의 3분의 1은 대다수는 해안 방어 배치로 배속되면서 전선에서 사용되었습니다.

휴전협상의 개시 이후 나타난 적의 공군은 MIG-15기의 우수성과 미국의 F-80과 F-84 폭격기에 대한 기술적 우위 덕분에 신속한 비약을 이루었습니다. 이러한 비약은 한동안 미국 공군의 우위성에 대해 심각하게 의문을 제기하게 만들었습니다. 일부 캐나다에서 구입한 F-86의 보다 큰 양적 달성은 미국의 보다 풍부한 물량 입하 덕분에 강화될 수 있었던 상황을 만들었습니다. 공산군 공군이 청천강 상류에 공군기지를 건립하려 한 지는 몇 달이 되었습니다. 공군기지 건설은 거부되어야 했고, 그것은 압록강 북쪽에 자리하고 있습니다. 그것이 현재 미그기 1,000대를 포함 1,800대를 헤아림에도, 전선으로 들어오지 못하고 평양 남쪽으로 전혀 비행을 감행하지 못하고 있습니다. 격렬한 전투가 만주 국경 근처에서 추격자들 사이에서 벌어집니다(유명한 "미그기의 연합군" 속에서). 전투는 지금까지 뛰어난 조종사들의 투입과 고도의 목표물과 발사의 배치로 인해 미국 공군에 매우 유리하게 돌아가고 있습니다. 이는 적군 조종사들로 하여금 열심히 배우도록 합니다. 그렇지만 적군 비행사들은 훈련에 많은 비용을 지불하고 있습니다.

3) 강력한 그들의 포병, 포병과 비행사 간의 눈에 띄는 협력 덕분에, 전선 위쪽에서뿐만 아니라 한국 영토 전체에 대해서도 영공의 전체적 지배 덕분에, 또한 한반도 주변의 해양에 대한 완전한 지배 덕분에, 유엔군은 현재까지 땅의 기복이 심한 자연 때문에 보병이 분명 결정적인 역할을 하도록 되어 있는 나라에서 중국-북한군 보병대의 상당한 우세를 상쇄할 수 있었습니다.

군대는 현재 분계선 여기저기 깊숙이 침투하고 있고, 한국의 고지들이 제공하는 자연적으로 훌륭한 지점을 견고하게 유지하고 있으면서, 전투는 현재 배치된 방식으로 군사적 계획을 알지 못한 채, 어떤 결정의 가능성도 없이 균형을 이루고 있는 군대들을 지휘하는 고지전의 성격을 띠고 있습니다.

3. 하지만 답보상태라고 말하는 것은 정확하지 않습니다. 몇 달 전부터, 작전들이 재개되었습니다. 지역적 특성을 전적으로 유지하면서, 작전들은 상상을 초월하는 격렬함과 잔인함으로 특징지어집니다. 아무 것도 적군의 계획에서 그러한 행동들이 대규모 공격 작전의 전주곡이었다고 가리키고 있지 않습니다. 적군이 몇몇 군사적 성공을 쟁취했을 때, 그들은 그것을 그 성공을 이용하려고 하지 않았고 여하튼 이용하는 데 성공하지 못했습니다. 적군은 반대로 전체 대대가 전멸되는 매우 값비싼 반격의 여러 상황들을 유발시켰습니다. 공산군 사령부의 기본적 목표는 어떠한 희생을 치르더라도 중국-북한 사람들의 많은 희생을 감수하고 자기들로서 단순히 최고로 가능한 사람들을 통해 유엔군에 심각한 타격을 가하는 것으로 보입니다. 그것이 클라크 장군 스스로의 해석입니다. 그는 그러한 생각을 파로디 씨와 쾨닝 장군과의 11월 28일만남 때 전해주었습니다.

게다가 이러한 전략은 넓은 범주에서 적군이 기대하는 결과를 만들어냈습니다.

9월 말, 국방부가 발표한 미국 사상자는 전투 초기부터 해서 전투 사망자 18,676명, 부상자 87,239명, 실종자 12,654명으로 118,569명에 달합니다.

12월 3일자로, 수치는 전투 사망자 20,004명, 부상자 94,367명, 실종자 13,012명으로, 127,383명에 달합니다.

10월과 11월에만 미국 사상자는 사망자 1,328명, 실종자 358명으로, 8,814명입니다.

같은 기간 공산군 사상자는 60,000명에 달합니다. 하지만 거기에 중요한 점이 있습니다. 무엇보다 적군에게는 유엔군을 조금씩 갉아먹는 것이 중요하고, 동시에 미국 여론을 성나게 하는 것이 중요합니다. 한국의 연합군 전선만큼 미국 국내도 목표로 겨냥한 것입니다. 아이젠하워가 아시아를 위해 싸우는 일은 보통 아시아 국가들의 몫이라고 주장했을 때, 그것은 자국에 매우 퍼져 있는 감정에 양보한 것뿐입니다.

4. 공화국이 승리(11월 4일)를 쟁취하기 전에도, 아이젠하워 장군이 한국을 방문하기 전에도, 미국 사령부는 여러 이유로 무한정 끌 수는 없는 상황을 빠져

나갈 방법을 찾는 데 몰두했습니다.

미국 사령부는 첫 번째로 연합군이 1951년 여름부터의 답보상태가 아시아 국가 국민들에 의해 무력함의 표시로 받아들여지고 미군의 군사적 위용을 심각하게 해친 것으로 생각했습니다. 이러한 의견은 밴 플리트 장군이 전해준 것입니다. 인도대사와의 최근 대화는 그러한 의견이 아무런 근거가 없는 것임을 보여주었습니다.

연합군 사령부는 게다가 몇 달 전부터 입은 심각한 사상자는 군사적 상황의 어떠한 진전도 개선과도 관계없다고 확인시켜 주었습니다.

결국, 연합군 사령부는 자신들의 피를 믿고 군대의 정신 상태를 오래 유지하기가 힘들 것이라고 판단하고 있습니다.

사령부는 다양한 해결책을 시도하기로 하였습니다.

1) 미군의 임무를 경감시키기 위해, 사령부는 방도의 한계 안에서 남한군 부대의 편성과 훈련을 가속화시켰습니다. 밴 플리트 장군에게 이러한 임무가 주어졌습니다. 그는 괄목할만한 성과를 얻어냈습니다(훈련된 10개 사단, 훈련 중인 2개 사단, 편성된 2개 사단). 그는 필요한 부대가 적절히 배치되도록 노력했습니다. 현재 편성되거나 편입된 200,000명의 한국군 곁에, 여전히 연합군 사령부가 동원할 수 있는 남한군 250,000명이 존재합니다. 하지만 남한군이 단독으로 실제적인 공격이 가해질 수 있는 현재의 혹은 단축된 전선(240킬로미터)을 지킬 수 있을지는 오래전부터 문제가 아니었습니다. 만일 새로운 한국군 부대들의 참여가 몇몇 미군 사단을 전선에게 빠지게 해준다면 그리고 전략적인 예비군으로 구성하도록 해준다면 그것은 이미 훌륭한 결과일 것입니다. 게다가 아직은 오랫동안 한국군대와 병력이 미국의 병참 지원의 물품 보급에 전적으로 의지할지라도 말입니다. 이러한 의존은 수치상의 크기에서만 증가할 뿐입니다.

2) 극동 미군 수뇌부는 마찬가지로 항상 35,000명의 병사를 유지하고 있는 장제스의 군대를 이용할 가능성을 생각하고 있습니다. 아이젠하워 장군과 타이베이 주재 미군 군사파견단장인 체이스 장군의 한국 방문 때에 장제스가 한국에

있었던 것은 그러한 상황을 말해줍니다.

참모부는 게다가 현재 중국군의 가장 큰 부분이 한국이나 만주에서 발견된다면, 따라서 할당병력이 북쪽으로 향한다면, 버마 국경을 이동하는 국민당 군대를 이용하여, 그리고 남쪽 해안을 따라 대만 군대가 유격전을 펼치며 중국의 남쪽 지역에서 군사적 교란 작전을 부추기는 것은 시의적절하지 않다고 생각합니다.

3) 하지만 사령부는 무엇보다 한국에서 국경을 밀어붙이며 한반도에서 공산군을 몰아내고 적군의 전선을 괴멸시킬 수 있는 수륙양용과 공군폭격의 폭넓은 군사작전의 가능성을 검토했습니다. 저는 11월 13일자 대화에서 그런 의미에서 준비된 사실들에 대한 다양한 내용들을 지적했습니다. 그때부터 저는 클라크 장군이 만일 군사적 결정이 한국의 국경에서 취해질 수 있다고 생각하는지 그에게 요구할 기회를 가졌습니다. 그는 이론상 부정적이라고 대답했습니다. 그에게 만주에 있는 적군의 기지에, 특히 적군의 공군기지에 군사작전을 펼치는 것은 필요불가결한 것으로 보였습니다. 그 역시 소련의 태도가 어떨지 생각해 보는 데 이르렀습니다. 그는 아직도 몇 년 간 소련은 전반적 전투를 시작할 준비가 되어 있지 않으며 미국 공군에 의한 만주 공격은 모스크바를 전쟁으로 이끌지 못할 것이라고 생각하는 쪽으로 행했습니다. 만일 그러한 결정이 현재 계획에서 준비되지 않았다면 말입니다.

저로서는 공개적이고 소련이 공식적으로 전투에 참여하는 데까지 가지 않지만 중국 공산군이 미국과 홀로 상대하도록 내버려두지는 않을 것으로 보입니다. 한국-만주 지역은 최근의 중국-소련 회담에서 뤼순항과 다롄항을 무기한 유지하고자 하는 의지를 드러내고 인도가 제안한 해결 가능성들을 유엔에서 거칠게 거부한 바 있는 소련에게는 근본적 중요성을 띠고 있습니다. 소련과 미국 간에 현재 한국에 쏠린 쟁점은 일본까지 포함한 아시아 전체에 대한 소련의 지배 그 이상도 이하도 아닙니다. 군사작전이 압록강을 넘어설 경우, 모스크바는 현재 중국 공산군에 대고 있는 지원을 상당히 증대시킬 것임에는 분명한 것으로 보입니다. 필시 우리는 베이징이 1951년 10월 도움을 요청했던 일이 다시 벌어지고 현재는 공산군 부대의 양성일 뿐인 소련의 지원부대가 나타나는 것을 보게 될 것입니다.

4. 미국이 명백한 이유로 한국전쟁에서 신속히 벗어나는 것은 불가능합니다. 군사적·재정적으로 짐이 되는 것이고, 미국 여론이 전혀 상응하는 결과 없이 사상자와 희생을 가져오는 현재 상황을 무한정 길어지도록 내버려 둔다는 것은 받아들이기 어려운 일입니다. 휴전협상은 결론에 이르지 못했고, 군사적 해결은 전투의 확장으로부터 심각한 위험을 드러내고 있습니다. 그렇지만 달리 방법이 없으니 미 극동사령부는 그러한 해결 쪽으로 기울 것입니다. 다른 한편으로는, 소련의 목적은 미국이 다른 전장에서 필요한 군대와 자원을 축소시킬 방법으로 점점 더 한국에 깊이 개입하도록 하는 것으로 보입니다.

그러한 것들이 도쿄에서 본, 아이젠하워 장군과 그의 측근 장교들이 검토한 현재 상황의 주요 요소들입니다.

12월 5일 서울에서 한 매우 신중한 발표들은 계속된 숙고 이후 그것이 가져올 반향에 대한 정확한 인식과 더불어 결정한 것임을 잘 보여줍니다. 하지만 그것은 위에서 언급한 여러 조치들이나 해결책의 어느 것도 최종적으로 제외되었다고 결론 내렸음을 허락하지 않습니다.

유엔의 미래와 넓은 범주에서의 평화의 운명은 대통령이 백악관의 문턱에서 취해야 하는 가장 중대한 것들 사이에 있고 미국의 국민이 그에게 기대하고 있는 해결책에 직접적으로 연결되어 있습니다.

【198】 유엔총회의 의장의 공문에 대한 저우언라이의 답변(1952.12.15)

[전 보]	유엔총회의 의장의 공문에 대한 저우언라이의 답변
[문 서 번 호]	605-607
[발 신 일]	1952년 12월 15일 17시 20분
[수 신 일]	1952년 12월 15일 13시 02분
[발신지 및 발신자]	베이징/장켈레비치[1](주베이징 프랑스공사)

어제 자 긴 전보에 대해, 저우언라이는 유엔총회 의장이 예전에 레이크석세스에서 한국문제의 해결을 위해 인도의 주도로 이틀간 채택한 결의안을 알리려고 이달 5일 보낸 공문에 답했습니다.

늘 그랬듯이 고심한 듯한 논리와 조금은 점잖은 어조로, 이 나라의 외무부장관은 전쟁포로 관련 제네바협정의 해석에 대해, 자연법의 고려에 대해, 그리고 그 속에서 애치슨 씨가 지난 9월 28일과 10월 24일 언급한 생각들의 위선적인 은폐만을 보고자 한 해결방식에 반대한다고 생각했던 사실들이 다시 나타나는 방식에 대해 주제 발표를 다시 하였습니다.

그는 포로송환 문제를 다룰 7개 전쟁당사국과 5개 중립국 대표들로 구성된 위원회의 구성에 따른 즉각적 휴전협상을 예고한 소련의 계획을 다시 끄집어내며 결론을 내렸습니다. 그는 그러한 제안의 검토가 유엔 혹은 다른 곳에서 이루어지기 위해서는 중공과 북한이 논의에 참여해야 한다고 주장했습니다.

장켈레비치

---

[1] 레옹 장켈레비치(Leon Jankélévitch). 주창하이 프랑스대표(1951). 주베이징 프랑스공사, 한국전쟁 후 프랑스특사 및 전권공사 역임(1955-1959).

【199】 중국 정부의 인도결의안 거부에 대한 네루 수상의 반응(1952.12.16)

[전 보]	중국 정부의 인도결의안 거부에 대한 네루 수상의 반응
[문 서 번 호]	840-841
[발 신 일]	1952년 12월 16일 16시 40분
[수 신 일]	1952년 12월 16일 14시 22분
[발신지 및 발신자]	뉴델리/오스트로루그(주인도 프랑스대사)

뉴욕 공문

어제 국회 발표에서, 네루 수상은 한국의 휴전을 위해 인도대표단이 제안한 결의안에 대해 설명했습니다. 그는 특히 중국 정부가 11월 2일부터 인도 정부가 착상을 얻은 기본방침에 대해 알게 되었다고 밝혔습니다.

만일 베이징이 포로의 자발적 귀환에 대한 반대를 제외하고, 어떤 순간에도 그러한 방침에 대한 찬성 혹은 반대를 표하지 않았다면, 인도 정부가 시도한 노력에 호의적인 것으로 보였습니다. 11월 6일 뉴델리에서 입수한 결의안은 중국 정부에도 즉시 전달되었습니다. 중국 정부는 24일의 외교 각서를 통해 25일에야 거부 의사를 알게 했습니다.

수상은 결국 유엔의 제안에 대한 중국과 소련 정부의 거부에 깊은 유감을 표했습니다. 그렇지만 그는 검토를 통해 그들의 관점과 일치되고 공평성을 갖기를 희망했습니다.

오스트로루그

【200】 중국 정부의 인도결의안 거부에 대한 네루 수상의 반응(1952.12.16)

[전 보]	중국 정부의 인도결의안 거부에 대한 네루 수상의 반응
[문 서 번 호]	2268-2271
[발 신 일]	1952년 12월 16일 09시 00분
[수 신 일]	1952년 12월 16일 09시 20분
[발신지 및 발신자]	도쿄/드장(주일 프랑스대사)

12월 9일 부산 발송, 12월 16일 도쿄 도착. 제76호

"아이젠하워의 한국 방문을 열렬히 환영했던 한국 지도자들은 깊이 숨기고
싶은 큰 실망을 느끼는 것 같았습니다."

아이젠하워 장군의 72시간의 방문은 사실 당선 기념으로 한국에 온 것이며,
그 엄밀한 성격은 군대를 조사하는 것이었습니다.

12월 2일 저녁 8시 서울에 도착한 장군은 빡빡한 스케줄에 따라 3, 4일 전체
를 유엔군과 한국군 부대, 전선을 둘러보는 데 할애해야 했고, 한국수도방위사
단의 작전을 참관해야 했습니다.

마지막 날 아침, 그는 미8군의 본영에서 연속적으로 대만 주둔 미군 파견대장
체이스 장군, 그가 방문하지 못한 부대의 여러 군단장들을 만나고, 마지막으로
브래들리, 클라크, 밴 플리트, 래드포드 장군과의 회의를 가져야 했습니다. 30분
간 미8군 본영을 둘러봐야 했던 오후가 저물 때 그는 한국을 떠났습니다.

전날 밤 바로 내려왔던 아이젠하워 대통령이 3일 아침 미8군 사령부로 가려
는 모습을 보인 것에 자국의 수도에서 미국 대통령을 처음으로 만난 이승만 대
통령이 깊은 실망감을 느꼈음에는 의심의 여지가 없습니다.

아이젠하워 대통령이 보름 전부터 교묘하게 조직한 한국의 대단한 환영행사 (횡렬, 현수막, 군중동원, 학생행렬)에 체류 기간 내내 눈길을 주지 않은 것에 대해 말입니다. 결국, 아이젠하워 대통령이 처음 주요 장관들을 대동하고 실질적으로 20분간 회담을 나눈 것에 대해, 그리고 서울을 떠나기 전 아이젠하워 대통령이 30분 방문한 것에 대해 말입니다.

그 상황이 비밀스런 성격을 지니지 않았던 것으로 보이는 접견 중에, 이승만 대통령은 아이젠하워 대통령에게 서한 하나를 건넬 수 있었을 뿐입니다. 그 내용은 필시 공개되지 않았지만 분명 제72호 전보의 내용이었던 7개 항을 담고 있을 것입니다.

어제 서울로 돌아온 이승만 박사와 각료들의 낙관주의적인 선언들, 공보국의 노력들, 언론의 노력들은 이 대통령의 서한을 철저하게 검토하겠다는 아이젠하워 대통령의 약속을 상기시키기 위해 설득해야만 했고, 아이젠하워 대통령이 표면적으로 한국을 무시하는 듯했던 한국 방문에 대한 실망으로 혼란스러워 하도록 내버려두지 않았습니다.

한국의 관점 외에도, 우리는 아이젠하워 장군의 극도의 신중함에도 불구하고 그의 눈에는 전선의 분위기 속에서 밴 플리트 장군, 그리고 아마도 클라크 장군을 돋보이게 하는 순전히 군사적 관점이 어떤 무게일까 자문해볼 수 있습니다.

드장

【201】 소련 논설위원의 미국에 대한 비판(1952.12.17)

[전　　　　보]	소련 논설위원의 미국에 대한 비판
[문 서 번 호]	2430
[발　신　일]	1952년 12월 17일 14시 00분
[수　신　일]	1952년 12월 17일 17시 30분
[발신지 및 발신자]	모스크바/족스(주소련 프랑스대사)

　12월 14일 부산 포로수용소에서 일어난 사건은 오늘 아침 타스통신과 『프라우다』 두 언론의 주제가 되어, 「미국 형리들이 끊임없이 한국에서 새로운 범행을 자행하고 있다」라는 헤드라인으로 실렸습니다. 게다가 당의 중앙기관지는 같은 주제의 논설을 실었습니다. 특별히 격렬한 어조로 한 젊은 한국인 어머니의 이야기를 끌어들이며 "미국 괴물들"이 한국에서 자행한 잔인함을 비난했습니다. 미군들이 그녀 자식의 눈을 먹으려 했다는 것입니다. 그리고 중앙기관지는 결론적으로 모든 그러한 "피범벅의 범죄는 침략자의 무능한 악의의 표현", "침략 계획의 실패로 인해 자극받은 냉혹함"이라고 주장합니다.

　또한 『프라우다』는 7번째 회기에서 한국문제에 대한 논쟁을 종합적으로 평가하는 코리노프의 기사를 4페이지에 3단에 걸쳐 실었습니다. 요컨대 소련 논설위원은 한국문제를 검토함에 있어서 한국에서의 전쟁 중단은 전적으로 가능하며 문제의 평화적 해결에 있어 유일한 장애는 미국의 입장임을 보여주고 있다고 분명히 쓰고 있습니다.

　　인류는 2, 3년 전부터 그러한 피 흘림이 계속되고 수많은 희생자를 낸 것을 허용할 수 없다. 평화 정치에 충실한 소련이 한국에서의 즉각적이고 전적인 전투의 중단을 계획하는 결의안을 내놓은 반면, 미국의 결의안은 군사작전의 연장과 전쟁의 확대를 지향하고 있다. 미국대표단은 기본적으로 소련과 영미 진영 간의 대립 속에서 사실상 한국문제의 측면에 다름 아닌 포로송환 문제를 다루게 한다.

총회에 적절한 결의안을 제출하기 위해, 영미 진영은 다양한 작전을 동원했다. 때로는 "21개국의 해결안"이라는 이름하에 미국의 안을 통과시키려 시도하기도 하고, 때로는 인도의 안을 통과시키려고 했다. 하지만 "워싱턴 위선자"의 행위는 논리상 이미 한국에 전쟁당사국으로 참전한 유엔국가들에 중재자의 역할을 맡기기 원하는 문제의 결의안 비합법적 성격이 드러나 있다. 저우언라이가 주장했듯이, 그러한 제안은 불합리하고 부당하고 비합법적이다.

그렇게 해서, 두 정책이 총회에서 격렬한 방식으로 대립했다. 하나는 한국에서 전쟁을 연장시키려는 미국의 정책이고, 다른 하나는 피 흘림을 즉각 멈추려는 소련과 민주 진영이다. 그런데도 소련의 제안이 미국에서 "침묵의 벽"에 둘러싸인 것은 그것의 평화적 성격 때문이다. 침략자들의 노력에도 불구하고 속이는 데 성공하지 못한 세계의 여론에 진실을 숨기기 위해, 그들은 우파 사회주의자들의 조정에, 특히 영국 노동당과 노르웨이의 사회당의 조정에 도움을 청했다. 노르웨이의 사회당은 미국 지도자들의 비위를 맞추고 인도의 안을 지원하기 위해 모든 것을 실행했다.

전 세계인은 유엔의 한국문제에 대한 논의에 따라 워싱턴의 모든 노력이 한국전쟁을 연장하고 확대하려는 것이고, 이러한 정치에 영향을 준 사람들은 한국전쟁을 통해 막대한 이득을 챙기는 월 스트리트가의 억만장자들임을 거듭 확인할 수 있었다. 하지만 수억 명의 사람들은 한국전쟁이 즉각 중지될 수 있고 되어야 한다는 것을 확신하고 있다.

족스

【202】 포로수용소 사건 관련 남일 장군의 반박(1952.12.17)

```
[ 전        보 ]   포로수용소 사건 관련 남일 장군의 반박
[ 문 서 번 호 ]   2279
[ 발    신    일 ]   1952년 12월 17일 02시 30분
[ 수    신    일 ]   1952년 12월 17일 13시 10분
[발신지 및 발신자]   도쿄/드장(주일 프랑스대사)
```

봉암도 포로수용소에서 일어난 피비린내 나는 사건에 이어, 판문점 북한 대표단장 남일 장군은 12월 16일 3시 유엔군사령부 대표 해리슨 장군에게 다음과 같은 반박을 내놓았습니다.

12월 14일 귀측 사람들이 82명의 포로들을 죽였고, 전쟁포로 120명이 다쳤습니다. 나는 지금의 통신문을 통해 이 피비린내 나는 사건에 대한 신랄한 반박문을 올립니다.

수많은 우리 쪽 포로의 학살을 불러왔고 귀측 수용소에서 행해진 이러한 야만스런 행동은 거듭 세계의 모든 국가들에 전쟁포로의 송환을 거부하는 당신들 핑계의 이유를 보여줍니다. 귀측 수용소가 협상을 어긴 사실은 한국에서의 휴전을 거부한다는 사실이며, 우리 포로들을 미친 듯이 살해한 것은 당신들이 한국전쟁을 연장하고 확대하려 한다는 것을 전적으로 보여주는 사실입니다. 귀측의 수용소는 결코 그러한 모든 전쟁 범죄로부터 전적인 책임을 피할 수 없을 것입니다.

드장

【203】 한국의 수용소 사건을 다룬 소련 신문(1952.12.18)

[전 보]	한국의 수용소 사건을 다룬 소련 신문
[문 서 번 호]	2433
[발 신 일]	1952년 12월 18일 11시 00분
[수 신 일]	1952년 12월 18일 17시 00분
[발신지 및 발신자]	모스크바/족스(주소련 프랑스대사)

『프라우다』와 『이즈베스티야』는 오늘 봉암도 포로수용소 사건에 대한 풍부한 자료를 싣고, 제7차 회의의 의장에게 한 박헌영의 주장을 광범위하게 요약한 것을 첫 번째로 게재하며 신문 한 면의 절반 이상을 한국문제에 할애했습니다.

조선중앙통신을 참조하며, 평양 주재 타스통신의 기자는 조선민주주의인민공화국의 외무부의 전보의 주요내용, 특히 공화국의 제안 7항을 전했습니다.

1. 총회가 채택한 해결안의 폐기
2. 한국전쟁의 즉각 중단과 11월 10일과 24일 소련의 제안에 기초한 한국 문제의 평화적 해결을 위해 필요한 조치의 채택
3. 한국문제에 대한 유엔 논의에 북한 대표의 참여 승인
4. 판문점 회담의 파기 책임에 대한 후속 조치
5. 공중포격 금지
6. 미국의 "전쟁범죄"의 엄격한 금지
7. 미국의 "전쟁범죄"의 엄격한 처벌

『이즈베스티야』의 주요 난(欄)에 「수백만의 포로들의 피가를 고발한다」란 제목으로 실려 있습니다.

(이하 원문 누락)

【204】 미 국방부가 전한 한국 상황에 대한 정보(1952.12.19)

[전 보]	미 국방부가 전한 한국 상황에 대한 정보
[문 서 번 호]	8269
[발 신 일]	1952년 12월 19일 21시 30분
[수 신 일]	1952년 12월 19일 03시 30분
[발신지 및 발신자]	워싱턴/보네(주미 프랑스대사)

보안

2급 비밀

뉴욕 공문 제1354-1355호

미 국방부가 전한 정보에 따라

1. 한국에서 최근 붙잡힌 공산군 전쟁포로들은 주로 북한인들로서 곧 적으로부터 한정된 성격의 공세가 있을 거라고 했습니다.

미 국무부는 북한인들이 무한정 이러한 성격의 작전들을 계속할 것이라고 판단합니다. 통합사령부는 전선 전반에서 공산군의 전면 공격 가능성을 배제하지는 않지만 결국 최근 몇 달 동안 일어났던 공격들과 유사한 성격의 행동들이 대비해야 한다고 생각하는 쪽입니다.

2. 소련제 폭격기 'IL 28'이 12월 17일 탐지되었습니다. 첫 번째는 압록강 북쪽을 비행했고, 두 번째는 강의 남쪽을 비행했습니다.

미 국무부는 현재 그러한 폭격기가 20여 대 만주에 배치되어 있는 것으로 판단합니다.

보네

【205】 남한 국방부장관의 한국군 병력 증대 계획 발표(1952.12.21)

```
[ 전        보 ]   남한 국방부장관의 한국군 병력 증대 계획 발표
[ 문 서 번 호 ]   2287
[ 발   신   일 ]   1952년 12월 21일 01시 00분
[ 수   신   일 ]   1952년 12월 21일 10시 53분
[발신지 및 발신자]   도쿄/드장(주일 프랑스대사)
```

어제 12월 19일 남한 국방부장관 신태영[1]은 한국군 병력 2백만을 목표로 할 수 있는 방식으로 국방부를 재조직할 것이라고 발표했습니다. 그는 현재 검토 계획에 따르면 한국군이 전쟁포로 감시를 전적으로 맡을 수 있다고 밝혔습니다. 그와 같은 주장은 여러 남한 신문에 다시 게재되었습니다.

12월 20일 오늘 총사령부의 통지에 따르면, 한국 후방 지역의 사령관 헤렌[2] 장군은 오늘 아침 협상들이 유엔군의 포로 감독을 한국으로 이전하기 위한 것이라는 점에 이의를 제기했습니다. 장군은 그러한 주장 속에는 어떠한 진실도 없다고 주장했습니다. 만일 그러한 협상들이 체결되었다면, 연합군도 그것을 알고 있을 것입니다. 저는 남한 국방부장관에게 그 문제에 대한 설명을 요구했습니다.

드장

---

[1] 신태영(1891-1959). 국방부장관(1952-1953).

[2] 토마스 헤렌(Thomas W. Herren, 1895-1985). 미 육군 소장.

【206】 저우언라이와 박헌영의 답변 및 주장(1952.12.22)

[전 보]	저우언라이와 박헌영의 답변 및 주장
[문 서 번 호]	4004/4005
[발 신 일]	1952년 12월 22일 17시 30분
[수 신 일]	1952년 12월 23일 00시 30분
[발신지 및 발신자]	뉴욕/오프노(주유엔 프랑스대사)

워싱턴 공문 제1914-1915호

피어슨 씨는 방금 한국에 관한 12월 3일의 결의안 마지막 항에 대해 자신이 평한 보고서(A/2354)를 나누어주었습니다. 항공우편을 통해 각하께 전달한 이 문서는 베이징 정부의 외무부장관 총회 의장의 메시지들 외에도 저우언라이와 박헌영[1]의 답변을 담고 있습니다. 그러한 답변들은 어조에 있어 그 이상 부정적일 수도 격렬할 수도 없었습니다. 그것들은 결의안이 제네바협정에 반대되는 것이라며 규탄하고 "미국의 지시로 달러화로 만들어진" 것임을 나타낸다며 내용을 왜곡하여, 12월 3일의 결의안을 비합법적인 것으로 거부합니다. 둘 다 포로의 학살과 비인간적인 처우, 핵무기의 사용 등에 대한 규탄을 반복합니다. 둘 모두 전쟁포로의 전체 송환 문제를 해결하려는 휴전협상안의 60조항에 계획된 위원회를 설치하고 전쟁을 즉각 중단하려는 소련의 제안을 반복합니다. 단지 중국의 답변만이 판문점 협상의 재개를 요구합니다.

오프노

---

[1] 박헌영(1900-1955). 군사위원회 위원, 노동당 중앙위원회 부위원장 등 역임. 1953년 김일성의 남로당계 숙청작업으로 8월 3일 체포되었으며, 1955년 12월 5일 사형 당함.

【207】 소련의 결의안에 대한 기각(1952.12.22)

[전 보]	소련의 결의안에 대한 기각
[문 서 번 호]	4006/4014
[발 신 일]	1952년 12월 22일 19시 05분
[수 신 일]	1952년 12월 23일 01시 45분
[발신지 및 발신자]	뉴욕/오프노(주유엔 프랑스대사)

그로미코 씨는 토요일 저녁 갑자기 총회 의장에게 "봉암도에서 미국군에 의해 행해진 중국 및 한국전쟁 포로의 학살문제"를 의사일정에 넣을 것을 요구했습니다. 그는 "미국 군 당국의 범죄행위"를 처벌하고 미국 정부가 "필요한 모든 엄격함으로 그들의 죄에 응하는 범인들을 데리고 가도록" 하는 결의안 요구를 곁들였습니다.

일요일 오후 사무국에서 호출된 제섭[1] 대표는 마감 시간의 이러한 작전을 거세게 비난하면서 등록에 있어 자국 정부의 지속적인 실행에 맞도록 표명했습니다만, 검토를 위한 의사일정 문제와 관련해 주어진 자리에서 격렬한 논쟁이 벌어졌습니다. 그로미코 씨는 10대 2로 싸웠고, 그 시태는 어제 밤 회의 중의 논쟁거리가 되었습니다.

그로미코 씨는 "가장 끔찍한 히틀러식의 가학증"을 넘어서는 범죄를 규탄하며 시작했습니다. 그는 도중에 최근의 국제적십자회의 공식성명을 활용했고 많은 수가 새로운 무기 혹은 핵실험의 실험동물로 사용될 지도 모르는 중국 포로들을 몰살시키려 결정한 정치에 대한 시위처럼 수용소에서 발생한 계속적인 사건들을 들추었습니다. 다른 한편으로, 그는 찬찬히 포로송환 문제, 제1차위원회의 논쟁들, 미국이 부추긴 것처럼 강력하게 표명된 인도의 안으로 되돌아왔고,

---

[1] 필립 제섭(Philip Caryl Jessup, 1897-1986). 주유엔 미국대표.

이러한 사태 속에서 미국을 지지하는 이들의 막중한 책임을 알리면서 자신의 두 가지 발언을 마쳤습니다.

그로스 씨는 미국을 대표하여 답변했습니다. 그는 공산주의자들의 증오심을 부추기고 피를 흘리게 한 새로운 자극에 다름 아니었던 것으로 봉암도 사건의 미리 계획된 성격에 대해 강조하면서 그 사건이 벌어진 방식과 경과를 상세히 설명했습니다. 다른 한편으로, 미국 대표는 미국이 제네바협정을 적용하는 방식과 중국과 북한이 범죄자가 되는 위반 사이의 비교에 자신의 발언을 할애했습니다.

위성국들의 대표 4명은 자국의 위에 있는 국가가 전개한 주제를 되풀이했습니다.

메논 씨는 소련이 제시한 것들은 주어진 공정한 조사의 대상이 될 수 없었음을 지켜보게 하면서 인도의 기권을 설명했습니다. 그는 포로에 대한 계획안의 주도권을 쥐는 미국의 견해를 지지하기를 바라는 자국에 반대해 던져진 비난을 물리치는 데 자신의 발언을 이용하였으며, 그러한 제안의 바탕이 되는 기본 방침은 11월 2일 이후 베이징 정부에 전달되었다고 밝혔습니다. 당시 중국은 그 이전까지는 그것에 대해 어떠한 반대로 표명하지 않았습니다.

로이드 씨는 소련의 작전과 그러한 사건을 일어나게 만든 이들을 비난했습니다만, 조사의 필요성과 "합리적 방식"의 무력 사용의 필요성에 대해서도 주장했습니다. 회의가 끝날 무렵 제 차례의 발언에서 저는 모든 포로들을 그들의 지위가 어떠하든 간에 제네바협정에 알맞게 다루어야 하고 사건의 경우 철저한 조사를 이행해야 함을 강조했습니다. 그러한 내용을 표명한 후, 저는 총회에 소련의 작전에 속아 넘어가서는 안 되며, 유엔의 보고에 대해 결정적 업무를 담당하는 기관들에 모든 정신적 지원을 다할 것을 분명히 요구했습니다.

논의는 아침 5시에 종결되었습니다. 소련의 해결책은 5대 45, 기권 10으로 기각되었습니다. 기권은 아랍-아시아 대표단에서 나왔습니다만, 입장이 뚜렷한 레바논과 이라크는 다수 편에 섰습니다.

오프노

【208】 한국 전선의 상황(1952.12.23)

[전 보]	한국 전선의 상황
[문 서 번 호]	2283/2284
[발 신 일]	1952년 12월 23일 01시 00분
[수 신 일]	1952년 12월 23일 10시 45분
[발신지 및 발신자]	도쿄/드장(주일 프랑스대사)

보안

2급 비밀

사이공 공문 제1374-1375호

　1. 총사령부는 크리스마스에 서울을 재탈환하겠다는 공산군 라디오의 발표에 중요성을 부여하지 않습니다.

　반대로 사람들은 연합군이 여전히 점령하고 있는 38선 이북 서해안 섬들에 대한 공격을 예상하고 있습니다.

　2. 미8군을 통해 얻은 정보에 따르면, 80개 전차부대가 현재 한국에 주둔하고 있다고 합니다. 미 참모부는 그러한 전차들은 소련의 기술지도 하의 북한군 개별 훈련을 위한 것이라고 합니다. 그것은 현재 전적으로 북한군 전차를 구성하고 있습니다.

　3. 중국 사령관은 전선에서 군대를 일으켜 강 쪽으로 배치했습니다. 얼마 전부터 전선에서의 움직임은 기상 조건에 따라 매우 축소되었습니다.

국방부에 전달 요망.

드장

【209】 인도의 결의안에 대한 중국과 소련의 거부와 이에 대한 인도의 반응 (1952.12.23)

[전 보]	인도의 결의안에 대한 중국과 소련의 거부와 이에 대한 인도의 반응
[문 서 번 호]	1084/AS
[발 신 일]	1952년 12월 23일
[수 신 일]	1952년 12월 23일
[발신지 및 발신자]	뉴델리/오스트로루그(주인도 프랑스대사)

회의사무국, 워싱턴, 런던, 모스크바 공문

1950년 6월 24일 남한에 대한 북한의 공격은 인도가 주저함 없이, 하지만 모호함 없이, 서구 국가들 편에 서게 만들었습니다.

독립을 쟁취하고 현재의 어떤 진영에도 동조하지 않겠다고 선언한 이후 처음으로, 인도는 소련과 중국이 잘못 받아들인 것에 입장을 취했습니다. 한반도에서 이어서 벌어진 사건들, 특히 인도가 의견이 가지고 있었던 38선 돌파 문제는 인도를 원래의 입장으로 돌아가도록 했습니다. 인도 정부는 게다가 한국에 의무부대 하나만을 두었을 뿐입니다. 판문점 협상의 개시는 뉴델리 당국에 전쟁의 추후 해결에 대한 희망을 밝혀주었습니다. 뉴델리 당국은 중국의 어떤 선의의 의지에 대한 표시를 봤다고 생각했고, 이어지는 몇 달 동안, 미국인들만큼 중국인들 혹은 북한인들이 논의를 지연, 지체시키는 것을 비난했습니다. 7월에 완전히 막다른 골목에 다다랐을 때, 인도 정부는 가만히 있지 않았습니다. 인도 정부는 포로문제의 탈출구를 찾기 위해 중국에 다가갔습니다. 하지만 파니카 씨가 가져온 제안들에 온갖 말들이 난무하면서 어떤 긍정적인 결과도 없이 갑자기 끝을 맺었습니다(본인의 7월 12일자 공문).

* * *

미국의 대통령 선거가 한국의 활동 노선에 가져올 수 있는 반향을 걱정한 인도 정부는 한국문제에 대한 유엔의 논쟁이 있을 때 새로운 노력을 할 의향이 있다고 생각했습니다. 그러한 때가 적절한 것 같았습니다. 전쟁포로가 양쪽 대립 진영이 의견 불일치의 근원이 되는 것으로 보였습니다. 일반적으로, 인도가 취한 공평한 방식은 양쪽 모두와의 접촉을 수월하게 해주었습니다. 예전에 런던의 고등판무관이자 인도 대표단원인 크리슈나 메논 씨의 인격 자체도 어느 정도 소련의 저항감을 누그러뜨릴 수 있었습니다. 게다가 인도는 계속해서 중국 공산당의 유엔 가입 허락을 옹호하지 않았습니까? 메논 씨는 뉴욕에 도착하자마자 비신스키 씨의 대표단 주요 수장들과 접촉을 가졌습니다.

11월 1일, 미국이 첫 번째 해결안을 20개국에게 내놓은 이후, 인도는 자국의 해결안을 제시했습니다. 거기에 망설임이 없었던 것은 아니었으니, 소련 대표의 첫 번째 발언들이 고무적이지 않았기 때문입니다. 하지만 인도의 계획은 표면적으로 포로송환을 나란히 놓는 유일한 문제에 대해 양쪽 진영에 만족스러운 내용을 제시하고자 했습니다.

그 문서를 분석하는 일은 제 소관이 아닙니다. 게다가 본질은 다음의 절차보다는 덜 중요합니다. 만일 메논 씨가 한 제안이 몇 가지 희망을 불러일으켰다면, 그것은 뉴델리와 베이징의 우호적인 관계와 이를 통한 네루 수상과 저우언라이 씨가 유지하는 직접 소통으로 인한 것입니다. 그러기에 사람들은 중국을 아는 인도의 제안들은 선결적인 승낙 없이 제안되지는 않았을 것이라고 생각할 수 있었습니다. 소련대표단의 침묵, 미국대표단의 최초의 적대감은 메논 씨가 준비한 문서의 어떤 모호함도 그랬듯이 그러한 인상들을 더 강화시키는 데 조금도 기여하지는 않았습니다.

수도의 신문들은 낙관적인 어조를 띠었습니다. 몇몇 좀 더 신중한 의견들이 표출된 경우를 제외하고 말입니다. 『힌두스탄스탠다드』[1]는 11월 9일자로 반대

1) 『힌두스탄스탠다드Hindusthan Standard』. 인도 캘커타의 영자 일간지.

의 의미를 언급했습니다. 거기에서 다음과 같은 의견이 표명되었습니다.

"성공하기 위해, 평화의 공세가 정점에 이르러야 하고 완전한 지지를 확보해야 한다. 그러한 태도는 좋은 의도를 가졌더라도 문제에 있는 진영들이 승인하지 않는 한 실패할 수밖에 없다. 세계의 각축장에 대한 인도의 영향력이 한국의 경우와 같은 거대 열강 사이의 전쟁을 해결하는 데 결정적일 수 있으리라는 것은 자신할 수 없다. 모스크바나 워싱턴이 그렇게 결정하지 않으면 평화는 얻을 수 없다. 이러한 분야에서 인도의 발언은 한국전쟁이 국지전이라는 신화를 되살아나게 하는 데 기여한다. 그것은 단지 착각일 뿐이며, 위험한 착각이다. 발언권을 가진 인도는 성급하고 미숙한 태도를 보였다. 인도는 어떤 매정한 거절에 순진한 외교를 통해 결연히 나아간다……."

그러한 경고는 묻혀 버렸습니다. 미국대표단의 거절은 반대로 미국을 여러 번 비판한 신문에게는 기회였습니다.

11월 21일 네루 수상은 의회에 뉴욕에 있는 인도대표단에 격려 메시지를 보낼 것을 요구했습니다. 그 의견은 중국이 언급했던 준확실성을 지녔습니다. 그렇다면 어떻게 수상의 말들을 다른 의미로 해석할 수 있을까요.

"시의적절한 시간에 취한 결정이 상당한 무게를 지니는 세상에서의 순간들이 있다……. 이러한 순간이 왔다. 유엔에게는 결정력과 용기를 가지고 그것을 잡아야 하는……"

미국의 몇 가지 반대에 답하기 위해 인도대표단이 제시하기로 한 몇 가지 수정들은 여러 신문들로 하여금 그러한 미국의 진로 방해가 뉴델리의 노력을 실패로 돌아가게 하지는 않는가라고 의문을 던지는 것을 막지는 못할 것입니다.

11월 24일 비신스키 씨가 인도 계획은 받아들일 수 없다고 한 발언들이 원인이 되었다는 사실은 전혀 설명할 필요도 없습니다. 하지만 그러한 실망은 소련 대표의 입을 통해 중국의 거절을 알게 되었을 때 커져갔고 더욱 심해졌습니다.

관가, 언론가는 미국의 망설임을 극복하기 위해 제시한 최초의 수정안에서 인도의 개입 실패에서 더 이상 나아가지 않았습니다. 다른 곳들의 경우, 러시아가 전쟁의 종결을 결코 택하지 않았다는 것의 증거로 보였습니다. 몇몇은 중국의 거부가 단지 소련의 거절 이후 알려졌다는 것과 비신스키 씨의 대변인 역할을 통해서만 알려졌다는 것이 이상하다고 생각했습니다. 그들은 거기에 바로 공산주의국가들인 두 강대국 간의 의견불일치가 있는 것이 아닌가라고 의문을 제기했습니다. 많은 사람들은 뉴델리에서 정부를 통해 어떤 명확한 정보도 주어지지 않으면서 언론이 아무 것도 몰랐던 것을 불평했습니다.

그러한 해석과 상반되는 생각들에 종지부를 찍기 위해, 수상은 결국 12월 15일 국민의회 앞에서 뉴델리와 베이징의 의견 교환 내력을 되짚었습니다. 그는 중국 정부는 11월 2일부터 인도 정부가 한국이 휴전협정에 이르도록 유엔에 제시한 중심내용들을 알았다고 분명히 말했습니다. 중국 정부는 어떤 순간에도 찬성이나 반대를 표명하지 않았습니다. 중국 정부는 포로들의 전적인 자발적 송환에 분명히 반대했습니다. 하지만, 이러한 유보에 있어서도, 뉴델리의 노력에 호의적인 것 같았습니다. 인도대표단이 뉴욕에서 준비한 결의안 문안 자체는 뉴델리에서 11월 16일에 받아보았고 즉시 중국 정부에 전달되었습니다. 11월 24일자 비망록에 의하면 중국 정부는 비신스키 씨가 유엔에서 베이징의 결정을 알린 날인 11월 25일에야 반대 의사를 알게 해준 것입니다.

수상은 중국과 소련의 태도의 이유를 설명하려고 하지 않았습니다. 그는 인도 안이 찬성 53표 대 반대 5표의 투표로 다른 나라들로부터 받은 지지를 강조했습니다. 그는 인도 정부는 수많은 국가들이 인도의 노력을 지지해주었음에 경의를 표하고 소련과 중국 정부가 인도의 결의안을 받아들이지 않은 것에 유감을 나타내며 끝을 맺었습니다. 그는 그럼에도 두 정부가 어느 날에는 주어진 해결책이 공평하고 그것이 모스크바와 베이징에서 내놓은 관점을 고려한 것임을 깨달으며 인도의 시도에 정당함을 부여할 것이라는 희망을 간직했습니다.

이러한 상세한 해명은 몇 가지 흥미로운 명확성을 가져다주었고 어떤 측면에서는 『타임스오브인디아』기자가 12월 10일 내놓은 비평들을 확인시켜 주었습니다. 그는 「우리 외교 정치의 붕괴」라는 기사에서 인도 정부는 결코 공산주측의 어떤 보장들을 받지 않고 그처럼 멀리까지 관여하기를 결정하지는 않았을 것이라고 평했습니다. 그의 눈에 인도의 지도자들은 비신스키 씨가 그들에게 던져주었던 "이상주의자와 몽상가"의 자질들을 높게 평가한 것으로 보였습니다.

> "수상은 인도의 중립국 의지를 재확인시켰다. 그는 현재의 두 반대자에 의해 인식되고 있는 것을 모르는 것일까? 그렇기는 하지만 얼마 전부터 소련도 중국도 인도를 중립국으로 간주하지 않는다는 것은 분명하다."

* * *

인도대표단이 유엔에서 겪은 실패는 많은 혼란을 낳았고 당연히 인도 정부가 동요하는 계기가 되었습니다. 크렘린이 중립국의 역할을 바란 것은 인도가 아니었으며, 종종 아시아의 이름으로 언급한 의도는 모스크바에서 매우 호평 받지 못했습니다. 비신스키 씨는 우회적인 표현 없이 인도의 자존심에 상처를 주는 용어로 그렇게 말했습니다. 그렇기는 해도, 우리가 여기서 정치에 대해 말할 때, 그것은 책임을 지는 유일한 이는 수상이라는 점입니다. 그러기에 소련 대표의 멸시적인 말들과 베이징 정부의 거친 반응이 그에게 주어지는 것입니다.

지난 11월 11일자 공문에서, 저는 소련과 중국 사이에서 그 둘 중 이쪽이나 저쪽이나 전쟁의 책임을 거부하기를 주저하면서 균형을 취하려는 네루 수상의 변동성을 보고 드렸습니다. 그는 이제 무엇을 택해야 하는지 압니다. 파니카 씨가 베이징에 파견되어 있는 동안 솜씨 좋게 유지한 위대한 꿈이 갑자기 사라져 버렸습니다. 환각의 결과는 끝을 맞이했고 이 세상 현실로의 고통스러운 귀환 속에서 무력함을 깨달은 인도는 겸손하게 소련의 모욕과 중국의 잔인함을 받아들입니다.

오스트로루그

【210】 캐나다에서 떠도는 한국의 국지전 예상에 대한 소문(1952.12.30)

[전 보]	캐나다에서 떠도는 한국의 국지전 예상에 대한 소문
[문 서 번 호]	486-488
[발 신 일]	1952년 12월 30일 21시 55분
[수 신 일]	1952년 12월 30일 08시 50분
[발신지 및 발신자]	오타와/게랭(주캐나다 프랑스대사)

긴급

어제부터 오타와 대표 언론에 떠도는 몇 가지 소문에 따르면, 외무부장관은 뉴욕에서 돌아오며 덜레스 씨와의 최근 대담으로부터 아이젠하워 장군이 한반도의 최소한의 폭의 전선에서 국경을 옮기려는 군사적 공격의 지지자일 것이라는 확신을 가졌을 것이라고 밝혔습니다.

그러한 소문들은 사실상 피어슨 씨의 의도에 대한 오해 혹은 너무 자유로운 해석에 바탕을 두고 있는 것 같습니다.

캐나다 외무부에 있는 극동사무국장에 따르면, 우리 직원 중 한 사람이 이 문제에 대해 질문했고, 장관은 분명 아이젠하워 대통령 및 차기 국무부장관과의 대담에서 한국 사태와 관련한 그들의 계획에 대해 최소한의 확실한 것도 알아내는 데 성공하지 못했을 것이라고 합니다.

제한된 군사 공격의 가능성은 중국 국민당 부대의 개입의 가능성처럼 피어슨 씨와 그의 측근들이 매우 자연스럽게 나누는 사견들의 범주에 들어가며 그러한 가능성들은 미국에 커다란 걱정거리를 야기합니다.

위베르 게랭

【211】 전쟁포로 관련한 남일 장군의 항의 서한(1952.12.31)

[전 보]	전쟁포로 관련한 남일 장군의 항의 서한
[문 서 번 호]	2329
[발 신 일]	1952년 12월 31일 09시 00분
[수 신 일]	1952년 12월 31일 11시 50분
[발신지 및 발신자]	도쿄/드장(주일 프랑스대사)

    판문점의 공산군 측 관료는 12월 30일 전쟁포로 처리와 관련한 남일 장군의 편지를 해리슨 장군에게 전달했습니다.

    남일 장군은 12월 24일 제주도와 부산에서 발생한 사건(2명 사망)과 12월 25일 거제도에서 발생한 사건(1명 사망)에 대해 항의를 해왔습니다. 유엔과 국제적십자위원회 정보국의 보고서에 따르면 사망하거나 부상당한 공산군 포로의 수가 휴전협상 초부터 359명에 이른다고 합니다. 실제 숫자는 더 높아질 것입니다. 2월 23일 이후 남일 장군은 유엔 정보국이 어떤 확인도 하지 못한 45개의 항의문을 작성했습니다.

    포로들의 용맹한 저항과 도드 장군과 콜슨 장군 진영 사령관의 시인은 오래전부터 전 세계인에게 포로들을 붙잡으려다가 학살한 잔인성을 드러냈습니다. 그러한 사실은 유엔군사령부가 자발적 송환이라는 핑계 하에 포로들을 자칭 분류된 쪽에 종속시켜 그들이 고국을 배신하도록 강요하고 아시아인들에 대한 아시아인들의 지독한 투쟁을 위해 총알받이가 될 준비가 되었다고 주장하도록 폭력을 사용하고, 국제법을 위반하고, 비인간적이고 야만적인 수단을 택할 것임을 증명할 것입니다. 유엔군사령부가 주장하는 원칙은 포로들의 학살과 구금의 원칙으로, 절대적으로 허용할 수 없는 원칙입니다.

    결국 그것은 단지 포로들을 구금시키려는 놀라운 핑계가 만들어낸 전쟁을 연장하기 위한 것입니다. 유엔군사령부는 휴전협상을 깨뜨릴 것이고, 협상의 즉각 재개를 위한 합리적인 제안들을 거부할 것이고, 이미 언급된 합의에 기초한 휴전협상의 실현에 있어 한국사태의 평화적 해결을 위한 위원회에 보내진 전쟁포로의 전적인 송환문제를 거부할 것입니다. 게다가 유엔군사령부는 휴전협정의 기반을 흔들어대면서 계속해서 회의 장소 및 중립지역과 관련된 협정을 계속적으로 어길 것입니다. 그들의 진정한 목표는 한국전쟁을 연장하고 확대하는 것이며, 그에 더해 전 세계와 극동에서 평화를 유린하는 것입니다.

남일 장군은 평화로운 국민들은 그러한 음모를 참을 수 없으며, 유엔군사령부는 전쟁범죄의 책임을 피할 수 없을 것이라며 끝맺었습니다.

국방부에 전달 요망.

드장

옮긴이

이지순 성균관대학교 프랑스어권문화융합연구소 소장

박규현 성균관대학교 프랑스어권문화융합연구소 책임연구원

김 영 성균관대학교 프랑스어권문화융합연구소 선임연구원